追いつい た近代
消えた近代

追いついた近代　消えた近代

戦後日本の自己像と教育

苅谷剛彦
Takehiko KARIYA

Who Killed Japan's Modernity?
What Comes after 'Catch-up'?

岩波書店

プロローグ
消えた近代

現代が先か、近代が先か

恐らく「近代」といふ言葉は、moderne の訳に相違なく、してみると、普段使はれてゐる「新時代」といふ意味もあると同時に、歴史上の「近世」を指すことにもなるのである。

（岸田 一九三四、岸田 一九三六、四三七頁）

絶えず新しいものを求める、さういう一種の精神の状態といふものが何か近代の正体ぢやないか。その意味で現代の日本に始めて本当の近代が来たといふことも云えるんぢやないですか。

（河上・竹内 一九七九、二〇二―二〇三頁）

一つ目の引用は、劇作家、岸田國士《くにお》が一九三四年に発表した「近代劇論」の冒頭にある「近代劇とは」という文章の一節である。二つ目は、雑誌『文学界』一九四二年九、一〇月号に掲載された、座談会「近代の超克」における文芸評論家、中村光夫の発言の一部である。この二つの引用に示される「近代」の用法は注目に値する。岸田の文章では、「近代」は「普段使はれてゐる「新時代」」の意味だという。中村の「現代の日本に始めて本当の近代が来た」という発言には、「現代」より「近代」のほうが新しいというニュアンスが込められている。「新時代」としての「近代」、「現代」より後に来る「近代」——今から八〇年ほど前の日本では、「近代」は「現代」より新しい時代として通用していた。今の語感では、「現代」のほうが「近代」より新しいはずなのに、である。この素朴な違和感が、この間、「近代」の意味や受けとめ方に大きな変化があった可能性を示唆する。では「近代」に、どんな変化があったのだろう。

「近代」とは何か。はじめに辞書的な意味を見ておこう。三省堂『大辞林』の「近代」の項にはこうある。

きん だい①【近代】
①近頃の世。この頃。現代。「―絵画」「―性」
②歴史の時代区分の一。西洋史では、ルネサンス、大航海、宗教改革以降の時代、特に市民社会と資本主義を特徴とする時代をいう。日本史では一般に、明治維新から太平洋戦争終了までの時期をいう。また、それ以降を現代というが、一九一七年のロシア革命以後を現代、それ以前を近代とする考え方もある。

第一の意味として、近代は、「現代」と言い換え可能である、とある。重要なのは②の「歴史の時代区分の一」で、とくに日本史の場合には、「一般に、明治維新から太平洋戦争終了までの時期」を指すとあり、「それ以降を現代という」と続くように、近代と現代が分けられる。言い換え可能といいながらも、第二の意味では区別がつけられている。しかも、近代が先で、現代が後という順序である。

それでは類語である「近代化」のほうはどうか。

きん　だいか《わく》⓪【近代化】（名）スル
社会的諸関係や人間の価値観・行動が、封建的な因習・様式などを脱して合理的・科学的・民主的になること。
「―された工場」
「近代化」に似た言葉：類語の一覧：発展　現代化

ここでも気になるのは「類語の一覧」で「現代化」が挙げられていることである。すなわち、「近代化」と「現代化」という語の互換性が示されている。だが、先に見た「近代」の時代区分の用法で、「近代」が「太平洋戦争終了までの時期」という感覚を身につけていると、「近代化」と「現代化」の使い分けの問題が出てくる。同じく、「発展」した状態をいうときにでも、「太平洋戦争終了までの時期」では「近代化」、現在においては「現代化」という使い分けの可能性である。ここでも、近代化のほうが前、現代化が後になる。

それでは、近代のカタカナ表記である「モダン」について、同辞書はどのような定義を行っているのか。

モダン⓪【modern】（形動）
現代的であるさま。近代的であるさま。モダーン。「―な服装」「―建築」

ここでも、「現代的」と「近代的」が並んで示されている。どちらの意味でとるかのニュアンスの違いがあるからだろう。

では、英語の modern はどのように日本語に訳されているのだろうか。プログレッシブ英和中辞典（第四版）では、つぎのような説明がある。

mod·ern［形］

1 《限定》現代の、近ごろの、今の

modern city life　現代の都会生活。

2 《限定》近世の、近代の。⇒ANCIENT, CLASSICAL, MEDIEVAL

modern history　近世史（ほぼルネサンスから現代まで）。

3 〈流行・考えなどが〉現代風の、新しい、最新の、モダンな（up-to-date）：《限定》〈芸術・文学・音楽などが〉現代的な

modern dance　モダンダンス。

modern fashions　最新の流行型。

——［名］《しばしば the ～s》現代人：新しい思想の持ち主

This author is one of the moderns. この作家は現代の作風を代表する一人である。

ここでも、英語の modern を日本語と対応させる場合に、「現代的」と「近代的」の二つが並べられている。ということは、英語の modern には日本語ではこの二つの意味が対応することを示している。ただし、「modern history 近世史（ほぼルネサンスから現代まで）」とあるように、日本語の「近代」の時代区分とは異なり、英語の modern history は現代までを含む。

では、英語の辞書では、この modern はどのように定義されているのだろうか。ここで見た日本語の「近代」は、

英語ではmodern、「近代化」のほうは、modernisationの語があてはまる。Oxford Living Dictionariesの'modern'の項には、こうある。

Relating to the present or recent times as opposed to the remote past.

日本語にすれば「遠く離れた過去との対比で、現在の、最近の時代に関すること」となる。日本語に対応させる必要がない英英辞典では、「近代」と「現代」の併用は見られない。なぜなのだろうか。いや、日本語の辞書や英和辞典で、近代の語やmodernの訳に「近代」と「現代」の二つが登場するのはなぜか、と問いかけたほうがよい。どうやら、英語のmodernは、日本語の「近代」とだけに対応させることも、「現代」だけに限定して使うことも難しい、両方の意味を備えているということを示唆しているからだ。別の言い方をすれば、英語でなら、modernの一語で用が足りるところが、日本語では、「近代」と「現代」の使い分けが求められるということである。

試みに、先の英英辞典のmodernの項目に出てくる例文を見てみよう。そこにはつぎの一節が挙げられている。

A walk down Tokyo's main thoroughfares presents the modern observer with conflicting pictures.

私なりに訳すと、「東京の目抜き通りを現代の眼で観察しながら歩いてみると、そこここに矛盾した風景が見られる」とでもなる。ここでのthe modern observerを「近代の観察者」として、この文章を訳すと、「東京の目抜き通りを歩くと、近代の観察者には、そこここに矛盾した風景が提供される」となる。ちょっとした違いだが、意味の違いを感じないだろうか。先に見た英和辞典にしたがって、modernを第二の意味の「近代」と訳すと、「遠く離れた過去(opposed to the remote past)」は、「近代以前」となる。そうすると、東京にはまだ「前近代(たとえば江戸の風情?)がそこここに残されている」という意味になる。それに対し、もう一つの訳語である「現代の」を採用して「現代の観察者」と直訳すると、「東京の目抜き通りを歩くと、現代の観察者には、そこここに矛盾した風景が提供される」となる。この場合には、最初の訳と同じように、「東京にはまだ昔の風情が残っている」との意味となる(もちろんその風情には近代以前が含まれているかもしれないが、明治や大正、昭和の風情も含まれる)。「近代の眼」と訳す場合と、「現代の眼」と訳す場合で、日本語では文の意味やニュアンスが違ってくるのだ。前者のほうが難しい話をしているように聞こえる。「近代」とは何かといった問いを誘発するからだろう。「矛盾した風景」という表現に注目すると、旅行者(おそらくは西欧人)の眼には、西洋近代にはない何かがあるという意味で、「遠く離れた過去(opposed to the remote past)」には江戸風情も含まれる可能性がある。たしかに、「現代の眼」と訳すことで、その部分もカバーされる。ただし、英語の the modern observer は、そもそも現代の観察者と近代の眼とを両方含むから、現代人である旅行者が「近代の眼」で東京の景色に「矛盾した風景」(=非前近代、あるいは非西洋的な何か)を見いだすという文章が可能になる、ともいえるのである。

これらの辞書の比較を通して気がつくのは、英語の modern や modernise にある「現代」や「現代化」の意味が、日本語の「近代」や「近代化」では消えてしまっていることである。「近代」のままでは、「古くさく」感じてしまう。国語辞典の二番目の意味を多くの日本人が受け入れているからだ。それゆえ、その代わりに「現代」や「現代化」あるいは「最新」のような、別の表現に置き換える必要が出てくるのだ。これは、冒頭で引用した岸田や中村の時代であれば、不必要な置き換えである。

このような言い換えを必要とする感覚、英語の modern や modernise を「近代」や「近代化」と表現したときに生じる違和感には、言葉の表面的な意味を超えた、「何か」が示されている。たんに、「近代」や「近代化」から「現代」や「現代化」の意味が消えたという表層的な言葉の問題に終わらない「何か」である。その消された「何痕跡を明らかにするために、今度は時間軸に沿った「状況証拠」を集めてみよう。

時代とともに変わる「近代」

ここでは「近代」や「近代化」といった言葉が、時代によって、実際にどのように使われてきたかに着目する。はじめに、国立国語研究所の「現代日本語書き言葉均衡コーパス　少納言」を使った分析である。

このコーパス（BCCWJ）は、「現代日本語の書き言葉の全体像を把握するために構築したコーパスであり、現在、日本語について入手可能な唯一の均衡コーパスです。書籍全般、雑誌全般、新聞、白書、ブログ、ネット掲示板、教科書、法律などのジャンルにまたがって一億四三〇万語のデータを格納しており、各ジャンルについて無作為にサンプルを抽出しています」とその概要が説明される。現代日本語の用例を調べるには最適のデータベースである。「収録対象の刊行年代は、最大三〇年間（一九七六～二〇〇五）です。メインとなる書籍の場合は、一九八六から二〇〇五年」とあるように、分野によりカバーする年代が若干異なるものの、一九七〇年代以後の「現代日本語書き言葉」の用例を網羅している。ここでは、一九七〇年代、八〇年代、九〇年代、二〇〇〇年代とほぼ一〇年ごとに区切って、「近代化」と「近代」について調べてみた。

「近代化」について最初に見ると、全部で一一八七件の用例が見つかった。一九七〇年代は一〇七件、一九八〇年代は二四三件であり、過去の出来事としてではなく、「近代化」をその時点の出来事として用いる用例がまだ見られた。たとえば、一九八一年の『中小企業白書』のつぎの用例である。

レジャー化が進んでいることから店舗の雰囲気づくりが重要となっており、店舗の改装、近代化に加え、商店街のカラー舗装やアーケードの設置、さらに、広場、駐車場など周辺サービス……

ところが、一九九〇年代以後になると、用例は増える一方で（九〇年代＝二七三件、二〇〇〇年代＝五六四件）、そのほとんどが歴史記述の文脈か、海外についての記述で使われる例がほとんどとなる。

明治以降の近代化、ひいては高度経済成長期以降の経済発展の産物である大都市における近代化の進展の過程は、さまざまな活動・行為の「外部化」の進行の過程であると言い換えても……

（NTTデータシステム科学研究所『あなたの子どもの世代は幸せになると思いますか』一九九八）

各地で製鉄するための洋式高炉などが生み出されました。これが日本の近代化に向けた取り組みの始まりといわれています。その後、長崎では幕府によって海軍の……

（長崎市「広報ながさき」二〇〇八年一一号）

カブース国王の即位により、国内近代化政策は推進され、今日に至るのである。現在近代化の途上にあるオマーンであるが、ここ数年の進歩には目を見張らせるほどで、……

（『オマーン』少年写真新聞社、一九九一）

日本のその時点での数少ない用例として使われたのが、やはり中小企業の「近代化」を促進する「中小企業設備近代化資金制度」との関連の用例である。中小企業の場合、九〇年代に入っても設備等の「近代化」を促進するための法整備が求められていたのだろう。

九〇年代以後は、むしろ、つぎの高校教科書『倫理』の用例にあるように、勝海舟、坂本竜馬、吉田松陰〟

挙げた後で、和魂洋才の項目のもとで「このように日本の近代化は、西洋文化との接触およびそれからの影響をぬきに考えることはできないが……」(高校教科書『倫理』東京書籍、二〇〇六)といった過去の歴史記述としての例がほとんどとなっていく。

「近代」についてはどうか。「近代化」の用例も含まれるので、数はさらに多くなり、全体で五六五七件となる。「近代化」の用例を除いてみても、「近代化」の場合とほぼ同様の傾向を見いだすことができる。一九七〇年代(一六九件)→八〇年代(五八七件)→九〇年代(一三八七件)→二〇〇〇年代(三五一四件)と件数は時代を追うごとに増えていく。「近代科学」「近代文明」「近代史」といった特定の用語として定着している用法は通時代的に用いられているのに対し、八〇年代以後は、歴史記述として使われる傾向が目立ち始める。たとえば、体操競技についてのつぎの例である。

一〇〇年間の歩みの中で、体操競技はどう進展したのであろうか。一言でいうならば、近代原理である「達成原理」と「競争原理」を突出させ、技術の高度化をほぼ限界にまで……

(近藤英男ほか『新世紀スポーツ文化論』タイムス、二〇〇二)

これに対し、日本の同時代の問題で「近代」が使われた少数の例外は、漁業や農業に関する「近代的な沿岸漁業の経営」とか「近代的農業経営」といった文脈で使われる「近代」である。たとえば、

農業などの事業所の場合には、まずそのもとになる帳簿などが必要です。近代民主国家にふさわしい自主的な申告をするためには、一定の帳簿をもち、正確に記帳し、……

(馬淵春吉『農業青色申告の手引き』家の光教会、二〇〇六)

といった用例である。

近代化の場合と同様に、中小企業の経営や、漁業、農業などの経営において「近代的経営」が行われていないことを指す場合である。これらは英語のmodernと同様の意味が現在の文脈においても用いられる例だが、いずれも「遅れている」「前近代」を残していると思われるようなケースへの適用である。それ以外のほとんどの用例は、歴史記述の文脈で用いられており、そこでの「近代」を「現代」や「最新」にと置き換えることはできない。英語でならばmodernのままで同じ意味が伝えられることとの違いである。

言葉の変化を見たうえで、今度は朝日新聞のデータベース(『朝日新聞縮刷版一八七九―一九九九』)を使って、二〇世紀前後の「近代」の用例を見ておこう。

朝日新聞紙上で、最初に「近代」が使われたのは、今でいう「現代」や「近い時代」といった意味での用法である。たとえば、「近代汽車の速力」(一八八六年四月一八日大阪)は、最近の機関車の改良についての記事で、その速度が速まっていることが報告される。また、「近代の立太子」(一八八九年一一月三日)、「新日本領地及支那近代地図(広告、一八九四年一二月一八日)といった用例のように、そこでも「近頃の」といった意味で「近代」が使われている。一九〇四年には、「近代横綱の評判」(最近の横綱の評判という意味)といった用例もある。これらはみな、英語のmodernに置き換えられる用例である。現在であれば、「現代の」、あるいは「最近の」「最新の」と言い換えられる用例である。

他方、今日、西洋近代あるいは近代科学といった用語で使われる「近代」の用例は、たとえば、「論説　政治と科学　別天／社説」で、「科学的素養、近代的思想、科学的観察」といった用語と一緒に使われる(一八九八年八月二五日東京)。そこには、「科学の精神」に相通じるものとして「近代的思想是れ也」といった表現が使われる。まさに西欧近代における科学の精神に言及した例である。

さらに二〇世紀を迎えると、明らかに現在使われるような意味での「近代」が増えていく。たとえば、一九〇八年八月二八日付けの「倫敦タイムス特電　日本開国五十年論評」という記事では、「江戸条約五十年紀、日英関係、イギリス、日本近代、日本文化」といった見出しのキーワードに見るように、日本の近代が肯定的に評されている。たとえば「日本近代の勃興や近世史における燦然たる題目として……」といった表現である。

つぎに、同じデータベースを使って見出しのみの探索で、今度は「近代化」について調べてみた。朝日新聞紙上には、一九八九年までに一四六八件の記事（見出し）に「近代化」が現れる。終戦までの記事の見出しに現れた件数は二五件に過ぎない。ほとんどが戦後の用例である。

戦前の例としては、「公園の近代化　新時代向に大改造　日比谷―上野―芝　東京市の計画」（一九三一年九月一五日東京）や、「あえぐ中小商工業（六）／折角の営業収益税も収益査定の軽重が問題　店ぽの近代化に副わぬ帳簿」（一九三二年七月七日東京）といった記事が見られる一方で、「陸海軍予算の内容　主力艦近代化に四〇〇〇万円を増額　海軍側本年度と比較」（一九三四年一二月二七日東京）、「米主力艦近代化案裁可」（一九三一年三月二日東京）といった軍事関係の記事に「近代化」の語が使われている。これらの用例のほとんどが、「（前近代とは異なる）近代的で」かつ「最新のものにする」といった意味で使われており、英語の modernise の意味を踏襲している。

第二次大戦後になると、一四四三件が登場し、とくに五〇年代と六〇年代に集中している。一九五〇年代には七九件の記事が現れる。そのほとんどが日本を中心とした記事である。見出しのみを挙げると、たとえば「設備近代化急ぐ　鉄鋼業界、自由競争に対処　鉱業」（一九五〇年一一月二六日東京）、「ドッジ構想の仕上げ　基礎産業の近代化設備資金融資を検討　金融」（一九五〇年一一月二九日東京）といった例である。いずれも現在進行中の「近代化」の意味で使われている。

一九六〇年代には三六三件の「近代化」を見出しに含む記事が見つかった。五〇年代と同様、産業の近代化に関する用例に加え、興味深いことに、自民党(政党)の近代化に言及した記事が目立つ。「遅れ」の象徴として「近代化」を必要とする保守政党の性格が記事となったのだろう。日本の過去の経験に焦点を当てた、社会理論としての「近代化論」(後述)への言及が現れるのもこの時期である。

一九七〇年代は五三八件である。この時代は、前半には中小企業の近代化や自民党の近代化といった六〇年代と同様の日本に関する用例が残るが、中国の近代化に言及した記事が目立つようになる。日中国交正常化後の関心を示しているのだろう。代わって見出しに「近代化」の語をもつ、日本を対象にした記事が七〇年代後半に急速に減少していくのである。

一九八〇年代には三六四件の記事が見つかるが、七〇年代と同様に、中国の近代化に言及した記事が目につく。さらには、中国以外のアジアについても「近代化」の用例が現れる。他方、日本についての適用例は、その時点の記事としてはほとんど使われなくなるか、過去の日本の経験としての「近代化」の用例、あるいは社会理論としての「近代化論」への言及となる。現在進行中の事態とはみなされなくなるのだ。その意味では八〇年代も、日本については「近代化」は過去の出来事となり、現在の事象としては「近代化」が消えている。そして一九九〇年代には見出しに「近代化」の語をもつ記事は一〇三件と減少する。しかもほとんどが日本以外の現象や、日本の場合には過去の経験を指す用例となる。現在進行中の現象として、日本から「近代化」の語が消えていったのである。

時間軸に沿った「捜査」から浮かび上がるのは、つぎの二つである。一つは、二〇世紀を挟んで、英語のmodernと同じような意味での「近代」が登場した。おそらくは翻訳語だったのだろう。冒頭に引用した岸田と中村の「近代」はここに位置する。たしかにそれは、一九六〇年代、七〇年代前半まではかろうじて通用した。その名残は、「遅れている」とみなされたり、(おそらくは)前近代的とみなされた対象(中小企業、農業・漁業経営、自民党等)に対しては、現代・現代化と言い換える必要もなくそのままの意味で使われ続けたのだろう。

第二に、それが八〇年代以後になると、段々と姿を消していき、「過去」や外国（中国やアジア）に言及するときに使われるようになる。「近代」や「近代化」を過去のものとする（過去化する）過程が進んでいったと推測できるのである。

この変化は、表層的には英語の modern や modernise には含まれていた「現代」を内包する意味が、日本語の「近代」から消えていったように見える。だが、消えていったのは、「現代」を含意する意味ではなく、「近代」や「近代化」のほうだったのではないか。「現代」や「現代化」に代用されることで、英語の modern や modernise が本来保持している二重の意味（中世ないし近世以後の時代という意味と、今、現在、最近という意味）が、日本語では抜け落ちてしまう。そのこと自体が、英語の modern や modernise という言葉で現在でも理解されている事態や原理・原則を言い当てる、それらの言葉の力を失ったことの状況証拠かもしれないのだ。そうだとすれば、消されたのは、「近代」や「近代化」のほうである。

ある言葉の消失や意味の変容は、ある社会やある時代を理解する語彙の変容につながっている。そして言葉の変化が、人々の認識の変化と相関していると考えると、「近代」や「近代化」にまつわる意味の変化は、それらの語が指示対象とする事態やその深部ではたらく「原理・原則」を理解する仕方にも変化を及ぼしている可能性がある。ここで確認しておきたいことは、これまでの状況証拠の数々が示していたのは、単なる言葉の表層的な変化ではない可能性である。「近代」や「近代化」の意味や指示対象の変容は、私たちの時代認識、社会の理解の仕方に変化が生じたことの反映ではないのか、そのようにまずは仮説的に考えることができるのである。

先に、「消えた」という自動詞ではなく、「近代」や「近代化」が「消された」という他動詞をあえて使った。その理由は、「近代」や「近代化」は自然に消えたのではない、と考えるからだ。拙いミステリーふうの言い換えをすれば、「近代」を消した犯人がいた、という「推理」ができるのである。

証言者としての有賀喜左衛門

だが、本格的な謎解きの前に、同時代に、「近代」や「近代化」が消された現場で、それを目撃した知識人がいたことを見ておこう。戦前から戦後にかけて、農村社会学者として活躍した有賀《あるが》喜左衛門である。柳田國男の影響を受けた社会学者でもある。「近代化と伝統——日本に関連して」と題する、わずか九ページの論文である（有賀　一九六四）。短い論考だが、そこには同時代人のなかでも鋭い感性と深い学識によって、この変化の意味をリアルにとらえた時代の証言が残されている。

有賀はまず、このプロローグ冒頭の比較と同様に、「英語の modern とは何か」を問う。

> 西洋史の modern age とは西欧における一六C〔世紀〕以来の時代的展開をさしているが、英語の modern とは何であろうか。現代の概念を示す言葉としては contemporary という言葉があるといわれているが、Oxford の辞書によれば、この言葉は person belonging to the same time〔同じ時間・時代に属する人〕という使い方をしているので、現在という概念ではない。これに対して modern は of the present & recent time と註釈されている。modern には時の巾があって、現在から近い過去まで含めていることは明〔ら〕かであるが、近代〔recent time〕は現在を根拠として成立するという極めてあたり前の考え方のあることを示しているから、現在の自覚によって modern という概念が成立することがわかる。
>
> modern age を日本語に訳する場合に近代とも現代とも表はすことができるが、これを日本史の時代区分の名称と混同することはできない。翻訳の場合に、日本では近代と現代とに使いわけているが、これを英語の modern と contemporary に対応させるのも誤りである。（同、三—四頁）

日本語の「現代」の英語表現の直訳、contemporary と対比することで、modern の意味の二重性に迫ろうとする。contemporary が con（同じという意味）と、temporary（時間、時代）からなること（有賀によれば belonging to the same time: 同じ時間・時代に属すること）を付け加えれば、contemporary の日本語への直訳は、「同時代」になる。一〇〇〇年前のことをいう場合であっても contemporary は使えるのだ。

さらに有賀は、英語の modern が、西欧のそれに根ざすことを、当時の他の日本の知識人と同様にとらえ、西欧における modern の特異性と、それゆえの普遍性に目を向ける。つぎの箇所である。

> modern の意識は、その言葉の意味から見て、いつの時代の現在にもあるはずであるが、西欧において modern の意識の特に高まったのは、一六Cから一九Cに至る文明のあらゆるの部門における発展が行われ、それを巨大な進歩と自認した西欧人の自信によるものであったと私は考える。特に自然科学の進歩による技術の急速な発展が生じ、産業革命は西欧人の生活と軍事力とを驚くべきほど変化発展せしめた。中世に始まった他の大陸への探検はやがて植民地の獲得に推移し、西欧の富は史上空前の繁栄に高められた。この時期に世界を支配したものは西欧であった。（同、五頁）
>
> この繁栄の基礎をなしたものとして、近代合理主義の確立をあげなければならぬ。これこそ近代西欧文化の骨格をなすものであった。（同、五頁）

これらの引用では、「近代西欧文化の骨格」として「近代合理主義の確立」に触れている。近代を西欧近代と等置する見方である。そして、西欧近代の優位性についても、私たちにとってはよく知られる近代理解がつぎのように示される。

合理主義は同様にして人間社会にも向けられた。ここでは個人を発見することにより、人間尊重の精神が目醒めた。個人主義とhumanism〔人間主義〕とが生れた。そして自由と平等とは新しい社会の理想となった。社会革命の自覚も生じた。そして市民社会の形成が始まった。

以上あげた事象は中世の社会事象とは甚しく違って見えた。ここには飛躍的進歩による中世との隔絶が実感を以て西欧人には感得されたように見える。この時期に歴史における進歩の観念が強く成立したのも理由のないことではない。これらはmodernを強く意識したことから生じた歴史観の大きな特徴であった。例へば一八Cの西欧人がこの時代の高い意義を感ずれば、感ずるほど、この時代の合理主義の運動の起点がどこにあるかを探ろうとしたのは当然であり、modernの精神の発祥をたずねて、この時代のmodernの高い価値を確認しようとする機運も盛んとなり、Renaissance〔ルネッサンス〕や宗教改革にその始源を求めることも生じた。（同、六頁）

目撃者＝時代の証言者としての有賀の議論の特徴は、この引用の後半に示された、他の論者に共通する西欧近代の理解にはない。英語のmodernに「現在の」という意味が二重に被さっていることにこだわりながら、「英語のmodernとは何か」を問い続けた視座から見えた「現場」が、目撃者たり得る証言となるのである。先の引用の冒頭に示された「modernの意識は、その言葉の意味から見て、いつの時代の現在にもあるはずである」という前提にこだわり続けたことで見えた「現場」である。

「いつの時代の現在にもあるはず」の現在が、それではなぜmodernとなるのか。この疑問に到達することで、目撃証言の意味は同時代に共有されていた教科書的知識を超える。有賀はいう。

世界的な文化交流はいつの時代の人間にとっても、最も重要な問題であって、どの時代の、どこの国の人間もその中で生活し、次第に発展することができた。そして各時代の世界文化にはその中心となる国民と文化とがあり、その文化は他の国民に絶えず影響を与えた。その中心はもちろん移動したが、この現象の中に各時代の現在における modernization の意識が生じていたと考えるのである。これは世界史的関連という現象の中で生じたのであるから、各時代における指導的文化にもとづく共通な世界史の問題の自覚があり、各国はそれぞれの特殊な立場において、それに対応するのでなければ、生存することはできなかった。各時代のそういう現在の問題の自覚の上に初めて、modern の自覚ないしは modernization が生じたというべきであろう。（同、五頁）

（西洋近代の）歴史学者や社会科学者のように、その用語を使って、「modern の自覚ないしは modernization が生じた」事情を自覚的・意図的に明らかにしようとする学問的態度や認識が、「いかなる時代」、あるいは、いかなる社会にも生まれたかどうかはわからない。おそらく日本のような場合には、西洋の影響がなければ、自然にそのような学問的態度は生じなかっただろう。ただ、ここで重要なのは、たとえそうであったとしても、有賀が、「どの時代の、どこの国の人間」にとっても、「各時代における指導的文化にもとづく共通な世界史の問題の自覚があり」「各時代のそういう現在の問題の自覚の上に初めて、modern の自覚ないしは modernization が生じた」という見方を、西欧近代を前提にすることなく提出したところにある。

そのような相対化がつぎの行論を可能にする。

このこと〔西欧において近代合理主義が、ことさらに「現在の問題の自覚」の問題にこだわり掘り下げたこと〕は、云い換へるなら、この現在における最も切実な自覚によって、〔一八世紀の西欧人が〕歴史を解釈したことであり、例へば一八Cをとって見るとすれば、一八Cにおける西欧諸国をその現在の世界史の中に位置づけ、これにより彼等の現在から未来への一定の方向づけを行ったことを意味している。これが一八Cにおける西欧諸国のmodernizationであって、この現在におけるmodernの自覚である。modernizationとはこういう事実をさす外はない。（同、六頁）

こうして一度西欧を相対化した後で、「現在の問題の自覚」における西欧近代の優位性を認めるのである。この行論を通じて、有賀はつぎの結論に至る。

他の諸国にもそれらのmodernはあったはずなのに、西欧文明がmodernと同義語のように考えられたのは、当時の世界史的状況によるものであった。そして西欧人自身が中世を伝統主義、近代を合理主義と規定して対立させる考え方がここには生じた。もちろん一九Cから二〇Cにかけてこの考え方は次第に強い批判の対象となったことを見逃がすことはできない。しかし日本においては西洋史を解釈する場合に、この二つを対立させる考え方が一般に歓迎された。この理由は日本の状況の中にもあったと思はれるが、ここではふれない。（同、六頁）

以上の考察が、「他の諸国にもそれらのmodernはあったはずなのに、西欧文明がmodernと同義語のように考えられた」という認識に至ることで可能になっているところに、有賀の特徴がある。そして、独自の「近代化」の理解をつぎのように示す。

私の近代化（modernization）の規定は時代区分の概念ではなく、歴史的展開の上に生起するすべての現在において、人間が持つ切実な問題の自覚をさすのである。（同、六頁）

このように見れば近代化（modernization）とは時代区分の概念ではなく、人間が生きるための現在における問題の自覚を持つことに深くつながると私は考えるのであって、これは次に来る時代を呼び醒まして行くことに大きな意味があるということができる。（同、六頁）

第一章以降で見るように、同時代の歴史学者や社会科学者の多くは、日本の近代や近代化を、「実態の問題」として解明しようとした。日本にとっての近代や近代化自体を説明しようという関心である。その点では、いわゆる近代主義者も、マルクス主義者も同じであった、と有賀は見る。それに対し有賀のアプローチの独自性は、近代や近代化を、実態の問題として問うことと、認識の問題として問うこととの違いに気づきながら、その意味を問おうしたところにあった。言葉のニュアンスへの着眼がそれを示している。有賀の近代化理解をそのまま踏襲する必要はないが、時代区分の概念としてではなく、「人間が生きるための現在における問題の自覚を持つこと」、そしてその自覚が「次に来る時代を呼び醒まして行く」、そのための認識枠組みとして、近代化を理解しようとしたことには注意を払ったほうがよい。後の議論を先取りすれば、「近代合理主義」と有賀が呼んだ世界理解の根幹にある「反省・省察（reflection/reflexion）」が、「次に来る時代を呼び醒ま」す、自己認識（再帰性 reflexivity）の基点となる。それを、「人間が生きるための現在における問題の自覚」といった認識や意識の問題と関連づけることで、「近代」を読みとったのである。

犯人像のモンタージュ

有賀の論考は、近代化が消されていく現場の目撃証言だけにとどまらない。さらに詳しく見ていくと、近代や近代化を消してしまう犯人像の輪郭を、有賀がおぼろげながらとらえていた可能性が見つかる。

明治の初めに、日本が西洋文化の受け入れにふみ切ったのは、その時の世界史の条件に照らして、日本を強国に仕上げようとする切実な自覚を持ったからである。ただ漫然として西洋文化を受け入れたのではない。〔中略〕だからこの意味で西洋は絶えずモデルとして考えられたが、この経過の間に西洋とちがった強国になるという理想も国民の間で語られていたことも事実であった。それでもその方法として西洋文明の輸入は歓迎された。（同、四頁）

ここに示されているのは、他の論者とも共通する明治以来の西洋文化の受け入れ＝西欧近代のモデル化という認識である。しかし、受け入れの過程でずれが生じる。そのずれをどのように理解するかが、有賀にとっては重要な課題だった。有賀によれば、

資本主義のように、それまでの日本になかった文化でも、それを受入れて（模倣して）、成立させようとすると、やはり日本の政治的条件や社会的条件を踏まえて出発しなければならなかった。こういうことは単に明治以降の西洋文明の受入れの場合にのみ生じたことではなかったが、ともかくこの受入れを西洋化（westernization）とよんでよいか疑問がある。何となれば西洋と同じものができなかったというばかりでなく、気持の上では「模倣」でも、結果的にはそれとはずれていたので、要するに大分ちがったものができ上って来た。これを「歪曲」とか、

「悪い模倣」と評価するのは、西洋文明の規準における評価であったことはまちがいない。あるいは西洋文明を自分の頭の中でもっと理想化して見たその規準から見た評価であったかも知れない。

しかし現実には西洋と同じものができるはずはなかったのであるから、この「模倣」と見られた現象は実はそれ以外に進む道がなかった唯一の結果であった。もちろんそこに来るまでに、いくつかの試みがあり、誤ちもあったであろうが、その中から日本人が選んだ唯一の道であったことになる。だから日本の条件の中では、それが創造への道であったと見ることができるので、単純に模倣と見るべきではない。westernization という言葉が用いられている場合に、模倣から創造への展開の意味としては考えられていないが、それでよいのだろうか。（同、四頁）

「西洋文明」の取り入れを、たんなる「模倣」と見るか、さらにはそれを単純に「西洋化」と理解してよいかに疑問が向けられている。しかも、必然的にもとの西洋文明とのずれが生じることをふまえ、そのずれを、「「歪曲」とか、「悪い模倣」と評価するのは、西洋文明の規準における評価であったことはまちがいない」と、評価＝認識の問題に目を向ける。当時の日本の近代主義者、マルクス主義者を念頭に置いた批判だろう。その批判はつぎのようにまとめられる。

marxist は marxist で、非 marxist は非 marxist で、自分の理想を最上としてまっしぐらに進もうとした。権威ありとみとめた西洋の諸思想や社会制度を現実以上に理想化して、それに比較することによって、日本の在来文化も、新たに作り上げたものをも否定して、第一流国家の座につきたいとひたすら念願した。それができないとわかった瞬間に激しい劣等感に落ちた。外国の理想的映像を描くことは、一面に漫性的劣等感をも誘発したが、

それでもそれを乗り超えようと努力し、絶えずあせり、背伸びし、またこれによる進歩も生じた。(同、五頁)

このように、マルクス主義者や非マルクス主義者を含め、当時の共通認識であったといえる日本の近代や近代化の遅れや「歪曲」、「慢性的劣等感」といった評価＝認識は、「権威ありとみとめた西洋の諸思想や社会制度を現実以上に理想化して、それに比較すること」によって生まれたと見る。こうして「西洋文明の規準における評価」自体を相対化しようとしたのが有賀の見方である。つまり、認識の問題へのこだわりである。

この認識を支えていたのが、英語のmodernの解釈から有賀がたどり着いた「現在における問題の自覚」という「近代(化)」理解であった。他の社会にもあるはずの、それゆえ、日本には日本なりにあるはずの「人間が生きるための現在における問題の自覚を持つこと」を「近代化」に読み込んだことで可能となった、批判・相対化の視点である。

その社会に造られた制度や個人の行動に表れる機能合理性や目的合理性はその社会の価値合理性と複雑にからみ合っていた。このことは未開社会にも文明社会にも存在した。根本的には人間に共通の態度であったが、それらの合理性の実現の仕方において両者にちがいがあったのは、知識の集積の仕方や人生観や世界観のちがいによるものであり、したがってそれらを自覚することの程度の差異があったからである。(同、八頁)

単純に日本や日本人の「遅れ」を断定しない、注意深い記述である。相対化の方法といってもよい。そして、ここで示される「それらを自覚することの程度の差異」という視点は、先に引用した、有賀流「近代化」理解の鍵となる「人間が生きるための現在における問題の自覚を持つこと」をふまえていることに注意を払おう。「現在」に起点を置き、そこでの問題をどれだけの、そしてどのような自覚をもってとらえるか。この「程度の差異」を単純に、先進―後進の関係や、上下の関係と見たのが、当時の「インテリ」(有賀)の日本近代化の理解だった。そうした当時の支配的な認識との違いを強調する有賀にとって、明治以後の近代化はつぎのように認識された。

これらの日標達成(明治においては近代国家の確立、戦後は民主国家の建設)のため、前者(明治維新以後)においては、欧米文明の習得にまっしぐらに努力した。今日においても外国文明の学習に努力はしているが、明らかに批判的になった。日本における近代化を欧米を中心として考え易かったのは理由はあったとしても、これらを等しく近代化と称した所で、その問題意識には相当のちがいがある。この場合文化の学習や模倣に重要さがあるのではなく、どのような自覚によって外国文化の学習を行ったかということが重要である。(同、九頁)

一見すると、当時の知識人と似たような、明治以来の日本の近代化理解のようにも見える。ただし、注目すべきは、最後の部分で有賀が、「これらを等しく近代化と称した所で、その問題意識には相当のちがいがある。この場合文化の学習や模倣に重要さがあるのではなく、どのような自覚によって外国文化の学習を行ったかということが重要である」と述べているところである。有賀にとっては、「問題意識」の「相当のちがい」や「どのような自覚」によったか、という点が日本の近代化を理解するうえで要であった。たんなる時代区分とは異なる、「近代化」の同時代的な理解である。それによって、先進―後進といった時間軸や優劣の関係に還元しきれない近代や近代化の理解に近づいたのである。

こうして有賀の証言を読み解いていくと、時代区分としての近代や近代化の理解が、とりわけ有賀の時代にあっては、先進―後進といった時間軸のうえでの社会や時代の位置づけに使われる認識であったことに類推が及ぶ。それとの対比でいえば、有賀の「現在における問題の自覚」という視点は、社会がそのときどきの現在という時点に絡めて、自らを変えていく変動をとらえようとする問題意識を呼び起こそうとした視点・論点であった。英語の modern との対比・考察にこだわったことで到達した視点といってよい。

それに対し、当時のマルクス主義者も非マルクス主義者も、近代を時代区分と重ね、日本には前近代性（封建遺制）が残っているといった後進的な日本の自己像を描くことが「常識」であった。この一般的な理解のもとでは、「外国の理想的映像を描く」ことに追われ、それを基点に日本の自己像を描き出すことに終始する。とりわけ、多くの日本の知識人が共有していた、（発展段階説を含む）進歩主義的歴史観――それ自体が modern としてつくられた――をもとにすれば、先進は、後進に比べ時代の「先」を行っているとの理解が可能になる。当然、中世と近代との時代区分には、そのような先進―後進関係が反映して理解された。

問題となるのは、「現在における問題の自覚」という「現在」という意味を失いかけていた「近代」や「近代化」という時代区分である。英語のままなら、そこには問題は生じない。ところが日本語での「近代」や「近代化」の場合は、有賀が詳述したように、現在との接点を容易に失う、時代区分に押し込められていった。

ここからは、有賀の目撃証言から離れた、つまり、有賀の証言以後の出来事をふまえた「推理」となる。以上の議論が正しいとすれば、つぎのように考えることができる。後進が先進に追いついたという時代認識をもった時点から、近代・近代化の「過去化」が始まったのではないか、という推理である。言い換えれば、時代区分と重ね合わせられた近代・近代化の理解が、後進が先進になったという認識を得たことによって、「現代」を「近代」から区別する認識を可能にしたのではないか、という推論である。

あるいは、つぎのように言い換えることも可能である。すなわち、近代を時代区分として理解することは、（マルクス主義やロストウの発展段階説を含む）進歩主義的な歴史観にしたがえば、近代を到達可能な目標とみなすことと一致した。時代が「進んで」いけば、いずれ近代に到達できるという、時間軸にしたがった時代感覚である。

こうした到達可能な「時代」としての近代という認識は、近代化をその目標を達成するための「努力」とみなすことを可能にする。遅れの挽回としての近代化理解である。そこにも時代区分としての近代理解が埋め込まれている。だが問題は、一度到達した近代は、「その後」の呼び名を失ってしまうところにある。ずっと後になれば、「その後」を「ポスト」と呼ぶことで、わかったつもりになったのだろう（「ポストモダン」）。だが有賀の時代や七〇年代には、まだそのような流行の思想は日本に入っていなかった。そのために、近代と区別された「現代」という、時間だけが関連するやり方で「その後」を呼びならわし、理解することとなった。このような推理にしたがえば、その結果として、英語での表現と比べると奇妙な現象が起きた。近代や近代化は過去の出来事になったのである。

もう一度、有賀が到達した結論を引用しておこう。

> このように見れば近代化（modernization）とは時代区分の概念ではなく、人間が生きるための現在における問題の自覚を持つことに深くつながると私は考えるのであって、これは次に来る時代を呼び醒まして行くことに大きな意味があるということができる。（同、六頁）

「次に来る時代を呼び醒まして行く」営みとして近代や近代化を理解すれば、それらを過去化する必要はなかった。有賀とは異なり、それを時代区分とすることで、先進―後進の枠組みがつくられ、後進が（何らかの基準を意図的に用いて）先進に追いついたという認識を得たことで、「次に来る時代を呼び醒まして行く」営みに与える名前が消された。それを「現代」や「現代化」といった表現で理解することは、新しさの強調＝時間の違いだけに終わってしまう。つまり「現在における問題の自覚」を欠いた言い換えである。それゆえ、英語の modern や modernise がもち続けている、これらの語が伝える意味を失った言い換えといってよい。それが、このプロローグの前半で述べた、言葉の違和感の正体である。

「近代」は消された。本書を貫く問題関心に引きつければ、「追いついた」ことによって近代は消された。これらの問題の起点にあるのは、近代が消された結果、私たちは、時代の変化や社会秩序の編成・変容の背後あるいは深部ではたらく力の動きをとらえる視線や理解の仕方を、いつの間にか見失っているのではないか、という直感である。このような直感に確かな言葉と事実を与えること。それを通じて、「近代」をとらえる私たちの視線や認識の変化を明らかにすること。近代や近代化の「その後」に与える言葉を失った影響に視線を向けること。これらは、有賀の問題意識と重なる。近代や近代化の実態の理解にとどまるものでなく、それがいかに理解され、認識されてきたかに照準する知識社会学の試みである。

凡　例

- 〔　〕内は筆者による注である。
- 傍点はことわりがない限り、筆者による強調である。
- 注における引用文中の／は改行をさす。
- 引用文中の旧字は一部を除き、新仮名・新漢字に直した。
- 人物の肩書きや組織名などは当時のものである。

目次

第一章　「近代化論」——その受容と変容

はじめに

一九六〇年代に、海外の社会科学者の間で「近代化論」と呼ばれる領域が関心を集めた。そのなかで、近代化の「成功例」として日本への関心が寄せられた。敗戦から数年足らずで、「奇蹟」の経済復興を遂げ、「強権国家・軍国主義」から「民主主義国家・平和主義」への転換を果たした日本が、欧米の社会科学者、とりわけアメリカの研究者の注目を集めたのである。そうした経緯のなかで、日本の知識人や学者の関心を集め、日本の近代化をめぐる（反論を含んだ）議論が盛んになった。その嚆矢が、有名な一九六〇年夏の「箱根会議」（正式名称は「近代日本研究会議」の予備会議。その記録は、『箱根会議議事録』として残されている）である。そこには、海外からの論者に加え、丸山眞男や加藤周一をはじめ、当時の著名な日本人の学者、知識人が参集した。そして、その後、六〇～七〇年代を通じて、日本の近代化をめぐる議論が広まっていった。

ところで、近代化論とは、それを最も端的に表現すれば、「近代社会がいかに成立してきたか」（佐藤俊樹　一九九八、六六頁）をめぐる議論ないし理論である。六〇～七〇年代の隆盛に比べ、今ではほとんど真剣な関心は向けられなくなった「古い理論」でもある。事実、一九九八年の時点で、社会学における近代化論の「現在」を鋭利に検討した佐藤は、近代化論は「死んだ」と結論づけた。近代化論が語られなくなったというのではない。佐藤によれば、従来の近代化論は「失効」した――すなわち、「何をどう語れば「近代」「近代化」を語ったことになるのかという基準が、つまり近代化論の「実定性 positivity」の平面が、大きく転換した」(同、六六頁)というのである。

もう少しだけ、この佐藤の議論を追ってみよう。近代化論の死、あるいは失効の理由について、佐藤はつぎのような見立てを提示した。

直接のきっかけとなったのは社会史によるデータの爆発であった。そのなかで従来の近代化論の基本的枠組みは次第に失効していった。代表的な近代化モデルがデータの裏付けを喪失しただけではない。さまざまな方法論的問題が露出するなかで、従来の近代化論の問いまでが意味をうしない、その視点のあり方自体が問われるようになったのである。(同、六七頁)

本書にとって重要なのが、このうちの二番目の指摘、近代化をとらえる「視点のあり方」の問題である。近代化論の試み、すなわち西欧社会において「近代社会そのものを外的にとらえようとしたもの」は、「実は、徹底的に近代社会内部の視点でしかなかった」(同、八三頁)。外部の視点から客観的に記述したつもりが、近代社会自体がその内部で生み出した視点からの観察・解釈に過ぎなかったということである。そのことが明らかになるにつれ、「従来の近代化論の視点のとり方自体が次第に信憑性を失っていった」(同、六四頁)。「自然科学が自然に対してとっているような超越的視点が、社会に対しても可能であると信じてきた、その信憑が八〇年代以降、崩壊していった」(同、八四頁)というのである。

これらの指摘は、主に西欧社会の内部で生まれた社会科学や歴史学の認識に焦点づけた議論である。にもかかわらずこうした議論が日本の近代理解にとっても重要なのは、本書が、日本の近代(化)をとらえる「視点のあり方」を主題とするからである。なるほど、「超越的視点」と「近代社会内部の視点」との対比は、「言語論的転回(linguistic turn)」を経た後の、歴史・社会認識を含む認識論をふまえれば、当然の区別といえる。素朴に「近代社会そのものを外的にとらえよう」とする見方を受け入れてきた時代(アプローチ)と、そうした「視点のあり方」自体を議論に組み入れながら時代認識の構築過程を探っていく時代(アプローチ)との違いである。だが、本書での課題は、このような認識論を直接論じることにはなく、佐藤がいう「メタ近代化論」、すなわち「近代化論の枠組み自体の相対化」(同、八七頁)を戦後日本に照準をあわせて行うことである。

ところでプロローグでは、近代という語の変容、直截にいえば、「近代の消え方」を検討した。本章では、それに続いて、近代化論という近代(化)をめぐる言説の受容と変容――佐藤のいう近代化論の死を含む――について検討する。それというのも、戦後日本社会に特徴的な近代(化)をめぐる自己認識、すなわち、「キャッチアップ型近代化とその終焉」という時代認識の出現とその特徴をあぶり出すためには、「近代」の消され方に続いて、それを知的に語ってきた議論＝理論である、近代化論の受容と変容を明るみに出す必要があると考えるからである。

近代化論は、日本でどのように受容されたのか――社会理論や社会の自己認識の言説としての近代化論を俎上にあげることで、近代化という社会変動(近代社会はどのように成立したか、どのように変化したか)を日本人がいかに認識・理解してきたのかを解明する。とりわけ、近代化論の受容にかかわる、ねじれや錯綜のあり様に、「視点のあり方」の特徴を見いだそうというのが本章の目論見である。したがって、以下の議論で、それぞれの言説がどれだけ事実や実態を反映するものであったかという検討を脇に置く。事実認定や実態把握という視点から日本の近代(化)を論じるわけではないことに留意してほしい。

この点に関連し読者の誤解を招かないように、分析概念として用いる用語にも手短に解説を加えておく。近代(化)

理解の様式を、以下では「キャッチアップ型近代(化)」の「言説」、ないしキャッチアップ型近代化の「理解」(あるいは「時代認識」)と呼ぶ。あくまでも歴史認識として構築された「知識」の謂である。実態レベルで近代や近代化を論じるときには、それが明確になるように別の用語(「後発型近代(化)の経験」)を使う(1)。この問題を含め、本書の方法論についてては次章で論じる。

一 近代化論の骨格

このような作業を行ううえで、本章で最初に取り上げるのが、前述した「箱根会議」での議論=言説である。ここで見るように、近代化論隆盛の嚆矢ともいえるこの会議において、早くも、アメリカ側の近代化論と日本側の理解との間には鋭い対立が表出していた。その対立・対比に着目することで、戦後日本の知識人の近代(化)理解の特徴をあぶり出すことができる。

ところで、「近代化論」の論者、とりわけアメリカの社会科学者が、戦後からわずか十数年後の時点で一九六〇年代の日本に注目したのにはそれなりの理由があった。冷戦下で、次々と新興国家が独立し国際舞台に登場する。そのような時代を背景に、新興国を「西側」に取り込むか、それともソ連が主導権を握る「東側」にとられるかというアメリカ自身の国際戦略との関係があったのだ。個々の研究者がそれをどれだけ意識していたかどうかは別として、近代化論が六〇～七〇年代に隆盛を極めた理由の一つには、そのようなアメリカ側の事情があった。そうした事情に照らせば、アメリカ主導による戦後日本の「奇蹟」的復興は、近代化の成功例とみなされ、それゆえ新興国をアメリカ側に呼び込むための「よきお手本」と考えられたのである。日本の近代化を近代化論の一環として分析することが、アメリカの世界戦略と見合っていた、といってよい。その意味で、戦後社会理論の構築という学問的貢献と同時に、アメリカの世界戦略と見合っていた、といってよい。その意味で、戦後の日本に照準した、とりわけアメリカ産の近代化論は、その時代のアメリカという「近代社会内部の視点」に立つものであった。

近年の研究によれば、「近代化論」は、第二次大戦後の世界の設計者を自認したアメリカ合衆国の対外政策を導く社会理論として理解されている〔たとえば、Gilman 2003, Latham 2000〕。その理論の思想的骨格は、一九五九年に社会学者、エドワード・シルズが「中東、アジア、アフリカの「新しい国家」における政治的問題とその展望」に関する学会の基調講演で表明したつぎの発言に典型的に示されていた。やや長いが引用しよう。

新しい諸国家においては、「近代〔modern〕」とは、民主主義的で、平等主義的で、科学的で、経済的に先進の統治を意味する。「近代」国家とは「福祉国家」のことであり、それはすべての人々、とくに下層階級の人々の福利を最優先の関心として宣言する。「近代」諸国家とは、必然的に民主的な国家を意味し、そこにおいて、国民は支配者によってケアを与えられ、面倒を見られるだけでない。国民自身がそれら支配者にインスピレーションを与え、かれらを導く資源ともなる、そうした民主的な国家のことである。近代〔modernity〕は民主主義を必要とする。新しい諸国家における民主主義とは、とりわけ平等主義的なものである。近代〔modernity〕は、それゆえ富めるもの、伝統的に特権をもつものたちを、かれらが卓越して所持していた影響力〔勢力〕ある地位から引き摺り下ろす。それは、土地〔所有〕改革を含む。激しい累進的な所得税の仕組みを含む。普通選挙制を含む。近代〔modernity〕は普遍的〔universal〕な公教育を含む。近代〔modernity〕は科学的である。それは、国の進歩は合理的なテクノロジーに依存すること、究極的には科学的知識に依存することを確信する。いかなる国も、経済的な先進性と進歩なしには「近代〔modern〕」になれまい。経済的に先進的になるとは、経済が近代的なテクノロジーに基礎づけられているということであり、産業化されているということであり、高い生活水準をもつということである。〔中略〕「近代〔modern〕」とは、西欧の悪弊を真似ることなく西欧になることを意味する。それは、ある意味、地理上の起源と場所から切り離された、〔唯一の〕モデルとしての西欧なるものである。(Gilman 2003, pp. 1-2. 訳は引用者)(2)

民主主義、平等主義、科学主義、経済成長、福祉国家、普遍的な公教育の提供――近代化をすでに遂げた、西欧先進国をモデルとした社会理論の提示である。この引用から取り出すことのできる重要な論点は、「近代化論」は、たんに近代社会の変動を説明する理論にとどまらないことを言明している点である。アメリカの(社会科学者の)立場から見れば、この理論を意図的に他国に適用することによって、それらの社会(その多くは前近代社会か、近代化の途上にある社会だと認識された)を「正しく」変革していく方法を引き出す「理論」であった。しかも、その唯一のモデルを提供したのが「西欧」――そこに「悪弊」があることを認めてはいるが――である。シルズの言明では、近代化を直截に「西欧化」と重ねる見方が示されていた。後に、西欧中心主義(Eurocentrism)として批判される言明である(Okano & Sugimoto 2018)。

それだけではない。社会科学者を含むアメリカのリーダーたちは、近代化途上にある国々のエリートたちが、この理論が指し示す考え方をもつように自らを「近代化」し、そうすることによって、進んでこのイデオロギーを用いて自分たちの社会を「近代化」するように仕向ける、そのような認識枠組み自体の普及と定着を進めたのである。二一世紀に入り、近代化論を批判的に検討したギルマンは、当時もう一人の近代化論の主導者であったアメリカの社会学者、ラインハルト・ベンディックスを引いてつぎのようにいう。

近代化論とは、アメリカ国内にあっては「社会的近代主義」、すなわち、改良主義的で合理化を進める慈悲深いテクノクラート国家があらゆる社会的な問題、とりわけ経済的な困難を解決できるという思想のことであり、外交政策においては、その対応物であった。社会学者ラインハルト・ベンディックスによれば、近代化とは、「世界の中の産業化された社会において福祉国家の成長を意味した。それは、さまざまなやり方で競合する国家間を調整するパターンを提供すると同時に、(先進国に)追いつこうとする社会の政治リーダーや主導的な知識人によって模倣されるべきモデルを提供するものでもあった。」(Gilman 2003, pp. 16-17)

ベンディックスの引用が伝えるように、(先進国に)「追いつこうとする社会の政治リーダーや主導的な知識人によって模倣されるべきモデルを提供」することに、近代化論のねらいがあった。アメリカ社会の改良を目論むと同時に、各国の指導者たちにそれが行為の指針となるよう、「追いつこうとする」目標を設定するための、あるいはそれを正当化するための「社会理論」だったのである。

次章で見るように、日本の政治や行政リーダーたちにも共有されたキャッチアップによる近代化の理解とイメージは、その点でここでの議論に重なり合う。戦後日本の近代(化)を欧米の模倣や追いつき型と認定する知識の基層に、こうしたアメリカの(普遍主義を装った)世界戦略的なイデオロギーが含まれていたことは、後の議論のために記憶にとどめておきたい。一見、それを素直に受け入れたかに見える日本の政治・行政リーダーの近代(化)理解とともに、である。

二　箱根会議に見る視点の対立軸

しかしながら、戦後日本におけるアメリカ産近代化論の受容はそれほど単純明快なものではなかった。前述したアメリカの世界戦略の思想＝イデオロギーとしての近代化論は、照準を日本に向けたときには、そのイデオロギー性が複雑なものにならざるを得なかったためである。その複層性やねじれの基本的な姿は、すでに箱根会議の場に現れていた。

『箱根会議議事録』をもとにこの会議での議論を振り返った金原左門の『「日本近代化」論の歴史像』(一九六八)によれば、この会議の主たる課題は、「近代化の観念と日本という問題」に照準することで、「"from the general to the specific"の方向をすこしでも前進させる」ことにあった(同、二六頁)。すなわち、アメリカ側の出席者、とりわけ日本研究の専門家のねらいは、より一般的・普遍的な近代化の理論と概念を提示し、そのなかに、日本の経験(＝特殊)をいかに位置づけるかを課題とする、そのことを通じて、近代化論の発展を図ると同時に、戦後の日本社会という「成功例」をその普遍的理論の基準に照らして評価しようとするものであった。金原の言を借りれば、「「近代化」の過程を普遍的な世界史的現象であり、その静態的な諸基準により客観的に類型化をはかって現象面から量的把握をつうじて概念づけようとする」(同、二八頁)アプローチである。それゆえ、アメリカの社会科学者の側から見れば、「日本側のアプローチは「特殊的(スペシフィック)」であり、アメリカ側の主張する「道具的概念(ツール・コンセプト)」の観点から見ると通用せず、もっと「普遍的(ユニバーサル)」なものに結びつけていく必要がある」と受けとめられていた(同、三〇頁)。

この普遍的な理論からの「道具的概念―ツール・コンセプト」の提示は、会議の主導者の一人であり、日本研究の専門家であるジョン・W・ホールによってまとめられた。箱根での議論をふまえて、ホールは「日本の近代化に関する概念の変遷」という論文を会議の報告書に執筆した。そのなかで、「近代化」についての「多分に普遍的な用語で、記述的定義を組み立てるという努力」の成果として、(会議の議論を経た)近代化を記述的に定義するための「修正一覧表」を掲げた。そのリストが、以下である。

一　都市への、人口の比較的高度の集中と、社会全体の、都市中心的傾向の増大
二　無生物エネルギーの、比較的高度の使用、商品の広範な流通、およびサービス機関の発達
三　社会の成員の、広汎な横断的接触、経済・社会問題への彼らの参与の拡大
四　環境に対する個人の、非宗教的態度の拡大と、科学志向の増大、それにともなって進む、読み書き能力の普及
五　外延的・内包的に発達した、マスコミのネットワーク
六　政府・流通機構、生産機構のごとき、大規模な社会諸施設の存在と、これらの施設が次第に官僚制的に組織化されていく傾向
七　大きな人口集団が、次第に単一の統制(国家)のもとに統合され、このような単位間の相互作用(国際関係)が次第に増大する
(ホール　一九六五／邦訳　一九六八、一六―一七頁)

ホールはこのようなリストの作成の必要性をつぎのように述べた。

　現代の社会科学者の仕事はほとんどが、それぞれの狭い専門的関心に限られ、近代化についての統一概念を作るという問題にはほとんど注意を払わない。そのために近代世界の意味も、西欧化、民主化、工業化といった明らかに不適切な概念か、もしくは社会科学の諸領域の狭い術語の中におしこめられたままの状態である。現代の世界が影響を受けている諸変動の全容をよりよく包括できる概念として、近代化の概念が登場を見たのは、右のような事情のもとにおいてである。(同、八―九頁)

「西欧化、民主化、工業化」よりもより包括的な「現代の世界が影響を受けている諸変動の全容」をカバーする、そのような「統一概念」の作成が求められたのである。ここに込められた意図を、海外の近代化論にも詳しい日本の社会科学者の一人、武田清子はつぎのようにまとめていた。

イデオロギー性をできるだけ排除しようと努め、社会主義社会、資本主義社会、前近代的性格を多分に内在させた非西洋社会など社会体制の別を超えて、共通のはかりでもって近代化の質を計る規準なり、概念なりをさがし出し、設定しようという〔意図〕（武田　一九七〇、一二三五頁）

「イデオロギー性」を極力排除することで、「社会体制の別を超え」た普遍的な理論の提唱が可能になる、と考えられた。「諸変動の全容をよりよく包括できる概念」を設定し、そこから演繹的に、諸変動を記述できる道具立て（記述的定義）をくみ上げていく。先のリストに照らせば、それぞれの社会の変化をこれらの基準（「共通のはかり」）に従って記述することができる。比較の視点を用いれば、それぞれの社会をその基準に照らして、「先進国」からの距離（違い）として示すことも可能である。とりわけ、それぞれの国民国家の国家単位で集められた諸統計を用いた量的な記述は、それぞれの社会の近代化の度合を、共通の「客観的な」基準に基づいて「可視化」できる、と考えられた。

数字によって示され認定された「事実」は、客観的に、さらには政治的に中立的に見える。社会の外部に出て、いわば「超越的視点」（佐藤　一九九八）から、社会の変動を記述・理解しようとするアプローチである。このような方法を受容し、自らの社会の近代化の程度を認識・公示する——そのような政治的判断・態度は、「〔先進国に〕追いつこうとする社会の政治リーダーや主導的な知識人によって模倣されるべきモデル」（ベンディックス）に倣っていること、そこに埋め込まれた支配的な近代(化)理解を受け入れていることの証左となる公的な行為である。一見中立的で客観的に見えるこれら近代化の「一覧表」の採用と受容には、そのような政治的教化のはたらきが含まれていた。このことのイデオロギー性については、後述する。

ここに示された、普遍 対 特殊という対比は、客観的・客体的(objective)なアプローチ(アメリカ側)と、主観的・主体的(subjective)な側面にこだわる日本側との相違点に重なっていた。以下の分析では、普遍的・一般的な近代化概念から導かれた「道具的概念(ツール・コンセプト)」の提示というアプローチ自体に含まれた認識論的な特徴を「規準」として、それに対する日本側知識人の反応の差異＝距離を見る、という方法をとる。先述の七つの基準を用いて日本の近代化を客観的に位置づけるというのではない。認識のずれのあり様自体を「視点のあり方」を示す言説データとしてとらえるのである。

(1)政治性をめぐる差異

金原が「アメリカ側と日本側の発想の決定的な断層」(金原 一九六八、二九頁)と見たのが、政治的側面、すなわち「民主化」を近代化に含めるか否かという違いであった。その違いは、とりわけマルクス主義的な日本の歴史学者とアメリカ側の認識のずれとして顕著に表れた。その代表的な議論が、遠山茂樹によるアメリカ流近代化論への批判であった。

ホールによるまとめによれば、遠山は会議の始めにあたって「日本の大多数の学者、特に歴史学者は、「近代化」という言葉を資本主義社会への移行する過程という意味に使っている」(ホール 一九六五/邦訳 一九六八、三五頁)という前提から、「[この日本側から見た]通常の概念規定から全く離れて新しい定義づけをおこなおうとしているのは、どのような理由にもとづくのか」(同、三五頁)という疑問を発していた。このような基本的な疑義をもとに、遠山は「日本の学者の関心をあつめたのは、政治や思想をどのようにしたら民主化することができるかという問題であった」というテーマを、近代化を論ずべき最重要の課題として提唱した。具体的にはつぎの三つの問いが提出された。

(1)商工業の間で資本主義的経済が支配的な力を持ちながらも、なぜ農業や農民生活では、前近代的な要素がひろく、また強く残ったか。

(2)議会や法律の近代的な制度が整備したにもかかわらず、なぜ、軍国主義や軍部・官僚の専制的支配が続いたのか。

(3)教育が普及し、欧米の思想がさかんにとりいれられていたにもかかわらず、知識人の場合でも、日常生活の行動を決定する考え方は、家父長制的な、あるいは身分制的なものがつよかったのはなぜか。

（同、三六―三七頁）

この三つの問いの構成自体が日本側の近代化論の受容＝反応を示していた。いずれも前半で叙述されるのは、アメリカ側が提供した規準に照らして評価可能な近代化の側面である。そして、その後半で、日本の(特殊)事情がネガティブな意味を込めて接続されている。「にもかかわらず」という接続が遠山ら日本人側の近代化論への受容＝反応の複雑さを示す構成となっている。このような疑問提出の意味を金原は、

この遠山の主張は、会議の中で見られたアメリカ側の「近代化」論の価値的観念の意図的排除や、時代・時期の質的転換、地域・体制の条件を無視した方法にたいし、日本の研究史のうえにたって、近代日本の総過程の歴史的評価を試みるさいの視角をあきらかにし、民主化の現実的課題から「近代化」論の方法の有効性に疑問をな

げかけたもの（金原　一九六八、二九頁）

とまとめている。「民主化」や「民主主義」という価値に照らして、日本近代化の特徴を明らかにすべきとする立場から、アメリカ側の「価値的観念」を「意図的」に「排除」した近代化論との違いを示したのである。先の三つの疑問点の用語や表現に顕著に示されていたように、「前近代」性、「専制的支配」、「家父長制」や「身分制」といった、「民主化の現実的課題」に照らせば、遅れた、後進的な、あるいは「歪んだ」部分を残したままの日本の近代化の「総過程」を視野におさめるべきとの立場の表明であった。そして、このような認識を支えたのが、マルクス主義の歴史観であった(3)。それぞれの疑問点の前半部分の叙述が示すように、そこには一定の、ある領域におけるアメリカの規準にも見合う「近代化」の進展の認定が示されていた。そのうえで、後半部分の、民主化や民主主義の価値に照らした疑問点の提出においては、「にもかかわらず」日本的な偏差を生み出してしまうことが指摘された。民主化や民主主義といった政治性の軸を置けば、この後半部分の反転した近代化のパラドクスこそが、日本の知識人にとっての問題であった(4)。

大内力《つとむ》のつぎの発言にも、同様の認識が見られる。

都市化ではイギリスが一番著しいのに対し、日本はおくれています。イギリスと、そしてドイツや日本の如きイギリスから輸入した産業革命をした国々との type のちがいがあるのです。こうした農村分解の type のちがいが、社会制度や意識の古い遺物の残り方の pattern のちがいを規定するのです。（金井編　一九六一、一五頁）

「日本はおくれています」としたうえで、「社会制度や意識の古い遺物の残り方」に違いが出るというのである。

「古い遺物」が「民主主義」の妨げであることを言外に含んだ発言である。

しかし、このような日本側の反論は、アメリカ側から見れば「日本人はとかく資本主義《キャピタリズム》とか封建制《フューダリズム》とか革命《レボリューション》などという高度に一般的な概念をインプ《マ》リシト《マ》〔implicit 暗黙の前提として〕に特殊化して用いるが、こういう概念それ自体がもっと厳密に規定されなくてはならないと思う」〔アメリカ側参加者、リヴィの発言。金井編 一九六一、一〇―一一頁〕とみなされた。社会科学の理論や方法におけるこの時代の日米間の差を示す発言である。しかしそれ以上に重要なのは、金原が要約したように、「「日本資本主義論争史」の系譜になんらかのかたちでたつ日本側の研究の課題との違い」であった〔金原、前掲書、三二頁〕。

ここに示された両者の距離には、「民主化」として要約された価値に照らして、日本近代化の遅れや歪みを問題視し続けた日本側の近代(化)理解の特徴が示されていた。このような距離を前提にすれば、近代化論は、たとえアメリカ側が普遍的で一般的な社会変動の理論として提示しようと、近代日本やそこに至る過程を理解する助けとはみなされなかった。箱根会議の参加者で経済史の専門家であった堀江保蔵のつぎの発言を見よう。

> Indigenous の〔内生的〕近代化をした国々と、late comers〔後発国〕との区別の基準として mechanisation〔機械化〕とか industrialization〔産業化〕とかいう前に、民主主義が進んでいたかどうかが大事なことだと思います。イギリスもアメリカもそうですが、民主主義が相当発達しており、独立戦争などはその現れといえます。ところが日本ではそれがないところで産業革命が行われました。〔中略〕産業革命を経ているが、国家構造の面では、democracy〔民主化〕の面では、まだ完全に近代化していないということになるのです。〔金井編 一九六一、一六頁〕

ここでの「民主化」規準は、マルクス主義者以外の日本人知識人にも共有される「価値的観念」でもあった。丸山が論じた「個人の析出」の問題や、川島武宜《たけよし》の「「民主主義」や「人権」等の「価値」が日本の近代化において社会的＝政治的行動の動機づけにとって重要な役割を演じた」ことを「日本人にとって最大の関心事」（ホール 一九六五／邦訳 一九六八、二四頁）とみなす立場と選ぶところはなかった。「近代社会がいかに成立してきたか」という近代化論の受容において、民主化や民主主義という「価値」に照らした日本の位置づけという問題が、当時の日本の知識人にとっては最重要の課題だったのである。

ホールが示した「修正一覧表」（九頁）に照らすことで、どれだけ日本が近代化しているように見えても、あるいはそれを統計資料として計量的に示すことができても、量的な把握が困難な民主化や民主主義といった「価値」を規準とした近代（化）の理解には及ばない。もはや常識的な知識ともいえる、近代日本の後進性や前近代性、歪みや欠如といった偏差の認識が、近代化論を手放しでは受け入れることのできない知識の基盤にあった。アメリカ流近代化論への最も基底的な反応＝反発として、民主化や民主主義といった、敗戦後にアメリカの占領政策が最重点とした「価値」からの偏差の問題が、根底にあったのだ。政治性や価値の問題をあえて含めないことで、一見中立的・客観的な社会「科学的」な議論を目指した、箱根会議でのアメリカ流の近代化論は、日本側の政治性へのこだわりというフィルターを通じて受容・理解された。中立性、客観性を一つの政治性と見たのである。別言すれば、いずれこれらの政治性への執着が希薄化あるいは変容していけば、近代（化）の理解にも変化が及ぶ。近代の消え方、近代化論の死に方や変容にかかわる論点の一つである。次章での議論を一歩先取りする言い方をすれば、政治性を表面上中立化することで、アメリカ流の非政治的に見える近代化理解を受容しやすくなる――一九七〇年代以後明確となるキャッチアップ型近代化という認識・理解へとつながる近代化論の受容は、この政治性へのこだわりの変化（あるいは意図的・政治的な解除）と関係しているという仮説設定に連なるのである。

（2）客観的・客体的（objective）と主観的・主体的（subjective）

先に見た民主化をめぐる政治性の差異は、これまでの分析にも示されたように、アメリカ側の客観的・客体的（objective）なアプローチに対する日本側の主観的・主体的（subjective）な視点へのこだわりと重なり合うものであった。遠山らの主張に見られたように、「政治や思想をどのようにしたら民主化することができるかという問題」には、「主体」の問題が抜き差し難く組み込まれていたからである。民主化しきれない日本近代という切実な問題であり、それを達成できない「主体」のあり方の問題であり、それらをどのように認めるかという（客体化しきれない自己）意識の問題であった。

金原によれば、日本側出席者に共通する関心として、「近代を何故問題にするか」「日本では何故近代化が求められるか」といった、「主体的、実践的な観点」からの「近代の自己意識化」というサブテーマが共有されていた（金原　一九六八、二八頁）。箱根会議においては、この問題について、丸山眞男がつぎの発言を行っている。

> 日本が今 modern society〔近代社会〕をもっているのに対して、Turkey〔トルコ〕や中国をそれをもっていないのです。近代の antinomy〔矛盾、対立〕をぐぐって来てそれを意識したドイツや日本で近代が問題になるのは意味のあることで、だから実践的関心がそこにはあり、単なる analytic〔分析的〕な、scientific〔科学的〕な興味にとどまらないのです。（金井編　一九六一、二一一―二一二頁）

さらにこの主観的・主体的な側面へのこだわりは、丸山眞男が会議の報告書向けに書いた論文（丸山　一九六八、三六七―四〇七頁）のなかでは、つぎのように表現された。

〔普遍的で、客観的・客体的に記述できる〕テクノロジカルな近代化が、イデオロギーの領域に、したがって「目的」の領域に及ぼす種々の「好ましからぬ」反作用を長期にわたって完全に遮断することは、日本の支配層にとっても不可能だったのではないか。あるいはまた、ある段階において近代化の推進に有効であった伝統的エートス——例えば、企業体における家族主義——が次の段階で近代化を一層おし進めねばならない場合に、桎梏に転化するような事態も生じたであろう。こうした考察は、高度に目的意識的・選択的な近代化の限界という日本の近代化の成功と失敗を理解する上できわめて重要な論点にわれわれを導く。(同、三七一頁。強調は原著による)

日本の近代化を「高度に目的意識的・選択的」なものとみなしていた丸山ら日本側出席者にとって、「主体的、実践的な観点」とは、「〔なぜ近代化を求めるかという〕「目的」の領域」に深くかかわっていた。そして、その主体をめぐる問題が、「高度に目的意識的・選択的な〔日本の〕近代化の限界」に関連すると考えられた。遠山にせよ丸山にせよ、近代化を推し進める〔=目的意識をもち選択を行う〕「主体〔性〕」こそが問われるべきであった。

そこには、つぎのような事情があった。丸山の表現を借りれば、「近代的制度——法的・政治的・経済的諸制度のタテマエとその枠の中で実際に働いている人間関係の間に存在するズレ」、「その不一致の程度は、日本や他の非西欧圏諸国のように近代的制度や思想がことごとく外からいわば「完成品」として輸入された場合には、西欧圏諸国の場合に比して著しく大きいことはいうを俟たない」(同、三六九頁)。「外からいわば「完成品」として」の近代の諸制度や思想を「輸入」することで近代化を果たす日本のような社会にとって、〔選択的に〕何をいかに輸入するか。それは、すぐれて主体の問題であった。しかしそれに限らず、輸入された近代的制度や思想の「タテマエ」と、実際にそこではたらく人間〔主体〕との大きなずれは、主体の側の問題として受けとめられた。その主体のあり方次第で、輸入された近代的制度に変容(「前近代」性、「専制的支配」、「家父長制」、「身分制」の残存)が加わるからである。遠山や川島が問題にした、民主主義や人権といった(近代的価値にかかわる)政治的側面と重なり合いながら、そこに現れた「日本の近代化の成功と失敗」を論じるためには、普遍理論や一般的概念化を目指した客観的・客体的(objective)なアプローチでは十分ではない。そこには入りにくいとみなされた、主観的・主体的(subjective)な契機(主体の側のはたらきかけ、主体の側の認識＝「近代の自己意識化」)が不可欠だと考えられたのである。

ところが、このような近代化の主観的・主体的な側面へのこだわりは、アメリカ側から見れば、普遍的で、客観的・客体的に記述可能な近代化理解からの逸脱と映った。ホールのまとめを引けば、「近代化の物質生活面での合理化について、客観的な、計量化の尺度の問題をとりあげたかと思うと、議論はたちまち、一層抽象的な問題の方向へひっぱられてしまった。丸山(眞男)氏は、最初から、規準の修正表は観念の世界の軽視の点で均衡を欠いていると考えており、したがって個人の価値体系に一層考慮が払われることを求めた」(ホール　一九六五／邦訳　一九六八、二二頁)となる。先に引いた金原の観察にもあったように、「「近代化」の過程を普遍的な世界史的現象であり、その静態的な諸基準により客観的に類型化をはかって現象面から量的把握をつうじて概念づけようとする」アメリカ側とのずれを、端的に示す違いである。

主観的・主体的な契機へのこだわりを含んだ近代化論の受容は、近代化の失敗に根ざす問題意識に支えられていた。先述の遠山の掲げた政治性にかかわる三つの疑問点は、いずれもそのような失敗を起こした主体の問題とみなされた。高坂正顕の箱根会議での主張を引けば、「われわれに興味あるのは、近代人である」「近代人を問題にしたいと思う」(同、二三頁)、「ethos(エートス)を含めての近代的 spirit(精神)をとりあげる必要」(金井編　一九六一、一四頁)となる。同様の発言は、川島によっても行われていた(同、一四頁)。この西欧をモデルとした「近代人」の欠如が主体の問題だったのである。敷衍すれば、本書の第三章以降で教育言説を通じて分析する、人間(主体)形成における「欠如理論」

を埋め込んだ近代化の理解であった。

しかし、「近代の自己意識化」を組み込んだこのような近代化論の受容は、「目的意識的・選択的」な近代化の目的や規準が、政治的なものから例えば経済や技術の側面に変更(選択)されることで、容易に別の意味をもちうるようになる。あるいは「主体」の問題へのこだわりが解除されるような事態になれば、そのことで近代化論の役割も変わらざるを得ない。別の意味で特定された日本における「近代人」が、高度な産業化や技術革新を可能にする「主体」であったという議論への転換が容易に行われるのである。

(3) 普遍と特殊

近代化における主観的・主体的な側面は、それを取り除いては日本の近代(化)は語れないテーマであった。「近代の自己意識化」の問題は、それゆえ、「近代社会内部の視線」からの問いの萌芽であったといってよい。「日本では何故近代化が求められるのか」、「いかにして近代化を遂げるか」――これらの問いは、「高度に目的意識的・選択的」に近代化を遂げた日本のような――後に使われる概念を用いれば――「後発型近代化」を経験する社会には不可避の、「主体(当事者)」側の自己認識の問題であった。現代ふうに言い換えれば、近代に根ざした、近代の再帰性(5)という現象が、後発型近代社会ゆえに、より鋭利に問われた、その先駆けともいうべき近代の自己意識化＝自己認識である。

ただし、すぐに付け加えなければならないが、当時にあっては、この「近代社会内部の視線」は、「高度に目的意識的・選択的」近代化を経験した日本という「特殊」に位置づけられた認識にとどまった。近代社会としての偏差(遅れ、後進性、歪み、欠如など)という自己認識から逃れられない。「にもかかわらず」で接続された、遠山の先の三つの疑問点はそれを代表する問題提起であった。そのような前提(知識の基盤)から出発したために、一般理論に立ち向かう議論とは距離を置いていた。それは「メタ近代化の視点」(佐藤 一九九八)の萌芽にとどまり、十全の視点の転換と

表 1-1　箱根会議でのアメリカと日本の近代化モデル

アメリカ側：普遍的・一般的理論	客観的・客体的な側面	自然成長的近代化
日本側：日本の(歴史的・文化的)特殊性	主観的・主体的な側面	目的意識的近代化

出典：本章での箱根会議の分析をまとめたもの(筆者作成).

はなり得なかったのである。たしかに近代や近代化の複数性(modernities, modernizations)を認める議論の発端は、箱根会議でも登場していた。だが、日本の近代化を含みつつ、近代化論の一般化、より普遍的な理論への志向を基調としていたアメリカ側との距離は埋まらなかった。主体や価値意識の問題は、「特殊」日本の経験として問題化されるに過ぎなかったのである。

その背景には、一九六〇年という時点では、非西欧圏で近代化に「成功」した社会がまだ少数にとどまっていた(日本が唯一の成功例としてさえ見られた)という事情があった。近代や近代化の複数性は、理論的には可能とはみなされても、実態として実証的には、日本を特殊として見る見方を支持する現実に囲まれていたのである。それゆえに、アメリカ側の(隠れた政治的)立場からすれば、日本の成功経験を経由した一般理論を構築することが、「追いつこうとする社会の政治リーダーや主導的な知識人によって模倣されるべきモデルを提供する」(ベンディックス)理論の提示だとみなされたのである。

以上の分析をふまえ、アメリカ側と日本側の近代化理解の違いをまとめると**表1-1**となる。

この点で、箱根会議で出されたレヴィのつぎの指摘は、今から振り返ると示唆的である。「近代化の型」について、以下の**表1-2**が示されたうえでの発言である。

Ⅰ-A-2〔内生的で、古くて伝統的、植民地になっていないパターン〕の背景となった価値基準がⅡ-A-2〔外生的で、古くて伝統的、植民地になっていないパターン〕の背景にも存在しなくてはならないとはいえない。〔中略〕いろいろな case が出てくればくるほど emotive〔情緒的〕な言葉使いがなされがちであり、そういうやり方では五〇年先の社会では近代が出てこなくなるような結果となるばかりである。概念はあくまで universal-particular〔普遍―特殊〕なものとしてとらえるべきもので

表 1-2　レヴィによる「近代化の型」

Ⅰ　内生的	A 古くて伝統的	1 植民地になった	2 植民地になっていない
	B 新しくてまっさら	1 植民地になった	2 植民地になっていない
Ⅱ　外生的	A 古くて伝統的	1 植民地になった	2 植民地になっていない
	B 新しくてまっさら	1 植民地になった	2 植民地になっていない

出典：金井編 1961，18 頁より作成.

あり、自己充足的な emotional〔感情的〕な規定をするのは意味のないことである。（同、二三頁）

「emotive〔情緒的〕な言葉」「自己充足的な emotional〔感情的〕な」やり方で、近代をとらえようとすればするほど、経験の多様性が増すほど、「五〇年先の社会では近代が出てこなくなるような結果」を招来する、というのである。日本の近代(化)理解は、レヴィが指摘した「自己充足的」で「emotional〔感情的〕な」規定、言い換えれば、後進＝特殊としての「emotional〔感情的〕な」劣等感を基底に置いた近代の自己認識を特徴としていた。その「劣等意識」が別の感情（たとえば「優越意識」）に置き換わることで、「自己充足的」、すなわち自己満足的なまま、近代を読み換える。そのような自己充足的な情緒的転換が「五〇年先の社会では近代が出てこなくなるような結果」を生み出したという仮説をここから取り出すことができる。「消された近代」を予言するような言明である。

三　自然成長的近代化と目的意識的・選択的近代化
――キャッチアップ型近代化への道

これまで見てきたアメリカの普遍的・一般的な近代化論を規準とした、日本側の近代化論受容との距離は、そのおおもとにおいて丸山のいう二つの近代化の区別と大きく重なり合っていた。丸山自身は、後に別の箇所で、西欧の近代化を「自然成長的近代化」とみなし、日本の

「高度に目的意識的・選択的な近代化」と区別した（丸山 一九八六）。この認識の差異＝距離が、これまで見てきた日米間の近代化論の対比に照合するのである。

この距離の意味をより明らかにする概念装置として、ここでは、ほぼ同時代に近代化論をアメリカの社会科学者とは別の視点から論じた、イギリスの社会学者であり日本研究者でもある、ロナルド・ドーアの論文を参照しよう（ドーア 一九七〇）。アメリカ側ではなく、イギリス人社会学者というもう一つの日本の外部の視点を通して見ることで、この距離の意味をより明確に示すことができると考えるからである。

ドーアは、「近代化」という用語には二つの用法があるとしてそれらを区別した。そのうちの一つは、

> 「より〝先進《アドバンス》している〟と考えられる同時代の他の社会から得た手本に従って、一国の経済、政治、法、社会、文化生活を変革すること」。これは、その変革の内容、目標あるいは方法についてなんらかの特定の意味を含まない近代化という用語の一使用法である。近代化の指導者が一〇人いれば、近代化の形態が一〇あるというふうに、その内容は種々様々でありうる。（同、二〇五頁）

この用法は、丸山の「目的意識的・選択的な近代化」に通じる見方である。それに対し、近代化のもう一つの用法は、箱根会議におけるアメリカ側のアプローチと重なるものである。ドーアはいう。

> それは最近のアカデミックな論議で特に一般的に使われている。この使用法では、第一の用法が意味した意図的な変革と、英国や米国のような社会でその工業化時代に起きた、〝工作されない《アンエンジニアード》〔unengineered 計画・設計されたものではない〕〟変革とが同一視され、すべての変革は単一な歴史過程の個々の例とみなされる。この第二の意味

はつぎのように言い換えることができよう――「産業社会では数十年あるいは数世紀の間にすでに行われてきており、また低開発社会では現在多少なりとも始められつつある工業化を含み、かつそれと同時に発生する社会変化の一過程」(同、二〇五頁)

この二つの区別について、ドーアはさらにつぎの説明を加える。

便宜的な分類としては、第二の用法を〝自動的〟、第一のを〝他動的〟と呼ぶことができるであろう。すなわち、第一の意味では、〝近代化する〟社会についてではなく、〝近代化される〟社会について語ることができ、第二の意味ではこれが逆である。

第一の用法における〝近代化〟という用語については、近代化の指導者たちが目指していることを言明するのに、これ以外の包括的な速記的方法はないという意味で有用な用語であると思われる。これに対し第二の用法における この用語は、比較研究の一範囲を――非常に大ざっぱでかつ便利なやり方で――規定するためにのみ有用であると私には思われる。(同、二〇五頁。強調は原著による)

ここで他動的と自動的、あるいは〝近代化される〟社会と〝近代化する〟社会との区別が、丸山の「目的意識的・選択的な近代化」と「自然成長的近代化」に対応することはいうまでもない。ただし、ドーアはアメリカの論者とは異なり、この後者の用法で近代化という用語を用いることに否定的であった。その理由はつぎのとおり。

第二の用法に内在する危険は「近代化とは…という過程である」というような言い回し――その概念が明確に

定義されうるという前提に立って初めて意味のある言い回しに陥りやすいことである。そこから、〝近代化〟の構成要素を列挙して一つの精緻な定義に到達しようとする試みが現れる。ときには、このような要素列挙的な定義自体が〝近代化理論〟という美名にかざられることもあるが、さらに進んで、近代過程のさまざまな構成要素を結びつける因果的相互関係を仮定した一つの理論らしい理論を築きあげる人もいる。

私には、これらの作業のすべてが学問的労働力の浪費のように思われる。〔中略〕たとえリストがどんなものであっても、近代化（自動的な）を定義するこのような企ては、一つの重大な問題に直面する。（同、二〇六頁）

この指摘は、普遍的一般理論に見えたアメリカ側の近代化論が、一見、社会外部の「超越的視点」からの「客観的」な社会の記述や説明のように見えて、その実、「徹底した近代社会内部の視線」（佐藤 一九九八）にほかならなかったことの認識に通じている。だがそれは、アメリカの内部事情、国際戦略に照らした近代（化）像の投影であった。「近代化（自動的な）を定義するこのような企て」はそれゆえに、どれだけ「精緻」にその「構成要素」を列挙しても、論理的にはトートロジカル（同義語反復）にならざるを得ない。そのような「重大な問題に直面」し、それゆえ「学問的労働力の浪費」に過ぎないと、ドーアはこの時点で喝破したのである。

それに対し、ドーアがより学問的に生産的と見たのが、第一の「他動的」「〝近代化される〟社会」に適用された近代化概念の用法であった。このような近代化という語の用法をドーアはさらに発展させ、「断片的な経験主義」による近代化の研究課題として提案した。つぎの三つの研究課題である。

（a）近代化過程の目標を、実際に自国を近代化しようとしている低開発諸国の指導者がたてている諸目標の中から取り出して想定すること、（b）そういう目標を達成するために現実の状態をどう適応させるべきであるかというふうに問題を設定すること、（c）かかる問題を解明する方法として各国の歴史にあらわれた類似した状態との比較から一つ一つ理論的一般法則をひきだしてそれを体系的に積みあげていくこと。（同、二一三頁）

これら三つの提言を挙げたうえで、ドーアは当面の課題を限定した。曰く、

私はむしろ、生活水準の継続的かつ全般的上昇を可能にする経済成長をいかに達成するかを近代化計画の中心的課題としている政府が直面する諸問題をのみ研究の対象としてとりあげるべきだという考え方をとる。経済成長が、結局、一般に望まれている他の多くの変革――文化生活の充実化、教育の発達、また行政機能の専門化をもたらす行政業務の拡大さえも――の前提条件となる。そして同時に、教育の発達といったこれらの諸変化のいくつかは、また、経済成長の前提条件でもある。（同、二一四頁）

このような見方を、ドーアは〝過程モデル〟と呼び、第二の近代化論が〝最終状態モデル〟（たとえばイギリスやアメリカといったすでに近代化を達成したモデル）を前提にしていた理論であることとは異なる、と指摘した。そして、この過程モデルから途上国はより多くを学べるとドーアは見た。

日本の歴史を近代化の一過程として検討することは、こうして、今日近代化を試みている貧しい国々の諸問題に直接適用できるかもしれない〝教訓〟を引き出す一手段となるのである。（同、二二三頁）

ここには日本の成功例を複数の近代化の筋道の一つ（特殊）と見立て、「〝最終状態モデル〟」（普遍）とは異なる近代化

への到達方法を可能態として示す、近代や近代化の複数性（modernities, modernizations）への理論的志向（普遍）が見てとれる。特殊を一般へとつなげる一歩がより明確に示されていたのである。

ただし、急いで付言すべきは、当面の課題だとはいいつつも、ドーアはここで「他動的」「〝近代化される〟社会」を、「生活水準の継続的かつ全般的上昇を可能にする経済成長をいかに達成するかを近代化計画の中心的課題としている政府が直面する諸問題をのみ研究の対象としてとりあげるべきだ」と、経済成長や生活水準の上昇といった面に限定して論じることを強調している点である。アメリカ側論者と同様に、ここでは民主化や民主主義といった政治的価値の面が後景に退いている。経済成長をいかに達成するか、という課題に限定することで、客観的・客体的（objective）な側面の近代化論と、そこにおける主体の問題（「いかに達成するか」）という主観的・主体的（subjective）な契機との共存を図っている。そのうえでドーアは、日本の経験（特殊）をもとに、「今日近代化を試みている貧しい国々の諸問題に直接適用できるかもしれない〝教訓〟を引き出す一手段となる」と一般化理論の可能性（modernisations 理論）をにおわせる。その結果、アメリカとは違う立場から日本の成功モデルを理論化することで、やがて成功経験の賛美に酔う日本の政治・行政・ビジネスリーダーたちの歓心に見合った近代化論への導線をも示したのである。

さらにドーアは、ここで示された近代化の第一の用法を後に「後発効果」論として理論化した。やや長いが、ここでの議論にとって重要なので引用しよう。

> ここで明らかにしておかなければならないが、私が近代化（modernise, modernising, modernisation）という時、私としては、あらゆる社会が何らかの形で通らなければならない変容の過程としての近代化の「本質」についてなされている、いろいろの理論づけ――論者の好みにより、合理化、迷妄からの解放、官僚社会化、分化と再統合、無生物エネルギーの使用増大、流民的意識の進行、等々の過程として――のいずれかにも特にくみするものでは

ない。私は「近代化する」という動詞を厳密に他動詞的意味、すなわち誰かが誰かに何かをするという意味で用いる。私が「変革」と言わずに敢えて「近代化」と言う場合、それは変革を行う主体が、その変革を、自らが進歩とみなす過程の「進んだ」状態に向かうものと明示的に認めた場合を指す。第三世界の各指導者は、彼らが先進的とみなす他国のイメージに合わせた自国の変革を中心として、近代化を図っている。（時には先進諸国自体の現状ではなく、その将来像、「あるべき」像といった、より「先進的な」処方に則って近代化を図っている。）従って「進歩」が必ずしも「近代化」ではない。例えばタンザニアのニュレレ大統領がウジャマア組織の理想を推進する場合、それは「先進的」なものというより、むしろタンザニア特有のもの、民族独自のものを志向した変革である。そういう場合、私はそれを「近代化」とは呼ばない。ただし私もたいていの場合、第三世界の誠実な指導者の殆どが、彼らの眼に映った工業諸国のイメージに従って、その長期的目標を設定しているに違いない、またもし彼等がその長期目標をあからさまに表現したとすれば、それはアメリカの生産力、日本の低犯罪発生率、スウェーデンの社会的凝集力、フランスの芸術的活力、といったステレオタイプ化した要素の複合体のようなものになるのではないかと想像している。（ドーア 一九七六／邦訳 一九七八、一九頁）

この引用の前半部分は、すでに見てきた近代化概念の二つの用法に対応する。「近代化の「本質」についてなされている、いろいろの理論づけ――論者の好みにより、合理化、迷妄からの解放、官僚社会化、分化と再統合、無生物エネルギーの使用増大、流民的意識の進行、等々の過程として――のいずれかにも特にくみするものではない」と、ドーアはここでもきっぱりと第二の用法（自動詞的近代化）を否定する。そのうえで、他動詞的近代化について説明を加えているのだが、ここでの議論にとって重要なのは、「「近代化」と言う場合、それは変革を行う主体が、その変革を、自らが進歩とみなす過程の「進んだ」状態に向かうものと明示的に認めた場合を指す。第三世界の各指導者は、彼らが先進的とみなす他国のイメージに合わせた自国の変革を中心として、近代化を図っている。（時には先進諸国自体の現状ではなく、その将来像、「あるべき」像といった、より「先進的な」処方に則って近代化を図っている。）」の箇所である。ここでは、変革を行う主体の「進歩」観の受容が指摘されている。(6) その「進んだ状態」に向かう変革が、先進国というモデル（その「あるべき」像を含め）をイメージしているとの指摘もある。「時には先進諸国自体の現状ではなく、その将来像、「あるべき」像といった、より「先進的な」処方に則って」「先進的とみなす他国のイメージに合わせた自国の変革」（ドーア）をしていくことは、丸山の議論と重ねれば、「外からいわば「完成品」として」の近代の諸制度や思想を目的意識的・選択的に「輸入」することで近代化を他動詞的に推し進める見方と選ぶところはない。先にドーアが「生活水準の継続的かつ全般的上昇を可能にする経済成長をいかに達成するか」を他動詞的近代化の主要な課題として限定したことと合わせれば、経済成長を「進んだ状態」に向かう変革とみなす見方、それを追いつき型として達成する見方との距離は、存外に小さい。政治性へのこだわりをこのように目的意識的・選択的に解除して近代（化）を受け入れれば、その一歩先にある認識はキャッチアップ型近代化という近代理解である。

重要な論点は、もう一つある。他動詞的近代化と等置可能な「目的意識的・選択的近代化」という近代化論の受容は、近代化には終わりがあり得ることを含意していた、という点である。「より〝先進《アドバンス》している〟」と考えられる同時代の他の社会から得た手本に従って」、手本となる社会と同じような「経済、政治、法、社会、文化生活」面での、変革が選択的に達成されたとき、近代化の終焉が意識される、という近代化理解である。自動詞的で自然成長的な近代化には終わりがない。「アンエンジニアード（unengineered 計画・設計されたものではない）な」社会の変動だからである。近代の代表的思想であった進歩主義に従えば、たしかにそこにも「進歩」はある。しかし、そこには終わりはない。それを六〇年代当時の近代化論で括ることはもはや理論的に困難であるが、それでも近代（modernities）や近代化（modernizations（複数形））は続く。あえて「ポスト」といった形容をつけなければ、そこに終焉はない。それに対し、「エンジニアード(engineered　計画・設計された)な」社会の変革(＝近代化)は、その変革の担い手(主体)の「近代の自己意識」次第で終わりを遂げることができる。そこにあえて「ポスト」といった形容をつける必要はない。

このようにドーアの議論を補助線とすることで、日本における後々の近代化論の変容については、それらがすでに近代化論の初期の受容の仕方に準備されていたという仮説を立てることができる。次章以下で「キャッチアップ型近代化」の概念枠組みによってとらえようとする、「その後」の日本における近代(化)理解との親和性である。

四　もう一つの目的意識的・選択的近代化の受容

この章の最後に、これまでの議論とは趣を異にするが、ここでの分析を補強することになる言説分析を付け加えておきたい。箱根会議から一一年後に出された経済企画庁の『経済白書』一九七一年版である。これを取り上げるのは、経済成長という局面に限定した社会変革のもう一つの「目的意識的・選択的」近代化の受容をとらえるうえで、有効だと考えるからである。白書の第二部は、「経済成長二五年の成果と課題」と題して、戦後二五年間の経済面での総括を行っている。以下では、この白書の記述と合わせて、そこで提示された国家レベルの統計も提示する。そこで意識的に選択された変化の「記述」は、六〇年代の近代化論の受容の痕跡を示している、と考えるのである。

第二部第一章の書き出しで示されたのが、**第63表**である。「生産力の拡充」というタイトルが付され、昭和二二(一九四七)年、昭和九～一一(一九三四～三六)年平均との比較が行われる。誰の目にも鉱工業(とくに工業)の生産力の急拡大を印象づける数字が並ぶ。そしてつぎのコメントが付け加えられる。

いま、第一回の経済報告が発表された昭和二二年当時と現在とを比較すると、鉱工業生産が約三六倍、農林水

第63表　生産力の拡充

（単位：倍）

	昭和45年の水準	過去の水準に対する倍率	
		対昭和22年	対昭和9〜11年平均
（鉱工業生産）		36.0	12.4
電力	28.6百億キロワット時	9.4	12.9
粗鋼	93百万トン	98.0	20.3
石炭	40百万トン	1.5	1.0
重油	101百万キロリットル	2,477.0	301.0
セメント	57百万トン	46.0	10.9
硫安	2.4百万トン	3.4	3.7
綿織物	2,616百万平方メートル	4.7	0.8
合成繊維	2,746百万平方メートル	205,590.0	—
プラスチック	511万トン	—	—
テレビ	12.4百万台	—	—
ラジオ	32.6百万台	42.0	112.0
乗用車	3.2百万台	63,574.0	3,179.0
計算機	2,697億円	—	—
（農林水産業生産）		2.3	1.7
米	1,269万トン	※1.4	1.6
鶏卵	300億個	16.9	8.3
牛乳	476万トン	30.5	17.5
肉	139万トン	32.8	11.9
トマト	79万トン	6.3	5.6

（備考）1. 農林省「農林省統計表」，日銀「経済統計年報」，通産省「通産統計」により作成．
2. ※印は昭和23年に対する倍率．
3. 農林水産業については昭和44年の水準．

出典：『経済白書』1971.

産業生産が約二・三倍の水準となっている（第六三表）。当時の重点物資の主なものについてみると、粗鋼が約一〇〇倍に達し、傾斜生産のもうひとつの主力であった石炭の国内生産は一・五倍にとどまっているものの、これにかわって重油は実に二五〇〇倍近くの飛躍的増大を遂げている。また、米の生産は一・四倍となっており、当時の経済報告が、約一二〇万トンの国内食糧不足（いも類を含めた米換算）を訴えたのに対し、現在では四六年度産米について二三〇万トン減産が目標とされるほど、時代は大きな変ぼうを遂げつつある。

終戦直後は極度に生産力が疲弊していた時代であったが、それにしても現在の物資の生産力水準はきわめて高く、戦前（昭和九〜一一年平均）に対して、鉱工業は一二・四倍、農林水産業生産は

第66表　主要国1人当たり生産水準の対米比較(1970年)

(アメリカ＝100)

	アメリカ	日　本	イギリス	フランス	西ドイツ	イタリア
合成繊維	100.0	249.0	※99.6	※69.6	※63.6	30.9
新聞紙	100.0	124.8	93.4	59.1	47.2	34.4
プラスチック・樹脂	100.0	127.2	62.4	66.8	189.9	80.7
セメント	100.0	163.1	90.4	168.8	190.6	183.8
粗鋼	100.0	155.4	87.8	80.6	132.2	56.0
アルミニユウム	100.0	48.8	20.7	44.5	46.5	13.1
合成ゴム	100.0	62.1	※45.0	57.1	50.3	27.8
乗用車	100.0	96.2	92.3	151.8	188.1	101.2
トラック等	100.0	249.0	99.6	69.6	63.6	30.9
○船舶	100.0	3,869.0	6,154.6	451.0	1,072.7	447.5
○テレビ	100.0	180.6	71.6	58.7	87.4	47.9
電力	100.0	43.5	55.4	34.4	51.7	27.8

(備考)　1. 国連“Statistical Yearbook”および“Monthly Bulletin of Statistics”により作成.
2. ○印はいずれの国も1968年，※印は1969年.
3. なお付表5参照.

出典：『経済白書』1971.

一・七倍の水準となっており、工業生産の増大ぶりはとりわけ顕著である。(経済企画庁　一九七一)

「工業生産の増大ぶり」は、特筆すべきアイテムとして目的意識的・選択的に提示された経済の変化である。しかし、より興味深いのは、このような短期間の変化(自国内の時間軸上での比較)にとどまらず、戦後二五年間の日本経済の総括として、**第66表**を一緒に掲げているところである。

この表についてのコメントが以下である。

物資の生産がいかに豊富になったかは、国際比較をしたときにいっそう明瞭である。第六六表は、昭和四五年の国民一人当たりの主要工業品の生産水準を、アメリカを基準として比較したものである。これでみると、船舶の約四〇倍は別格としても、トラック、合成繊維が二・五倍に達し、テレビ、セメント、鉄鋼、プラスチック、樹脂、新聞紙など、すでにアメリカをかなり上回っている。そして、戦後に育った主要新製品一人当たり生産がアメリカをしのいでいるのも主要な特徴である。

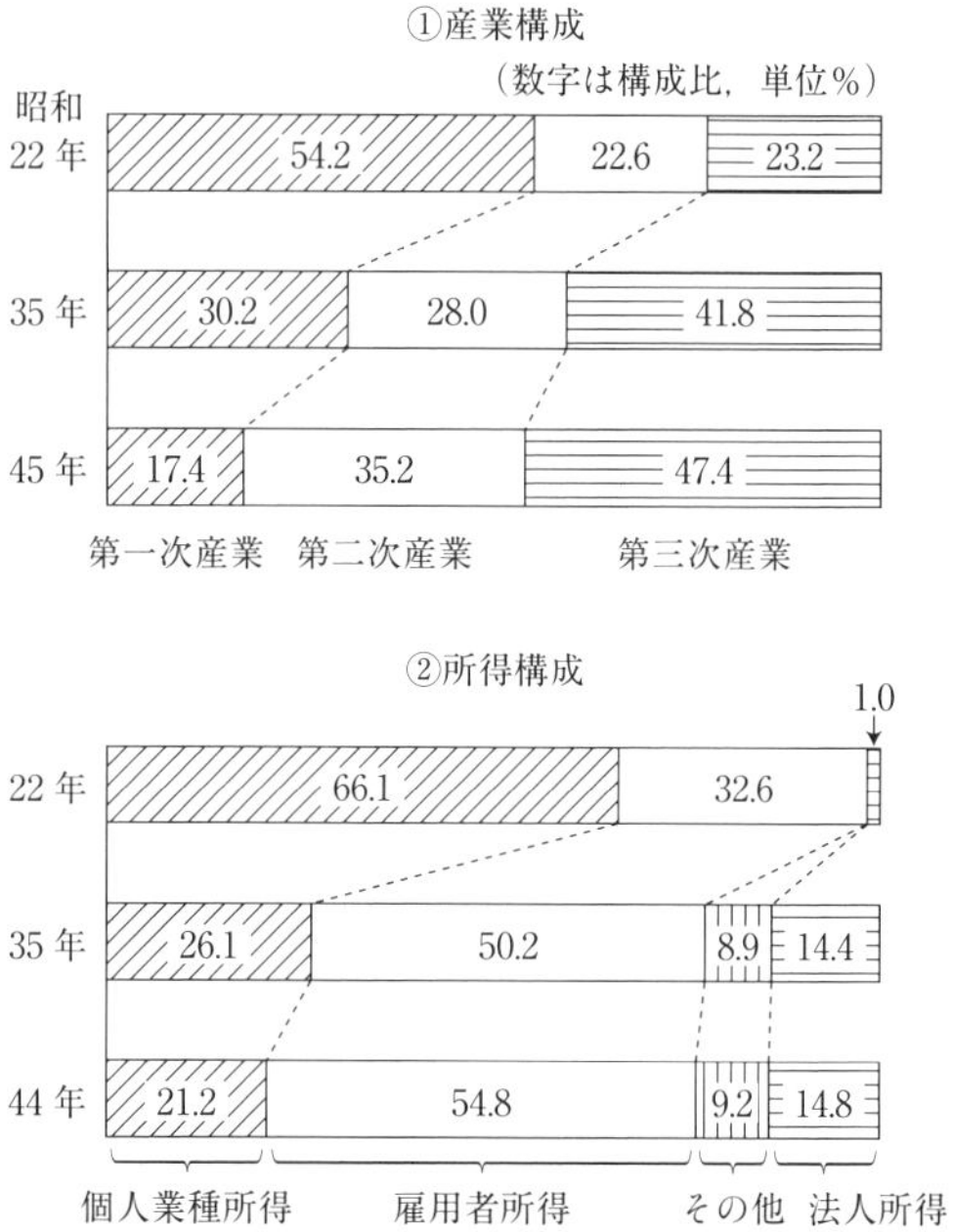

第68図　就業者構成と所得構成の変化

（備考）　当庁「国民所得統計」，総理府統計局「労働力調査」により作成．

出典：『経済白書』1971.

アメリカ、イギリス、フランス、西ドイツ、イタリアといった「先進国」が並べられ、なかでも最大の先進国とみなされたアメリカを規準（一〇〇とする）に比較が行われる。これらの数字と上述のコメントによって、日本の工業生産のいくつかが、国民一人当たりに換算して、アメリカをはじめとする主要先進国を「しのいでいる」ことが示される。

白書は就業構造の変化にも言及が及ぶ。**第68図**で、第一次産業従事者の減少と、第二次、三次産業従事者の急速な増大が示される。そこに「このように第二次、第三次産業の就業者構成が高まることは、同時に雇用者がふえ、都市で生活する給与所得者が増加する傾向と表裏している。国民所得に占める雇用者所得の割合も二二年の三三%から、三五年の五〇%、四四年の五五%へと増加している」との解説が付け加えられる。雇用者中心社会の出現であり、都市化の進展であり、それに呼応した生活スタイルの変化である。たしかに、こうした数字は、戦後社会の大きな変動を示していた(7)。おそらく、経済的な豊かさや生活の利便性の向上といった面では、数字の上だけでなく、多くの人々がそうした社会の変化を実感しただろう。白書の選択的な記述は、それを公的に確認するものであった。

第二部第一章の(四)は、「日本経済の現段階への評価」と題する総括である。その書き出しを引用しよう。

　国民総生産が一〇〇〇億ドルを超えたのが四一年度、五〇〇億ドルを超えたのが三六年度であったから、この四年間で倍増、九年間で四倍増となったわけである。この間の物価上昇を割引いても、七年間で二倍に、一四年間に四倍となっている。また四五年度の一人当たり国民所得水準は一六〇〇ドルに近づき、イギリスとほぼ同等の水準に到達しているものと思われる。

国民総生産や一人当たり国民所得水準という「数字」(経済統計)を使って、それが時間とともにどれだけ増えたかが示される。しかもその意味を印象づけるために、「イギリスとほぼ同等の水準に到達している」との表現が用いられる。イギリスを対象としているのは、アメリカとともに戦った第二次大戦の連合国であり、しかも日本人にとっては明治以来の西欧「先進国」を代表する国の一つだったからだろう。この数字と文章によって、戦後二五年間の日本社会の変動が、「経済成長」という目的意識的・選択的な近代化にとって大きな意味をもつこと、先進国に追いつきつつあることが示されるのである。

この引用部分の評価がつぎの文章である。

　いま、戦後二五年の日本経済の発展体系を要約的にあとづければ、高成長―高設備投資―高輸出というパターンであった。そして、高度成長のもたらした物質生活の向上、所得の増加、雇用機会の増大や教育水準の上昇のあとは著しく、また日本経済の国際的比重の高まりは顕著である。

国民総生産や一人当たり国民所得といった経済統計の変化とともに、その「高度成長」が生み落とした社会の変化が、「物質生活の向上、所得の増加、雇用機会の増大や教育水準の上昇」として取り出され、日本経済の国際的地位について言及が行われている。だが、経済成長の面ばかりが強調されたわけではない。戦後二五年を経た段階で、「福祉向上への資源配分」という問題が残ると白書は記す。

わが国の経済力が拡大を遂げるなかで、生産や消費の面で物質的には豊かになったが、それははたしてわが国の経済社会が全体として豊かになつたことを意味するのかという問題である。日常の消費生活はたしかに豊かになつたが、生活関連社会資本の基礎はまだ乏しく、住宅生活の改善は立遅れており、土地問題は深刻であり、毎日の通勤電車の超満員状態は十数年前よりあまり改善されていない。空気や水の汚染など公害の発生量は年々増大している。これらの問題は、経済問題であるばかりでなく、社会問題と密接に結びついており、また、都市化社会のあり方と密接に関連しあつている。高度成長のもとで急激な人口の都市集中が進んだ結果、現在わが国人口の四分の三近くが都市に居住しているが、こうした都市化の過程で、山村地域などでは過疎問題が深刻になり、それへの対応が迫られる一方、国民全体として福祉の向上と充実を求める声が強まり、これらの面での政策課題はきわめて重要性を高めている。わが国がわずか三七万平万キロメートルの狭い国土で国民総生産世界第三位の経済活動を営んでいることは、世界に類例のない高密度の工業化社会、都市化社会の実現を意味しているのであるから、それだけに世界のどの国にもまして生活環境の整備拡充のために資源を重点的に配分することがおおいに必要である。

ここでは、生活面（生活関連社会資本の基礎）での日本の「立遅れ」が、都市化や公害の問題として指摘されている。そこで言及されるのが、**第75図**、**第76表**である。

第75図、第76表では、国民一人当たりの工業生産額や設備投資額において、アメリカとイギリスに比べ、一定の規模に達しているにもかかわらず、「日本は欧米に比べてまだかなりの貧しさを残している」ことや、「各国の社会条件や労働条件、福祉水準の差異」に言及が及ぶ。「先進」のモデルが外部にあること、そしてそこからの日本の距離の認定である。

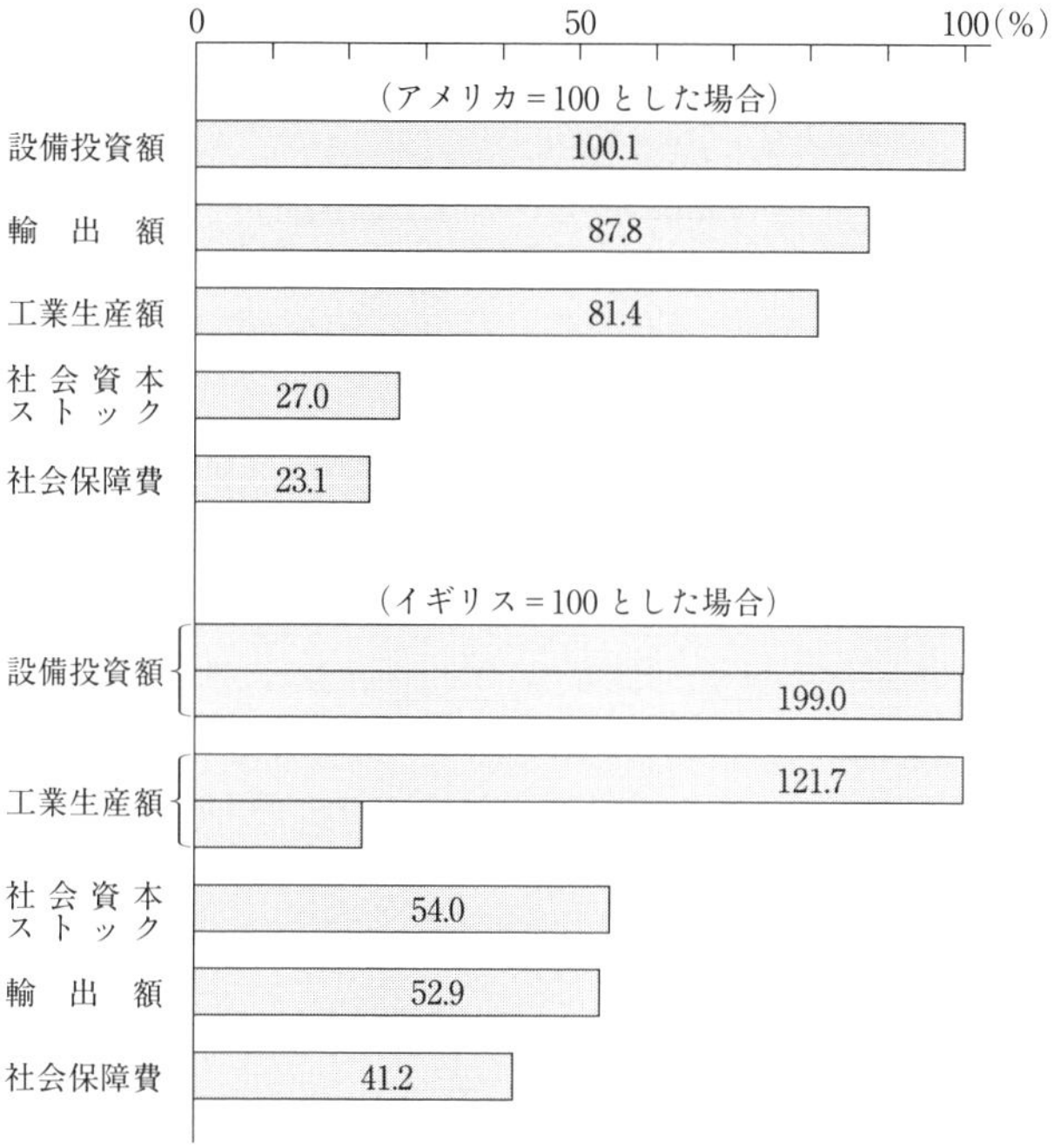

第75図　国民1人当たり経済水準の国際比較

(備考)　1. IMF "International Financial Statistics" による．一部当庁内国調査課推計をふくむ．
2. 社会保障および社会資本ストックについては1968年，その他は1970年の値．
3. 社会保障費については振替所得を用いて計算した．イギリスについては，振替所得に含まれない医療関係の国庫支出金などが大きい(1963年においては振替所得とそれ以外の社会保障費の比率は10：7であつた)．

出典：『経済白書』1971.

このような今後の課題を指摘した後で、つぎの総括が提示される。

> かえりみれば二五年、風雪にたえて戦後復興期をのりこえた日本経済は、技術革新と輸出振興を双軸として先進国化への道を急いできた。昭和三八年度の経済報告は、中進国から「先進国への道」を展望してそのための必要条件を強調した。現在の日本経済は、輸出規模や一人当たり国民所得水準において明治以来常に先例を求めてきたイギリスに

第76表　社会保障水準の国際比較

	平均年金水準	老令者1人当たり年金給付費(A)	1人当たり国民所得(B)	(A/B)	社会保障費中の構成比	
					年　金	医　療
	(ドル)	(ドル)	(ドル)	(%)	(%)	(%)
日　　本	441	160	1,164	13.7	6.8	44.1
アメリカ	1,181	871	2,562	34.0	40.8	1.1
イギリス	626	450	1,303	34.5	30.8	6.4
西ドイツ	1,343	906	1,254	72.2	35.9	18.9
フランス	—	400	1,322	30.3	19.3	19.1
スウェーデン	1,044	735	1,963	37.4	32.9	15.0

(備考)　1. 厚生省「厚生白書(45年版)」, I. L. O. "Cost of Social Security" などにより作成.
2. 平均年金水準は給付費総額を対象人員で除したもの. 西ドイツは職員のみ, 1966年, イギリスは1969年, アメリカは1968年, スウェーデンおよび日本は1970年.
3. 老令者1人当たり年金給付費は65才以上人口に対するもの.
4. 老令者1人当たり年金給付費, 1人当たり国民所得および社会保障費中の構成比は, 日本は1970年度, 他国は1963年度.

出典:『経済白書』1971.

ほとんど追いついた。明治開国一〇〇年あまり、先人たちが大きな目標としてかかげた工業化促進と輸出立国のための政策は、昭和四〇年代初めの長期好況と国際収支黒字の両立のもとで一応の総仕上げの時期に到達したものといえよう。そして、先進国としての基礎条件を充実した日本経済は、外には先進国としての国際行動原理を身につけ、内には真に豊かな福祉経済を実現することに成長の主眼をおくべき重要な時期を迎えているのである。

「先進国化への道を急いできた」結果として、「現在の日本経済は、輸出規模や一人当たり国民所得水準において明治以来常に先例を求めてきたイギリスにほとんど追いついた」――この表現は、ここでの目的意識的・選択的な近代化受容の特徴を端的に示す。「外には先進国としての国際行動原理」を身につけること、「内には真に豊かな福祉経済を実現すること」を「成長の主眼」とするとの言明は、「自らが進歩とみなす過程の「進んだ」状態に向かう」こと、すなわち「より〝先進《アドバンス》している〟と考えられる同時代の他の社会から得た手本に従って、一国の経済、政治、法、社会、文化生活を変革すること」(ドーア)にほかならなかった。ある特定の「近代化」の側面に限定して、目的意識的・選択的な「他動詞的」近代化をよりいっそう目指していくことの宣言である。「外からいわば「完成品」として」(丸山)受容した近代への照準である。

たしかにここには、数字＝統計で把握された実態・事実が反映はしている。だが、ここで注目したいのは、そのように選択的に示された事実の集約がこのような政府の白書を通じて行われ、そこにこれまで見てきた解説＝解釈＝意味づけが与えられていたことである。それを目的意識的・選択的に行うことが、特定の外部の視点を選び出し、そこから日本という近代社会の内部を見るという、視点の二重化を可能にしたのである。[8]

日本の近代化論は、西欧社会が近代化の理論構築において経験した「近代社会内部の視点」の信憑性の揺らぎとは別のルートとメカニズムを通じて、その影響力を失っていく。一つには、単純素朴に、先進国をモデルに近代化してきた過程が終わったという認識を得ることで、近代化論はその必要性(需要)をなくしていったという説明である。いわば近代化論にその実用性を求める必要がなくなったという見方である。第二には、「近代社会内部の視点」の信憑性の揺らぎが、日本という近代社会自体を内部から観察した結果からではなく、外部から輸入された理論の影響を受けたと見る見方である。たとえば、ポストモダン思想や脱構築理論の流行、あるいはベック流のリスク社会論や「第二の近代化論」(Beck & Grande 2010)、あるいはネオリベラリズム思想の影響といった、他の近代社会で登場した社会理論や認識論の革新を「外部から」輸入し日本に適用することで、近代化論の失効に一役かったという見方である。[9]そしてもう一つには――こちらのほうが本書の議論にとって重要な論点となるが――engineered な(計画・設計された)社会の変革＝他動詞的な近代化を、今度は目的意識的・選択的に無効化することによって失効させたという説明である。換言すれば、他動詞的な近代化からの脱却を政策的に図ることによって失効していく、という見立てである。

本書ではこの第三の説明に立脚して、近代化論の失効がいかなる影響を日本社会の自己認識にもたらしたのかを分析していく。だが、日本における近代化論の死に方を明るみに出すためには、日本の近代社会自身の経験から紡ぎ出され、展開された近代(化)の言説、すなわち、キャッチアップ型近代化という近代(化)理解に焦点を移さなければならない。どれだけ自覚的であったかどうかは別として、そこには日本の近代社会内部の視点が刻印されていたからである。それが次章の課題となる。

注

（1）　言説資料からの直接的な引用ではない限り、「キャッチアップ型近代(化)」という表現は、あくまでも、そのように認識された近代(化)の理解を分析的に示すために用いる。他方、議論の進め方によっては、実態レベルで日本が経験してきた、主には明治以後の社会変動について、近代化との関係で言及する必要が出てくる。そのような場合には、「後発型近代(化)」ないし、「後発型近代(化)の経験」といった言い方をする。日本が近代化として括ることのできる社会変動を開始したのは西欧諸国よりも後発であった、という歴史的事実に基づいて、そこでの変化を実態レベルで言及する場合の表現である。ただし、注意すべきは、実態のレベルでも、後発型近代(化)とキャッチアップ型近代(化)とは同じではない。後者が後発型近代(化)の一部であるからといって、そこに強い「追いつき追いこせ」という意識が生まれるとは限らないからだ。以下では、近代(化)にまつわる、キャッチアップ型近代(化)の「理解」「認識」と、後発型近代(化)の「経験」とを分けて使うことで、認識や理解といった、社会的に構築された本書の分析対象と、それを有効に進めるためにときに必要となる実態レベルの日本の近代(化)の経験との間に、一応の区別をつけておく。もっとも、そのようにいったからといって、「経験」の語が付される後発型近代(化)という実態レベルへの言及が、近代(化)の理解や認識から完全に逃れられるわけではもちろんない。

（2）　豊かさの実現、民主主義の実現、人権の擁護、自立した個人、主体的な市民の形成——「〔唯一の〕モデル」としての西欧なるもの」への接近等々、欧米を起源としながらも「普遍的」と人々に思わせる価値がそこには込められた。支持を得た理由の一つは、経済成長や民主主義的政体の成立を通じて、人類の福利に資する福祉国家の建設という目的と結びついていたからである。それは社会の「進歩」を示す、目指すべきゴールであった。

（3）　この会議での日本人側の発言として言及される「封建制《フューダリズム》」(本章一四頁)は、「社会構成体」の変化を理論化したマルクス主義の発展段階論の歴史区分から来ていると類推できる。この会議の参加者の一人、遠山茂樹の「時代区分の根拠と問題点」(遠山　一九六三、一六七―一八四頁)には、つぎの論述がある。「戦後では、時代区分の方法は、各人各説を当然視するのではなく、学会共通のものを設定し採用する方向に向かっている。それは原始・古代・中世(封建)・近代・現代の五区分法である。それは、歴史の変化・発展を社会構成体の契機的交替と見る唯物史観を前提とするものであるが、今日では、学界の常識化したものと云える。〔中略〕全面的に改悪されたとされる一九五八(昭和三三)年版〔学習指導要領〕でも、原始社会・古代社会・武家社会(封建社会という名称を避けてかく改められたことに問題はあるが)・近代社会の区分法を取っている。／戦後のこのような傾向は、唯物史観歴史学の影響が大きくなったことに原因するのはいうまでもない」(遠山　一九六三、一七〇頁)。唯物史観歴史学の影響による時代区分が、戦後の歴史教科書の時代区分として採用されていたとの言明である。括弧内の注記で「封建社会」とすべきであったとの指摘は、封建制や封建社会が唯物史観による時代区分であったことを示す言説といえる。ちなみに、この初期(一九五一年)の歴史教科書では、「近代社会」の後に「現代社会」はまだ登場していない。プロローグで見た「近代」が消える前の時代認識がそこに反映していたという推論がここから可能になる。もし、ここでの遠山の「証言」が正しいとすれば、「近代」を消した歴史認識＝時代区分がどこから、どのように生じてきたのかを、戦後日本の唯物史観歴史学の知識社会学的研究によって解明できるだろう。そのような唯物史観が、文部省の学習指導要領にも影響したということの検証である。

この遠山の「時代区分」論には、近代と現代の境目をどこに置くかという議論がある。それによると、日本の「資本主義的社会構成体」が世界史的な「帝国主義時代」に入ったことを「日本現代の始期」とするという主張とともに、「もう一つの考え方は、一九一七年(大正六年)のソヴィエト連邦の成立により、単一の資本主義世界の構成が崩れたという質的転換の画期をもって、日本史でも近代と現代との境界を引くことである」(遠山　一九六三、二二一―二二三頁)という主張も行っている。いずれもがプロローグで紹介した辞書的な意味とは異なる時代区分である。そうだとすれば、辞書的な意味で一九四五年を時代の境界線とする見方がどのように出来上がったかは、遠山の論文からはうかがい知れない。ただし、「現代」にかかわる「時期区分」を論じるなかで、一九四五年については、「敗戦によって、アメリカ帝国主義の世界戦略体制の一環にくみこまれる。経済的には国家独占資本主義の体制が確立するとともに、アメリカ独占資本への従属が実現した。政治的には、アメリカを中心とする連合国によって、非軍事化の改革が強制された」(同、二二四―二二五頁)とある。このような時期区分が時代区分として「近代」と「現代」の線引きをした可能性を示唆する言明である。

(4)　ここにはつぎのような日本側の認識もあったと想像できる。政治的な変化を含む戦後日本の復興は、すでに一度「近代」的国家・社会の建設を達成した明治以来の歴史に加え、敗戦後はアメリカ的な価値を取り入れたことで、「奇蹟」とみなされた二度目の近代化の「成功」であったという点である。いまだ近代化の途上にある新興国との違いを前提にすれば、日本の知識人や政治リーダーにとって、この二度目の近代化は、それゆえ単純に「模倣されるべきモデル」の受容とは異なるものと認識されたのである。別の言い方をすれば、敗戦までに一度達成した近代(modernity)の土台の上に、戦後の近代化が開始されたのである。したがって、それ以前の歴史的経験や経緯を(肯定的にせよ、あるいは否定的にせよ)無視しては、二度目の近代化を素朴に受け入れることも論じることもできなかったのだ。箱根会議での日本側出席者の多くが、素朴なイデオロギー批判に加えて、アメリカの近代化論者に批判的な議論を挑んだのも、そのような歴史的経緯(とりわけ明治から敗戦までの経験、さらには戦前戦後の連続性、非連続性にかかわる問題)をどのように見るかという歴史認識にあったということができる。

(5) イギリスの社会学者、アンソニー・ギデンズによれば、近代社会の重要な特徴の一つは、再帰性(reflexivity)にあるという。「近代の社会生活の有す再帰性は、社会の実際の営みが、まさしくその営みに関して新たに得た情報によってつねに吟味、改善され、その結果、その営み自体を本質的に変えていくという事実に見いだすことができる」(ギデンズ 一九九〇/邦訳 一九九三、五五頁)。さらに、「知識の再帰的専有」ということに関して、「社会生活に関する体系的知識の生成は、システムの再生産に不可欠な要素となり、社会生活を伝統の不変固定性から徐々に解き放していく」(同、七三頁)と述べ、近代社会をそれ以前の伝統社会から識別するうえで、再帰性が重要であることを指摘する。本書では、このギデンズの指摘を受け、近代社会の重要な要素として、再帰性(reflexivity)や反省・省察(reflection/reflexion)といった、近代社会内部の参照点からの自らのとらえ直しと、その認識に枠づけられた、「その営み自体を本質的に変えていく」過程やメカニズムに着目する。

(6) 「進歩観」について。たしかに、「進歩」を単純には肯定しない認識や、「進歩」と呼ばれてきた近代文明化(modern civilization)の負の側面の認識(たとえば、環境への負荷など)に見られるように、進歩主義への素朴な信仰に「反省・省察(reflection/reflexion)」が向けられてきたことは否定できない。

(7) その後の変化を含めた産業構造の変化の統計を次頁の**図**に示しておく。

(8) 佐藤(一九九八)によれば、イングランドより遅れて近代化を遂げたドイツにおいて、近代化の理念化が行われた後に、日本においてはその理念のドイツからの輸入によって近代を理解しようとする、日本における近代化理解の理念の二重化が起きたという。「外からいわば「完成品」として」(丸山)の近代社会理論(マルクス、ウェーバー、デュルケム)を輸入し、輸入学問のレンズを通して日本社会の内部を理解する、外部の視点の内部化による近代(化)理解の構築であった。まさに「日本の近代を語る言説は、根本的に、西欧近代社会に生まれた近代社会科学の文法に拘束されている」(同)といえるのである。

(9) 近代(化)の脱構築自体を輸入学問によって達成したという皮肉な見方ができる。その点では、近年の近代(化)論にも同

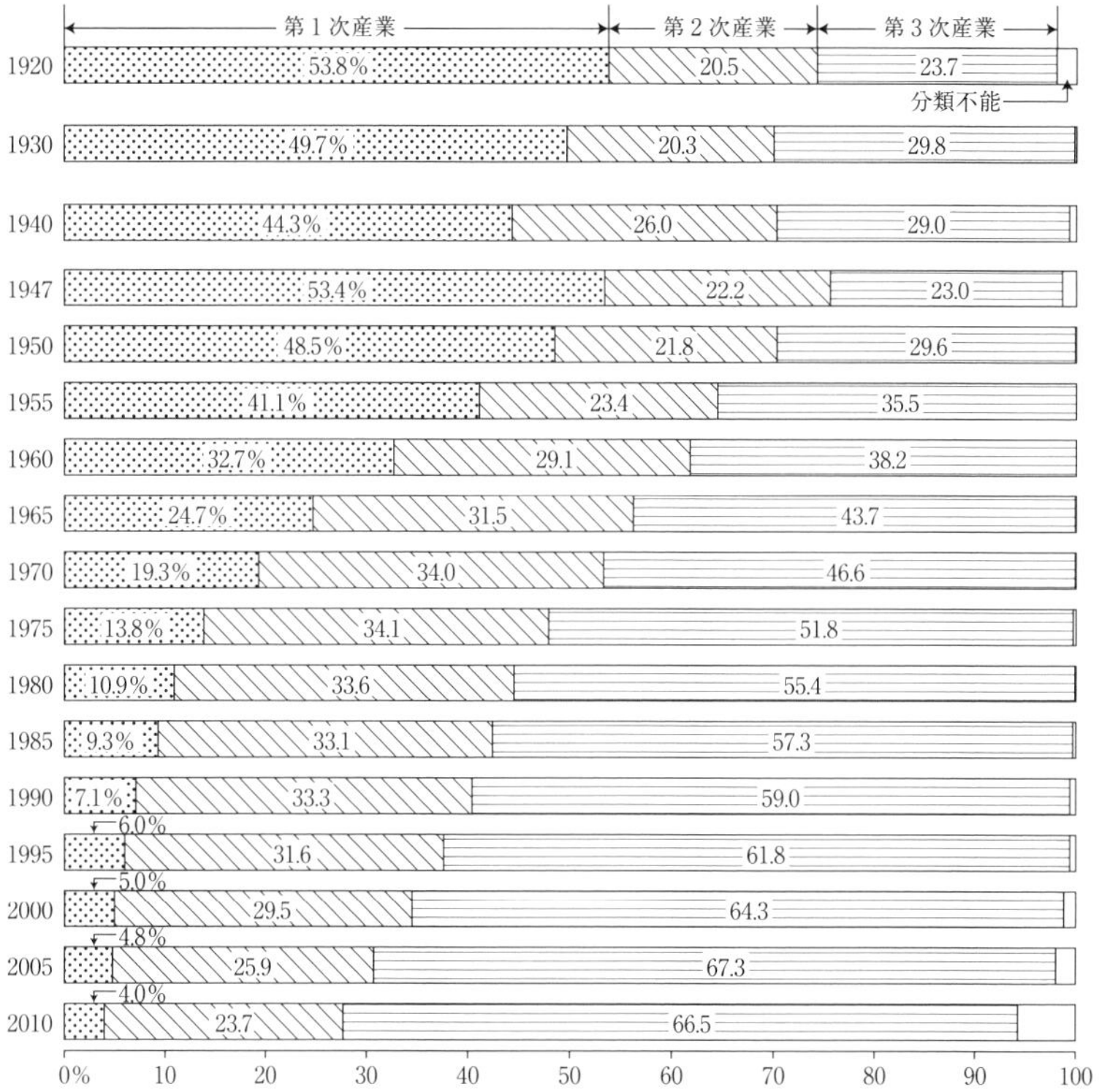

図　国勢調査による産業別就業者の割合

注：各年10月1日．1947年は数え年10歳以上就業者．1950年から70年までは沖縄を含む．2000年までは第10回改定産業分類で，2005年からは第12回改定産業分類による．2005年から，「もやし製造業」が第2次産業から第1次産業へ移行し，「新聞業」および「出版業」が第2次産業から第3次産業へ移行した．また，2010年より，それまで第3次産業に含まれていた派遣労働者が派遣先の産業で分類されるようになった．

出典：『数字でみる　日本の100年　改訂第6版』2013.

様の影響を見てとることができる。それゆえ、近代社会内部の視点の信憑性という問題自体が、日本では深刻化しないのではないか。そのような近代性理解の多重性も知識社会学の対象となる。おそらくは自己植民地化といった概念だけでは解明できない複雑さをもつ近代の自己認識の問題であろう。

第二章 「追いつき型近代」の認識

はじめに

よきをとりあしきをすてて外つ国に劣らぬ国になすよしもがな

（明治天皇御製、丸山 一九八六、四八頁）

箱根会議から一五年後に出版された著書、『「文明論之概略」を読む（上）』のなかで、丸山眞男は、明治天皇の御製（エピグラフ）を引きつつ、明治以来の日本の近代化を「目的意識的近代化」と呼んだ（同、四八頁）。丸山の日本近代化理解の一端である。御製の句の「よきをとりあしきをすてて」とあるように、丸山にとってそれは「目的と手段との両面で選択的な近代化」を意味した。もちろん、その選択が「指導者にとっての基準であり、特定民族にとっての基準」であり、「決してユニバーサルに「よい」とか「わるい」という基準ではない」（同、四八頁）と付言することを丸山は忘れなかった。

丸山は、選択的な「目的意識的近代化」を、「自然成長的近代化」との対照で語っている。一九八六年の著作では、それは、「特定民族にとっての基準」と「ユニバーサル」な基準との対比と重ねて論じられた。前章で見た、ドーアのいう他動詞的近代化と自動詞的近代化の違いに対応し、さらに箱根会議における日本側とアメリカ側の認識の距離として明らかとなった「特殊」としての近代化と「普遍」としての近代に重なる近代(化)理解である。

ここで丸山の指摘に再度触れたのは、前章と同じことを論じるためではない。箱根会議から一五年を隔てた時点での丸山のある発言に注目することで、本章の分析対象となる「追いつき型近代(化)」という認識の特徴に迫る逸話を引き出すためである。[1]

その発言は、つぎの箇所に表れる。丸山は同書のなかで、当時の日本人(「今の若い者」)の「古典離れ」に言寄せて、「古代以来、日本が「先進国」――言うまでもなく、明治以前は中国、それ以後は欧米諸国――に追いつき追いこすためには、時代の先端を行く文化や制度を吸収してきた歴史的習性に根ざしていて、「今の若い者」どころか、戦後に限った現象ではありません」(同、五頁)と語っている箇所である。この発言は、これから行う本章での議論にとって、極めて興味深い。なぜなら、ここで丸山が「時代の先端を行く文化や制度を吸収してきた歴史的習性」と名指すものの正体は必ずしも自明ではなく、しかも、この習性こそ、本章が分析対象とする当のものだからである。しかも、後述の議論が示すように、それをいかにとらえるかは、日本人の近代(化)理解にとって要となる、と考えることができるのだ。

はたして丸山のいう「歴史的習性」は、明治以前の、中国を先進(国)とみなし「文化や制度を吸収」してきた習性を含めた歴史を貫く習い性であったのか。あるいは、「欧米諸国」を先進国とみなし始め、「追いつき追いこす」ことを目指した時代以後の産物だったのか。それが箱根会議当時の一九六〇年代初頭ではなく、七〇年代後半から八〇年代にかけて丸山の著作に示されたことは、はたして偶然だったのか。

これらの疑問点は、「歴史的習性」(「先進国」に追いつき追いこす)と丸山が呼んだ、時代認識の枠組みの特徴を見極めるうえで、本書にとってこだわらざるを得ない分岐点を示唆する。しかも、丸山がこのような発言を、一九六〇年代ではなく、二度のオイルショックを乗り越えた一九八〇年代（あるいは七〇年代末）に行っていることも――それが偶然ではないとしたら――重要なポイントとなる。日本の近代（化）理解にこだわった丸山眞男という当代一の知識人が、一九六〇年代初頭ではなく、高度成長を終えた八〇年代（あるいは七〇年代末）において、このような言明を行った。そこにいかなる時が流れたのか。

たとえば、丸山にこう問いかけてみてもよい。明治以前の日本人に、中国を「先進国」とみなし、中国に追いつき追いこせという意識はあったのか、と。なるほど、外来のよきものを取り入れ自分のものとすること（日本化・ローカル化）は、明治以前にもあっただろう。いや、日本に限らず、文化や知識、技術の「輸入」や「移植」は、どんな社会にも、どんな時代にも見られる（ガーシェンクロン　一九六二／邦訳　二〇〇五）。そうだとしても、たとえば明治維新以前の日本人が、当時の先進（国）である中国に「追いつき追いこせ」意識をどこまで明確に共有していたのか。他の国々が外来の文化を取り入れる際に、「追いつき追いこせ」がどこまで自覚されているのか。これらの素朴な疑問への答えが限りなく「ノー」に近いとすれば、つぎの問題群が浮上する。

明治以後、obsession（強迫観念・確執）と呼べるほどまでに、欧米「先進国」を対象に、「追いつき追いこせ」意識が根づき、言語化され、イデオロギーとして純化され、「歴史的習性」とまで呼ばれる時代精神にまで成熟したのはなぜか。あの丸山眞男でさえ、近代以後に限定されることなく、日本の歴史を貫く「歴史的習性」とみなしたこの思考の習性《クセ》には、その実、どのように日本の近代（化）の歴史認識が織り込まれていたのか。あるいはどのように近代（化）の影響を受けて形成されたものなのか。

本章では、「追いつき追いこせ」という、日本の近代（化）理解に密接にかかわる「歴史的習性」を日本人がもち始めたことの歴史的経緯を分析的にたどる。そのためには、それがどのように形成され、どのような変遷を遂げてきたのかを明らかにしなければならない。本章ではまず、このような時代精神が一斉に花開いた、戦後の「追いつき追いこせ」言説の特徴と変遷をたどる。八〇年代の言説を中心に、そこから六〇年代後半(「明治百年」前後)に遡る。時代区分としてより明確に示せば、経済の高度成長を経た一九六〇年代後半(明治百年という日本的暦年による時代認識が成立した前後の時期)から、二度のオイルショックを乗り切りバブル経済へと向かう一九八〇年代を中心に、「追いつき追いこせ」言説の構築過程を分析する。

一 政策言説の分析方法と補助線となる理論枠組み

実際の分析に先立ち、以下で言説分析を行う際の方法的立場について手短に論じておきたい。すでにこれまでの章でもさまざまな言説を対象とした分析を行ってきた。しかし、本章以降の分析では、本書で政策言説と呼ぶ言説を、より明確な対象に据えた分析が行われる。政府やそれに直接関係する審議会等が提出した、その後の政策に資するための政策提言の文書である。これらの分析に際し、本書では、「方法としての正当化のレトリック」に注目する視点からの言説分析を行う。

ここではパトリック・ジャクソン(二〇〇六)が自著 *Civilizing the Enemy: German Reconstruction and the Invention of the West* で用いた、社会的構築主義(原語では transaction social constructionist)のアプローチを参考にする。

戦後ドイツの西欧文明化(western civilization)という、国際政治にかかわる政策選択の過程を分析したジャクソンの研究は、社会的構築主義の立場から政策選択にかかわる「正当化(legitimation)」言説に焦点を当てた。西ドイツが第二次大戦後に「西側の文明国」として自らを受け入れていく政治過程を、「西欧文明化」として分析したのである。

この研究において、正当化の分析とは、ある政策を受け入れ可能にするために利用された、ある時代に流布していた言語=言説(language)に注目することである(Jackson 2006, p. 16)。そのために、ジャクソンは、「言語技法が生み出す共通了解圏（rhetorical commonplaces）」を構成する言説に着目する。レトリカルに（言語技法を駆使して）つくられた、そのような「共通了解圏」を基盤に、ある政策が受け入れられると考えるからである。

「言語技法が生み出す共通了解圏」をつくりだすために利用される言説を、本書では（正当化に資する）「言説資源」と呼ぶことにしよう。ある政策をスムーズに受け入れるための共通理解を地ならしする知識の基盤、あるいは基本的な認識枠組みを提供する知識のことである。さらに言い換えれば、ある時代の状況に意味を与え、時代認識の枠組みを提供する言説資源のはたらきは、ある政策対象の問題状況を枠付け、問題（problems）を共有するための「共通了解圏」を広げることにある。それゆえ、そのような言説資源の生産と受容のメカニズムを検討することで、アクターに注目する政策決定過程とは別次元にある、政策を受け入れる社会の側の分析が可能となる。政治学とは異なる、知識社会学（ジャクソンはそれを transaction social constructionist のアプローチと呼んだ）を用いた政策言説の分析である。

以下では、このような視点から、まずは大平政策研究会が提出した政策提言の文書を、その後のさまざまな分野の政策立案に影響を及ぼした「言語技法が生み出す共通了解圏」をつくりだした政策言説の一つとして取り上げる。(2)

もう一つ、分析の補助線となる理論を紹介しておく。「欠如理論」と呼ばれる考え方である。教育社会学者であり日本の歴史研究者であった園田英弘は、教育研究を含め、日本の社会科学研究の問題点として、それらが「欠如理論」であることを指摘した（園田　一九九一）。園田によれば、

欠如理論は、西洋の歴史的体験や社会構造を過度に「普遍的」だと思い込むところに成立した。西洋にあるものが、例えば日本にはないとする。そうすると、日本の後進性はその欠如したエートス〔心的・倫理的態度〕や知識や制度が原因とされてきた。逆に、西洋になくて日本にだけあれば、今度はそれが日本の社会の欠陥の原因だとされてきた。〔中略〕〔欠如理論とは〕西洋の「現実」ではなく「理念」に同化した日本の知識人に、最も典型的にみら

れた思考様式だった。それは、ある意味では非常に自然な日本人の知的姿勢であった。なぜなら、日本に欠如している西洋の優れたものを日本に導入することが、知識人の役割であったからである。(同、一七頁)

ここには、「後進性」と「欠如」とを結びつけ、それを「日本の社会の欠陥の原因」だとみなす「思考様式」として欠如理論が描かれている。園田は、日本社会にあって西欧にないものを起点に、日本から発信可能な社会科学を打ち立てることを企図し、その課題を「逆欠如理論」と呼んだ。だが、もし欠如理論的な思考様式自体が、西欧ではそれほど意識化されない、さらに一歩踏み込んで、西欧には存在しない(欠如した)思考様式だとすれば、それはまさに園田のいう逆欠如理論の適用事例の一つといえる。このように園田の逆欠如理論を再度逆転させることで、私たちは(西欧社会の分析のためでなく)日本の近代を分析するための道具として、欠如理論という分析枠組みを得る。

しかも、先進モデルからの「特異」な偏差を、遅れや歪みとして見続けてきた思考の習性《クセ》は、先進モデルにはあるはずの、ドーアのいう先進諸国の「先進諸国自体の現状ではなく、その将来像、「あるべき」像といった、より「先進的な」処方に則って」(ドーア 一九七六／邦訳 一九七八、一九頁)、日本にはそれらが「欠如」しているはずだという思い込みでもあった。この欠如理論を補助的な解釈枠組みとして用いることで、本書が対象とするキャッチアップ型近代という近代(化)理解と、それが終焉したというキャッチアップ型近代化の終焉意識が促す問題構築(problems construction)の仕組みに迫ることができると考えるのである。

二　大平政策研究会の認識

以下で検討するのは、キャッチアップ型近代化の終焉という認識枠組みを通して、そこに至るまでの近代化がいかに特徴づけられ、理解されていたかという問題である。その時代の言説に埋め込まれた、近代性や近代(化)理解の特徴をあぶり出そうという試みである。

歴史的順序は逆になるが、はじめにキャッチアップ型近代化が終焉したという明確な認識をもった時代(一九八〇年代初頭)の歴史認識を見る。この時期の歴史認識が、キャッチアップ終焉の明確な認定だということでの判断基準は、それがつぎの時代(「その後」)の展望にとって堅固な知識の基盤(正当化のための言説資源)になっているとの想定にある。言い換えれば、八〇年代初頭のキャッチアップ型近代化終焉の言説が、前の時代と截然と区別できる「その後」の始まりという時代認識に関する共通了解圏をつくりあげたという仮定である。(3) 従前の過去やその時代の「問題」を構築するときの参照点として、過去をいかに同定するか。八〇年代初頭の政策言説には、それ以前と「その後」との時代を画するような、従前の過去の時代認定が含まれていた——こうした仮説に基づいて、分析対象となる政策言説を抽出するのである。

ここで取り上げる政策言説は、大平正芳首相が組織した政策研究会(いわゆる「大平政策研究会」)の報告書である。そのメンバーの多くは当時著名な保守派の有識者で占められた。いわゆるブレーン政治と呼ばれることになる政策集団の先駆けとなるものである。研究会は九つの分科会に分かれ、それぞれが報告書を提出した。それらは、大平首相の急死を受け、一九八〇年八月に発刊された。この文書は、以下の分析が示すように、政府の公的文書として最も明確にキャッチアップ型近代化の終焉を宣言し、かつ、そこでの認識を知識の基盤として「その後」を展望した政策言説とみなすことができる。

大平政策研究会報告の総論ともいえる第一報告書『文化の時代』から、本書の分析にとって重要となる箇所を二カ所引き写しておこう(報告書の順番とは逆)。

引用一

日本は、明治維新以来、欧米先進諸国に一日も早く追いつくために、近代化、産業化、欧米化を積極的に推進してきた。その結果、日本は、成熟した高度産業社会を迎え、人々は、世界に誇りうる自由と平等、進歩と繁栄、経済的豊かさと便利さ、高い教育と福祉の水準、発達した科学技術を享受するに至った。そして、この近代化、産業化による経済社会の巨大な構造変化を背景に、国民の意識や行動にも重大な変化が進行している。（内閣官房一九八〇a、二頁）

引用二

過去において、西欧化、近代化、工業化、あるいは経済成長が強く要請された時代があった。そこにおいては、それぞれの要請の内容が明らかであり、目標とすべきモデルがあった。明治以降のこのような要請は、自らの伝統文化を否定もしくは無視し、自らを後進・低水準と規定し、目標を他に求める行き方であった。（同、二頁）

これらの引用が示すのは、一九八〇年という時点から振り返った従前の過去のイメージである。引用一から明らかなように、「欧米先進諸国」を目標に「一日も早く追いつくこと」が目指されてきたこと、本書の分析概念としての用語を使えば「キャッチアップ型近代化」を推し進めてきたことが明言される。そして、「その結果」として、日本は「成熟した高度産業社会」になったと、キャッチアップ型近代化の終焉が宣言される。その内実は、「世界に誇りうる自由と平等、進歩と繁栄、経済的豊かさと便利さ、高い教育と福祉の水準、発達した科学技術を享受する」に至った「近代化、産業化」の達成である。引用一は、追いつき型近代化を進めたことで、それが達成されたことの公式の宣言とみなせる政策（政治）言説である。後に見るように、この公的なキャッチアップ型近代化の終焉宣言、あるいは時代認識が、その後の政策立案の時代認識に大きな影響を残すのである。他方、引用二は、キャッチアップ型近代化の過程という自己認識の表明といえる。

二つの引用を併せると、ここでの注目ポイントは三つである。一つは、キャッチアップ型近代化の終焉宣言に関して、「西欧化(ないし欧米化)」、「近代化」、「工業化」、「経済成長」の四つの言葉が併記されていることである。二つ目のポイントは、追いつく過程での副作用・副産物(伝統文化の否定・無視、後進・低水準の自己規定、目標の限定)の指摘である。そして、三つ目が、従前の過去においては、「それぞれの要請の内容が明らかであり、目標とすべきモデルがあった」と、追いつくべき明確なモデルの存在を認定していることである。それぞれは、日本の八〇年代初頭におけるキャッチアップ型近代化の終焉と、それ以前の近代化過程の特徴の認識とを示している。

以下、それぞれについて検討しよう。

(1)西欧化、近代化、工業化、経済成長

引用二で、「西欧化(ないし欧米化)」、「近代化」、「工業化」、「経済成長」が併記されていることを見た。しかしそれらの用語間の関係については、報告書では詳細な議論が紹介されていない。おそらく、これらの併記自体に、一つの近代(化)理解が示されていたのだろう。このような読み取りから導き出せるのは、これら四つの用語で示された全域的な変化が、「欧米先進諸国に一日も早く追いつく」ことの内実だったという推論である。四つのそれぞれを詳細に吟味し、それらの関係を分析したうえで、キャッチアップの達成が宣言されたのではない。それらを並立させることでイメージされる社会変動の全体を、キャッチアップ型近代化とみなしていたのである。

しかも、引用一が示すように、社会全域の変化は、「自由と平等、進歩と繁栄、経済的豊かさと便利さ、高い教育と福祉の水準、発達した科学技術」として例示された。「自由と平等」については議論の余地が残るが、その他の記

述はいずれも、「工業化」と「経済成長」に関係する、豊かな社会の実現＝経済や産業、科学技術（教育）の側面についての言及である。(4) 後で見る、他のキャッチアップ型近代化言説と同様に、高度経済成長を経た後の経済的な豊かさの達成をもって「西欧化（ないし欧米化）」、「近代化」の完了という見方が成立する。ここには、産業化の成功によって、経済の豊かさやそれに伴い社会全域の変化が同時に達成されたという近代（化）の実現という認識が示されている。

この点で興味深い議論がある。大平総理大臣主席秘書官として、政策研究会の運営を中心的に補佐していた長富祐一郎は、大平の死後に『近代を超えて』（一九八三）を出版した。運営を主導した（そしておそらくは政策研究会の報告書のとりまとめ役であったと推測される）官僚かつ首相秘書官の立場からの政策研究会の意図と、大平の遺志を詳述した著作である。この本の冒頭に、つぎの文章がある。

「――近代とは、前近代において、絶対的権威により全体のなかに埋没していた「個」の発見であり、全体に対する個の主体性の確立であった。」

「――日本において、近代は、明治維新によって始まった。」

「――遅れて近代の幕開けを迎えた日本は、欧米社会に一日も早く追いつくために、近代化・欧米化・産業化を絶対の至上命題とし、近代欧米産業社会で成立した思想、学問、技術、制度などを鵜呑みにするように輸入し、これと異なるものを切り捨てる形で、あらゆる社会改革を急激に推進させていった。

乱暴な言い方であるが、お許しいただきたい。日本は、近代・欧米・産業に「化」することを絶対の課題として、これに邁進した。明治維新以降、この「化」することは「進歩」を意味し続けたのである。

――その結果、日本は、急速に近代化を達成し欧米先進諸国と肩を並べて、高度産業社会の仲間入りを果たした。」（同、二八―二九頁）

「近代・欧米・産業に「化」すること」という表現には、ややわかりにくい部分もあるが、その要点は、それを「進歩」と言い換えているところにある。この行論から察すると、欧米先進国をモデルにしつつ、産業「化」を進め、近代の思想や制度を取り入れる、そうした「進歩」を総称して「近代化」と呼んだ。そして、その達成を、「欧米先進国と肩を並べ」る「高度産業社会」をつくりあげたことと同定するのである。「西欧化（ないし欧米化）」、「近代化」、「工業化」、「経済成長」の四つを厳密に区別する必要がないほどに、それらは一体としての「進歩」として理解され、そのなかでも高度産業社会をつくりあげたことを、追いつき型近代化の達成基準と見たのである（同、二六一頁）[5]。

ここには、前章で見たドーアの他動詞的近代化の理解、それも「生活水準の継続的かつ全般的上昇を可能にする経済成長をいかに達成するかを近代化計画の中心的課題」（ドーア 一九七〇、二一四頁）とする社会変革を近代化と見る見方とほぼ同じ認識が示されている。高度産業社会の実現こそ、丸山の言葉を使えば、「目的意識的」「選択的な近代化」の達成とみなされたのである。分析課題ふうに表現し直せば、つぎのようになる。

工業（産業）化や経済成長に照準して近代（化）を目指したことは、近代（化）理解にどのような特徴を与えたのか（「産業化・経済に照準した近代（化）理解」の問題）。

この課題は、本書の全体を貫く問題関心をいい当てている。工業（産業）化の進展や経済成長の達成という経験は、なるほど事実に基づく実態レベルの問題でもある。しかもそこには、後発型近代（化）の経験が刻印されてもいた。ただ、そのように工業（産業）化や経済成長を前景化した近代（化）の理解がどのような特徴をもったのかは、「その後」の問題構築に影響を及ぼす。そのことを意識して分析を進めるためには、この分析課題への解答が重要な議論の出発点となる。

(2)追いつく過程での副作用・副産物——伝統文化の否定・無視、後進・低水準の自己認定、目標の限定

欧米先進国に「追いつく」近代化の達成を言祝ぐ大平政策研究会の報告は、欧米先進国をモデルとしたことで、追いつく過程で副作用や副産物を伴う歴史であったと過去を認定した。「明治以降の(キャッチアップという)このような要請は、自らの伝統文化を否定もしくは無視し、自らを後進・低水準と規定し、目標を他に求める行き方であった」。この部分のよりリアルな真意を、先に引用した長富の文章に求めれば、「近代欧米産業社会で成立した思想、学問、技術、制度などを鵜呑みにするように輸入し、これと異なるものを切り捨てる形で、あらゆる社会改革を急激に推進させていった」となる。キャッチアップ型近代化というそれ以前の近代(化)理解は、政策研究会においては、「西欧化(ないし欧米化)」を機軸とした先進的モデルへの準拠と映ったのである。

西欧モデルへの準拠による近代化という見方は、前章で見た特殊と普遍という近代(化)理解の二分法にかかわる問題である。普遍と比べた特殊として、「自らの伝統文化を否定もしくは無視し」たこと、「自らを後進・低水準」と見る過去の自己認定が行われている。前章で見た箱根会議での遠山らの理解(近代社会としての偏差=遅れ、後進性、歪み、欠如など)と重なる認識である。

ここから過去の自己認定の反転が、ナショナリズムに向かったというように(シンプルに)議論を展開することも可能だが、ことはより複雑である。日本や日本人に対する自己肯定の高みに立ったことの言明には、より複雑かつ多義的な意味が含まれているからである。そこでの自己肯定は、従前の近代化の過程で日本人を悩ませ続けた前述の二項対立的な図式で描かれた矛盾や葛藤を抱えた自己像からの脱却を目指した。その矛盾や葛藤を解除するうえで、八〇年代初頭に現れた自己肯定の知識の基盤が、それ以前の日本(人)の自己認識とは異なる特徴と影響をもつようになる

のである。これも分析課題ふうに表現すれば、

先進・後進、普遍・特殊といった二項対立的な図式で描かれた近代(化)理解はどのような特徴をもっていたのか。また、その対立図式が「解除」されることで、「その後」の問題構築にどのような影響を及ぼしたのか(二項対立図式にかかわる近代(化)理解の問題)。

ということになる。後の議論を少しだけ先取りすれば、近代化を西欧化と重ねてみることで、西欧化とは異なる社会を構想すること(「先進国病」の回避＝「近代を超える」)という政策言説を生み出していく。ところが、「近代を超え」ようとした試みが、意外な近代(化)理解を生み落としてしまう。ここでも後の議論を先取りすれば、近代(化)を論じることの失効をもたらすのである。それゆえ、この自己肯定という現象(集合的意識)を解明することで、その意図せざる結果としての近代(化)論の変容を導いたからくりを明らかにすることができる。

(3) 目標とすべきモデルの存在と喪失

本書の分析の行論を導くうえで、大平政策研究会『文化の時代』冒頭の論述から引き出せる三番目の近代(化)理解のポイントは、従前の近代化には「目標とすべきモデル」が存在したことを認めていた点である。目標とすべきモデルの存在と明確さ、あるいはその自明性という認識は、モデルの外在性を前提とする。外部のモデルとは、もちろん「欧米先進諸国」である。そして、この外部の参照点に準拠すること(「目標を他に求める行き方」)を通じて、前項で論じた「自らの伝統文化を否定もしくは無視し、自らを後進・低水準と規定」したと、従前の過去を認定したのである。

ここでの自明性とは、佐藤が「日本では「近代」なるものが自在的にあるように見えてきた」というときの「自在的な」(佐藤 一九九八)ものとしての近代という認識に近い。丸山のいう近代＝「完成品」や「自然成長的近代」の理解にも重なる。そのように、日本の外にある、先進する欧米という、疑い得ない外部の(自在的な)実在を参照点にした、近代(化)理解である。あるいはそれが単純に反転すると、かつての日本人論のような、素朴な、内向した、日本回帰の視点からの近代(化)理解に終わる。「自らの伝統文化」を無批判に受け入れた日本文化論＝日本特殊論である。そして、佐藤が警告したように、日本における近代(化)論の受容は、こうした外部と内部の視点の単純な往復運動——行ったり来たりの視点の二重性——に終始するのである(同)[6]。

ここでも、特殊と普遍、目的意識的近代と自然成長的近代といった二分法的理解の乗り越えといった問題が関係している。その乗り越え方如何によっては、近代を消し、近代化論を死に追いやる、近代(化)理解の帰結という問題である。ここでも分析課題ふうに表現すれば、

明確なモデルの存在という、近代化の目標の認定を中核におく近代(化)理解は、どのような特徴をもつのか。その克服はどのように試みられたのか。それによって、近代(化)理解はどのような変容を受けたのか(目標とすべきモデルの存在による近代(化)理解)。

となる。

政策研究会の報告書において、外在する明確なモデルの存在に関する言明は、その返す刀で、追いつき型近代化の達成により、「その後」の問題構築に接続される。これは本書にとって最も重要な論点となる問題構築である。そこでひとまず大平政策研究会に見られた、「その後」を展望する際の知識の基盤となる言説を一瞥しておこう。

近代化（産業化、欧米化）を達成し、高度産業社会として成熟した日本は、もはや追いつく目標とすべきモデルがなくなった。これからは、自分で進むべき進路を探っていかなければならない。

われわれは、急速な近代化や高度経済成長を可能にした日本の文化を検討するとき、そこに多くの優れた特質を再発見した。それらの多くは、西欧社会が市民革命、産業革命以来の「個」の確立を目指した近代化三〇〇年の歴史ののちに、もろもろのいわゆる文明病や孤独な個の窮状に遭遇し、「全体と個の関係」や「個と個の間柄」を見直し、「全体子（holon）」という概念を求めている最近の方向に沿うものであろう。（内閣官房　一九八〇b、三一頁）

ここに示されるように、「追いつく目標とすべきモデル」の喪失を前提に、「自分で進むべき進路を探って」いくことが提示される。しかも、「自分で進むべき進路」に手がかりを与えるのは、西欧社会がたどった三〇〇年に及ぶ近代化とは異なる、「日本の文化」に由来する特質の再発見となる。

ここでも、長富の著書から興味深い指摘を参照しておこう。長富は、「わが国は、明治維新以来初めて、更に言えば、中国文化を摂取して古代国家を建設して以来初めて、「お手本のない時代」に入った」（長富　一九八三、二四三頁）という。興味深いのは、このような着想をもった理由についてのつぎの記述である。

昨年夏にウイルキンソン氏から送られてきた前掲の『誤解』を読んでいた私は、次のような記述に、日本研究がここまで進んでいるのかと、いささかショック（衝撃）を受けた。それは、「第三章　先行ランナーを追って」の最後の項に、「もはや模範なし」（二〇二頁以下）と題して書かれていた。

「日本国内で行われ始めた新しいアイデンティティへの模索は、日本人がようやく国際場裡で得るようになった自信と相俟って、日本に新しい時代が到来したことを思わせる。

長い間の日本人の悲願だった西洋に「追いつき追い越す」疾走は、一九七〇年代の前半に、すでに少なくとも経済面ではゴールが達成された。……オイルショックは、……一時的に冷や水を浴びせた……。しかし、ヨーロッパ、アメリカの諸国にくらべると、日本はショックからの立ち直りはもっとも早く、そのことは日本人の自信に再び裏付けを与える結果となった。」(同、二四五—二四六頁。省略部分は原著による。原著はウィルキンソン 一九八一／邦訳 一九八〇)

このウイルキンソン氏とは、一九七八年に日本とECとの貿易摩擦に関する交渉のEC代表メンバーの一人で、ケンブリッジ大学を卒業後に、ロンドン大学で極東アジア研究の講師を務めたこともある知日家のイギリス人である。長富はその著書の一節にショック(衝撃)を受けたと語る。いわば、外部の視点の内部化によって、「お手本のない時代」の認識にお墨付きが与えられたことを率直に認めている(7)。

「近代化(産業化、欧米化)を達成し、高度産業社会として成熟した日本は、もはや追いつく目標とすべきモデルがなくなった」というモデルの喪失宣言は、「その後」を展望するとき、それゆえ、「これからは、自分で進むべき進路を探っていかなければならない」という論理展開を導く。だが、そもそも「高度産業社会として成熟した日本は、もはや追いつく目標とすべきモデルがなくなった」との認識の根拠は示されていない。外部の視点からのお墨付きを得ていたとしても、それ以上にこのような認識を支持していたのは、一九七〇年代末の日本人がもった「自信」＝自己肯定だろう。そうだとすれば、前段の認識に根拠がないまま、後段の論理が展開することには、いくつかの疑問符がつきうる。にもかかわらず、八〇年代以後の(教育)政策言説を見ると、そこには「これからは、自分で進むべき進路を探っていかなければならない」ことを課題とし、それを担いうる社会や教育の実現を目指す政策が改革論の主流を占めるようになる。ここには戦後長らく続いた「主体(性)」をめぐる問題の変節が予想される。これも分析課題のように提示すればつぎのようになる。

追いつくべきモデルの喪失という近代(化)理解は、「その後」の課題の構築にどのような特徴を与えたのか。そこではいかなる「主体性」の構築が求められたのか（モデル喪失と主体性の問題）。

これらは、モデル喪失の問題として主題化できる。これも本書を貫く問題関心を言い当てた課題といえる。

さらにそれに付随して、モデルを喪失した時代における、日本回帰というサブテーマにも着目できる。一九七〇年代末の日本人がもった「自信」＝自己肯定を基盤に置けば、欧米というモデルを失った日本にとって「自分で進むべき進路を探」る途は、日本への回帰となると政策研究会は考えた。近代化の達成の過程を再検討することで、「多くの優れた特質を再発見」した研究会は、西欧近代の病理（「文明病」、「孤独な個の窮状」）を乗り越える方法を「日本の文化」に求めた。「個」の原理から「全体子」への飛躍であり、そこに「近代を超える」可能性を見いだそうとしたのである。このように、モデルの喪失→日本的なるものへの回帰というロジックを孕んだ知識が、「その後」を展望する際の準拠点となる。ここには次章以降で分析する、「その後」の問題構築を行う際の思考の習性《クセ》が示されている。

ここでも分析課題ふうにいえば、

追いつくべきモデルの喪失という近代(化)理解は、「その後」の課題の構築に、日本への回帰をどのように忍び込ませたのか。それはその後の近代(化)の理解にどのような影響を与えたのか（モデル喪失と日本回帰の問題）。

となる。

予示的にいえば、このような論理展開をもとに、キャッチアップ型近代化を完了したと宣言することで、八〇年代初頭の日本は、「その後」の問題を展望し、課題を提出し、その解決を目指す政策を提案、実行していく。その大きな流れの分岐点に、ここで検討した近代(化)理解があったと仮説設定することができるのだ。

この節の最後に、この研究会が示す「時代認識」は、すでに大平首相の施政方針演説(一九七九年一月)で示されていたことを確認しておこう。キャッチアップ型近代化の終了が国会の場で、時の首相によって明確に宣言された瞬間である。大平はいう。

戦後三十余年、我が国は、経済的豊かさを求めて、脇目もふらず邁進し、顕著な成果を収めてまいりました。それは欧米諸国を手本とする明治以降百余年にわたる近代化の精華でありました。今日、我々が享受している自由や平等、進歩や繁栄は、その間における国民のたゆまざる努力の結晶にほかなりません。〔中略〕この事実は、もとより急速な経済の成長のもたらした都市化や近代合理主義に基づく物質文明自体が限界に来たことを示すものであると思います。いわば、近代化の時代から近代を超える時代に、経済中心の時代から文化重視の時代に至ったものとみるべきであります。(大平正芳回想録刊行会編著　一九八二、四九二―四九三頁)

大平政策研究会での議論と符合するように、大平自身が一九七九年の時点において、「近代化の時代から近代を超える時代」、「経済中心の時代から文化重視の時代」への移行期として一九八〇年代以後の日本を位置づけていたのである。

三　大平政策研究会の位置づけ

これまでの分析では、大平政策研究会の報告書をもとに、その後の近代(化)理解の分岐点となる認識がそこに示されているはずだという想定から、本書の分析課題を引き出す作業を行ってきた。しかし、この研究会自体をどのように(知識社会学的)に位置づけるかについては、これまでも先行研究が検討を加えてきた。そこで本節では、大平政策研究会の位置づけについて、先行研究の議論を簡単に見ておく。前節までの議論に確証を得るためというより、先行研究による政策研究会の位置づけの議論を通じて、さらなる近代化理解の論点を取り出すことがここでの目的となる。

最初に見るのは、大平政策研究会のブレーンの一人でもあった公文俊平の振り返りである。公文はとりわけ、政策研究会や大平の施政方針演説で示された歴史認識が「時代認識」という用語で示されていたことに注意を喚起する。公文によれば、「時代認識」とは、「二一世紀を二十年後に眺望する八十年代を迎えるにあたって」(公文 一九九三)の長期的展望をいうための特別の用語だという。しかもそれは「世界の大勢」を正しく読み取る際の「日本的世界観」だとされる(同、二頁)。公文をさらに引けば、「日本人が通有している世界観を端的にあらわしている〝文化語〟とでもいうべき言葉」であり、「外の世界が、ある大きな流れ――〝世界の大勢〟――にのってうごいているという信念」にしたがった趨勢の認識である。公文はさらに続ける。

しかも、この流れ自体は、黒潮が流れをかえるように、時に変化することがあって、それが〝新時代〟をもたらすのだが、われわれ日本人には、この時代の流れそのものをかえることはなかなかできない。われわれにできるのは、むしろ、その流れの方向や性質、とりわけそれらの変化を、なるべく速やかかつ的確に認識した上で――

つまり、正しい〝時代認識〟をもった上で——それにあわせて自分自身のあり方や行動を変革することなのである。したがって、われわれの常に心がけるべきことは〝変化への対応〟(第二臨調がかかげた行政改革の第一理念)である。(同)

これらの引用が示すように、研究会内部の視点を共有していた公文の解釈によれば、日本人には「時代の流れそのものをかえることはなかなかできない」。こうした日本の世界史的な位置づけを前提に、だからこそ、「その流れ」を「速やかかつ的確に」認識することが重要であると指摘する。そのような「正しい〝時代認識〟」を得ることで、「〝変化への対応〟」が可能になるというのだ。「近代を超える」という時代認識も、ここでいう「〝変化への対応〟」(変化の創出ではない)という限りで読み取ることを示唆する見解である。この点も、本書の第三章以降の知識社会学的分析にとって参照すべき近代(化)理解の一部である。「その後」の問題構築にとって、「変化への対応」の前景化は、いかなる影響を政策言説の構築に及ぼしたのか、という分析課題として言い換えることができるからだ。

先行研究から取り出すことのできるもう一つの論点は、大平政策研究会のメンバー構成と、それがもたらす複合的な性格についての指摘である。政治学者の大嶽秀夫は、一九八〇年代前期の政治状況を分析した著書のなかで、大平政策研究会に触れている。そのねらいは、「一九八〇年代初頭が、自由主義的改革への政策的転換点であったという事実の意味を、これまでとはやや違った角度から再検討」(大嶽 一九九四、三〇九頁)することにあった。そこで大嶽は、大平政策研究会に(通常の理解とは異なり)二つのグループがあったことを指摘する。一つは、その後の経済的自由主義・中曽根臨調に連なっていく経済学者や財界人のグループ(大嶽によれば加藤寛に代表される)であり、もう一つは、「文化」を強調し、「競争原理とは異なる独自の理念をもつ」グループ(代表的論者として大嶽は山崎正和を挙げる)である。

この指摘が正しいとすれば、経済的自由主義的な競争原理を強調する立場と、それとは異なり「文化の時代」「『精神的、文化的豊かさ」の実現」(同、三一〇頁)を求める立場との暗黙の対立のもとで、大平政策研究会のレポートは書かれたこととなる。そのことを指摘したうえで、「「精神的、文化的豊かさ」の実現」の前提として、「日本は、欧米に追いつき追いこしたとの自負があり、将来に関する楽観主義が存在した。これからは余暇も増え、「ゆとり」と「遊び」の要素をもつ、消費活動としての文化活動が活発化するであろうと予想していたのである。日本が、二度にわたるオイルショックを乗り切り、他の先進国以上に良好な経済的パフォーマンスを達成したとの自信が背景にあったことは、いうまでもない。その直後に登場した行革路線とは明らかに異なる認識に立った政策方針であった」と大嶽は指摘する(同、三一〇―三一一頁)。

この指摘は後の議論にとって重要となる。ここでは簡単な指摘にとどめるが、大平政策研究会が二つの異なるグループによって構成されていたとすれば、新自由主義に連なる「その後」の構想と、「文化の時代」による「時代認識」との接合が一定の影響力をもち、それなりの意味を帯びてくるからである。より明確な分析課題として言い換えれば、新自由主義との接合は、近代(化)理解のいかなる特徴によって、ある種の変質をきたしたものになったのか。そこに「文化の時代」グループの近代(化)理解はどのようにかかわっていたのか、という問題である。ここには、日本におけるネオリベラリズムの受容と日本回帰にかかわる問題が含まれている。

この点で先行研究から得られる大平政策研究会の第三の特徴は、その「文化の時代」の位置づけにかかわる。政策研究会の特徴を詳しく検討した北山晴一の論文(北山 二〇〇九)によれば、「文化の時代」とは「記号消費の時代」の言い換えに過ぎず、バブルに向かう高揚感のもとで「消費社会の延長線」上で、「新しい時代」を画する言明として、キャッチアップ型近代化の終焉が宣言されたことになる(同、二六頁)。この北山の指摘を援用すれば、新自由主義的な競争原理を主張するグループと、消費社会の高度化のもとで「文化の時代」を構想したグループとの接合は、たんなる文化の重要性の指摘とは異なる意味をもつ。

大嶽のつぎの指摘も、北山の見解に連なる。

ここで、大平ブレーンの「文化の時代」の主張を端的に表現するのは次のような一文である。日本は、高度成長の成果として「世界でも最高の部類の豊かな所得の実現」をみた。「勤労者世帯の平均所得水準は物価高を割り引いてもすでにヨーロッパのそれを上まわっており、日本独自の企業内福祉や租税負担の低さなどを考慮に入れると、その差はさらに大きくなるであろう。この平均的日本人は国際的にみて将来質的にも豊かな生活を享受し得る環境にあるといってよい。」(『文化の時代』四三頁)財政危機や先進国病、高齢化社会による年金の破綻といった、七〇年代後期に登場し、やがて第二次臨調を主導したペシミズムとは対極にある認識であった。(大嶽 一九九四、三二一頁)(8)

ここで大嶽がいう「ペシミズムとは対極にある認識」は、「文化の時代」の提唱が高度消費社会に向かうオプティミズムを基盤としていたことを示す。その点をさらに強調するのが、つぎの北山の指摘である。北山は、小渕恵三首相の下での「二一世紀日本の構想」懇談会が大平政策研究会の「批判的総括」を行ったつぎの箇所を引用する。

同(大平総理の政策)研究会では、経済が成熟してきたので、いよいよその上に文化の時代を築くとの発想だったが、実際にもたらされたのはバブル経済であった。(北山 二〇〇九、三二一頁)

そのうえで、「八〇年代は、まさしく「プレバブル期」であり、シャボン玉のように美しくパッケージされた「文化」商品をばら撒くことによって、政治の不可視化にまい進した」(同、三七頁)と指摘する。この指摘は、政治の後景化とも解釈できる。それ以前の政治的立場やイデオロギーの違いによる先鋭な対立が政治の前景化によっていたとすれば、政治の不可視化や後景化は、問題構築のあり方やその受け入れ方に影響するはずである。

四 「それ以前」の近代(化)理解

先行研究による大平政策研究会報告書の位置づけを試みたうえで、以下では、それ以前の言説との比較を通じて、同研究会の近代(化)理解の特徴を明らかにする。前章で見た一九六〇年という時点での近代(化)の理解と、七〇年代末の政策研究会での理解との間に、どのような時代認識が介在していたのか。ここでの検討は、いわば政策研究会によって明言されたキャッチアップ型近代化の終焉という時代認識を、六〇年代後半から七〇年代にかけての類似の言説と比較し、そこに位置づけることで、その特徴を取り出そうというねらいをもつ。

以下の分析の議論を先取りすれば、八〇年代に登場した近代(化)理解は、それまでの言説が構築してきた、西欧(欧米)と日本との対比がもたらす鋭い二項対立図式に変更を加える役割を果たしたことが明らかとなる。ここでは、そのことを示すために、「キャッチアップ型近代化」理解に通じる過去の近代(化)理解の系譜を簡単にたどる。時代的には、箱根会議以後の言説である。

そこで、恣意的な選択であることは免れないが、以下ではまずはじめに、明治百年を奉祝するために組織された、佐藤栄作首相のもとでの『明治百年記念準備会議資料』(内閣総理大臣官房 一九六七)を資料とする(歴史学研究会編 一九六七、「明治百年祭」関係資料集」に一部収録)。この資料を中心に、明治百年をめぐる政府側の見解と、それに反対する歴史学者(後述)との鋭い対立の構図を引き出すことで、六〇年代後半の近代(化)理解の特徴を明確にすることができる。

第三回会議議事録(一九六六年一一月二日)には、佐藤首相の締めの発言の一部がつぎのように紹介されている。

最近、「竜馬がゆく」を読んでみますと、あるいは、当時、仏・英等の争いから、一部では北海道を提供することによって特別な援助を受けるというような考え方もあったということでありますが、しかし、そういうようなことは実現しなかった。これは、結局先輩の方々が愛国的あるいは民族的に透徹して、そして困難な時局においてわが国の行くべき方向をしめしたその結果であると思います。その後におきましても、過去百年間「欧米に追いつき、欧米を追い越す」、この合言葉の下に私どもが偉大なる躍進をいたした、かように思うのであります。この点を高く私どもは感謝しなければならないと思います。（歴史学研究会編 一九六七、五〇頁）

ここに示されているように、明治百年という節目の年を政治的な言説としてとらえ直す際に、時の首相が「過去百年間「欧米に追いつき、欧米を追い越す」、この合言葉の下に私どもが躍進をいたした」との認識が示されたのである。その冒頭に司馬遼太郎の『竜馬がゆく』への言及が行われている。司馬史観とまで呼ばれた通俗化された歴史認識が、すでにこの時点で、首相の歴史認識に紛れ込んでいた。

このような意向を受けて設定された、「明治百年を記念する態度について」の公式見解、「明治百年を祝う」（文案）は五つの項目からなるが、その三はつぎのようにいう。

三　これまでわが国民を鼓舞してきた「欧米に追いつき、追い抜く」という目標も、ある程度までは達成された。したがって、先進諸国の文明を吸収しこれらの諸国を追うことで足りたわが国は、いまや発展途上にある隣邦友邦諸国から指導と支援を求められる立場にもなっている。

他面、高度化した物質文明が自然と人間とを荒廃化させるという傾向が顕著となってきているので、いまこそ久しく顧みられなかった東洋的、日本的なよさが再評価されるにふさわしい時期というべきではないだろうか。

(同、四四頁)

ここに明治百年を記念して、「「欧米に追いつき、追い抜く」という目標も、ある程度までは達成された」ことが公式に宣言される。ただしその表現は大平政策研究会のそれに比べれば控えめである。さらに、大平政策研究会の「近代を超える」課題設定と通底するように、キャッチアップ型近代化の達成は、「物質文明」の「高度化」と等置されている。そのうえで、その「荒廃」が問題視され、その問題解決として「東洋的、日本的なよさ」の「再評価」を提案するという論理展開が示される。先に見た大平政策研究会の日本回帰に通じる見解が、すでにこの時点で荒削りながら示されていた。かつ、この時代には、キャッチアップ型近代化を達成したことで日本が、「発展途上にある隣邦友邦諸国から指導と支援を求められる立場」になったことを言祝ぐのである。

明治百年の年、一九六八年の「年頭の抱負」で、佐藤はつぎのコメントを残している。これも引用しておこう。

ことしの一番大きい政治的行事は明治百年記念事業だ。この展開が基本になる。いたずらに復古調、懐古調で取組むつもりはないが、この百年間のすばらしい歩みは外国も認めている。物質文明、精神文明で西欧に追いつき、追越そうとしただけでなく、百年前の人たちは世界的な観点に立ってものを考え、発言した。(毎日新聞一九六八年一月一日。引用は、歴史学研究会編 一九六八、五九頁)

「いたずらに復古調、懐古調で取組むつもりはない」と前置きをしている点が、六〇年代末の時代の雰囲気を伝えている。また、この時点では、「西欧に追いつき、追越そうとしただけでなく」と、キャッチアップ型近代化の達成

について もやや控えめな表現にとどまっている。二度のオイルショックを乗り切った「プレバブル」の時点での大平政策研究会との違いは鮮明である。

しかし、より重要なのは、控えめの度合に見る違いではない。「東洋的、日本的なよさ」の「再評価」の提案や、「復古調」「懐古調」という表現に見られる、「日本的なもの」への回帰における逡巡、それこそが八〇年代のキャッチアップ型近代化終焉の言説と明確な違いを示すのである。ここには、先述の、二項対立的な図式（西欧＝普遍 対 日本＝特殊）による近代日本の位置づけの問題が背景にある。

第二回準備会議における委員の一人、画家の岡本太郎のつぎの発言が、その一端を示していた。

> この日本の文化というよりも、いまの現代の文化というのは西欧近代の結果としていろいろ出てきている問題ですけれども、それが日本という非常に閉ざされた文化との打つ《マ》かり合い《マ》によって生まれた結果がいろいろな形になっているわけですが、いまでは西欧文化一辺倒、近代文化一辺倒になっておりますけれども、なにやはり西欧近代文化だけでは、結局はそれが正しい、それだけが絶対であるというような気持ちにはどうしてもなれない。（中略）この異質の文化が打つ《マ》かり合っ《マ》てもちろん西欧近代文化のほうが圧倒的に日本を圧倒した形で現在ありますけれども、しかし世界にそれぞれの異質の文化があるのに、それをただ西欧的な近代文化だけに塗り込めてしまうことは世界の不幸だと思います。そこで、日本主義とか世界主義とか西欧一辺倒というような雰囲気は全然なくして、人間の文化が、いかに異質の文化同士がどう打つ《マ》かり合っ《マ》てどう解決していったかということを、（中略）国粋主義でもなければ、国際主義でもなければ、世界主義でもない、なにかもっと根本にある人間の問題をトコトンまで対等の立場で、あらゆる種類の文化の問題を検討する組織を作っていただけたらと思います。（中略）国威高揚とか世界主義ではなくて、なんか、世界文化がいま見失っている西欧一辺倒とか、あるいは後進

国のコンプレックスというようなものを脱して、世界がほんとうの、あるいは人間がほんとうの文化を打ち建てるために、偏見を抜きにして、あらゆる後進国の要素も検討し、日本の明治一〇〇年の間にどういうことをしたかということも、大変大きな参考になるのではないかと思います。(歴史学研究会編 一九六七、三七―三八頁)

明治百年を記念する機会に、「対等の立場で、あらゆる種類の文化の問題を検討する組織」をつくることが提唱されている。その対等性が強調されればされるほど、この時代の雰囲気が、いまだ「西欧文化一辺倒、近代文化一辺倒」であることが浮き彫りになる。「西欧近代文化のほうが圧倒的に日本を圧倒した現在」を認めたうえで、明治以来の日本の経験を多様な文化の検討に位置づけることが提案されているのである。およそそれから二〇年後の、「世界に誇りうる」キャッチアップ型近代化を達成したことの宣言をもとに、「近代を超える」課題を設定した大平政策研究会の近代(化)理解との違いを引き立たせている発言といえる。

このような政府側の近代(化)理解に対しては、主にマルクス主義の立場から強烈な批判が寄せられていた。社会全体の政治的・イデオロギー的な布置状況も、そうした左翼的言説に理解を示すものであった。マルクス主義的立場に立つ歴史学者の批判はその一例である。その中心的な団体であった「歴史学研究会」が発行する雑誌『歴史学研究』には、一九六〇年代後半を通じて、「「明治百年祭」批判」の論考がたびたび掲載されている。ここでは詳しい分析を省くが、その一節を一瞥しておこう。「「明治百年祭」に対する基本的姿勢」として確認された認識である。

この運動をすすめるにあたって、われわれは当初からつぎの一点を基本原則として確認した。それは、「明治百年祭」反対運動を決して、歴史家だけの運動に終わらせることなく、国民運動として展開する必要があるということである。それは、はじめにも述べたように、「明治百年祭」をめぐる権力側の意図は、日本国民の国家意識・民族意識を発揚させることを通じて国民的合意の獲得をはかり、それによって「一九七〇年」問題さらには長期の政治的安定を確保することにおおきなねらいのあることは全く疑いないからである。
だが、この意図を実現するためには、戦後民主主義の否定をはじめとするあらゆる反人民的な政治攻勢、イデオロギー攻勢を不可避とするだろう。(同、一頁)

このような視点に立ち、明治百年祭を祝う側の歴史観を、アメリカの近代化論の影響を受けたものとみなす。たとえば、和田春樹の「現代的「近代化」論とわれわれの歴史学」といった論考である(和田 一九六七)。そこでは、アメリカ流の「現代的「近代化」論」を、「第二次大戦後の植民地制度の崩壊の開始・新興独立国の出現という現実に対応しようとする個別的な努力の中で先駆的に生まれはじめ、一九五〇年代半ばから後半にかけてアメリカ帝国主義が直面したその世界戦略の深刻な危機の中で体系的に整備され、学界主流として確立した」(同、三六頁)と見る。それは「理論的には現代ブルジョア諸科学の成果を総合した歴史観」であり、その特徴は、「無葛藤理論」であり、「反革命のイデオロギーであるが故に、一面的な歴史観たらざるをえない」(同、三七頁)。イデオロギー的な立場からの批判である印象は避けられないが、こうした「明治百年祭」批判の言説は、六〇年代の後半という時点では、歴史学者を中心に一定の支持を受けていた。箱根会議におけるアメリカ側への日本人参加者の批判的な見解と比べると、左翼的な政治性の度合がいっそう鮮明になっている。七〇年代末の大平政策研究会の見解における政治の不可視化、ないし後景化の動きとも対照的である。

歴史学研究会の批判とは別に、この時期の近代化論批判を手際よくまとめたもう一つの論考を見ておこう。『思想の科学事典』(久野収・鶴見俊輔編、一九六九)に収録された、項目「社会」のなかの一節「日本社会の変革」(いいだ 一九六九、一五〇―一五三頁)である。いいだももは、マルクス主義的な視点から日本の近代化をつぎのようにまとめている。

近代日本は、全アジアが欧米帝国主義によって席巻され、インドや中国をはじめとしてことごとく植民地・半植民地に転落させられてしまった世紀末的状況のなかで、ただ一国だけブルジョア的近代化による独立国家の形成に成功した「最後の帝国」であった。

このような世界史的環境のなかで発足し成長した近代日本社会は、わずか一世紀足らずの間に、きわめて「畸型」な人為的・早熟的発展をとげてきた。天皇制を政治的背骨として確立したブルジョア日本は、上からの近代化の強烈なイニシアティブのもとに、近代西洋が数世紀かけておこなった資本主義的全発展史をいわば圧縮してきわめて早いテンポで経過した。当初から国家資本主義に主導されて、最新の生産方法・技術設備の輸入を軸として資本主義建設を促進した近代日本は、いちはやく独占資本主義型に転化した。したがって近代日本は、軍事的・警察的天皇制による全能支配、国民の市民的諸権利のいちじるしい制限・歪曲、農村における寄生地主制の再編、社会生活の全領域にわたる前近代的な制度・慣習の残存などの諸特徴をもっていた。それらの戦前日本的特徴は、一面では近代化の未熟のあらわれであったが、他面ではすでに近代化の腐熟のあらわれでもあったのであり、独占資本主義社会に特有な反動的構造に由来するものであると言える。市民社会の自生的成熟を十分に経ることのなかった近代日本は、その社会形態においても、共同体社会から大衆社会に変貌した諸指標を、かなり早期からあらわしている。イデオロギー循環の面からいっても近代日本は、民権論と国権論、拝外狂と排外狂、西欧主義と日本主義、モダニズムと土着主義等々の両極の、きわめてあわただしい反覆つ《マ》ね《マ》ない急角度の交替を特徴としてきた。(同、一五一頁)

「上からの近代化」が生み出した「「畸型」な人為的・早熟的発展」とは、まさしく「圧縮された近代」の謂(Chang

2010)であり、それゆえ、近代化の「未熟のあらわれ」と「腐熟のあらわれ」の共存として理解された。「民権論と国権論、拝外狂と排外狂、西欧主義と日本主義、モダニズムと土着主義等々の両極の、きわめてあわただしい反覆」「交替」と表現されているように、普遍と特殊という二項対立図式に基づく日本近代(化)の理解を、いっそう先鋭化して示している。あるいは、近代化の過程で生じた副作用や副産物のネガティブな側面を強調する言説だと見ることもできる。このような言説が、『思想の科学事典』という、いわゆる左翼系メディアとは一定の距離を置いた「思想の科学」グループの事典に掲載されていた。

このような批判的言説を背景に置くと、先に引用した岡本の逡巡する近代(化)理解にも納得がいく。過去や日本的なるものを全面的に肯定することははばかられたのである。この歯切れの悪さは、二項対立図式のどちらにも容易には与することができないなかで、その図式自体を無化しようとすることを意図したためであろう。八〇年代の宣言に比べ、キャッチアップ型近代化をほぼ達成したというやや控えめな宣言も、歯切れの悪さも、一つには批判的言説が一定の力を得ていた時代の発言だったからである。もちろん、それに加えて、二度のオイルショックを乗り切り、欧米経済の停滞を尻目に「プレバブル」期にあった日本経済の世界的位置づけの違いが、「世界に誇りうる」近代(化)の達成に自信を与えていたことはいうまでもない。控えめな表現が影を潜め、歯切れの悪さも一掃される。そのような近代(化)理解が、「その後」の問題構築に、それ以前の言説とは異なる知識の基盤を提供したのである。

この節の最後に、政府側でも、マルクス主義の立場でもない、いわばリベラル派とみなせる立場からのキャッチアップ型近代化の理解を見ておこう。明治百年に関連して出版された『日本の百年』(笠信太郎編、一九六六)に収録された、朝日新聞社顧問、笠信太郎の「一つの鳥瞰」と、当時論壇でも活躍した社会学者、加藤秀俊の「社会」の章からの引用である。

笠は、明治百年の歴史を「鳥瞰」して、つぎのように特徴づける。

封建時代から抜け出たばかりの国民が、わずか百年にして、先進の欧米諸国に互して多くの引け目をとらぬところまで来たというのは、史上おそらく例を見ないほどの速度と精力だったといってよかろうし、しかも百年の突貫工事の結果が、日本史上かつてなきみじめな敗退として払拭しがたい烙印を捺されたことも、事実である。

〔同、一一頁〕

一〇〇年にして、「先進の欧米諸国に互して多くの引け目をとらぬところまで来た」とキャッチアップ型近代化の到達点を示す。と同時に、「百年の突貫工事の結果が、日本史上かつてなきみじめな敗退として払拭しがたい烙印を捺されたこと」にも言及する。キャッチアップ型近代化については、明治以後の海外思想の受け入れについてのつぎの文章が、彼の近代(化)理解を如実に示している。

その受け入れ方の第一の特徴は、まず精緻な解釈を主とする解釈学的な生き方で、その解釈された思想を、そのまま受け入れる。〔中略〕しかし第二の特徴として、明治年間に流入した例えば自由の考え方、民主主義の考え方、社会主義思想といったものは、それが流入したころには、日本にはまだこの思想に対応する事実が展開していないといった場合が、一般的であった。〔中略〕そこで、明治の日本では、その流入した「観念」から、逆に「事実」を生み出さねばならなかった。西欧やアメリカでは、自由は遠く中世に始まる歴史的事実の発展として跡付けられるもので、それを歴史のある地点に立って振り返ってみるとき、そこにその時々の自由の観念が成立するということであるが、日本では、はじめに観念があるというわけで、逆の発展をたどる。〔同、二五頁〕

流入した「観念」をもとに「事実」をつくりだしていく。このようなキャッチアップ型近代化理解は、丸山のいう「目的意識的近代化」に対応する。先進と後進、外来のモデルの存在とその受け入れといった図式である。

このようなキャッチアップ型近代化理解をより鮮明にしたのが、つぎの加藤の言説である。

日本の自己発見とはなにか。それは、日本が西洋におくれをとっているということの発見であった。西洋についての知識は、まえにのべたように皆無ではなかった。しかし、維新開国後に、じかに西洋と全面的にふれあってみると、西洋はあまりにもまぶしい存在であった。日本は西洋におくれをとっている——その認識から日本近代のすべてがはじまる。(同、四二頁)

日本が西洋からおくれをとっているという自己認識から生まれてくる結論のひとつは、日本も西洋のごとくあるべし、という命題であった。日本にきている西洋人の風俗、挙措動作、そしてかれらの行動様式とそれを規定する社会制度——それらのすべてを日本人は好奇の眼差しでみつめ、そして、それをとりいれ、あるいは模倣しようとした。徳川期をつうじて存在しつづけていたもろもろの風俗や制度は、あたらしくはいってきたこれらの西洋ふうの文物にとってかわられた。それを「文明開化」という。(同、四三頁)

世間に広く流布した日本の後進性に関する認識と、「文明開化」の発端についての理解がコンパクトに示されている。西洋という先進を準拠点に、「おくれ」の認識がキャッチアップへの力の源泉だと見るのである。「その認識から日本近代のすべてがはじまる」との指摘は、ある時代までの日本人の「常識」を形成する知識であった。

「圧縮された近代」についても、多くの人びとが共有した教科書的知識の定説のように、つぎのようにまとめている。

西洋に追いつくということは、西洋が二世紀かかってなしとげたものを、できるだけ短時日で日本がなしとげなければならないということであった。お雇い外国人も留学生も、じつは、その急加速のための燃料でありまた潤滑油として用意されたのである。その結果、おどろくべき事態がうまれた。西洋が二世紀かかって到達したものを、日本はその十分の一の二十年間でどうにか獲得してしまったのである。

二世紀の成果のすべてを二十年間で獲得したとはいわない。しかし西洋の二世紀がその社会変化の基本原理としていたもの、すなわち社会の工業化は、日本では二十年間でその基礎工事を完了した。〔中略〕西洋にまなぶことで日本の産業革命は進行した。(同、四九頁)

「西洋にまなぶこと」をキャッチアップ型近代化の根幹に置く、わかりやすい近代(化)の理解が示される。と同時に、加藤はマルクス主義的歴史学者の批判的言説には与しない。

しかし、この二世紀を二十年で、という工業化への驀進には、いくつかの工夫が必要であった。なるほど結果的にうまれてきた工業社会は、西洋も日本もかなり似たものであった。工業製品がつくられる、という事実においてはそれはまったくおなじであった。だが、工業化を推進するための社会のメカニズムは西洋と日本のばあい、だいぶちがっていた。

西洋の産業革命は、いうまでもなく、市民革命とペアになっていた。すなわち、産業革命のにない手は、あたらしい社会の主役として登場してきた市民(ブルジョア)なのであった。彼等は、在来の権力への反逆者であり、あたらしい秩序の形成力のにない手であった、といってもよい。そして、その新しい形成力は、ゆっくりと時間をかけて、そのなかで力をつけていった。西洋の近代というのは、そもそもそういう性質のものなのである。しかし、日本のばあい、西洋におけるような自生的な市民の出現を待つだけのゆとりはなかった。そこで、西洋における市民の代用品をこしらえあげることになる。代用品とは何か。それは、政治権力だ。

明治の近代化の奇蹟は、民間的ないし市民的な力によって行われたというよりも、むしろ政府的・官僚的な力によっていた。〔中略〕いわば、日本の工業化のスターターは政府なのである。スターターがはたらいてエンジンが回転しはじめるとそこで民間にゆずりわたすのである。（同、五〇―五一頁）

「上からの近代化」と同主旨の主張だが、加藤はそれを「畸型」とは見ない。加藤は続ける。

日本だけでなく、プロシャからロシアなどのような、後進資本主義国も、形態のちがいこそあれ、「上からの革命」にちかい方式をとった。それは、工業化のすすんだ国に追いつくためにはやむをえない方法だったのかもしれない。

だが、ここで注意しておくべき問題がふたつほどある。第一は、このような政府のイニシアティヴによる工業化が、近代国家として「歪んだ」ものだとはかならずしもいえない、ということ。しばしば、日本は西洋との比較のうえで「歪んだ」近代化をとげた社会だといわれる。たしかに、イギリスを絶対尺度としてみれば、日本のあゆんだコースは歪んでいたかもしれぬ。だが、いっぽうを正常、いっぽうを異常とみる見方は、いささか偏った見方だろう。工業化というひとつの目標を達成するためには、それぞれの国がことなった方法を用意しなければならぬ。日本にとっての方法は、政府がスターターをまわす方法であった。それはイギリスやフランスの方法とあきらかにちがっていた。しかし、ちがっていたということは、「歪んでいた」ということとはちがうのである。

第二の注意点は、たとえ政府がスターターをまわしてそれを有利な条件で民間にひきついだとしても、ひきつぐだけの能力と資本が日本にあったという事実。明治の変革とはだいぶ性格がちがうが、こんにちの未開発地域での問題を照らしあわせてみると、この事実は極めて重要である。(同、五三―五四頁)

「歪んだ」近代化を否定する根拠は明らかではない。だが、少なくともマルクス主義的立場に立つ歴史学者を意識しつつ、「イギリスを絶対尺度」として見る見方を相対化しようとする。「工業化というひとつの目標を達成するためには、それぞれの国がことなった方法を用意しなければならぬ」という表現が明らかにしているように、多様な近代(化)の可能性という理解(Eisenstadt 2000)に近い見解である。しかも、「上からの革命」を可能にした明治以前の日本の条件についても言及がなされる。近代以前のプロト工業化段階の重要性(たとえば斉藤 一九八五)の指摘ともとれる言説である。

このような加藤の近代(化)理解は、政府側の明治百年祭の祝い方や、それを批判した歴史学者の言説に比べれば、はるかに穏当な過去の肯定を含んでいた。と同時に、ここにも件の二項対立的な図式が、議論の構成の根幹にあった。「上からの革命」=「上からの近代化」という理解を示しながらも、「西洋におけるような自生的な市民」の存在と対置する形で、「西洋における市民の代用品」=「政治権力」が位置づけられる。イギリスを絶対尺度とみなすことに留保を付けても、「自生的」な近代(化)と政治権力に主導された近代(化)との二分法的理解(アンビバレンス)が議論の根底を形成していたのである。このように、過去のキャッチアップ型近代化理解を超えようとする視点は、六九年という時点ではまだはっきりとした姿を現してはいなかったのだ。加藤の言説は、現在から見れば、まさに当時の定説・通説として読めるだけに、六〇年代末以後、人口に膾炙した日本の近代(化)理解の論理構成の特徴を認めることができるのである。

おわりに

本章では、大平政策研究会の言説を中心に、八〇年代初頭における近代(化)理解の特徴を概観した。ここでの検討から、本書の以下の分析を貫く問題意識を分析課題として並べておこう。本章第二節で「分析課題ふう」と評して提示した主題の数々を再掲しておく。

- 「産業化・経済に照準した近代(化)理解」の問題
  工業(産業)化や経済成長に照準して近代(化)を目指したことは、近代(化)理解にどのような特徴を与えたのか。
- 二項対立図式にかかわる近代(化)理解の問題
  先進・後進、普遍・特殊といった二項対立的な図式で描かれた近代(化)理解はどのような特徴をもっていたのか。また、その対立図式が「解除」されることで、「その後」の問題構築にどのような影響を及ぼしたのか。
- 目標とすべきモデルの存在による近代(化)理解

明確なモデルの存在という、近代化の目標の認定を中核におく近代(化)理解は、どのような特徴をもつのか。その克服はどのように試みられたのか。それによって、近代(化)理解はどのような変容を受けたのか。

●モデル喪失と主体性の問題

追いつくべきモデルの喪失という近代(化)理解は、「その後」の課題の構築にどのような特徴を与えたのか。そこではいかなる「主体性」の構築が求められたのか。

●モデル喪失と日本回帰の問題

追いつくべきモデルの喪失という近代(化)理解は、「その後」の課題の構築に、日本への回帰をどのように忍び込ませたのか。それはその後の近代(化)の理解にどのような影響を与えたのか。

これらの問題を解明することで、「その後」の問題構築を行う際の思考の習性《クセ》を取り出すことができる。そして、その思考の習性《クセ》の理解は、八〇年代以後の教育政策を中心にした政策言説の特質を探ることに資すると考えるのである。

注

(1) 正確を期せば、この発言が行われた時期は一九七〇年代末と推測できる。『「文明論之概略」を読む』にまとめられた講読会は一九七八年七月から始まり、一九八一年三月末まで続いたといわれるからだ(丸山 一九八六、v頁)。その場を記録した録音をもとにこの本が書かれたことからすれば、出版時に加筆したのでなければ、このような発言は七〇年代末のものと推察できる。

(2) ただし、ここでいう「共通了解圏」が社会全域で共有された意識であるという実証は本書の範囲を超える。本書で対象にするのは、あくまでも政策立案に際して正当化の言説として利用可能になる知識の基盤である。もう一つの論点は、このような共通了解圏が、「言語技法(レトリック)」を通して力を得たことへの着目である。政策立案過程や政策文書において用いられる言説が、現実の観察に基づいた事実関係を厳密に検証することのないままに通用するのは、そこでの言説が「言語技法(レトリック)」の作用を発揮しているからだと見る。もちろん、だからといってそこでの言説がまったく事実とかけ離れていたというわけではない。そうではなく、事実との対応関係の検証なしで通用してしまう言説のレトリカルな作用を指す場合に、この語を使う。

(3) この時期にキャッチアップ型近代化の終焉が宣言されたことには重要な意味がある。ウィットカー(Whittaker et al. 2010)によれば、後発型近代化を遂げた社会が、どのような時代(time)に、どのようなタイミング(timing)でそれを達成したかが、「その後」の発展に影響を及ぼすと考えられる。その意味で日本のキャッチアップの達成宣言が、たとえば韓国や中国のように、グローバル経済のよりいっそうの発展があった時代に後発型からの脱却を果たそうとする国々と比べた場合に、日本の経験はそれらの社会とは異なる特徴をもつ可能性があるからである。ウィットカーらの議論は実態レベルの問題に焦点を合わせているが、本書が対象とする問題構築のあり方にもその影響は現れうる。このような比較社会学的研究の発展可能性については他日を期す。

(4) 大平政策研究会の報告書で、経済や産業化に焦点づけた近代(化)理解は、つぎの箇所にもうかがえる。「戦後の日本社会は、戦前にもまして、欧米先進国経済に追いつくことに専念してきた。国民の生活目標も、なるべく多量の物財やサービスの入手により快適で能率的な生活環境を形成しようという「生産」の側面に向けられてきた。こうして「働くこと」が人生の第一の価値とされ、人間の評価の基本も、その人が生産の領域でどれだけ社会的に貢献しているか、という点におかれた」(内閣官房 一九八〇b、四二頁)。

同様の時代認識は、後の臨時行政調査会に引き継がれた。そこにはつぎの表現がある。「明治以来の近代化の努力が実って、今日の我が国は、世界各国の中でも上位に位置する豊かな社会になった。しかも、社会成員間の所得格差は国際的に見ても小さく、追い付き型近代化はほぼ達成されたといえる。それに伴って、国民の知識、教育、所得、資産及び健康状態が向上するとともに、その関心や行動、生活様式が多様化・多元化した。婦人や高齢者の社会活動への参加意識も強まっている。こうした中で、自立・自助を基本とする新たな社会を形成していくための条件も整っている」(臨時行政調査会 一九八二)。

（5） 長富のつぎの議論を引用しておく。「この「近代化」の意味については、それが「欧米化」ないし「西欧化」を意味するのか、「産業化」ないし「工業化」を意味するのか、議論のあるところである（たとえば、村上ほか 一九七九、一二三頁以下参照）。ここでは、学問的定義はともかく、現象面を含め、一応「近代化」を「欧米化」と「産業化」の両方の意味を込めてとらえておくこととしよう」（長富 一九八三、六二頁）と二つの意味を込めていることを明言している。

（6） 佐藤によれば、「日本の近代を語る言説は、根本的に、西欧近代社会に生まれた近代社会科学の文法に拘束されている。完全に非社会学的な文体に移行したら、私たちにそこに何か「事実」が書いてあるとは思えないだろう。と同時に、その実定性が日本をえがく時には、どこか歪んでいるように思えてならない。実際、従来の日本の近代化論は、この二つの文体の間の往復運動を繰り返してきた」（佐藤 一九九八、九一頁）。ここには、日本における社会科学の問題点が鋭く指摘されている。こうした日本の社会科学のあり方自体が、日本近代（化）を理解するための知識社会学的な研究対象となりうる。

（7） 長富の引用で省略されている箇所の文章を見ると、興味深い。「〔追いつくという〕ゴールが達成された」の後には、つぎの文章が続く。「ただ、大業成ったのと時を同じくして出てきたのは、エコノミック・アニマルとしての自己像だった。節度を知らない下等動物のように、まったくの空なるものを追い求めて走ってきたのではないかという疑念が、はじめて日本人の心に萌したのである」（ウィルキンソン 一九八一／邦訳 一九八〇、二〇二頁）。「エコノミック・アニマル」としての自己像、「まったくの空なるものを追い求めて走ってきたのではないかという疑念」には、自らのキャッチアップ型近代化理解のもう一つの姿が描かれている。だが、この部分が長富の引用からは見事に削られていた。キャッチアップ型近代化理解の肯定的な側面の強調に終わっていたのである。

（8） このような「ペシミズム」により傾斜した政府の見解は、『行政改革に関する第五次答申（最終答申）』（昭和五八年三月一四日）のつぎの言説に代表される。「〔七〇年代の石油ショック、ニクソンショックへの日本の対応・努力について触れたあとで〕このような努力の結果、経済の高度成長の時代こそ終わったとはいえ、日本経済の規模は世界のＧＮＰの約一割を占めるところにきた。明治以来の目標であった「追い付き型近代化」もほぼ達成されたと言える。／しかし、一九七〇年代に直面した課題の解決に当たり、政府が大きな役割を果たすことが要求された結果として、行財政の肥大化と巨額の財政赤字の発生という大きな問題が残った。事実、国と地方を合わせた一般政府総支出の規模は、それまではＧＮＰの二〇％前後で安定していたものが、一九七〇年代の一〇年間にＧＮＰの三五％近くまで一気に増大したのである。この傾向を放置すれば、日本の社会経済が深刻な「先進国病」に悩むことは必至である」（臨時行政調査会 一九八三）。

第三章 臨時教育審議会の近代

一 なぜ「教育」政策言説なのか

この章からは政策言説の分析に移る。焦点を当てるのは教育改革・政策を中心とした教育領域の言説である。なぜ教育なのか。第一の理由は、教育という政策領域が、過去と現在と未来を結ぶ結節点とみなされてきたからである。教育が次世代の育成にかかわる営みであることはいうまでもない。その教育(公教育)をどのように変えていくか。それを論じる政策領域が、教育改革の論議である。そこでの議論は、当該社会との関係において、過去からこれまでの教育や社会の問題点を考慮し、定位しつつ、それらの問題を解決することに向けられる。その意味で、教育は過去と現在との結節点となる。と同時に、次世代が生きていく時代や社会の変化を予想し、それに対応できると考えられる資質や能力の育成を目指すという点で、未来志向のプロジェクトとみなされる。現在と未来との結節点でもある。

将来の教育をどうするか。過去から現在までをふまえつつ、未来に志向し、これまでの教育や社会の問題点を挙げ、それを解決するとともに、未来に資する教育を構想する。教育改革に関する政策言説にはこのような特徴が備わりやすい。

それというのも、第二に、近代における教育は、進歩主義(progressivism)や開発・成長・発展主義(developmentalism)といった思想と馴染みやすい特徴をも備えているためである。教育を通じて、個人の成長や発達を「よりよいもの」へと誘う。それが社会の進歩や発展(あるいは経済成長)にも貢献する。個人と社会の予定調和的な発達＝発展(development)である。このような期待を担わされてきたのが、近代における教育という制度であり政策領域であった。「よりよい未来(進歩)」をつくるために、子どもたちを「よりよい人間(国民・市民・労働力)」に育てる、そのための「よりよい教育」の希求——こうした(進歩主義に根ざした)「近代」教育の特徴が、教育政策言説の基底にある。そのために、教育領域の政策言説には、それぞれの社会の過去の反省、現在の問題点の把握、未来への志向といった認識や思想が入り込みやすい。

このような特徴は、とりわけ、遅れて近代化を遂げた社会に顕著に表れる。それが教育に焦点を当てる第三の理由となる。遅れて近代化を進める(後発型近代化)社会にとって、知識や技術の習得、資質や能力の育成といった面での「次世代の育成」を担う教育制度が、近代化の橋頭堡あるいは原動力として、重要な機関とみなされやすいからである。それだけに、公教育制度の設計、制度化、そしてその改変といったところに直接・間接にかかわる教育政策言説には、後発の近代社会の自己認識や未来志向が刻印されやすい。その面でも、日本のように遅れて近代化を進めようとした社会にとって、教育という政策領域の言説は、近代や近代化という外来の思想や観念を参照しつつ、自らを位置づける証言としての意味を帯びやすいのである。

このような理由から、教育をめぐる言説の知識社会学的な分析を通じて、日本における近代や近代化の理解、受容、その曲折・変節といったことをとらえることができる。教育という領域は、日本における近代を社会学的に分析するうえで、すぐれて分析対象になり得るということである。

したがって、ここでの検討対象は、日本における「近代」や「近代教育」の成立過程自体ではない。その変化や営み自体ではなく、そのような変革を「近代化」（あるいはそこからの「偏差」）とみなしてきた、認識枠組みの形成を対象とする。このようなメタレベルの認識枠組みを取り出し、そこに埋め込まれたロジックの特徴を明らかにすることで、「日本の社会と教育」の問題を構築するときの認識に伴う、私たちの問題構成の習性《クセ》を取り出すことができる、と考えるからだ。

二 「近代化と教育」再考

教育社会学の泰斗、麻生誠と天野郁夫は、一九七二年に出版された著書、*Education and Japan's Modernization*（『教育と日本の近代化』）の「Preface（序）」において、その本の目的をつぎのように記した。

〔本書は〕できるだけ客観的に日本の教育の発展を追うとともに、教育が日本の近代化にいかなる役割を果たしたのかを明らかにすることにある。（Aso & Amano 1972, Forward, ページ番号なし）

英語での出版だったからだろう。本文が一〇〇ページにも満たない小冊子を通じて日本の教育を海外に向けて発信する際に、その中心テーマを、教育が日本の近代化にいかに貢献したかを説明することだとしたのである。

この本には、外務省の The Public Information Bureau の Director-General の前書きが寄せられている。その書き出しを日本語に訳すとつぎのようになる。

わずか一世紀という日本の近代化は、〔日本という〕国家があらゆる諸力をたった一つの目的〔近代化〕に焦点を絞

> り、そこに傾注し成し遂げた見事な達成を指し示すものである。
>
> 一九七二年という年は、その一世紀に及ぶ顕著な達成をもたらしたさまざまな諸力のなかでも、最も基底をなす重要な力のひとつ、すなわち、日本の教育制度の成長と発展の一〇〇周年という年にあたる。これを機に、外務省は、日本における近代教育一〇〇年の歴史をここに振り返ることとした。（Aso & Amano 1972, Forward, ページ番号なし）

文部省ではなく外務省が音頭を取り、明治五（一八七二）年の「学制」発布から一〇〇年目の年に英語でこのような書物を発行した。経済の高度成長期が間もなく終わろうとする時期にあたる一九七〇年代の前半に、海外に向けて「日本の近代化と教育」の「見事な達成」をアピールする。そこには、敗戦からわずか四半世紀後に、日本の近代化が（再度）見事に達成されたことを海外に広める外交的意味があったのだろう。

これと対をなす書物が、その七年前の一九六五年に出版されていた。*Society and Education in Japan*（邦訳では『日本近代化と教育』）である。著者はアメリカの社会学者、ハーバート・パッシン。その「まえがき」はつぎのように始まる。

> われわれは今日、近代化を決意して開発途上にある非西欧社会の国ぐにに大きな関心を寄せている。そして日本こそは、この中で近代化を最初に目指し、また成功した唯一の国である。〔中略〕
>
> 日本は成功を収めた。しかもこの成功はたとえその達成の方式が日本に特異なものであり、他の国ぐにには無縁のものであったとしても、その意義は大きいとせねばなるまい。なぜなら、この成功例こそが、今日の新興国に対して「近代化達成」が可能であることを示してくれるからである。（パッシン 一九六五／邦訳 一九八〇、九頁）

「近代化を決意して開発途上にある非西欧社会の国ぐに」への関心のもとに、日本という「唯一の」「成功例」が示される。日本の経験は、「今日の新興国に対して「近代化達成」が可能であることを示してくれる」。第一章で見た箱根会議でのアメリカ側の出席者と同様の問題関心(＝戦後の日本をモデルとした非西欧圏での近代化の達成)を前提に、日本の近代化と教育に着目した著作が出版されていたのである。

教育については、「まえがき」でつぎのように位置づけられる。

開発計画全体のなかで、教育が果たすユニークな役割については、ようやく認識が生まれようとしているにすぎない。事情に通じた人びとのあいだにおいてすら、なおざりにされているこの問題に、学者研究者の考察や実証的な研究が、いままさに向かおうとしているのである。われわれは教育を「社会資本」投資、近代的な機構の下部構造、訓練された人力供給源、教育投資の産物というような次元でとらえている。(同、一〇―一一頁)

「社会資本」投資としての教育という見方は、まさしくその時代に「ようやく認識が生まれようとして」いた人的資本論やマンパワー政策と重なる教育の位置づけである。その成功例――教育を人材育成の橋頭堡とした「近代化達成」の可能性の事例として、日本の教育と近代化が論じられた。しかも一九六五年という出版年と、この本の著者がアメリカ・コロンビア大学の社会学教授であったことには意味がある。それというのも、パッシンは、箱根会議に出席していたアメリカの研究者に連なる日本研究者であるにとどまらず、第一章で触れた、シルズやベンディックスといった近代化論の旗手といわれた社会学者とも関係の深い社会学者であったからである。その後の近代化論の批判的検討を経た視点から見れば、近代化をめぐるアメリカのイデオロギー的枠組みのなかにあった論者といえる。時期という点でも、当該書が執筆途上であった頃の日本は、経済の高度成長の果実を手に入れようとしていた時代（「日本の奇蹟」）と重なった。アメリカ流の近代化論にとって、日本という成功例が論じるに値する対象となった時期である。このような近代化論の流れに置くと、パッシンが、「教育が果たすユニークな役割」に注目し、その成功の原因を探ろうとした *Society and Education in Japan* は、日本の近代化と教育の関係をアメリカ流の近代化論がどのように見ているかを示す格好のテキストであった。

もう一つ、今度は日本語で、ほぼ同時代に「近代化と教育」をテーマに掲げた著書からの文章を引用しておこう。のちに文部大臣となる教育社会学者、永井道雄が一九六九年に出版した『近代化と教育』である。その第一章「近代日本における離陸と墜落」に、つぎの文章がある。

産業革命を達成し、それにふさわしい社会組織をもつ点で西洋が〝進んで〟いるとすれば、日本もまた同じ道を歩まなければならない。政治的には殖産興業、軍事的な独立がさしあたっての目標となり、これに即した教育は、一つには普及、もう一つは実用性を尊重しなければならない。（同、二〇頁）

外からの知識を吸収し、上からの指導によって日本の教育は、国民が一丸となり、当面する国家の課題に向かって邁進することを可能にしたのである。（同、二三頁）

永井によれば、「進んだ」西洋に追いつく（「同じ道を歩」む）こと、「当面する国家の課題に向かって邁進すること」、すなわち、殖産興業や富国強兵といった国家の目標の達成に「即した教育」が求められたのであった。そのために「外からの知識を吸収」し、「上からの指導によって」国民を「一丸」にすることが重視された。第一章で見た箱根会議での議論でもあったように、先進としての西洋（欧米）と、後進としての日本（非西欧）という位置づけのもとで、教育を通じて先進国に追いつくことが、「近代化」として論じられた。そのタイトルや内容からして、永井の著書は、麻生・天野、そしてパッシンといった海外での出版に呼応する、日本側からの近代化の達成と日本の教育の役割を示すものであった。

なお、ここで永井の著作を選んだのは、彼がのちに文部大臣になったという理由だけではない。先の麻生にしても天野にしても、そしてこの永井にしても、教育研究者＝教育学者という意味では当時は周辺に位置する研究者（三人とも教育社会学者である）に過ぎなかった。別言すれば、当時、主流派の教育学者がこのように「近代化と教育」を（ポジティブに）論じることはほとんどなかったといってよい。このことの意味は第五章で検討する。ここで確認しておきたいのは、「近代化と教育」というテーマが、主流派教育学者には特定のイデオロギー的意味合いを帯びたものとして迎えられていたということ、あるいは後の議論を先取りすれば、それは「反動的な」あるいは「国家主義的な」と形容された、「偏った」見方に立つ教育論だとみなされていたということである。(1)

このことは、たとえこれらの著作が、日本の教育の限界や問題点をどれだけ注意深く分析・記述していたとしても、大きく括れば近代化論の枠組みのもとで日本の教育を理解していたということを意味した。それゆえ日本人の著者たちは、第一章で見た、「追いつこうとする社会の政治リーダーや主導的な知識人」（ベンディックス）の一員として、アメリカの世界戦略としての近代化政策に与した教育社会学者であったといえる。

いかにして日本に「近代教育」が形成されたか。「近代教育」の誕生や制度化がいかに日本を「近代社会」に変えていったか。日本社会を近代に導いた、近代化の原動力として、教育の近代化に着目することは、明治以後の教育（＝「近代教育」）の歴史を繙く際の常套手段であったといってよい。

なるほどベンディックスやシルズがいうような近代化論を通じたアメリカの外交政策＝他国への（善意の）押しつけ

は、軍事力を背景にした「強制」や「圧政」を通じて行われたわけではない。しかも、多くの発展途上にあった「西側諸国」で、近代化を目指す政策が、それぞれの民衆からの一定の支持を集めて進行したのは、近代化論自体に、人々の支持を得る「普遍的な」価値があるという信念を浸透させる――知識を通じた――力のはたらきがあったからだろう。しかもそのような支持は、「追いつこうとする社会の政治リーダーや主導的な知識人」だけに限らなかった。その国の文化水準や教育レベルに応じて、一般の人々も近代化という社会の変革を望むように、イデオロギーとして作用し、現実の理解と、それに基づく現実への対処の仕方を単純化するモデルを提供したのである。「言語技法による共通了解圏」の成立と普及である。

豊かさの実現、民主主義の実現、人権の擁護、自立した個人、主体的な市民の形成――「(唯一の)モデルとしての西欧なるもの」への接近。欧米を起源としながらも「普遍的」だと人々に思わせる価値がそこには込められた。支持を得た理由の一つは、経済成長や民主主義的政体の成立を通じて、人類の福利に資する福祉国家の建設という目的と結びついていたからである。それは社会の「進歩」を示す、目指すべきゴールであった。

ただし、この近代化論には複雑に絡みながらも二つの系があったことを確認しておく必要がある。一つは、豊かさや経済成長をもたらす科学技術や経済を中心としたテクノクラート的な「近代化」(開発・発展・成長＝development)の系列である[2]。これは、これまでの本書の分析に従えば、経済を前景化した近代(化)の理解と重なる。そしてもう一つは、民主主義や福祉国家の実現を中心とした政治的・社会的な「近代化」(進歩派リベラル＝progressive and liberal)の系列、すなわち政治を前景化したそれである。第一章で見たシルズやベンディックスの議論にあったように、アメリカ流近代化論では、この二つの系は互いに補い合うことで「近代化」へと至ると理解された。

第一章で、ベンディックスを引用して近代化論のイデオロギー性を分析したギルマンは、「産業社会の基盤となる経済的および社会的な民主化を達成することによって、福祉国家はモダニティへの移行を完成させる。「開発国家」

は、経済成長に対するパターナリスティックな前提のもとに、第三世界において、福祉国家の類似物であった」（Gilman 2003. pp. 16-17）と注意深く、福祉国家と開発国家との違いを付け加えている。「パターナリスティック」とは、「家父長的温情主義的」と訳されることのある用語であり（中西・上野 二〇〇三）、さらに意訳すれば、「上から」の「善意による押しつけ」を意味する。遅れて近代化を進めた後発の多くの国ぐににとっては、（「パターナリスティックな前提のもとでの」）国家主導による「経済成長」が、近代化と等置されたのである。

いまだ貧しい第三世界においては、「開発国家」が、福祉国家の類似物ないしは代替物となった。国家の主導によって経済成長を優先させる近代化においては、福祉国家実現の前に、あるいは政治的・社会的な「進歩」を後回しにしてでも、豊かさの実現を温情主義的に進めようとする、そのような経済成長優先の「変革」も、「自らが進歩とみなす過程の「進んだ」状態に向かうもの」（ドーア 一九七六／邦訳 一九七八、一九頁）としての近代化とみなされたのである。

第三世界に属したわけではないが、日本はしばしば「開発国家」の代表格であるとみなされた。日本の経済成長を事例に通商産業省の研究を通じて、この言葉を日本研究の外部にも普及させたチャーマーズ・ジョンソン（一九八二／邦訳 一九八二）の著作がその代表作である。この主張には異論が寄せられているので、ただちに日本の近代化を開発国家型だと認定するわけにはいかない。(3) その点の留保は必要だとしても、政策言説のなかで、戦後日本の近代化が、ドーアのいう「意識的な国家主導による「追いつき追い越せ」型近代化」の典型であり、成功例とみなされてきたことは否定できない。そして、麻生や天野、パッシンや永井が一九六〇〜七〇年代に位置づけたように、そこにおいて主要なはたらきをしたと見られたのが、近代化の担い手としての（公）教育だったのである。先に見たパッシンは、こうした有力な「近代化論者」の一人であり、日本の「近代化と教育」の議論は、まさに非西欧圏において近代化を可能にした唯一の国として日本を取り出し、そこにおける教育の役割を称揚する議論であった。当時のこのような世界的な知識社会学的文脈に照らせば、パッシンが「その達成の方式が日本に特異なもの」であったことを強調したうえで、日本が非西欧圏でも「近代化達成」が可能であることを示す有力な（その時代には「唯一の」）事例とみなされ、なおかつそこにおいて日本の教育が重要な役割を担ったことを世界に誇示したのは、アメリカに端を発した近代化論のイデオロギー的なはたらきといえる。さらには麻生と天野の英語での著作も、外務省の意図と相まって、そうしたイデオロギー作用に棹さすものであった、ということができる。そして永井のそれは、日本語で日本の読者に向かって、そのような認識を広める役割を果たした。

三　臨時教育審議会の認識――「追いつき型近代化と教育」の認定

「意識的な国家主導による「追いつき追い越せ」型近代化」というとらえ方は、内外の研究者だけのものではなかった。近代化と教育を論じる際の日本政府による公式の枠組みでも、この見方は共有された。とりわけ、近代化と教育の「成功」までの過程を振り返る政策言説のなかで、「追いつき型近代化」のもとでの「追いつき型」教育という公式の認定が行われた。その典型例が、一九八〇年代半ばの臨時教育審議会（臨教審）答申である。それを表す最も印象的な文章をはじめに引いておこう。

明治以来、我が国は、欧米先進工業国に追い付くことを国家目標の一つとし、教育もこの時代の要請に沿った人材を養成することに努めてきた。このため、政府は学校教育制度を政策的に整備し、すべての国民に共通した基礎学力を身に付けさせ、また、広く人材登用を可能にして、社会を活性化した。このことが、我が国の社会経済の発展のエネルギーになったことは評価すべきである。（臨時教育審議会編　一九八五、三三頁）

明治以来の日本が、欧米先進工業国に追いつくことを国家目標としていたことを認め、さらには教育もまた、そこに組み込まれていたと見る。この引用では「近代化」という言葉は使われていないが、ここでの「追い付くこと」が近代化のそれ（後の引用からの用語で示せば「追いつき型近代化」）であることは、明らかである。そのような「時代の要請」に応えた教育が、人材の養成や登用を可能にし、「社会を活性化」させることで「社会経済の発展のエネルギー」になっていたとの見方がここには示されている。

さらに臨教審によれば、戦後の教育改革もまた、追いつき型近代化に属するものであった。答申はいう。

敗戦と戦後改革によって「強兵」路線を否定した結果、戦後日本は「富国富民」路線に専念できることとなり、殖産興業、輸出振興、高度経済成長という経済的ないしは物質的目標に努力を集中した。その結果、我が国は明治百年にして欧米工業先進国に「追い付く」ことに成功し、その国民総生産は全世界のほぼ一割に達し、自由世界でアメリカに次いで第二の地位を占めるようになった。また、この物質的繁栄を基礎に、我が国の高等学校進学率は九四%に、大学進学率は三七%に達して、アメリカに次ぐ高い国際水準を維持し、教育の機会均等の確保、教育水準の維持向上により「教育ある社会」を実現することに成功したのであった。（臨時教育審議会編　一九八六、八頁）

（戦後改革という）この「第二の教育改革」によりもたらされた義務教育期間の延長、高等教育の大衆化なども、大局的にみるならば、明治以降の追い付き型近代化時代の延長線上にあるものであり、その意味において、明治以降の追い付き型教育は、戦後の「第二の教育改革」より補完されたとみることができる。（臨時教育審議会編　一

九八五、一八頁）

ここでははっきりと「追い付き型近代化」という用語が使われている。これらの引用に明らかなように、臨教審によれば、戦後の「第二の教育改革」もまた、追いつき型近代化の一環であり、欧米先進国へのキャッチアップを達成するうえでの補完物であった。教育史的に見れば、戦前の教育制度と戦後のそれとの間には、制度の大枠においても、そこに込められた理念においても大きな違いがあるとの見方が定説である。にもかかわらず、従前の過去をキャッチアップ型近代化として理解する認識のフィルターを通して見ると、そのどちらも「追い付き型教育」だったことが政府の公式見解として示されたのである。

ここで引用した臨教審の近代（化）理解は、第二章で見た大平政策研究会のそれと大きく重なる。この二つの審議会が人脈的にも重なるところが少なくなかった点から見ても、大平政策研究会の時代認識を引き継ぐ形で、日本の近代（化）をキャッチアップ型と同定する見解が教育政策言説においても繰り返されたのである（4）。

この国家主導による「追い付き型近代化」の達成という従前の日本の教育と社会の自己像は、ギルマンの表現を借用すれば、「パターナリスティックな前提」のもと国家の主導により、経済成長を優先させる開発国家型の近代化であり、「福祉国家の類似物」に限りなく近いものと認識された。このような国家主導によるキャッチアップ型近代化というレンズを通して見ることで、従前の日本の教育の問題はつぎのように認識された。

「欧米先進工業国の進んだ科学技術、制度などの導入、普及を急速に推進するために効率性を重視し、全体としてみれば、その内容、方法などにおいて、画一的なものにならざるを得なかった」（臨時教育審議会編　一九八五、一七頁）

「これまでの我が国の教育は、どちらかといえば記憶力中心の詰め込み教育という傾向が強かったことは否定できない」(同、二二頁)

「戦前の官公庁、大企業などにおいては学歴に基づく処遇差や賃金格差を設けるといういわゆる学歴社会が形成されたが、このことが学歴が偏重されているとの認識が生まれる歴史的背景となった」(同、三三頁)

「子どもの心の荒廃をもたらした大人社会の病因は、近代工業文明、追い付き型近代化ならびに戦後日本における高度経済成長の「負の副作用」、とりわけ人間の心身両面の健康への悪影響、人間と人間の心の触れ合いなどの人間関係への悪影響、文化・教育面への負の副作用などの発見と対応が遅れたことと深くかかわっているという反省の視点が重要である」(臨時教育審議会編　一九八六、一一頁)

「詰め込み教育」や「画一教育」、「学歴社会」や「受験競争」といった教育の諸問題は、すでにそれ以前から主流派教育学者やマスコミによって教育問題とみなされてきた。それに対し、臨教審は、同様の問題を生み出す原因の根底に、「追い付き型」の教育があったという認識を与えた。キャッチアップの過程では、欧米先進国からの知識や技術の導入・模倣に順応する、そのための効率性を重視した教育が求められた。しかもそれらは国家の主導によって行われた。「詰め込み教育」や「画一教育」、「学歴社会」や「受験競争」も、そうした「追い付き型近代化」のもとでの「追い付き型教育」がもたらしたものだ、という問題構築が行われたのである。

ところが、臨教審の見方によれば、そのような「追い付き型近代化」の時代はすでに終わりを告げた。それゆえ、「追い付き型近代化」やそのもとでの「追い付き型教育」は、「時代の変化と社会の要請に立ち遅れてきている」との批判的見解が繰り返し示されたのである(臨時教育審議会編　一九八五、一七頁、臨時教育審議会編　一九八七、七頁など)。それは開発国家型の国家主導にピリオドを打つことにも通じた。そこに「第三の教育改革」をねらう臨教審の時代認識があった。すなわち、一九八〇年代半ばという時点で、臨教審は、日本のキャッチアップ型近代化からの脱却（「その後」）を提唱したのである。

このような時代認識は、すでに指摘したように、七〇年代末の大平政策研究会の議論を継承するものであった。大平政策研究会の報告書（一九八〇）では、第二章で見たように、「近代化（産業化、欧米化）を達成し、高度産業社会として成熟した日本は、もはや追いつく目標とすべきモデルがなくなった。これからは、自分で進むべき進路を探っていかなければならない」とキャッチアップの終焉を高らかに宣言した。そして、その認識を引き継いだ臨教審においては、「我が国は、明治以来の追い付き型近代化の時代を終えて、先進工業国として成熟の段階に入りつつある。この変化に対応して、従来の教育・研究の在り方を見直さなければならない」（第四次答申）との認識が示され、「その後」の方向づけが示されたのである。

このような時代認識をもとに、国家主導の「追い付き型教育」からの脱却を目指す教育改革の提言が行われた。それはつぎのような目標設定である。

今後における科学技術の発展や産業構造、就業構造などの変化に対応するためには、個性的で創造的な人材が求められている。これまでの教育は、どちらかといえば記憶力中心の詰め込み教育という傾向があったが、これからの社会においては、知識・情報を単に獲得するだけではなく、それを適切に使いこなし、自分で考え、創造し、表現する能力が一層重視されなければならない。創造性は、個性と密接な関係をもっており、個性が生かされてこそ真の創造性が育つものである。（臨時教育審議会編　一九八七、一〇頁）

科学技術文明や追い付き型近代化の過程でともすれば見失われがちであった個人の尊厳、個性の尊重、自由・

自律、自己責任、人間の心の重要性を強調しなければならない。とくに、近代工業文明が人間を物質的生産等の手段としてとらえがちであったことの深い反省に基づき、「人格」を自己目的として掲げることは、近代を超える歴史過程において大きな意味をもつものである。(臨時教育審議会編 一九八六、二五頁)

「追いつき型近代化」の終焉が、「その後」の展望を開く知識の基盤(言説資源)として用いられている。この論理の延長線上に、その後の「自ら学び、自ら考える」「新しい学力観」に立った教育改革や、「生きる力」の育成を謳った「ゆとり教育」、さらには二〇一八年改訂の学習指導要領で謳われた「主体的な学び」「対話的な学び」「深い学び」といった改革路線がつながることは明らかだろう(この点については第七章で再論する)。「主体性」や「自立した個人」の育成に連なる教育改革のスタートである。

このような自立した個人の育成という課題は、一見すると、欧米先進国の個人主義を先進とみなし、それを欠如させてきた日本の「追い付き型」の教育の欠点を言い当てているようにも見える。個性の尊重や創造性に富む個人の育成についても同様である。しかし、そのような新たな追いつき型の様相を残しつつも、臨教審以後の教育改革においては、キャッチアップ型近代化の終焉という時代認識を梃子に、日本的な「特異」性を否定するのではなく、それを肯定する日本への回帰が強調されるようになる。従前の国家主義的な主張に代わって、国際性の装いをまとった日本回帰が強調され始めるのである。たとえば、臨教審はその時代の国際化の進展をつぎのように見た。

この新しい「国際化」は、明治以来の追い付き型近代化時代における国際化とは認識や対応を異にするものであり、いわば全人類的視野に立って人類の平和と繁栄、地球上の様々な問題の解決に積極的に貢献し、宇宙船「地球号」の生態系の保全と自然・人間・機械の共生を可能にする人類文化の形成へ参加することでなければな

らない（臨時教育審議会編　一九八六、一九頁）

そして、そうした国際化のなかで、日本の「特異」性が世界に寄与しうることを、つぎのように謳う。

国際社会で生きるためには、先進諸国の一員としての国際的な責任を果たすとともに、人と人との交流、心の触れ合いを深めることが重要であるが、人的交流が拡大してくると、いわゆる文化摩擦が生じてくる。これをむしろ国際社会の常態と考えて、これからの日本社会の国際化のためのエネルギーに変えていくような新しい積極的な生き方が求められている。このような努力を通じて、我が国の個性豊かな伝統・文化の特質と普遍性が改めて再発見、再認識されることとなり、多様な文化と多元的な制度の共存と協調による平和と繁栄の国際社会の形成のために、我が国文化が寄与し得ることともなるであろう。（臨時教育審議会編　一九八七、五頁）

「我が国の個性豊かな伝統・文化の特質と普遍性」を、西欧先進国からの「遅れ」ではなく、西欧とは異なる「豊かな」「個性」とみなし、しかも、そこに普遍性を読み込もうとする。日本の文化や伝統への回帰は、キャッチアップ型近代化の終焉の認識を基点に、「近代を超える」、〈近代の超克〉の可能性を潜在する「特異」性として肯定されるに至ったのである。その延長線上に、二〇〇六年に改正された教育基本法第二条五の「伝統と文化を尊重し、それらをはぐくんできた我が国と郷土を愛するとともに、他国を尊重し、国際社会の平和と発展に寄与する態度を養うこと」という「教育の目標」を位置づけることができるだろう。ここにも、キャッチアップ型近代化終焉の「その後」が刻印されている。

四　香山健一の近代化理解

政策文書はその性格上、政策を導く思想的なバックボーンまでは明確に書き込まない。そこで、この教育政策言説を支えた近代(化)の理解にかかわる思想的背景を分析するために、一人の論者に着目する。香山《こうやま》健一である。

一九八〇年代の日本の政治状況を分析した政治学者の大嶽は、香山を臨教審の中心的論者として位置づける。そしてその影響力の源泉を、大平政策研究会での貢献に求める。大嶽が指摘するように、香山は大平、中曽根政権におけるいわゆるブレーン政治の中心的な担い手の一人だった。[5] しかも、「香山の議論の新しさは、この目標実現の手段として、教育サーヴィスの「供給サイド」における自由競争の原理と、そのための規制緩和を主張するところにある。学校や教師を市場型の自由な競争の風に当てることで、硬直し、画一化した管理教育の弊害を克服しようという」(大嶽 一九九四、一六八頁)点にあった。八〇年代の時代の転換のイデオロギー的支柱であった新自由主義を教育政策に取り入れるうえでの最大の論者・功労者が香山だったのである。

香山をここで取り上げるのは、彼が一般向けに執筆した論考に、政策言説を支える近代(化)の理解が明瞭に示されているからである。臨教審答申を導いた近代(化)理解の「知識の在庫」(バーガー&ルックマン 一九六六/邦訳 一九七七)として、格好の論者=言説とみなせるのである。[6]

教育改革に直接かかわる言説の分析に先立ち、彼の近代理解を検討するために、『英国病の教訓』(香山 一九七八)の言説を取り上げる。それというのも、ここには「英国病」というかつて世界をリードした西欧先進国の代表格イギリスの長期衰退を通じて、一九七〇年代後半の日本の知識人や政治家、産業界の指導者たちが抱いた西洋近代に関する認識が示されているからである。香山が事実上執筆し、中曽根臨調を主導した土光敏夫に影響を及ぼしたといわれる論文「日本の自殺」(『文藝春秋』一九七五年二月号)とほぼ同時期の論考である。

香山は「英国病の四つの症状」として、「1 経済停滞症状、創意工夫の精神の喪失」「2 財政破綻症状、競争原理の否定、国家の経済活動への介入」「3 慢性的ストライキ」「4 政局不安症状」を挙げる。そのうえで、これらの症状を生み出す原因として西洋近代が発明した「福祉国家の問題」をつぎのように指摘する。

福祉国家というものは、初期においては理想に燃えて、この社会の中でハンディキャップを負っているために貧しい生活をしている人たちがいる、こういうことがあってはならない、その人たちに愛の手を差し伸べなくてはならない(中略)ところが、そういう理想に燃え、夢を実現するための動きの中で、予期せざる重大な副作用が発生し、拡大してくるという大変皮肉な結果がもたらされてきました。(香山 一九七八、二四頁)

これを香山は「文明のパラドクス」(同、二四頁)と呼び、さらにつぎのようにいう。

第一に社会の自由で創造的な活力の低下であり、第二に自立精神の衰弱と国家への依存心の増加、自由な競争原理の崩壊と国家の肥大化であり、第三に、エゴの拡大とモラルの低下であり、第四に国家社会の意思決定能力の低下と言うことでしょう。(同、三八頁)

香山はホイジンガを引いて、こうした英国病に代表される先進国病を「産業文明の負の副作用」とみなす。つまり、西洋近代が直面するパラドクスである。

このパラドクスに、香山はいかに「近代」を見いだしたのか。

そもそも産業文明というのは、とにかく豊かな国家、便利な国家、大変めんどう見のいい国家をつくることが人間性に合致したものであるという大前提で公共サービスの範囲というものを拡大し続けてきたのでした。教育、医療、年金といったような問題から住宅その他にいたるまで、現代社会は公共サービスの範囲を拡大し続けてきたわけです。ところが直接的には財政の問題と関連してそういう財政肥大化傾向をこのまま持続することができないという財政破綻の問題が出てきましたし、と同時に、すでに詳しく論じてきたようなさまざまな社会学的、心理学的な負の副作用の問題が深刻化してきました。つまり、それが長い目で見ますと、社会の中の複雑な回路を通って結局自立精神を衰弱させ社会の活力を衰弱させるものになる悪循環をもたらすということを、苦い経験を通じて先進国は学ばざるをえなくなったということなんです。(同、一七八頁)

産業文明を主語にして始まる文章だが、それが(西欧)近代社会を表していることは疑いない。つまり、産業文明＝近代とは「豊かな国家、便利な国家、大変めんどう見のいい国家をつくることが人間性に合致したものであるという大前提」を原理原則とする。福祉国家を近代と重ねながら、それがもう一つの近代の原則である「自立精神」を衰弱させ、社会の活力を奪うと、その逆説を説く。そしてこのような近代理解をもとに、つぎの結論が下される。

自由な社会はあくまで国民の自立自助と自由競争を原則に運営されねばならず、必要以上に国家が市民生活や企業活動に介入し、過保護になってはいけないということです。(同、一七九頁)

このことは、第二に、社会保障制度や福祉のあり方についても、従来の西欧、北欧型福祉国家の模倣をしては

ならないということを意味します。（同、一八〇頁）

近代のもう一つの重要な特徴である「自由な社会」を尊重したうえで、それは「自立自助と自由競争を原則」に運営されるものであり、「過保護」を招来する国家の介入（「国家の肥大化」）は避けなければならないと見る。ここに示された香山の近代理解は、まさにその後の「新自由主義」と呼ぶにふさわしいものだが、重要なのはその理解が「英国病」のような、極めて印象的でわかりやすい同時代の西欧先進国の福祉国家の行き詰まりを前提にしていた点にある。それ以前の進歩派知識人が西欧先進国の理想像から近代を理解したのとは異なり、同時代の西欧社会の現実のイメージから近代を理解することで、産業化＝福祉国家＝近代の限界を政治的な言葉に変換したのである。

このような成熟した西洋近代の行き詰まりに対し、日本の近代化は、「追いつき型」（本書の分析概念として言い換えれば「キャッチアップ型近代化」）とみなされ、しかもそれはすでに完了したという時代認識が下される。香山はいう。

振り返ってみますと、明治維新以来約一〇〇年間、日本は西欧先進国に追いつき追い越せという長期国家目標に従って国を運営してきたと言うことができましょう。そして、このいわば明治維新の時期に設定された、国家百年の計というのは、だいたい一九七〇年（昭和四五年）前後、あえて非常に厳密な言い方をするなら、明治維新から正確に百年目の一九六八年（昭和四三年）に達成されたと考えられます。（中略）ところが、ちょうどその時期から、（中略）日本は一種の目標喪失状態にはいってきたわけです。「地図のない時代」とか、「海図のない航海」とか、あるいは「目標喪失時代」とか、いろいろな表現が登場してきましたけれども、この状態はほぼ（一九）七〇年を境にして次第に拡大してきました。その混迷が今日なお政治、経済、社会、あるいは文化の各領域に広がっているように思われます。（同、一七六頁）

「明治百年」とキャッチアップ型近代(化)の達成とを重ねるところは、保守論壇の旗手としての香山の面目躍如といえるだろう。それが一定の説得力をもつ言説資源となるのは、元号や明治百年といった近代日本の歴史に関する通俗的な知識を多くの日本人が共有していたことによる。そうした共通了解圏がすでに成立していたということだ。ただし、重要なのは、その後で日本が「目標喪失状態」に陥っているという、近代理解が提出されているところである。他のキャッチアップ型近代(化)論者の言説にも共通に見られる特徴だが、「西欧先進国に追いつき追い越せという長期国家目標」が明確だっただけに、その達成後に目標喪失が生じたと、「その後」の推移を予見するのである。ここには大平政策研究会がいう、「明確なモデル」の喪失という問題構築と同様の論理が示されている。

近代化をキャッチアップ型近代(化)と理解すれば、たしかに追いついた時点で目標は達成されたことになる。そのことで社会変動としての近代(化)(=近代の諸価値に基づく社会変動)は、本来けっして終わることはないのだが、そこに近代・近代化の終わりを見る。そして、西洋近代の行き詰まりを目の当たりにしている日本近代化の「その後」の課題が、つぎのように接続される。

ところで、過去百年間は日本は伝統的な文化の長所というものを生かしながら、しかし、基本的には西欧先進国モデルを模倣するという方向で、工業化、近代化というものを進めてきました。(中略)しかし、急ピッチで追い上げた日本はやがて昭和三九(一九六四)年にはOECD(経済協力開発機構)のような先進国クラブの一員になるまでになり、先進国グループの一団に伍して走ることができるような位置に到達してきたのですが、そのときには実は先進諸国はいろいろな意味で混迷の状態、病気の状態になりつつあったわけです。そのために、もしもこれまでと同じような姿勢で先進国の後を追うという行き方を日本がすることになりますと、経済成長のテンポが非常に速かったと同じような意味で英国病とか、あるいはスカンディナビア病とかいわれているような先進国社会の病気もかなり速いスピードで模倣するというようなことにならざるをえない。そういう局面にはいってきたというわけです。（同、一七六頁）

経済成長や産業化の面での「西欧先進国モデル」の「模倣」が強調されている。そして、この変化の「局面」は「歴史的局面」と言い換えられ、文明史的な転換点として理解される。

現在の歴史的局面というものは大きな意味で、三つの転換がたまたま歴史的なある偶然で重なり合った転換期と考えることができますが、それは第一に、産業革命以来の先進国の産業文明のそのものが――これは約二〇〇年の歴史をもっていると思いますけれども――一つの大きな曲がり角にきているということです。〔中略〕第二に日本は、この西欧先進国の後を追いかける百年間の近代化、西欧化の時期というものを一応終えて、次の目標を再設定せざるをえない時期にきています。さらに第三に、戦後三〇年という、はじめての敗戦の経緯から復興と高度成長を経て一つの曲がり角にきている。そういう意味では産業文明の転換期と、明治以来一〇〇年の工業化、近代化、西欧化という波のなかでの転換と、戦後三〇年の転換と、これが波動で申しますとちょうど三重に重なり合って、非常に複雑な今日の時代的性格をつくりだしています。そうなってきますと、どうやらわれわれは過去一〇〇年間のように、西欧先進国モデルをかなり理想的なモデル、あるいは最適モデルに近いものという前提を置いていくという行き方を見直してみなければならない、そういう局面にはいってきているのではないかと思います。われわれは明らかに「モデルなき時代」に入ってきているのです。（同、一七六頁）

「たまたま」といいながらも、三つの転換を重ねることで、当時の日本が、画期としての歴史的転換点に立っていることが強調される。とりわけ日本にとっては、キャッチアップ型近代化を達成した後に、いかなる社会をつくりあげていくかという課題への接近方法として、西洋近代＝産業文明そのものの転換＝先進国病の克服という問題構築を重ねるのである。

このような転機の重なり合いが実際にこの時期に生じていたかどうかは、実証的には確証の困難な問題であり、香山の著書では、この主張を支持する実証的な事実や確度の高い研究への言及は行われない。にもかかわらず、これらの主張は、政治性を帯び、政策言説へと接続されていく。とりわけ西洋近代の「大きな曲がり角」を「英国病」を実例として示すことで、印象操作としては、実証抜きでも信憑性を与えることに成功した。事実「日本の自殺」が土光臨調の政策決定に影響を残したことは、その証左の一つである。そして、そのような近代そのものの行き詰まり(「普遍」)を、日本のキャッチアップ型近代化の終焉がもたらした目標喪失(「特殊」)とつなげ、日本も西欧先進国もともに直面している「モデルなき時代」のイメージと重ねることで、「その後」が構想されるのである。

その一つは、日本型福祉社会の構想であった。ここでは詳細を述べる余裕がないが(本章末の「補論」を参照)、家族や家族的な関係を残した企業への支援を通じて、「自立自助」によって立つ福祉社会を構築する、一種の日本回帰である。それは、「小さな政府」を目指す日本型成熟社会のモデル構想において、家族主義的な組織原理の「強み」を楽観的に評価することで可能となった政策提言であり、実際に福祉国家の建設ではなく、日本型福祉社会の政策が政権与党によって選ばれることとなる(自由民主党編 一九七九、経済企画庁 一九七九など)。他方で、この自立自助によって立つ日本型福祉社会を構築するためには、そのような個人を育成する課題が立ち上がる。それが教育改革を通じた新しい日本人の育成という教育政策言説につながっていく。

五　香山の近代理解と臨教審

以上の分析によって取り出した香山の近代(化)理解は、彼の教育改革論にどのような影響を与えたのか。臨教審での香山の教育自由化論につながる主張の根底にはどのような近代理解があったのか。この分析課題に応えるために取り上げるのは、香山の著書『自由のための教育改革』(一九八七)である。これは、香山が臨教審の委員在任中に発表した論考を集めた著作であり、香山の教育にかかわる思想を表明する第一級の資料である。

はじめに、その代表的な問題構築の言説を取り上げよう。香山は八〇年代半ば時点での日本の教育の問題点をつぎのように指摘する。

我国学校教育の三つの問題点――(1)画一性の弊害、(2)閉鎖性の弊害、(3)非国際性の弊害を打破していくためには、これらの弊害の根本原因を正確に認識しておく必要があるであろう。総括的な言い方をするならば、この三つの弊害はいずれも明治以来の我国の「追いつき型」近代化時代の教育の弊害に集約されたものである。

〔中略〕

第一に、そもそもの明治以降の我国の急速な追いつき型近代化、工業化、西欧化の過程において、我国が欧米から輸入した近代学校の学校制度というものは、本質的に国家統制と画一主義の性格を強く帯びているものであり、その理念として近代合理主義とインダストリアリズムを中心とするものであった。

このような近代学校制度は、我国を含め今日の工業先進国において大きな成功を収めたものであるが、成功することによってすでにその制度としての耐用年数を終えて陳腐化し、近代の終焉、工業社会から脱工業社会への

転換の中で様々な先進国病の病理症状を顕在化するに至っている（同、二四―二五頁）

ここには先に検討した、先進国病を病んでいる近代の理解、さらには、キャッチアップ型近代化の時代を通じて日本の教育がいかなる問題を抱えるようになったかが示されている。キャッチアップのためにつくられた「近代学校の学校制度」は、「本質的に国家統制と画一主義の性格を強く帯びている」といった日本に特定した問題認識（特殊）と、近代の終焉という「文明史的転換」（同、一一八頁）期に近代社会が直面する課題設定（普遍）とが重ねられ、問題が構築される。香山より前の世代がこだわった、日本＝特殊、西欧＝普遍という二分法（ダイコトミー）を乗り越えようとする主張のようにもとれる。

この歴史的転換や文明史的転換という画期による近代理解は、この時期の教育改革の必要性とその内容を確定するうえで重要な言説資源となった。まず時期の問題について、香山は「四六答申」と呼ばれる文部省の一九七一年中央教育審議会答申に言寄せて、つぎのように述べる。

〔四六答申は〕（1）「第三の教育改革」といいながらも、近代を越え、工業社会を越えていくための、改革の文明史的な展望に欠けるところがあり、改革の新しい理念上の裏付けが必ずしも十分でなかったこと、（2）追いつき型近代化時代の終了、工業社会から脱工業社会への転換という時代認識がまだ成熟しておらず、改革への教育界ならび世論全体の成熟がまだ十分進んでいなかったこと、（3）行財政改革以前の時期であったため、先導的試行を推進する上で不可欠な前提条件として、文部行政の許認可、規制等の緩和という教育の自由化、民間活力の導入、官民の役割分担、国・地方の役割分担の見直し等の基本的視点が欠けていたことなどであったと判断される。（同、二九―三〇頁）

〔それに対し臨教審は〕このように追いつき型近代化時代の終了という時代的背景ならびに戦後四十年という時間の経過と、それによる国際社会との相互依存関係の深化によってはじめて、我が国は比較文化論的な広い視点に立って、また近代を越えるというより広い歴史的視野に立って「普遍的にしてしかも個性ゆたかな文化の創造をめざす教育」について現実的に考えることができる時点に到達したのだということができるであろう。（同、四九―五〇頁）

しかもその転換は、西洋近代の転機と重ねられた。曰く、「我が国における「追いつき型近代化時代の終了」は、欧米工業先進国における産業革命以来の産業文明時代の終焉と時期的に重なり合うこととなった」（同、二三二頁）。西洋近代の普遍的な画期と日本に特殊な近代化の画期との重なりである。だから、改革の時宜は七〇年代初頭ではなく、「今」となる。日本社会の「成熟」（＝キャッチアップの終焉）によって、「近代を越えるというより広い歴史的視野に立って「普遍的にしてしかも個性ゆたかな文化の創造をめざす教育」について現実的に考える」知的基盤が与えられたと見たのである。ここにも、香山以前の知識人を悩ませた特殊と普遍との統合の視点が、日本の近代化の「成功」という経験を背景に押し出されている。

では、教育改革では何を目指すべきなのか。九四―九八ページで引用した臨教審答申の内容と重なる香山自身の言説はつぎのものだ。

明治、大正、昭和の日本の追いつき型近代化は、成功のうちにその百余年の歴史的役割を終えた。同時に、世界、人類も、近代工業社会から二一世紀の高度情報社会への文明史的転換期を迎えている。模倣と物量と画一の時代は終わった。創造力と質の充実と個性の発揮が新たな時代の要請である。教育はこの要請にこたえなければならない。過度の学歴社会意識や偏差値偏重の受験競争、校内暴力、青少年非行などにみられる教育荒廃は、画一主義と硬直化がもたらした病理現象であることを認識し、これまでの画一性、閉鎖性、非国際性を打破し、多様性、開放性、国際性を実現する抜本的改革を進めなければならない。(同、七五頁)

ここでの指摘は、新自由主義的な思想に立ち、先進国で進められている「行財政改革」に連なるものであるが、「決して単なる財政問題とか行政の制度いじりだけの話ではない」。「人間関係の崩壊、宗教心、道徳心、情緒の衰退、自立自助の精神の喪失をもたらした「先進国病」への深い反省に基づくもの」(同、一一八頁)だというのだ。それゆえ、それは日本だけに限らない、「近代を超える」課題としてつぎのように正当化された。(7)

この点で、私は今次教育改革(臨教審答申)は文明史的に見ても、追いつき型近代化の百年、産業革命以降数百年におよぶ全世界的な近代化、工業化時代を終えて、近代の成果を継承しつつも、いわゆる「先進国病」などをはじめとする近代工業社会の限界を超えるという一大転換期における教育改革という性格を持っており、そのなかには当然のことながら、近代国家にビルトインされた制度としての「義務教育制度」や「公教育制度」「学校という制度」などの抜本的見直しも含まれると主張し続けてきた。(同、一〇三頁)

近代の終焉を経て、近代を超える時代を迎えつつある現在、「義務教育」の全面的見直しを行うということは、実はこの近代国家における国家独占教育の功罪を問い直すことであり、国家による強制の範囲について再検討することでなければならない。(中略)いまや、日本は達成した高い文化・教育水準の基礎のうえに、文化や教育を

行政に従属させるという悪しき国家統制主義、配給教育時代の残滓に完全に訣別しなければならない。(同、一〇六頁)

ここでいう文明史的転換は、日本だけでなく先進工業国に共通の課題=「先進国病」の回避である。それに対する処方は、自立自助、自己責任への回帰である。「悪しき国家統制主義、配給教育時代の残滓」からの「完全」な「訣別」――この主張は、教育の自由化論として臨教審の場にもち出され、個性や創造性を尊重する教育への転換という政策言説として結実する。そして、ここで指摘される「悪しき国家統制主義、配給教育時代の残滓」は、国家主導による開発国家型の近代化というイメージと親和的である点に注意を向けておこう。規制緩和や「教育の自由化」へとつながる、開発国家からの脱却という――後発近代化社会に共通する――課題が、「特殊」ではなく、「普遍」の文脈で語られることで「行政への従属」を解体することが目指されたのである。いわば、日本発の問題解決の提示を試みた野心的な提言と見ることができる。

しかしながら、このような教育課題の設定=問題構築は、当初から困難を伴うものであった。なぜなら、香山の近代(化)理解によれば、先進国においても、キャッチアップを終えた日本においても、「自立自助の精神」は衰退の危機にさらされていたからである。回帰すべき日本の現状は、悲観的な状態にあったと香山は見る。「日本病」である。『英国病の教訓』から引用しよう。

敗戦の結果、戦前の修身を初めとする伝統的倫理規範は、全て頭から封建的、前近代的、軍国主義的、反民主主義的なるものとして全面否定され、そのために「甘えの構造」の自制メカニズムの役割をはたしていた「恩の構造」もまた傷つき、崩れてしまいました。〔中略〕そのうえ、誠に運の悪いことに、戦勝国である西欧諸国から、これまた個人主義的組織原理の一部をなすはずの「権利意識」だけが、中途半端に輸入・移植されて抑制を欠いた甘えの心理と癒着、結合することになってしまったのです。その結果、自制を欠いた甘え、無責任なエゴ、極端な依存心が、すべて「権利」の美名のもとに正当化されてしまうという最悪の「二つの文化の化学結合」が生じることとなりました。〔中略〕〔これは〕西欧化でもなければ、個人主義化でもありません。むしろ、組織原理の異なる二つの文化が接触した結果、最も望ましくない形での部分文化の癒着と奇型化が発生したとみるべきではないでしょうか。（同、九三―九五頁）

キャッチアップ型近代化によってもたらされた豊かさと、西欧からの「中途半端」な輸入を通じて導入された「権利意識」や「個人主義」といった西洋近代の諸価値との結びつきが、「最も望ましくない形での部分文化の癒着と奇型化」を発生させたというのである。

「英国病」と「日本病」によって例示された近代という病は、西欧をモデルにすることもできず（「モデルなき時代」）、日本の現状にも頼れない。とすれば、解決の糸口はどこに求めればよいのか。その政策手段とみなされたのが、日本病を生み出す元凶とみなされた教育の画一性や国家統制の撤廃であり、自由な競争を促す教育自由化論であった。

しかし、ここには奇妙な論理が組み込まれていた。自立自助の衰退に直面する日本において、自由な競争を促すことで自立自助する個人を生み出すというのだが、日本病に罹り、先進国病の危険にもさらされているキャッチアップ終了後の日本には、自立自助できる個人は欠如したままだったからである。そのため自立自助できない人々の「依存心」を取り払うために、自由な競争をもち込むことが提唱された。依存してきた仕組みを取り除くことで、自立自助が可能になると見たのである。だが、はたして卵が先か、鶏が先か。

「中途半端」に輸入された「個人主義的組織原理」のもとでは、そもそも西洋近代が前提とした自立した個人は、日本には存在しなかった。香山が探し求めたのは、日本の伝統や歴史に根ざす自立自助だった。ところがそれも戦後日本では衰退の危機に瀕していた。その欠如態としての自立自助した個人を育てるために、教育の自由化（教育における規制撤廃＝市場における競争の導入）が求められたのである。

ここには、規制を撤廃し市場での自由な競争を促すことで、個人も企業も主体性・創造性を備える、という規制撤廃論の一般的な論理が透けて見える。自由な競争の導入と、その自由になった競争空間において主体的な自立自助を図る個人の誕生とを同時に行おうというのである。それが「モデルなき時代」、「近代を超える時代」の日本の教育課題として認定された。自由な競争の導入と自立自助の同時的な誕生――西欧近代の基本原理といえる個人主義的な個人の自立という価値を退けたがゆえの、アクロバティックともいえる、日本的な「伝統の発明」である。

臨教審の答申ではこれよりはるかに希釈された形で表明された「我が国の個性豊かな伝統・文化の特質と普遍性が改めて再発見、再認識」されることを基盤にした日本回帰が示されている。もはや先進国にモデルを求めることはできない。下手な模倣は先進国病を招くだけだ。こうして日本独自の道が「近代を超える」課題として設定された。そしてそれを可能にするのは、西欧的・近代的な個人主義によらない自立自助のできる日本人の育成であった。かつての国家主義的な日本回帰とは異なる、新自由主義（後述するように英語の neo-liberal とは異質の）と結びついた「自立自助」という日本的価値への回帰である。(8)

結　論

香山にとって一九八〇年代は、いくつかの時代の終焉が重なる同時性によって特徴づけられた。追いつき型近代化の時代の終わり、工業社会の終焉による脱工業社会・高度情報社会への転換、そして「先進国病」からの脱却（日本の場合は予防）の重複である。

香山に代表される当時の知識人や政策担当者の近代（化）理解の特徴の一つは、近代化を産業化や西欧化として見る視点にあった。それは第一章で見た箱根会議にも現れていた日本の知識人に共通する見方であった。とりわけ日本のキャッチアップ型近代化の完了に際し、産業化の達成や経済成長が前景化した。たしかに、近代化を産業化や経済の側面に限定して見れば、当時GNPとして示され、それに基づいて日本の経済力が世界第二位になったこと、OECDへの加盟が認められたことなど、国際比較可能な外在する指標に照らせば、日本のキャッチアップは終わったと実感できたのだろう。

彼らは、経済成長、経済規模、それを可能にする産業構造の確立をもって日本のキャッチアップの完了を見た。そして、それを可能にしたのは、外部からの知識や技術や制度の導入・模倣であったと了解した。産業化としての近代化は、外部に明確なモデルがあったことを前提とする認識だった。それゆえ、それに準拠して資源を計画的、効率的に配置することで、産業化のキャッチアップを図り、国家主導により近代化を進める「開発型国家」のはたらきがキャッチアップを可能にしたととらえたのである。

こうして、キャッチアップ型近代化が終わったことと産業化の達成は重ねられて理解された。しかも達成の時期は、先進国もまた脱産業化や脱福祉国家化に向かう時期と重ねて理解された。この二重の転機の認識は、そこからの移行＝脱却の必要性という問題意識を強めた。そして、その移行において、過去のキャッチアップ型近代化は、成功のパラドクスを生むと認識された。それは国家によって主導され、知識の輸入や模倣という外部のモデルに頼ることで達成できたと理解されたからである(9)。しかし、今や「モデルなき時代」＝脱産業化に向かう転機においては、それは効力をもたないだけでなく、変化を阻む桎梏とみなされるようになった。

●「産業化・経済に照準した近代(化)理解」の問題
工業(産業)化や経済成長に照準して近代(化)を目指したことは、近代(化)理解にどのような特徴を与えたのか。

●二項対立図式にかかわる近代(化)理解の問題
先進・後進、普遍・特殊といった二項対立的な図式で描かれた近代(化)理解はどのような特徴をもっていたのか。また、その対立図式が「解除」されることで、「その後」の問題構築にどのような影響を及ぼしたのか。

●目標とすべきモデルの存在による近代(化)理解
明確なモデルの存在という、近代化の目標の認定を中核におく近代(化)理解は、どのような特徴をもつのか。その克服はどのように試みられたのか。それによって、近代(化)理解はどのような変容を受けたのか。

●モデル喪失と主体性の問題
追いつくべきモデルの喪失という近代(化)理解は、「その後」の課題の構築にどのような特徴を与えたのか。そこではいかなる「主体性」の構築が求められたのか。

●モデル喪失と日本回帰の問題
追いつくべきモデルの喪失という近代(化)理解は、「その後」の課題の構築に、日本への回帰をどのように忍び込ませたのか。それはその後の近代(化)の理解にどのような影響を与えたのか。

本章の分析からたどり着いた以上の議論は、第二章で掲げた右の分析課題に一つの明確な解答を与える。臨教審の答申にせよ、それを代表するイデオローグの一人、香山の議論にせよ、工業(産業)化や経済成長に照準して近代(化)を目指したと過去の日本の経験を強調することで、その終焉を確定することが容易になった。臨教審がしばしば言及し、香山の論考でもときに具体的な数字で示されたように、八〇年代初頭には、日本が先進国に追いついたこと、さらには追い越す可能性までが広く社会で実感されるようになっていた。近代(化)を産業化や経済に限定することで、キャッチアップの終焉という認識を受容する言説資源が与えられたのである(「産業化・経済に照準した近代(化)理解」の問題)。

こうした近代理解において、キャッチアップ型近代化は外生的な力によると認識されたことにも注意を払っておこう。しかも、比較可能な外部の参照点によって、その達成を観察・判断できると見た。第一章第四節で参照した『経済白書』が数字を挙げて解説したように、この認識を導くうえで、「GNP神話」が広く日本に定着していた。このような見方に立てば、キャッチアップが終わりを迎えた以上、その後の社会の変化は、内生的な力に頼らざるを得ない。「モデルなき時代」への突入という時代認識がそうした変更を迫る。しかもその転機は、日本だけではなく、西洋近代にも同時に訪れるものとされた。それゆえキャッチアップ型近代化の終焉を、近代の終焉と重ねて見る認識が登場し、力を得たのである。

そして、そのことが、従前の国家主義的な日本回帰とは異なる、日本の伝統や文化への称賛につながった。「その後」の問題解決に、一方で「主体性」や「個性」の尊重といった、従前の追いつき型教育が軽視してきたとみなされた目標が与えられると同時に、その達成と日本的価値(香山の言葉を使えば「自立自助」)との奇妙な結びつきが生まれたのである。西欧の個人主義的な個人の自立とは異なる価値への志向が、「その後」の問題解決として目指された。その結果、主体性の尊重という教育の目標が、「その後」の課題解決のスローガンとして掲げ続けられることとなるのである。

考察をさらに広げれば、このような「その後」の展望は、近代の空洞化と呼びうる事態を生み出した。プロローグで見た、近代の消去である。時代認識において近代を終わらせることで、近代（化）という、社会やその変動を理解するための座標軸の一つであった世界観を失うこととなるのである。しかも、近代の終焉という言説は、日本では八〇年代後半以降に流行するポストモダンの思潮と共振することで、その印象を強めた。[10] 近代の終焉に際し、「近代を超える」ことが文明史的課題とみなされ、さらには脱産業社会への移行と重ねて論じられた。その結果として、プロローグで見たように、「近代」や「近代化」は、日本語では過去を示す言葉としての印象を強めた。英語では、今でも modern, modernise, modernisation という言葉が日常語としても使われる。あえて日本語に訳せば「現代（化）」となるが、そこにはいまだに modern の意味が残る。それに対し日本語では、近代という言葉は歴史用語以外ではほとんど使われなくなった。それに代わって使われる「現代」には、近代 modern の匂いが消されている。「近代」に終わりを告げ、「近代」を消すことで、近代（化）として理解可能な社会の基本原理や社会変動の座標軸を九〇年代以後の日本は失っていくのである。

ところで、日本の知識人は長年、日本の自己像を描き出すうえで、西洋近代＝普遍、日本＝特殊という二分法（ダイコトミー）がもたらす緊張関係に悩まされてきた。過去の日本を「後進的」と見る見方は、西洋近代＝普遍からの偏差として問題にされた。その普遍を否定する場合には、日本特殊性論となった。日本のキャッチアップ型近代化の終焉と、西洋近代の転機（先進国病とその回避）とを重ねた香山の近代・近代化理解は、その後ポストモダンの思潮と共振しつつ、このダイコトミーがもたらす緊張を解毒する見方を提供した（「二項対立図式にかかわる近代（化）理解の問題」）。普遍と特殊を重ね合わせ、両者がともに求める時代の要請が「その後」への移行（「文明史的転換」）構想を支持する知識の基盤となったのである。先に述べた、伝統の発明としての日本的価値への回帰は、「その後」への解答であった。二〇〇六年に改正された教育基本法第二条五の「伝統と文化を尊重し、それらをはぐくんできた我が国と郷土を愛するとともに、他国を尊重し、国際社会の平和と発展に寄与する態度を養うこと」は、その到達点の一つといえる(「モデル喪失と日本回帰の問題」)。

ここで重要なのは、特殊と普遍の対立が保持してきた緊張感が解除されたことの影響だろう。第七章で詳しく検討するように、欠如態としての「主体性」の育成につながる教育改革が、教育の世界で受け入れられていく(「モデル喪失と主体性の問題」)。

追いつき型近代化の成功を強調すればするほど、そこからのラディカルな移行の必要性が強調された。その移行過程で求められる政策課題が思うように問題解決に結びつかないのは、それ以前の成功体験にこだわり過ぎるからだと批判され続けた。そのような認識枠組みに導かれた政策自体が、課題解決よりも、より困難な問題を生み出すことになっても、政策自体の問題点、さらにいえば、その問題構築を正当化してきた共通了解圏自体が疑われることはなかった。

注

(1) もう一つだけ付言すれば、永井はアメリカ留学時代にパッシンの研究助手を務めた経験があった(パッシン 一九六五／邦訳 一九八〇、二頁)。同時代的には、アメリカ流の近代化論に連なる議論を展開する、学問的にも人間関係の点でも近いところにいたといってよい。

(2) 経済学者の吉川洋は、高度経済成長期の日本人の心性について、つぎのようにいう。「日本人は一体何を求めて「高度成長」という特急列車に乗ったのだろうか。答えは明らかだ。欧米とりわけアメリカの「進んだ」生活に少しでも近づきたいと思ったからだ。／戦後食うや食わずの水準から出発した人々にようやく落ちつきが戻った一九五〇年代、アメリカの生活様式が目の前に現れた。戦中戦後の耐久生活の後にそれは光り輝く憧れの対象として現れた。日本より一足早く一九二〇年代に「高度成長」を経験し、モータリゼーションを完了したアメリカでは、五〇年代の初頭には「高度大衆消費社会」が実現していたのである。〔中略〕車や電気製品は、当時の日本人にとってはまだまだ遠く手の届かない憧れの対象にすぎなかった。しかし憧れといっても「目標」だけは、はっきりしていたのである。「生活革命」は身近な衣料から始まった」(吉川二〇一二、四四頁)。この記述が示すように、生活の豊かさをもたらす開発・発展・成長(＝development)の訴求力は、貧しさからの脱却を求める人々にとって、この面での近代化を受け入れる強力な素地であった。

(3)　佐々田(二〇一一)の手堅い実証研究によれば、日本の開発型国家システムは、一九三〇年代の満州国における統制経済の試みに端を発するという。それが戦後の高度成長期の開発型国家システムにつながったという見方である。

(4)　両方に重複する委員としては、公文俊平、山本七平、渡部昇一、香山健一、石井威望、小林登、曽野綾子の七名。ほかに、大平政策研究会のアドバイザーであった瀬島龍三も臨教審の委員を務めた。また臨教審委員ではないものの、中曽根首相の「ブレイン」といわれた佐藤誠三郎と高坂正堯の二人の著名な政治学者も、大平政策研究会に名を連ねた。

(5)　大嶽によれば、香山は大平政策研究会の報告書において、教育改革にかかわる箇所に「第二臨調の基調になる経済的自由主義の主張――規制緩和、競争原理の導入――が教育改革にも導入されていく」うえで重要な貢献を果たした。しかも大平の死後、その主張は「香山らの「御進講」の努力もあって、総裁選挙に立候補した中曽根の目に止まった」(大嶽　一九九四、一七四頁)。

また、香山の死後出版された追悼集(『天籟を聞く』一九九八)のなかで大平、中曽根のブレーンを香山とともに務めた浅利慶太は、「中曽根内閣で香山先生が果たした役割は大きいものでした。又先生は中曽根政権のなかで一番苦渋に満ちた臨教審を担当され、大変なご苦労をなさいました。ブレーンの中で最も総理の信頼が厚かった方が香山先生だったということを今でもしみじみ感じます」(三一一頁)との言葉を添えた。臨教審委員を務めた教育学者の高橋史朗は「臨教審答申の骨格を作り、今日の日本の教育の土台を作ったのは香山先生であった」(同、三二一―三二六頁)と述べた。市川(一九九五)によっても、臨教審における教育の自由化論をリードした論客の中心が香山であったことは否定しがたい。

(6)　香山の近代理解を臨教審のメンバーが共有していたことは検証できない。ここでの試みは、臨教審での近代理解の一例として、その論理がたどりやすく、なおかつ一般の読者や政治家にも一定の影響力をもったと思われる香山の言説を対象にするまでである。

(7)　このような一九八〇年代の「近代の超克」論(大平政策研究会や臨教審にも重なる)については、つぎの批判がある。「こうした(近代化の様々な)定義は、近代化概念の中核となる考え方(合理化それ自体)と、そのモデルにおいてもっとも超克すべきとされる問題性をもった鍵となる諸問題（官僚主義的な絶対主義、軍国主義、疎外）とを再生産する傾向にある。要するに近代の超克というプロジェクトは根本的に矛盾していると言うことだ」（McCormack & Sugimoto 1998, p. 13）。近代を超えるという言説が近代を再生産する正当化言説になるという矛盾の指摘である。しかも、このような近代（化）の超克論は、「一つには、西欧に焦点づけられた歴史的な進歩という考え方をできるだけ希釈したいという希望に深く根ざしている」（McCormack & Sugimoto 1998, p. 13）とも指摘された。日本の特殊性を西欧的な歴史観に基づく「進歩」の尺度で測ることを拒絶しようとする態度のことである。これらの指摘をふまえると、日本の特殊性を強調する近代の超克論は、生産性の向上や合理化の進展といった点で西欧に追いつき追い越したと主張する一方で、そうした準拠点をもとに西欧に追いついたことを示す。ここには、西欧文明の諸問題を生み出す原因とみなされているこれら基準の特徴（生産市場主義や合理化）に対して、批判たりえておらず、それゆえ、乗り超えという主張自体が矛盾に満ちていることが示されている。

（8） *Self-Help* の翻訳書であり、福沢諭吉の『学問のすゝめ』と並んで明治初期のベストセラーとなった『西国立志編』をもとに比較文化論的な検討を行った平川祐弘によれば、この本が日本で広く受け入れられた背景には、当時の日本の若者に儒教的な教養があり、それを介して「自助論」が理解されたことにあるという（平川 二〇〇六）。そこにはイギリスの個人主義を欠いた形で「自主自立」を取り入れた形跡があったということである。平川の研究によれば、儒学者であった翻訳者の中村敬宇（正直）がその後、洋学者となったという背景から可能になった日本的価値を介しての西欧的価値の受け入れの一例である。その意味で、「伝統の発明」は単純なものではなく、伝統との混淆のうえで可能になる発明ということもできる。

（9） このような単純な模倣説を通じたキャッチアップ型近代化の理解には、実態のレベルでも疑問が呈される。経済学者の吉川洋は、高度成長期の終焉という問題に関連して、従前の模倣説（＝吉川の表現を使えば「輸入技術枯渇説」）をつぎのように批判した。

「戦後の技術革新においては海外からの技術導入が重要な役割を果たした。ＬＤ転炉やナイロンは「輸入技術」の典型である。たしかに戦争を挟んで十数年に及ぶブランク期に欧米で進歩した技術へのキャッチアップは、旺盛な設備投資を支える一つの要因であった。そうした輸入技術も一九六〇年代の末になると枯渇した。それが高度成長を終焉させた基本的な要件だと考えるのである」（吉川 二〇一二、一四二頁）と、まずは、輸入技術への依存を「キャッチアップ」の一部として位置づける。

「しかし、「輸入技術枯渇説」も説得力をもたない。〔吉川著の〕表14（第四章）から分かるとおり、一九六〇年代後半には、一般機械・電気機械・輸送機械・精密機械からなる広い意味での「機械産業」、鉄鋼、金属製品、パルプ・紙など広範な産業で、国際的にみて著しく高い労働生産性の上昇が実現された。生産性上昇率は六〇年代前半と比べて加速している。一九五〇年代や六〇年代初頭ならばともかく、六〇年代後半におけるこうした生産性の上昇――欧米を大幅に上まわる生産性の上昇を、海外からの輸入技術で説明することには無理がある。すでにこの時期の生産性上昇は、自前の技術革新によるところが大きいと考える方が自然であろう。／実際、広義の機械産業・金融製品を中心とする製造業における生産性上昇は、一九七〇年代に入ってからも維持されていくのである。オイル・ショックによってもたらされた円安と相まって、旺盛な技術革新は日本の機械産業を世界一の競争力を持つワールド・リーダーにした。それは一九八〇年代に入り欧米との間に激しい「経済摩擦」を生み出すが、遠因は〔中略〕一九六〇年代後半における技術革新にある。このように「輸入技術が枯渇したことにより、一九六〇年代後半から七〇年代初頭にかけて、日本経済は成長のエンジンを失った」と考える説は説得性を欠く」(同、一四二頁)。

この輸入技術枯渇説の否定は、厳密な事実の認定なしに繰り広げられたキャッチアップ型近代化の終焉という時代認識への論駁でもある。キャッチアップ型近代化を先進欧米諸国への追いつき型とみなす議論の中心にあったのが、先進的技術の模倣、導入という前提だからである。しかし、吉川の議論が正しいとすれば(堅実なデータを伴うだけに説得力は高い)、一九六〇年代後半までに、輸入技術による経済成長という意味でのキャッチアップはすでに終わっていたことになる。六〇年代後半以後の「自前の技術革新」をどのように評価するかという問題が実証レベルでは残るのである。初期の技術が先進国から取り入れられたものであったとしても、「自前の技術革新」を可能にしたのはキャッチアップ型近代化ではない。先進技術の模倣とは異なる、日本の経験に根ざした近代化＝技術革新がそれを可能にしたと考えたほうがよい。そうだとすると、ここに疑問が生じてくる。大平政策研究会や臨教審、さらにはここで見た香山との時代認識の時間差である。一九六〇年代前半までの輸入技術への依存、さらには七〇年初頭の高度成長の終焉と、キャッチアップ型近代化の終焉との一〇年余りの時間のずれは、どのような時代認識によってもたらされたのか。キャッチアップ型近代化の終焉宣言が八〇年代にまで持ち越されたのは、なぜだったのか。この時間差は、認識における時間差の問題だとみなすことができる。キャッチアップの終焉を十分に受け入れるために必要な認識レベルの準備が整っていたかどうかという問題である。

(10)「近代」の定義や「ポストモダン」といった思潮の流行について、以下に西部邁『昔、言葉は思想であった――語源からみた現代』(二〇〇九)から、「近代的」の語の解説を参考として引用する。

「近代的(modern)　近代的人間とか近代的社会とかいうふうに、近代という言葉が頻繁につかわれます。その場合、「近代的」という日本語が「モダン」という英語に対応するとされていることはいうまでもありません。しかし、これは誤認の形容とよんでさしていいすぎではないのです。〔中略〕モダンは「モード」(流行の様式、mode)に、さらには「モデル」(模範の型式、model)ということを意味しております。他方、近代というのは「最近の時代」ということにすぎないのです。

もちろん、いつの時代にも「流行の模型」というのがありますので、モードにもモデルにも、それをことさらに取り上げるについては、「最新の」ものであるという意味が伏在してはおります。しかし、それらの言葉の主たる意味はあくまで「形式」といったほうにあるのです。忘れてならないのは、「最新流行の模型様式」を重んじること、それがモダンだということです。

なぜそれが「重んじられる」のでしょうか。そこには、もちろん、最新様式が「良いものである」という「ドグマ」(独断、dogma)があります。「新しいのは良いことだ」というのは文字通りのドグマです。というのも、ドグマとは、元々は、「良いように思われること」ということだからです。換言すると、モダンという言葉それ自体に進歩主義の意味合が込められていることになります。〔中略〕とはいえ、モダンにかぎらずどんな「エイジ」(時代、age)も丸ごと特定の流行に染め上げられるということはありません。最近時代でいえば、モダニズムが中心にありながらも、その右翼には(模型に帰還しようとする)「プレモダニズム」(前近代主義、premodernism)が、そしてその左翼には「(極端に新式の模型を追求する)ポストモダニズム」(後近代主義、postmodernism)がそれぞれ控えていたとみるべきでしょう。それら三種のイデオロギーのあいだの確執が、近代という時代を変化させてきた動因となってきもしたのです。〔中略〕「コンテムポラリー」(現代的、contemporary)ならば、人々が「時間を共有する」というくらいの意味ですから、イデオロギー・フリーであります。しかしモダンには、技術主義にまで純粋化されていく方向での合理主義が刻印されていること、それが様式(モード)や模型(モデル)への偏執をもたらしているのだ、ということを見逃してはなりません」(同)。

「現代的」とは異なり、「モダン」には、「進歩主義の意味合が込められていること」、「モダンには、技術主義にまで純粋化されていく方向での合理主義が刻印されていること、それが様式(モード)や模型(モデル)への偏執をもたらしている」ということが指摘されている。モダンへの批判を含むと同時に、それを「現代的」とは言い換えられないこと、「新しいのは良いことだ」というドグマが含まれていること、といった指摘は重要である。

第三章補論

日本型福祉社会論とキャッチアップ型近代の終焉

この補論では、日本の福祉政策言説の一つ、自民党の「日本型福祉社会論」を取り上げ、それとキャッチアップ型近代の終焉という時代認識との関係について一考する。教育政策と同類の論理がそこに見られるからだ。

資料とするのは、一九七九年に自由民主党が出版した『日本型福祉社会』である(自由民主党編 一九七九)。この文書は、「党員・党友の質の飛躍的向上」を目指して刊行を始めた「研修叢書」の一冊として出版されたものである。「わが党の正式見解と多少異なる点があるかも知れない」とことわりつつも、党員・党友が「しっかりとした理念とビジョンを持ち、高い理論的能力と政策立案能力」を養うために刊行された叢書の一冊である。それゆえ、当時の政権与党の時代認識と政策課題を概略的に示したテキストといえる(1)。

この『日本型福祉社会』構想の要諦は、当時、話題となっていた「英国病」を回避するために、いかにして「小さな政府」を維持するかにあった。曰く、「健全な、しかも日本の現実にあった福祉社会――福祉国家ではない――を考えること」(同、五四頁)である。この診断において、福祉国家の病理は「堕落の構造」にあると指摘された。回避すべきは、「人間を利己的にし、卑しくするようなルールや制度はつくってはならない」ことであり、「何かをタダで(またはタダ同然に安く)供給することにすれば、人々はそれを当てにして依存心を起こすが、悪いのはこの「甘えの構造」だけではない、そこからは「堕落の構造」が発生する」(同、八三頁)。ここには、第三章で見た香山の言説と類似の論理が表明されている。

その一例として挙げられたのが、保育所である。

たとえば、公立の安い保育所ができれば、母親が子供を預けて働きに出る「必要」が誘発される。この必要に完全に応じようとすれば、保育所を〔郵便〕ポストの数ほどつくらなければならなくなる。必要があるからといって地方自治体がどんどん作り、国はその費用の二分の一を自動的に負担しなければならないとすると、国は確実に破綻する。（同、八四―八五頁）

母親の就労を「誘発」するような政策は、国の破綻につながるので避けなければならない——四〇年後の今から見ると、母親の就労を促す政策を忌避することが、日本型福祉社会実現の根幹に位置づけられていたのである。なぜか。それは、「〔経済〕成長なくして福祉の充実もあり得ない」（同、五四頁）を旨とする、「小さな政府」を維持することが、経済成長と福祉との両立を可能にすると考えられたためである。英国病を避けるために、「日本的美風」（同、九八頁）とみなされた家族と（家族主義的特徴をもつ）企業とが、福祉社会の主たる担い手として期待されたのである。日本型福祉社会の具体像を理解するために、『日本型福祉社会』では、ある男性と女性の「ライフ・サイクル」が例示される。そして、そこで示される男性と女性の役割や家族のイメージから、その後の悪循環につながる論理の発端を見いだすことができる。

同文書が強調する福祉社会にとって重要なのは、「まず家庭基盤の充実と企業の安定と成長、ひいては経済の安定と成長を維持すること」（同、一六九頁）である。この前提のもとで、男性と女性のライフ・サイクルが示される。

まず、男性（A氏）である。「普通A氏が主な所得稼得者として経済的に自分の家庭を支えなければならない」から、「A氏は「月給運搬人」になる」（同、一七九頁）。稼ぎ手としての男性が「普通」とされる。

そのA氏にとって家庭は、つぎのように位置づけられる。「男性であるA氏は自分が寝に帰ることのできる「巣」と、かつての母親に代わる主婦の存在と、セックスパートナーあるいは友人としての妻の存在、それに自分の子供を含む家族という「心の支え」を必要とする」(同、一七九頁)。その必要を満たすのが、A氏にとっての「家庭の存在」である。ここでは男性の「生活の安全保障」が、このようにジェンダー化されて描かれる。

それでは女性のライフ・サイクルはどのように描かれたのか。まず同文書は、「このような日本型社会のよさと強みが将来も維持できるかどうかは、家庭のあり方、とりわけ「家庭長」である女性の意識や行動の変化に大いに依存している。簡単にいえば、女性が家庭の「経営」より外で働くことや社会的活動にウエートを移す傾向は今後も続くと思われるが、それは人生の安全保障システムとしての家庭を弱体化するのではないか、という問題である」(同、一九四―一九五頁)と、女性のキャリア選択が福祉社会の成否の要と見る。それゆえ、家庭を弱体化させないためには、女性の社会参加についても一定の制限をかけることをよしとする。

女性にとっての教育については、「女性の場合、大学に行く目的、理由もあまりはっきりしないのである」「女性が大学に行くのは、女性自らがよく口にするように、「教養を身につけ、知性を磨く」ためであろう」(同、一九五―一九七頁)とみなしたうえで、卒業後の就職、結婚、退職というライフ・サイクルが描かれる。曰く、「めでたくA氏と結婚することになれば、企業の希望もあって、ここで退職するケースが多い。しかしそうでない「共働き」のケースもふえてきている。その場合は、F社に所属する期間はもう少し延長されて、「子供が生まれるまで」ということになる」(同、一九八頁)。

当時の現実を反映するように、「寿退社」を普通とみなす。そのうえで「共働き」の場合も、第一子誕生までと見る。さらにその後、「子供がある程度大きくなってからの女性の労働市場への進出はこれからますますさかんになるものと思われる。就学も男子を上まわる勢いでふえていくかもしれない」(同、二〇二頁)と女性の社会参加の趨勢を認

めている一方で、限定的参加を推奨する。そして、

女子進出の背景はいくつか考えられる。雇う方の事情としては、もともと女性就業者の比率が高い第三次産業が発達していること、女性は男性に比べまだ賃金が安く、そのうえパート・タイマーなどの形で雇うのに適していること、の二点があげられよう。（同、二〇三頁）

と現状を追認したうえで、つぎの判断が示される。

女性が結婚して家庭をもち、かつ外で働くには、大学を出て企業にはいり、男子専用につくられた終身雇用制と年功序列に挑戦して組織の中で一定の役割と地位を要求するよりも、いったん家庭の主婦となった上でパート・タイムで働く方が無理がない。女性は組織の一員として管理に関係するような役割を演じるのに向いていない。それよりは一定の仕事に対して報酬を受け取るという形で働く方が向いている。（同、二〇四頁）

男性中心の雇用社会を前提に、「いったん家庭の主婦となった上でパート・タイムで働く」ことを、家庭の「弱体化」を防ぎ「家庭基盤の充実」に適した家族形態＝女性のキャリア選択だと判断するのである。

このように、家庭と企業といった「民」の活力によって、「官」や「公」に依存しない「自助」による「小さな政府」を維持することが政策選択として示された。それは、既存の雇用形態（「男子専用につくられた終身雇用制と年功序列」）を大前提とした判断である。そしてそれを支えたのが、二度のオイルショックを乗り切り、当時、経済的に停滞する欧米諸国を尻目に、「ジャパン・アズ・ナンバーワン」といわれた、追いつき、追い越せの日本の自己像だった。

「小さくて効率的な政府」(同、二一〇頁)と、「平等」と「効率」がうまく回るかのように思えた日本型雇用システムの優位性への自信である。

それゆえ、その「平等」で「効率的」なシステムを維持するために、男性中心の雇用形態の存続を前提にした日本型福祉社会を促進する政策が提唱された。専業主婦や一定限度以下の収入の配偶者を優遇する所得税制や年金・健康保険制度は、それを誘導した。高度成長後も、多少の変更を加えつつこれらの制度が維持されたのはそのためである。『日本型福祉社会』には、女性蔑視を思わせる表現や、「日本的美風」といった保守的な価値観が散見される。そこに、儒教文化の名残を見つけることもできるだろう。だが、それに加え、そのような価値観と日本型雇用システムとの相性のよさが、欧米以上に「平等」で「効率的」な社会経済システムを生み出してきたとの時代認識=印象論が、高度成長期後の社会政策を支えた。

大企業を中心に、「男子専用につくられた終身雇用制と年功序列」は、男性社員の企業への忠誠心に裏書きされた雇用慣行であった。「家族主義的」と称された所以である。それはまた長時間労働や単身赴任といった、現代の言葉を使えば、ワーク・ライフ・バランスの極めて悪い働き方でも厭わない、男性中心・男性優位の雇用形態であった。そしてその対となり、それを支えたのが、家事労働をもっぱら女性だけに委ねる「家庭生活」であった。この二重にジェンダー化された仕組みは、高度成長期に成立し、その終焉後にも、政策選択の結果として現在に至るまで維持され続けた。

「(経済)成長なくして福祉の充実もあり得ない」を前提にした日本型福祉社会の制度化は、皮肉にも、その後、経済成長を阻む要因に転化する。そしてバブル経済破綻後の長期にわたる経済の停滞と結びつくことで、この悪循環に棹さす発端となった。ジェンダー化された雇用形態と家事労働が少子化に拍車をかけ、それがさらに経済停滞からの脱却を阻む仕組みとして固着してしまったからである。

この二重にジェンダー化された仕組みにほとんど手をつけないまま、成長の切り札として新自由主義的な雇用の規制緩和が進んだ。だが、それは一方で男性中心の中高年の雇用を守ることで、男女を問わず若年層雇用の非正規化を進め、賃金の上昇を抑えた(玄田 二〇〇一)。家計所得が長期にわたり停滞・低減するなかで少子化が進めば、内需依存型の日本経済が回復する見込みはさらに低くなる。少子化は人手不足も招来する。それらが若年男性の長時間労働を悪化させせれば、ジェンダー化された家事労働からの脱却はますます遠のく。

こうした悪循環のなかで、「小さな政府」の維持が、皮肉にも巨額の借金を抱える身動きならない政府をつくりだした。しかも、高齢者福祉については、好むと好まざるとを問わず、「福祉国家」のウエートを高めざるを得ない。政策選択のパラドクスである。

かつてそう見えた日本的雇用の効率性も、実は長時間労働や二重にジェンダー化された雇用＝家庭といった、「ワーク」偏重のアンバランスに支えられたおかげだったのかもしれない。平等とみなされた社会も、男女間の不平等を放置した「平等」であった。「日本的美風」や「日本的伝統」といった価値観が、これらの問題を深刻なものとして感じさせないように作用した。そして、欧米先進国に追いついたという時代認識が、日本的価値の同定やそれへの回帰に自信を与えた。政策選択のパラドクス(失敗)を生み出した根底には、このような成功体験＝時代認識があったのだろう。欧米先進国との比較優位の認識において、個人の犠牲のうえに成立した仕組みを、システム自体の効率性や平等の実現と見誤ったのだ。

さすがの自民党も、今では保育所の十分な確保を、「堕落の構造」とは呼ばないだろう。しかし、保育所の増設だけでは、もはや二重のジェンダー化を容易には解消できない。今となっては、「成長なくして福祉の充実もあり得ない」との表現が、空しく聞こえてくる。それが警句ではなく、一周回って現実を示すようになっているからだ。いや、「福祉の充実なくして成長もあり得ない」への、より早期の政策転換が必要だったのかもしれない。それを避けてきたのは、高度成長を可能にした過去の認定＝戦後日本の社会経済についての時代認識であった。キャッチアップ型近代化の成功という認識である。その成功体験をどう見るかが、「その後」の政策選択を導き、日本型福祉政策を正当化する言説資源となった。第四章での教育言説に呼応するような言説資源が、ここでもキャッチアップ型近代化の成功という時代認識によって与えられたのである。

注

（1）経済企画庁『新経済社会七カ年計画』（一九七九）には、この自民党案と同様の政策構想が提示されている。その意味で、政党の提言であるにとどまらず、実際に政府の政策としてここで検討する「日本型福祉社会」が構想されていった。

第四章　高等教育政策——二〇〇〇年代の迷走

一　高等教育のパラドクス

日本の近代化の成功にお墨付きを与えたのが、アメリカの近代化論に連なる日本研究者であった。その代表格の一人が、箱根会議にも出席していたエドウィン・O・ライシャワーである。ライシャワーは一九七九年に日本語で翻訳出版された『ザ・ジャパニーズ』（原著は七七年に英語で出版）のなかで、「教育」についての章を立てて、日本の教育の優秀さに言及した。

明治期の日本は、十九世紀の欧米とは異なり、それ以前の貴族的もしくは宗教的な色彩にわずらわされることなく、むしろ世俗的かつ平等主義的な性格を身につけた点で、大部分の欧米諸国の教育より一歩先んじていた、といえる。（中略）このように日本の教育制度は、国家の枢要な人材を選抜する主要な場であった。（同、一七三頁）

明治以降の教育制度——一度目のキャッチアップに貢献——についても肯定的評価を与えたうえで、戦後の教育改革を通じて制度化された「アメリカ流の六三三四制」の成果をつぎのように評価する。

かくして日本人は、きわめて高度に教育されている、という結論に相成る。大学段階でこそ質の面でもアメリカに劣るとはいえ、おそらく他のどの国民とくらべても、日本人が正規の教育を身につける度合いは高いといえよう。教育の成果がどの程度であるかを、言語を越えて比較することは、元来むずかしい作業だが、たとえば数学のようにそれが可能な領域においては、日本人はしばしば世界のトップを切ってきた。（同、一七五—一七六頁）

もう一人、日本の近代化の成功という時代認識の形成に大きな影響を与えたとされるハーバード大学の日本研究者による日本の教育への言及を見ておこう。『ジャパンアズナンバーワン』で知られる、エズラ・ヴォーゲルである。ヴォーゲルも、日本でベストセラーとなったこの著書（日本語では一九七九年に翻訳出版）において、教育の章を立てる。そこには「質の高さと機会均等」というサブタイトルがつけられている。そのなかで、つぎのコメントが加えられる。

このように、日本の教育水準の高さは注目に値するが、さらに特筆すべきことは、そのような高い水準に達する人数が、けっして一部の生徒に限らないということであろう。（同、一九二頁）

さらに、当時の日本では評判の悪かった受験教育についてさえ、つぎのような肯定的な評価を下した。

この受験制度の結果、国としては文化の大切な部分を共有する、よく訓練された人的資源をもつことになる。好奇心に富み、教え込みやすく、克己心があり、人道問題にも関心が深く、公徳心にも富んだ国民を育てることになる。批判はあるにしても、これまで受験制度を弱めようという方向に進まないのは、意欲、勤勉、家族と学

校との連帯感を育てるといった点で、これにまさる制度を誰も言い出していないからである。（同、一九八頁）

第三章で見た、近代化と教育についてのパッシンや、麻生・天野、永井らの著作が一九六〇年代に近代化を進める橋頭堡として日本の教育を評価した時期からおよそ一〇年。一九七〇年代末に日本でベストセラーとなった二人のハーバード大学の著名な日本研究者の著作が、日本の「成功」をもたらした重要な要因として、日本の教育を礼賛したのである。

アメリカ流の近代化論に連なるハーバードの歴史学者、社会学者のお墨付きが、一九八〇年代の日本におけるキャッチアップ型近代化の完了という時代認識に多大な影響を及ぼしたことは、これら二つの著書に言及した日本人による当時の論考を見れば明らかである。(1) ここではその議論に踏み込まないが、ここでも教育の役割が特筆されるべきものとして認定されたのである。

ところが、これらの著書において、肯定的な評価を与えられなかった教育の段階・分野があった。高等教育である。ライシャワーは、すでに日本の高等教育については一部留保をつけ日本の教育を評価していた（先の引用で「大学段階でこそ質の面でもアメリカに劣るとはいえ」の部分）。それより一歩踏み込んで高等教育に触れた節の冒頭は、つぎの一文で始まる。

高等教育は混迷の度合いがいちだんとひどく、社会での役割を満たしていないことといったら、「入試騒ぎ」が連想させる以上のものがある。（ライシャワー　一九七七／邦訳　一九七九、一七八頁）

「混迷の度合いがいちばんひどい」とは、初中等教育の成功に比して、日本の高等教育が最も問題を抱えていることを指す。そして、その原因をライシャワーは、「社会での役割を満たしていないこと」だと断言し、さらに具体的な問題をつぎのように指摘する。

学生のためのカリキュラムは、自由裁量の余地がないほどきちんと定められ、新しい専門分野の創設はむずかしく、異なる分野間の相互乗り入れは不可能といってよい。

学長や学部長は互選だが、その職権は極端に限られている。予算をつけるのは文部省――ただしそのやり方はかなり機械的である――だが、予算の使い方に関しては、学部や講座の発言権が強く、その変更については、事実上の拒否権をもっている。

改革の余地は、したがってほとんどない。その結果、日本の大学は、四分の三世紀も前、今日とは全く異なる条件下でつくられたパターンのままで、いまなお運営されているというしまつなのである。（同、一八一―一八二頁）

高等教育が、いまなお日本社会の問題領域の一つであることは明らかである。（中略）このように高等教育が問題ぶくみであることを思うと、日本がいまのように整然と機能していることは、一見、おどろくべきことのように思える。だが、その背景にあるのは、大学以前の教育がすぐれていること、それに企業や官庁内部での新規採用者に対する現職教育制度が充実している点であろう。

大学の効率の高さは、日本の場合、アメリカほどには緊要ではないのかもしれない。いずれにせよ、混迷する大学という問題をかかえながらも、日本の強みの一つは、やはり教育にあるといってよい。教育こそは日本社会の何より決定的な特徴の一つなのである。（同、一八三頁）

教育全般を、「日本の強みの一つ」「教育こそは日本社会の何より決定的な特徴の一つ」と評価しつつ、「高等教育が、いまなお日本社会の問題領域の一つであることは明らかである」とする。そのうえで、「このように高等教育が問題ぶくみであることを思うと、日本がいまのように整然と機能していることは、一見、おどろくべきことのように思える」と、日本の「成功」と大学の「混迷」との対比を指摘する。一種のパラドクスの提示である。

日本の近代化「成功譚」の日本国内での認知に多大な影響を与えたヴォーゲルも、日本の教育の「問題」として、大学を名指しした。

日本の教育にも問題がないわけではない。大学は卒業資格を与えるが、学生の教育に身を入れる教授の数はあまり多くなく、学生の勉強ぶりも、大学受験前に比べるとずっと落ちるし、授業中の問題の掘り下げ方も甘く、普段は出席率も悪い。学生一人当たりの大学側の支出は不当に低く、研究室の設備の悪い大学も多く、研究水準にも、その広がりにもばらつきが目立つ。日本の学生の書く論文は独創的ひらめきを示すよりも、どちらかといえば、教えられたことに忠実なものが多い。高校、大学への入試が熾烈なために、学生の自由な思考は妨げられ、課外活動は限られ、社会性は身につかず、受験に失敗した場合には精神的に落ち込むものも出る。

アメリカ人は、日本のこうした悪い面を取り入れる必要はない。（ヴォーゲル 一九七九／邦訳 一九七九、一九三―一九四頁）

「日本のこうした悪い面を取り入れる必要はない」とまでいわれたのが、日本の「成功の秘訣」をアメリカへの教訓として示そうとした『ジャパンアズナンバーワン』での日本の大学の評価であった。教育の質の悪さや研究水準の低さ、創造性の欠如といった日本の大学の欠点が重ねて指摘された。日本の「成功」への日本の教育の貢献を認め、それを称賛したうえで、大学教育については、その例外として問題視する見方である。

このような見方を、「日本の教育の基本的な逆説」として指摘したのが、これもまたハーバード大学の社会学者、グレーザーである。一九七〇年代に日本の成功の原因を探ろうとした著作のなかの一節である。日本の教育に関する研究を渉猟したうえで、グレーザーはいう。

日本の教育の基本的な逆説は、――予算不足で（少なくとも大学ではこの傾向がきわだっている）、何か顕著な革新が行われたという証拠もなく（これは、初等、中等および高等教育の全レベルでそうだ）、驚くべき試験重視のため鋭く批判され、大卒者の質が悪いと企業から攻撃されながら、限られた研究施設と控え目な大学院制度しか持たず、初等および中等教育のレベルでは、離脱して急進化した教師団としたたかに保守的な文部省との対立に引き裂かれているうえ、大多数が中央政府に対立的で経済成長重視にも冷たい大学知識人を抱えながら――それが日本の企業、産業、および政府の欲求にかなう労働力をともかくも教育しているということである（グレーザー 一九七八、二一〇―二一一頁）

ここで「逆説」として示された日本の教育の問題点や限界のうち、その多くは大学に関するものである。そのうえで、そうした問題点を多く抱えているにもかかわらず、「日本の企業、産業、および政府の欲求にかなう労働力をともかくも教育している」という。先に見たライシャワーは、「大学以前の教育がすぐれていること、それに企業や官庁内部での新規採用者に対する現職教育制度が充実している点」をその背景だと指摘した。

この「逆説」は、高等教育に関する政策言説を分析対象とする本章での議論にとって、重要な疑問を提示する。はたして、日本の教育の弱点といわれた高等教育は、日本人の近代(化)理解のもとで、どのように位置づけられたのか。これまでの章で明らかにした近代(化)理解の特徴は、高等教育における問題構築にどのような寄与を果たしたのか。

二　焦眉の急――グローバル化への対応の遅れ

二〇〇〇年代に入ると、高等教育という日本の教育の「弱点」が俄に、教育改革論議の中心に躍り出た。グローバル化への対応の遅れという問題である。その問題構築には、キャッチアップ型近代化終焉後、とりわけバブル経済破綻後の、「失われたX年」という問題意識が刻印されていた。

はじめに、二〇一四年度から始まった「スーパーグローバル大学創成支援事業」の発端ともなった、内閣府・産業競争力会議での下村博文文科大臣の発言(二〇一三年三月一五日)を見てみよう。安倍晋三首相も列席した第四回会議の場で、「人材力強化のための教育戦略」として大学改革について述べた箇所である。

> 生産年齢人口の減少が続く中、我が国が世界に伍して成長・発展していくには一人ひとりの「人」の力を高める以外にない(中略)。各国が高等教育を重視し、規模を拡大する中、日本の高等教育も質・量ともに充実・強化していく必要があります。特に大学には、日本の成長を支えるグローバル人材、イノベーション創出人材、地域に活力を生み出す人材の育成と、大学の研究力を活かした新産業の創出が期待されています。
>
> 大学を核とした産業競争力強化プランとして考えている施策をお示ししています。一つ目の柱「グローバル人材の育成」に関しては、世界を相手に競う大学は五年以内に授業の三割を英語で実施するなど明確な目標を定め、外国人を積極的に採用するなど、スピード感を持ってグローバル化を断行する大学への支援を進めたいと考えま

す。また、日本人の海外留学生を一二万人に倍増し、外国人留学生を三〇万人に増やすために必要な手立てを講じていきたいと考えます。更に、使える英語力を高めるため、大学入試でのＴＯＥＦＬなどの活用も飛躍的に拡大したいと考えます。（内閣府 二〇一三、九頁）

この発言で強調されたように、「我が国が世界に伍して成長・発展していく」ことが自明の目的とされた。さらに、「各国が高等教育を重視し、規模を拡大する中、日本の高等教育も質・量ともに充実・強化していく必要がある」と、他国との比較のなかで日本の高等教育の充実・強化を説くこと、「日本の成長」にとって大学教育が重要であることなどの問題構成の特徴が言表された。

このように構成された問題意識を前提に、そのための施策として「グローバル人材の育成」が掲げられた。そこでは、具体的な目標として「五年以内に授業の三割を英語で実施するなど」の数値目標が設定された。加えて、日本人の海外留学生や外国人留学生についても、目標となる数値が定められた。ここでも確認しておきたいのは、他国との比較において問題が構築された後で、その問題を解決するための政策として、具体的な数値目標が掲げられる点である。その数字の中身がどのような意味をもつのかはとりあえずここでは措くとして、目標の具体性を印象づけるように数値が示されている。

この発言を受け安倍首相の私的諮問機関である教育再生実行会議では、つぎのような提言が行われた。直接「スーパーグローバル大学創成支援事業」の政策化にかかわる箇所を引用する。

大学のグローバル化の遅れは危機的状況にあります。大学は、知の蓄積を基としつつ、未踏の地への挑戦により新たな知を創造し、社会を変革していく中核となっていくことが期待されています。我が国の大学を絶えざる挑戦と創造の場へと再生することは、日本が再び世界の中で競争力を高め、輝きを取り戻す「日本再生」のための大きな柱の一つです。（内閣府・教育再生実行会議 二〇一三、一頁）

「日本が再び世界の中で競争力を高め、輝きを取り戻す「日本再生」のための大きな柱の一つ」という政策の位置づけに示されているように、ここでもまた、「世界の中」での「競争力」の再生＝復活が目指すべき大きな目標とされた。そして、そのための大学改革を促す前提・根拠として、「大学のグローバル化の遅れは危機的状況」にあるという問題認識に基づき、改革の必要性が喚起された。そしてこれらの議論や提言は、二〇一四年から実施された「スーパーグローバル大学創成支援事業」として結実した。

もう一つ、このような問題構成の特徴を示す政策提言を見ておこう。政府のグローバル人材育成政策に影響を及ぼしたと見られる内閣府のグローバル人材育成推進会議の『審議まとめ』（二〇一二年六月四日）である。民主党政権下での首相官邸に置かれた「政策会議」の一つである。ここで見るのは、報告書のうち、「1　基本的な問題意識について」というタイトルがついた箇所である。やや長いが、政権政党によらず、これまで見てきた提言と通底する問題構成のロジックがより明瞭に示されているので引用する。

- 過去の歴史において、我が国は、時代ごとの危機的状況を積極的な人材派遣など海外との相互交流・接触の中で打開し克服してきた経験を持つ。
- しかし、一九八〇年代頃までに「（経済的）豊かさ」を達成した結果、フロンティアを喪失することとなり、今日では、技術の先進性や一定規模の国内マーケットの存在などが却って「日本のガラパゴス化」を招きかねないとの懸念すら指摘される状況にある。

●現状のままでは、中長期的な観点で経済成長の原動力となるべき有為な人材が枯渇して、我が国は本格的な再生のきっかけを失い、BRICs（ブラジル、ロシア、インド、中国）やVISTA（ベトナム、インドネシア、南アフリカ、トルコ、アルゼンチン）といった新興国の台頭等、変化の激しいグローバル化時代の世界経済の中で、緩やかに後退していくのではないかとの危機感を抱かざるを得ない。
●産業・経済の急速な高度化・グローバル化の中で、我が国がこのまま極東の小国へと転落してしまう道を回避するためには、あらためて海外に目を向けて「世界の中の日本」を明確に意識するとともに、自らのアイデンティティーを見つめ直すことが不可欠なのではないか。（中略）
●そのために、今こそ、社会全体のシステムをグローバル化時代に相応しいものに構築し直し、個々人の人生設計を柔軟かつ多様に支援する複線型の社会システムへと変革しなければならない。そしてその第一歩であり眼目とも言えるのが、国家戦略の一環としての「グローバル人材」の育成にほかならない。（グローバル人材育成推進会議　二〇一二、六―七頁）

民主党政権下にあっても、「新興国の台頭」のもとで、「緩やかに後退していく」ことへの危機感や、「我が国がこのまま極東の小国へと転落してしまう道」を回避すべきだという「問題意識」が「グローバル人材育成」という課題と結びつけて論じられていた。

これまでは、政府関係の言説を挙げてきたが、最後に、経済界の提言を見ておこう。日本経済団体連合会（経団連）が二〇一一年にまとめた『グローバル人材の育成に向けた提言』の「はじめに」と「終わりに」からの引用である。

急速な少子高齢化の進展とそれに伴う人口の減少により、国内市場が縮小する中、天然資源に乏しいわが国経済が将来にわたって成長を維持するためには、日本の人材力を一層強化し、イノベーション力や技術力を高めることで、発展するアジア市場や新興国市場の需要を取り込んでいくことが不可欠である。（日本経済団体連合会　二〇一一、二頁）

資源に乏しい日本の競争力の源泉は、人材力につきると言われて久しい。しかし、世界規模で優秀な人材の獲得競争が激化する中、グローバル化に対応した人材の育成において、わが国は、他のアジア諸国と比べても遅れを取っている。わが国の国際競争力の強化のためにも、グローバル・ビジネスの現場で活躍し、国際社会に貢献できる人材の育成にオール・ジャパンで取り組んでいく必要がある。（同、一七頁）

他国との比較の視点やそこでの日本のポジション（「遅れ」）という認識が示され、それが大学教育のみならず日本の産業や経済の停滞・衰退の原因の一つとみなされている。こうした国際競争を前提とした一種の序列意識が問題構成の枠組みとして共有されていることを確認しておきたい。キャッチアップ型近代化という日本の自己像がつくり出してきた、先進―後進の序列をなぞる意識の残像である。

これらの提言を受けて、教育再生実行会議が、前述の『第三次提言』のなかで「国は、大学のグローバル化を大きく進展させてきた現行の「大学の国際化のためのネットワーク形成推進事業（グローバル30事業）」等の経験と知見をふまえ、外国人教員の積極採用や、海外大学との連携、英語による授業のみで卒業可能な学位課程の拡充など、国際化を断行する大学（「スーパーグローバル大学」（仮称））を重点的に支援する。国際共同研究等の充実を図り、今後一〇年間で世界大学ランキングトップ一〇〇に一〇校以上をランクインさせるなど国際的存在感を高める」といった提言を行い、「スーパーグローバル大学創成支援事業」として結実した。

ところが、この政策はその後腰折れともいえる様相を迎えた。佐藤郁哉(二〇一八)が鋭く指摘したように、一〇年間にわたり継続されることが想定されていたこの事業は、その予算規模が事業開始五年後には約四割に削減されたのである(九九億円→四〇億円)。成果の点でも、「今後一〇年間で世界大学ランキングトップ一〇〇に一〇校以上をランクインさせる」という当初の目標とはほど遠い。事業の実施以前と変わらず、二〇一九年の時点では、東京大学と京都大学の二校のみがトップ一〇〇以内に位置するだけである。

このような高等教育政策の「迷走」ともいえる事態は、「危機的状況」とまで名指しされた、「大学のグローバル化の遅れ」への対応策としては中途半端というほかない。「日本が再び世界の中で競争力を高め、輝きを取り戻す「日本再生」のための大きな柱の一つ」、「国家戦略の一環としての「グローバル人材」の育成」という政策の重要な位置づけと照らせばなおさらのこと、政策の腰折れ状態は目を覆うばかりである。

にもかかわらず、どうして、高等教育をめぐる教育改革が、「「日本再生」のための大きな柱の一つ」と位置づけられるほどに、焦眉の急となっていったのか。とりわけ一九九〇年代後半以後の高等教育政策は、天野郁夫が『大学改革を問い直す』(二〇一三)で的確に指摘したように問題ぶくみであった。天野はいう。

> 大学や高等教育システムに対する規制が大幅に緩和される一方で、課題相互の関連性や、これまでの歴史的な経緯に対する思慮や配慮を欠いた、「拙速」のそしりを逃れられない個別的な政策が、目まぐるしく打ち出され、それが混乱を招き、予期せぬ二次効果を生み、新たな対処療法的な措置を求めるという悪循環が、新しい世紀を迎えて以後の高等教育・大学の世界を支配しているように思えてなりません。(同、ｖ頁)

それにしても、二一世紀以後の日本の高等教育・大学は、なぜにこれほどに混迷を極めてきたのか。そこには、それ以前の時代の近代(化)理解やキャッチアップ型近代化の終焉といった時代認識がどのように影響していたのか。

三 「変化への対応」という問題

「大学改革」をキーワードにその基本的知識を簡潔にまとめた濱中義隆の論考によれば、大学改革の「転換期」は一九九一年の「大学設置基準の大綱化」に求められるという。高等教育改革における「規制緩和」の代表的な政策である。濱中によれば、それまでの「政策的コントロールによる大学改革」の時代とは異なり、「社会のニーズの変化に迅速に対応することが困難な旧態依然とした大学制度を弾力化・柔軟化するとともに、各大学の自主的な取り組みを尊重することによって大学制度全体の変革を促すという方策に転換した」(濱中 二〇一二、一四七頁)のがこの時期の改革の画期だという。しかも「こうした方向性は市場主義的な規制緩和という政策全般の動向とも合致するものであった」(同、一四七頁)。それゆえ、それ以後の「新自由主義的改革」の出発点として、一九九一年の「大学設置基準の大綱化」が位置づけられるというのである。

この大綱化を受け、各大学は教育課程の「多様化・個性化」をいっそう進行させた。規制を緩和し、自由に競争を促す空間をつくりだすことが、「多様化・個性化」を生み出すという、キャッチアップ終焉「その後」の思考様式にかなった期待であり、政策である。しかしながら「多様化・個性化の過度の進展は、大学の「あるべき姿」に関する議論を引き起こすこととなる。また少子化の影響で入学者選抜が実質的に機能しない大学が登場したこともあって、大学の質の低下が懸念されるようにもなった」と濱中は続ける(同、一四七頁)。

「そのため二〇〇〇年代半ばから、大学改革における焦点は、大学制度の多様化・弾力化から「質の保証」にシフトした。二〇〇四年度から導入された「機関別認証評価制度」はその象徴である。大学教育の内容と成果に関する説明責任（アカウンタビリティ）が、各大学に強く求められるようになったのである」（同、一四七頁）と、本章のテーマに直接結びつく、二〇〇〇年代以降の大学改革とのつながりが示される。

濱中の記述は、その簡潔さゆえに、一九九〇年代以後の高等教育政策の歴史的経緯を明快に示している。その問題を構成するキーワードを拾い上げると、つぎのようになる。

- 「社会のニーズの変化に迅速に対応することが困難な旧態依然とした大学制度」
- それを変えるための「弾力化・柔軟化」「多様化・個性化」を促す大学改革
- その組織原理としての「各大学の自主的な取り組みの尊重」とそれを背後で可能にする「市場主義的な規制緩和」
- その結果としての「大学の質の低下」とそれへの対応としての「質の保証」としての「評価」制度の導入

ここで示されるように、一九九〇年代以後の混迷する大学改革政策の出発点にある時代認識は、「社会のニーズの変化に迅速に対応することが困難な旧態依然とした大学制度」という問題の構築であった。その大前提となる、社会の変化に対する大学の対応の「失敗」という問題構築――「社会と大学の断絶・齟齬」（苅谷二〇一八）――の発端が、十分な検証もなく提示され、そこから大学論が展開されたのである。

ここには、社会の変化という、教育にとってのいわば外部環境の側の要因が、教育の変化＝改革を求める際の正当性の基盤を提供するという論理が浮き彫りにされている。ところが「社会のニーズの変化に迅速に対応することが困難な旧態依然とした大学」といっても、大学と社会との関係がいかなるものかについての具体的で十分な検討は提示されない。根拠が示されなければ、この論理が改革の正当性を提供する知識の基盤となるのかどうかも不明なはずである。それをそのままにして、この前提を受け入れてしまえば、そこから先は、「社会と大学の断絶・齟齬」を是正する改革の必要性・正当性を自動的に認めたことにつながる。

実は、このような論理の「自然な」展開そのものに、日本における教育改革論議の根深い問題が潜んでいる。だがそのことには目が行かない。それゆえに、同じような論理で教育改革の政策言説が生産され続けることにもメスが入れられない。その意味で、問題構築の発端となる、社会の変化に対応できない大学の「失敗」というテーゼ(「社会と大学の断絶・齟齬」説)自体を、まずは問わなければならない。

以上の議論から、本章で問うべき問題を整理しておこう。

- 「社会と大学の断絶・齟齬」という認識は、どのように生まれたのか。
- それは大学改革をめぐる政策言説の展開で、どのように強調されていったのか。どのような変化を遂げたのか。
- 「社会と大学の断絶・齟齬」説が広まることで、大学改革をめぐる政策はどのような変節を遂げたのか。
- そこにはどのような時代認識(＝近代理解)が埋め込まれていたのか。

以下の分析では、大学改革にかかわる政策文書の言説分析を中心に、これらの問題に実証的な解答を与えていく。

四 「社会と大学の断絶・齟齬」説の原型

はじめに見るのは、一九六〇年代、七〇年代の中央教育審議会(中教審)の答申である。新制大学発足後一〇年余りが経った時期に出された『大学教育の改善について(答申)』(一九六三年一月二八日)は、中教審が大学教育について提出した最初の本格的な答申である。その冒頭には、戦後新たに発足した高等教育機関への期待がつぎのように示されていた。

高等教育機関に対する要請は、科学技術の進歩、産業経済の発展、社会生活の高度化、国民大衆における教育の水準の向上などに伴い、広範かつ多様になつている。

このような事態を背景として、大学の性格・機能も大きな変化をとげ、いわゆる象げの塔よりも社会制度としての大学が強く表面に現われてきた。このことは、また、大学の目的・使命と国家・社会の要請との関連がいよいよ密接になりつつある事実を表わすものである。すなわち、大学は、一方では、激しい国際競争に対処し、絶えざる社会の進歩の要求にこたえて、高度の学術研究を行ない、わが国の文化の維持向上に寄与するという、その伝統的使命を保持するとともに、他面では、民主社会の発展に伴う教育民主化の要望にこたえて、広い階層の人々に高い職業教育と市民的教養を与えるという新たな重要な任務を果たさなければならない。（中央教育審議会一九六二、横浜国立大学現代教育研究所編　一九八〇、六四頁）

この引用で注目すべきは、「大学は、一方では、激しい国際競争に対処し、絶えざる社会の進歩の要求にこたえて、高度の学術研究を行ない、わが国の文化の維持向上に寄与する」ことを、大学の「伝統的使命」と認めたうえで、そこに戦後の「教育民主化の要望」が付け加えられていることである。「絶えざる社会の進歩の要求」に応えることは、戦前戦後を通じた大学の「伝統的使命」だと位置づけられている。とすれば、社会と大学の断絶・齟齬が生じているとの問題構成を成立させるためには、「絶えざる社会の進歩の要求」といった認識を、まずは前提として受け入れることが論理的に必要となる。

それでは実情はどうか。答申はつぎの認識を示す。

新制大学の制度は、戦後における教育改革の一環として、学術研究、職業教育とともに、市民的教養と人間形成を行なうという理念に基づいて発足した。しかるに、実施後十数年の実績をみると、所期の目的が必ずしもじゅうぶんに達成されていない。そのよってきたる重要な原因の一つは、わが国の複雑な社会構造とこれを反映するさまざまな実情にじゅうぶんな考慮を払うことなく、歴史と伝統を持つ各種の高等教育機関を急速かつ一律に、同じ目的・性格を付与された新制大学に切り換えたことのために、多様な高等教育機関の使命と目的に対応しえないという点に求められる。(同、六四頁)

「実施後十数年の実績をみると、所期の目的が必ずしもじゅうぶんに達成されていない」との認識が明示されている。新制大学発足からわずか十数年後に、それが制度的には「失敗」していることを認めたのである。そして、その失敗とは、戦前の多様な高等教育機関に比べ、戦後は新制大学に一本化されたことで、「多様な」使命と目的に「対応」できていないことに求められた。多様な社会的要請に応えられないことを「失敗」とみなす「社会と大学の断絶・齟齬」説の嚆矢である。

このときの問題構成は、その六年後に出された中教審答申、『当面する大学教育の課題に対応するための方策について』(一九六九年四月三〇日)で、つぎのように要約・反覆される。

本審議会は、すでに昭和三八年一月の「大学教育の改善について」の答申(六三答申)において、新しい大学はかつての「象牙(げ)の塔」ではなく、社会的な機関としての性格をもつべきことを指摘した。それは個人と社会の教育に対する要請に即応できる大学であり、社会からの批判とその建設的な協力に道を開いた大学であり、公費の大幅な支援を受けるとともに学問研究を通じて社会に奉仕する大学であるという点において、いわば「開かれた大学」とも称すべきものであろう。（中央教育審議会　一九六九、横浜国立大学現代教育研究所編　一九八〇、一一八頁）

先の六三年答申での問題点の指摘をこのように要約することで、問題構築の論理がより明確に示される。そこでは、かつての「象牙（げ）の塔」としての大学ではなく、「開かれた大学」、すなわち、「個人と社会の教育に対する要請に即応できる大学であり、社会からの批判とその建設的な協力に道を開いた大学」が求められていた。戦後教育改革の主旨にかなった要請である。

このような問題確認をもとに、続く七一年答申『今後における学校教育の総合的な拡充整備のための基本的施策について』（一九七一年六月一一日）では、新制大学の画一性に加え、それぞれの大学の閉鎖性の問題がつぎのように指摘された。

他方、これまでの大学では、学外に対して門を閉ざすことが大学の主体性を維持するうえにたいせつな条件であるとする消極的な考え方が強かったため、逆にいろいろな弊害が生じている。（中央教育審議会　一九七一、横浜国立大学現代教育研究所編　一九八〇、一四九頁）

「学外に門を閉ざす」ことを大学の主体性の維持と結びつけてみる見方の提示である。「大学の主体性」の維持＝「教授会自治」（六九年答申の別の箇所では「閉鎖的な自治の考え」「学部自治を尊重するこれまでの大学の管理体制」と表現された）

を、大学の閉鎖性や消極性、それゆえに社会の要請に応えきれない大学の保守性とみなす認識と言い換えてもよい。大学の種別化や管理運営の問題が、大学改革の中心課題として論じられていた時代の認識である。

それが主題となる歴史的背景は異なるものの、社会の要請への対応が求められることを当然の前提とし、それに応えられない大学の閉鎖性や保守性を、社会と大学の断絶・齟齬の元凶と見る図式は、すでにこの時点にまで遡ることができる。

このような問題構築を可能にする政策言説は、政策の受け入れを容易にする共通了解圏の底流をなしていた。だが、それがどのような状態を言い当てていたのか、いかなる大学の機能が、「社会の要請」に応えたことになるかについては、具体的に示されるわけでも、実証的に根拠が示されるわけでもなかった。言語技法（レトリック）のなせる技である。このようにして構築された問題が、自明性を高め、人々から疑われることなく受け入れられていればいるほど、その問題を「解決」しようとする改革のための政策もまた、受け入れられやすくなる。社会の要請とそれに応答できていない大学という問題構築の図式は、第二章で参照したジャクソン（二〇〇六）の流儀にならえば、政策の受け入れを容易にする正当化のための知識の基盤＝共通了解圏の底流をなしてきたといえるのである。

だが、これらの理解は、ことの一面しかとらえていない。この点から一歩踏み込むと、その限界が明らかとなる。すなわち、大学の硬直性によって、社会の要請や社会の変化に対応できないという大学の問題を、疑念を挟むこともなく受け入れることで、その問題自体に埋め込まれた論理に変化が生じていることを見逃してしまうのである。底流を流れる言説資源に、さらに新しい言説資源が付け加わることで、一見同一の問題（「社会と大学の断絶・齟齬」）のように見えて、その実その意味や質に変化が生じている可能性はないのか。そのような変化が生じたとすれば、それはどのような問題構築の論理の変質をもたらしたのか。

このような高等教育政策言説をより立体的に理解するための補助線として、永井道雄の言説を挟んでおこう。永井は文相退任（一九七六年一二月）からほぼ二年後に『教育の流れを変えよう』という著書を発表する。この著書で、文相時代に課題としつつも解決できなかった日本の教育の問題点をいくつか指摘する。そのなかで注目すべきは、つぎの文章である。

戦後には、世界的に、教育を経済発展、技術革新の手段という角度からとらえる考えが有力となり、しかも、この角度から見た場合、日本は模範生であるとさえみられるにいたった。（永井 一九七八／二〇〇二、三〇九頁）

一九六〇年代の日本の経済成長期は、この危険（経済発展や技術革新が目的であり、教育は手段にすぎないとする見方）が頂点に達した時期であった。しかし、あらためて考えるまでもなく、経済とか技術こそが手段であり、人間の成長こそが、目的である。高度経済成長期から、今日にいたるまで、日本では、この目的と手段の関係がさか立ちしたままになっている。（同、三〇九頁）

教育の目的を「経済成長」への貢献とする見方が当時いかに浸透していたかが確認できる言説である。だが、永井は、それをそのまま肯定せず、「目的と手段の関係」の「さか立ち」を指摘する。この倒錯を等閑視したまま、「社会と大学の断絶・齟齬」を問題視するか、さらには「社会の要請」に応えられない大学を問題と見るか。永井の指摘の受け取り方次第で、「社会と大学の断絶・齟齬」の意味は違ってくる。

大学教育の問題の底流に、「経済成長への貢献」という経済主義（近代（化）理解における経済の前景化）があることを喝破したうえで、永井は日本の高等教育政策の瑕疵をこう指摘する。

六〇年代、日本では大学も大学生も他の国とは比較にならないほど、その数が増大した。そして国民所得も増大していたのに、他の国とは比較にならないほど、わずかしか高等教育への公的財政支出を行わなかった。しかも六五年までの高等教育のストックが乏しいという状況のもとで、この政策をとったという点を見おとしてはならない。（同、三二七頁）

この指摘の重要性は、高等教育への公的財政支出の抑制策は、それ以後も続くからである。このような公的支出の抑制にもかかわらず、一九七〇年代にアメリカの研究者がうらやむほどの経済的成功を収められたのはなぜか。一つの理由は、民間投資による基礎研究の基盤が成立していたからだと永井は見る。

すでに述べたように、日本の高等教育への投資は乏しく、基礎研究が発展する基礎は薄弱であった。これにとって代わったのが、民間の研究開発投資であった。〔中略〕日本の産業界がとったのは、外国、とくにアメリカからの特許を購入して、これを工業化する開発研究を行い、つぎに大量生産する方法であった。基礎研究に投資しても、成果が上がるかどうかは保証のかぎりではない。かりに成果があがったとしても、これを開発と経済成長につなげるRアンドD〔Research & Development 研究開発〕の道をとれるとはかぎらない。

多少は高額であっても、産業化しうる特許を購入するほうが、確実な投資である。〔中略〕

この数字〔特許料購入費の日本とアメリカとの対比の数字〕をみて、日本人が模倣の国民だというのは即断である。日本に基礎研究は乏しかった。しかし特許を購入したあと、その工業開発と大量生産化をはかるには、それなりの創意工夫が必要であり、六〇年代以来、日本人は、この種の創意工夫に力をそそぐ道をえらび、その方面においては、それなりの成功を収めたのである。こういう方法をとれば、高等教育が衰退しても産業の躍進はおこり

うる。事実それが日本の産業界、そして政府が選んだ道であった。（同、三三二―三三三頁）

ここで重要なのは、キャッチアップ型近代（化）のもとでは、高等教育の「衰退」が放置ないし容認されていたことの指摘である。高等教育への公的投資を怠っても、キャッチアップ型近代化を進める限り、「社会と大学の断絶・齟齬」は見過ごすことが可能であった。このような見方が妥当だとすれば、「その後」に実際に大学を大きく変えていく政策が力を得ることになるためには、「社会と大学の断絶・齟齬」説に質的転換が起こり、問題構築の論理が変わり、それによって実効力をもった政策が受け入れられるようになったということである。(2) そのような共通了解圏の質的変化の可能性が、ここに示唆されている。

五　「社会の変化」の変節

濱中の指摘のとおり、「大学改革の「転換期」」が一九九一年の「大学設置基準の大綱化」にあったとすれば、その転換期を挟んで、「その後」の変化に連なる共通了解圏の質的転換も生じたのではないか。このような仮説設定をすると、その発端は、「大学設置基準の大綱化」を提唱した大学審議会答申、さらには、臨時教育審議会にまで遡ることができる。その臨教審が前提とした大学の問題点は、第二次答申に登場する。そこには、それ以前の「社会と大学の断絶・齟齬」説と同様の大学の現状への批判がつぎのように繰り広げられていた。

大学、ことに四年制大学は、高等教育と学術研究の中核を占めており、したがって大学に期待されるところは極めて大きい。しかしながら、戦後の新制大学四〇年の歴史に照らして考えると、いわゆる大衆化を遂げた日本の大学の現状には多くの問題点があり、大学に対する批判には厳しいものがある。大学はおしなべて閉鎖的であり、機能が硬直化し、社会的要請に必ずしも十分に応えていないばかりでなく、いたずらに量的に拡大し、教育・研究の内容や質に欠ける傾向があることを憂える声は小さくない。今後、大学入学者選抜方法の改善を推進し、教育・研究の水準を高め、国際的、社会的に開放し、個々の大学についての評価を明らかにして、整備・充実のための必要かつ適切な施策を講じなければならない。(臨時教育審議会編 一九八六、七八―七九頁)

中教審の七〇年答申から一六年が経った時点でも、大学の閉鎖性、硬直性は変わっていない――それ以前の問題構築が踏襲されていた。

このような問題意識をもとに、第四次(最終)答申では高等教育改革について、「3　変化への対応」という項が立てられ、つぎの提案が行われた。

3　変化への対応

今後、我が国が創造的で活力ある社会を築いていくためには、教育は時代や社会の絶えざる変化に積極的かつ柔軟に対応していくことが必要である。なかでも、教育が直面している最も重要な課題は国際化ならびに情報化への対応である。(臨時教育審議会編 一九八七、一二頁)

「変化への対応」という課題の反復である。そして、高等教育に対してはつぎの提言が行われた。

二一世紀に向けて、国民や社会の様々な要請に応じ、人材の育成および学術の創造と発展に資するとともに、生涯学習の場として重要な役割をはたしていくため、高等教育の個性化、多様化、社会との連携、開放を進め、また、学術研究を積極的に振興する。これらを裏付ける条件として、組織・運営における自主・自立の確立、教職員の資質向上、経済的基盤の整備を図る。（同、一九頁）

このように、「組織・運営における自主・自立の確立、教職員の資質向上、経済的基盤の整備を図る」という提案が行われ、「個性化、多様化、社会との連携、開放」の提唱が、大学設置基準の大綱化という規制緩和政策へとつながっていくのである。

ただし、個性化、多様化、社会との連携、開放というだけでは、従来の高等教育種別化論（天野 二〇〇三）とそうは変わらない。それに対し臨教審答申が、「共通了解圏」に質的転換をもたらしたのは、臨教審の議論を主導した思想的基盤が、前章で見たように、「新自由主義的」な考え方にあったからである。「小さな政府」を維持しつつ、規制緩和や市場原理の導入（教育の議論では「自由化」論）を目指した思想である。

臨教審の思想的前提が新自由主義的であったという指摘は、本書での発見でも何でもない。重要なのは、新自由主義的とみなされたイデオロギーのはたらきが、従来の「社会と大学の断絶・齟齬」説に質的転換を果たしたことに注目することである。「小さな政府」を維持しながら、規制緩和や市場原理によって、大学の「個性化、多様化、社会との連携、開放」を生み出そうとする政策を呼び込み、受け入れる。そのような言語技法（レトリック）に埋め込まれていた論理を取り出すのである。

そのからくりを理解するために、新自由主義の典型とみなすことのできる、経済学者の言説の分析を間に挟んでおこう。ここで対象とするのは、一九九〇年代において新自由主義的改革の必要性を熱心に説いた経済学者、中谷巌（一九九四）の言説である。バブル経済がはじけた二年後の一九九四年という年に発表されたビジネスマン向け週刊誌での論考である。高等教育政策とは別の分野の言説だが、ここには当時の新自由主義者の近代(化)理解が如実に示されている。中谷はいう。

規制緩和を考える際に大きな時代認識として必要なのは、日本が欧米に追いつく「キャッチアップの段階」を終えたという認識である。日本人は明治以来これまで、こつこつとひとつの山を登ってきた。ひたすら足元を見つめ、まじめに、猛烈に働き、欧米先進国に一刻も早く追いつくこと。ペリー提督が黒船を率いて浦賀に姿を現して以来、一四〇年以上にわたって、われわれの祖先はこのことしか頭になかった。この山の名前は「キャッチアップの山」である。

この山にうまく登るには、それなりの方法がある。欧米の先進的知識を吸収することによって、欧米と日本の知識ギャップを一刻も速く縮小するという明確な目的を遂行するには、国民の教育水準を上げること、国民の労働力をそちらの方向に集中させること、人々の貯蓄を国家が設定した目標のために重点的に投入すること、規制や産業政策によって経済資源が余分な分野に流れないように工夫すること——などである。

しかし、日本は世界有数の経済大国になった。もはやキャッチアップでは世界が許さないし、日本の高い賃金水準を維持しようとすれば、もっと付加価値の高い独創的な産業が出てくる必要がある。(同、四三頁)

これらの引用には、「キャッチアップの段階」にあった時代では、「欧米の先進的知識を吸収することによって、欧米と日本の知識ギャップを一刻も速く縮小するという明確な目的」があったと、日本の高等教育の役割や特性の認定にもかかわる認識(外来の先端的知識・技術の効率的な受容)が示されている。しかも、ここで引用したフレーズには、規制緩和の必要性を正当化する前提として、「「キャッチアップの段階」を終えたという認識」が示されている。このように過去を認定したうえで、そのつぎの段階への移行の必要性と、その移行を成功に導く中心的な政策として「規制撤廃」が提唱される。(3) なぜキャッチアップのつぎは規制緩和なのか。

日本が二一世紀にかけて新たな経済発展を遂げうるとすれば、日本人がこの新しい山〔オリジナリティの山〕に登ることしか方法はない。「オリジナリティの山」に登り始めるための第一歩は、規制撤廃である。「キャッチアップの山」に登るときには、先進国に追いつくという目標が明確に与えられていた。目標が明確であるときには、国民の経済活動を規制して、ひたすらその目標が速く達成されるように、労働力、経営資源、資本などの経済資源を集中的に投下することが必要である。（同、四三頁）

「オリジナリティの山」にとりつくには、規制撤廃を推進し、人々が自らのリスクでさまざまな可能性に挑戦することを奨励する仕組みをつくらなければならない。〔中略〕日本人が自ら新しい価値、新しい知識、新しい技術を創造するためには、日本人の潜在的能力が十分に発揮されるような自由な社会をまずつくらなければならない。そして、そのためにはリスクに大胆に挑戦することを正当に評価する仕組みが必要になる。そして、なによりも必要なのは、われわれ一人一人の規制に依存しようとする甘えの意識からの脱却であると思う。（同、四四―四五頁）

ここでは、「日本人の潜在的能力が十分に発揮されるような自由な社会」の創出が求められ、そのような社会においては、「規制に依存しようとする甘えの意識から」脱却できる個人が求められる。規制のない自由な社会と、それ以前の規制型社会との対比が、キャッチアップの終了という時代の線引きによって区別された結果、移行の必要性が説かれるのである。そしてそこでは、「リスクに大胆に挑戦する」主体的で創造性を備えた自立した個人が求められる。前章で見た香山と同様の論理が示されている。

このようなキャッチアップ型近代化後の規制緩和論に共通する論理をふまえたうえで、高等教育政策の分析に戻ろう。高等教育における規制緩和の矛先は、大学教育の内容＝カリキュラムに及んだ。大学設置基準の大綱化である。臨教審答申を受けて設置された大学審議会は、その答申『大学教育の改善について』（一九九一年二月八日）でカリキュラムの規制緩和の必要性をつぎのように謳った。

我が国の大学は、これまで、学術や文化の向上は言うまでもなく、豊かで活力ある社会の形成に様々な寄与をしてきた。今後の流動的かつ不透明な時代においても、我が国が進むべき道を自ら切り開き、あらゆる分野で活力を維持し、世界に貢献していくためには、学術の振興と人材の養成を担う大学の役割がますます重要となってくる。

特に大学教育の観点からは、学術や文化の継承に努めるとともに、学術の進展、技術革新、国際化・情報化の進展、産業構造の変化等に適切に対処し得るよう、カリキュラムの編成、授業内容・方法、教育組織等の不断の点検・改善を図り、社会の各方面で活躍し得る人材の養成、時代の変化や学術の新たな展開に対応しうる能力の育成に努めることが期待される。

また、国民の意識や生活の多様化、社会人教育のニーズの拡大等に、多様な形態での学習機会を提供することも期待されている。（大学審議会　一九九一、『季刊教育法（八九）』一九九二より引用、九二頁）

これはこの答申のはじめの部分に登場する「大学への期待」の一部である。「今後の流動的かつ不透明な時代」における大学の役割の重要性が指摘される。そして、大学がさまざまな社会の変化に「適切に対処し得るよう」、「カリキュラムの編成、授業内容・方法、教育組織等」といった大学教育の内部にまで踏み込んだ改善が求められる。注目すべきは、そのためにとられた設置基準の大綱化という規制緩和の考え方である。答申は、「大学改善の方策」の項で、つぎの提言を行う。

大学教育の改善は、基本的には、それぞれの大学の自主的な努力によって実現されるものであり、大学が自己革新のエネルギーをいかに発揮し、自己をいかに活性化し得るかが重要な課題となっている。

このためには、各大学が自由で多様な発展を遂げ得るよう大学設置基準を大綱化するとともに、自らの責任において教育研究の不断の改善を図ることを促すための自己点検・評価のシステムを導入する必要がある。また、財政上の措置に格段の努力を払う必要がある。（同、九三頁）

各大学が「自由で多様な発展を遂げ」ることができるように、規制（大学設置基準）を緩和（大綱化）するのであり、それに続く部分が示すように、それは、自己責任や自己点検・評価を伴う自由化の謂であった。

一九九一年の設置基準大綱化以後、さまざまな高等教育改革を進める政策がとられていった。「競争的環境の中で個性が輝く大学」をサブタイトルにもつ、大学審答申『二一世紀の大学像と今後の改革方策について』が出されたのは、一九九八年一〇月二六日である。そのタイトルが示すとおり「時代の変化」を展望したうえでの大学像を示す答申である。そこではほぼ一〇年間の改革を振り返り、つぎの要約が行われた。

高等教育改革については、本審議会の答申等を踏まえ、教育研究の高度化・多様化・個性化、組織運営の活性化の方針の下に、この一〇年間において諸制度の大綱化、弾力化等が図られるとともに、高等教育関係者の間に改革の必要性についての意識が覚醒され、改革に向けての具体的な取組が着実に進められてきている。過去一〇年の間に高等教育全体として改革の動きが始まったことは大きな前進であり高く評価されるべきであるが、その進展の度合いは個々の大学等により様々であり改善すべき問題点も依然として少なくない。

高等教育関係者は、大学等に対する社会の側からの様々な批判はいまだ完全には払拭されてはいないという現状を重く受け止めつつ、来るべき二一世紀初頭の社会状況の展望等の上に立って、我が国の大学等が期待される役割を果たし世界的に評価されるものとなるようにするため、今なすべきことを明確にし、更に大胆かつ積極的に改革を推進していく必要がある。（大学審議会 一九九八）

過去一〇年間の大綱化、弾力化などの改革の前進を認めつつ、「その進展の度合いは個々の大学等により様々であり改善すべき問題点も依然として少なくない」と現状を批判する。さらに、「大学等に対する社会の側からの様々な批判はいまだ完全には払拭されてはいない」と社会と大学の断絶・齟齬を問題設定の中心に置く。その中核にあるのは、よりいっそう変化の激しくなる時代を展望したうえで、その変化への対応を社会からの要請とみなし、大学にさらなる改革を迫るという論理である。

展望される二一世紀初頭の社会変化としては、「二一世紀初頭における社会状況をどのように展望するかは、様々な変化や要素を考える必要があり一概に言い表すことは難しいが」と前置きしつつ、「一層流動的で複雑化した不透明な時代」の到来を第一に置く。そしてその内容の例として挙げられるのがつぎの文章である。

追い付き型経済の終焉、大競争時代の到来など、現在、我が国の社会・経済は大きな転換期を迎えている。さらに、情報通信技術の革新や自由貿易体制の拡大に伴い、経済活動をはじめあらゆる側面で世界の一体化が急速に進んでいる。このような社会・経済の急激な変化は今後一層加速され、二一世紀初頭は、従来の延長線上の発想では対応が難しい、これまでにも増して流動的な社会、将来予測が明確につかない先行き不透明な時代になると考えられる。また、このような急激な変化の中で、社会はより複雑化し、社会の様々な要素の関連や相互の波及効果が大きくなっていくと考えられる。（同）

臨教審の時代認識の延長線上で、キャッチアップ型近代化の終焉（＝「追い付き型経済の終焉」）を認めたうえで、「先行き不透明な時代」を予見する。現在から未来への不可知の将来展望を、「時代の変化」と見るのである。ここにあるのは、「変化の変節」ともいえる、「変化」をとらえる視線の変化である。

このような予測困難な変化において、大学は「その知的活動によって社会をリードしていくという重要な役割を担う」ことが期待された。そのために、「知識の量だけではなくより幅広い視点から「知」というものを総合的に捉え直していくとともに、それを踏まえて知的活動の一層の強化のための高等教育の構造改革を進めることが強く求められる」と改革の必要性が説かれる。

そこで提唱された「構造改革」は、つぎのように表明された。

「知」の再構築が求められる二一世紀初頭において、我が国の高等教育が世界的水準の教育研究を展開し、その求められる役割を十分に果たしていくためには、（1）課題探求能力の育成を目指した教育研究の質の向上、（2）教育研究システムの柔構造化による大学の自律性の確保、及びそれを支える（3）責任ある意思決定と実行を目指した組織運営体制の整備、さらにこうした取組についての（4）多元的な評価システムの確立による大学の個性化と教育研究の不断の改善、の四つの基本理念に沿って現行制度を大胆に見直し、各大学が更なる向上を目指して切磋琢磨し発展していくことのできる新しい高等教育システムへ転換していかなければならない。その際、同時に、国際的通用性・共通性を確保しつつ大学等の自律性に基づく多様化・個性化を推進するとともに、公共的機関である大学等が社会的責任を果たしていくことが重要である。(同)

このうち、大学教育に直接関係するのが、以下に示される「課題探求能力の育成」である。

今後、我が国のシステムはあらゆる面において従来の追い付き型のシステムから、世界の先駆者として自ら先頭に立って次代を切り拓いていくことのできるシステムへと大きく転換していかなければならない。このような我が国の状況や将来の社会状況の展望等を踏まえると、今後、高等教育においては、「自ら学び、自ら考える力」の育成を目指している初等中等段階の教育を基礎とし、変化が激しく不透明な時代において「主体的に変化に対応し、自ら将来の課題を探求し、その課題に対して幅広い視野から柔軟かつ総合的な判断を下すことのできる力」(課題探求能力)の育成を重視することが求められる。さらに、自主性と自己責任意識、国際化・情報化社会で活躍できる外国語能力・情報処理能力や深い異文化理解、さらには高い倫理観、自己を理性的に制御する力、他人を思いやる心や社会貢献の精神、豊かな人間性などの能力・態度のかん養が一層求められる。(同)

「従来の追い付き型のシステム」からの脱却を図り、不確実で不可知な変化の激しい未来に対応するには、初中等教育が目指す「自ら学び、自ら考える力」を「基礎」として、「「主体的に変化に対応し、自ら将来の課題を探求し、その課題に対して幅広い視野から柔軟かつ総合的な判断を下すことのできる力」(課題探求能力)の育成」を高等教育は目指すべきだとされたのである。前章で検討した臨教審の時代認識・教育課題の設定に、見事に連なる政策提言である。

このような論理のつながりを追うと、臨教審以後に成立、定着した共通了解圏が、これらの政策を受け入れる知識の基盤として作用していたことを確認できる。そもそも、変化への対応に失敗してきた「社会と大学の断絶・齟齬」説を従前の共通了解圏として受け入れていれば、そのうえに重ねられる、「変化が激しく不透明な時代」に「主体的に」対応できる人材を育成するという課題設定は、疑うまでもなく、必要不可欠に思えてしまうからだ。

課題探求能力にしても、「自主性と自己責任意識」以下に列挙される能力や資質にしても、いずれも表面的には肯定的な響きと意味合いをもつ。だが、その内実を具体的なレベルで理解しようとすると、その途端にこれらの言葉の多重性や多義性に気がつくだろう。言語技法（レトリック）の所以である。

そのような多重な意味をかろうじてまとめあげ、そこに力を与えているのが、「変化が激しく不透明な時代」に「主体的に」対応するための能力や資質だというアルキメデスの支点である。だが、「変化が激しく不透明な時代」に「主体的に」対応するとはどういうことかをめぐっても、その内実を具体的なレベルで理解することはできない。アルキメデスの支点は、曖昧なまま、支軸が定まらない。具体的なレベルで理解できなくても、そのような能力や資質を育成するために、大学教育の改革が必要だということだけは了解される。それというのも、従前の大学教育では、このような能力や資質を育成することができていなかったという、大学教育の失敗＝「社会と大学の断絶・齟齬」説が、共通了解圏をつくりあげてきたからである。

だが、このような主張は、それぞれに内実の確定ができない抽象的なレベルで結びつけられている。そして、それゆえに、堂々巡りの議論になっている。変化の内実がわからないまま、変化に対応できる能力や資質を確定できるのか？　能力や資質の内実を具体化しないままで、変化への対応が可能になるといえるのか？　——これらの重要な問題が見過ごされている。

六　新自由主義と小さな政府

ここまでの検討をふまえると、臨教審以後の教育政策が、キャッチアップ型近代化を主導してきた、「開発型国家」の統制を弱めることに照準して、規制緩和の必要性を認めていたことがわかる。日本は、教育や社会福祉への公的財政支出が小さいという意味では、財政面では最初から「小さな政府」であった。しかも、教育の場合、小さな公的投資のもとで高いパフォーマンスを上げる、極めて効率的な仕組みであった。高等教育でも、私立への依存度が高く、財政的にも家計(私費)に大きく依存していた。私立学校間の競争は、もともと「市場化」(民営化)されていた。初中等教育においても、塾をはじめとする民間の教育市場が発達し、それが教育の質を一定程度保証してきたという見方もある(U.S. Department of Education 1987, Baker et al. 2001)。

にもかかわらず、高等教育に対しては、よりいっそうの規制緩和を求める新自由主義的政策がとられていった。キャッチアップ型近代化の終焉という時代認識が、新自由主義的改革を受け入れるうえで、重要な言説資源を提供したのである(4)。

先に中谷の言説を対象にすることで明らかとなった論理がここでも浮かび上がる――曰く、キャッチアップは終わった。だから、それまでの政府の規制や介入は、「その後」にとっては足枷となる。こうした「時代の変化」の重要性を、既存の共通了解圏に落とし込んだうえで、「変化への対応」には、規制や介入の撤廃が必要だと説いたのである。小さな資源で、効率的に運営されてきた仕組みであっても、それが時代に合わなくなったことを強調することで、(規制という面での)「小さな政府」が目指された。

他方、公的財政支出という面で見れば、一九八〇年以後も、日本は「小さな政府」を維持し続けた。永井道雄が七〇年代に喝破した日本の高等教育政策の問題点は、そのまま維持されたのである。

この点を丸山文裕（二〇〇九）の研究によって確認しておこう。**図4-1**は当年価格と、二〇〇八年価格に換算した高等教育費への政府支出の推移を示している。一九七八年まではいずれで見ても大きな上昇を示していた。永井が批判した、他の先進国に比べ小さな支出にとどまっていた公的支出を挽回するための伸びといえる。だが、その後はほぼ横ばいの時代が続き、一九九〇年代に若干の上昇を見る。ただし、この上昇については注意が必要だ。進学率と進学者の増加という現象の影響を受けていたからである。

図4-2は、対GDP比で見た、政府支出高等教育費の推移である。日本の経済力を基準に置いた高等教育への公的支出の変化といえる。それを見ると、一九七八年に〇・五八％とピークに至ったが、その後減少を続け、九〇年代以後はほぼ横ばいである。キャッチアップ型近代化の完了が叫ばれた頃がピークで、「その後」の変化に対しては「小さな政府」が守られた。だが永井が指摘したように、もともと他の先進国に比べ公的財政支出が少なかったことを忘れてはならない。七八年までの上昇は、その意味でも先進国並みを目指した改善にほかならなかった。ところがキャッチアップ型近代化の達成を政府が認めた以後、日本の高等教育は、その経済規模に比して、財政的にも大きく顧みられることはなくなる。その結果、再び先進国のなかで最も公的財政支出の「小さい政府」に戻ってしまう（丸山二〇〇九）。

興味深いのは、二〇一五年価格で示した、公私別に見た学生一人当たり高等教育費負担の推移である（**図4-3**、丸山二〇〇九を参考に筆者作成）。一九八三年頃までは政府負担が家計負担を上回っていた。それ以後は、政府負担は緩やかに減少して、その分、家計負担が上昇している。学生一人当たりの教育費の推移であるから、九〇年代以後の高等教育機会の拡大は、家計負担が可能にしたことになる。大学の定数管理を緩和し、より自由に大学が設置・拡大で

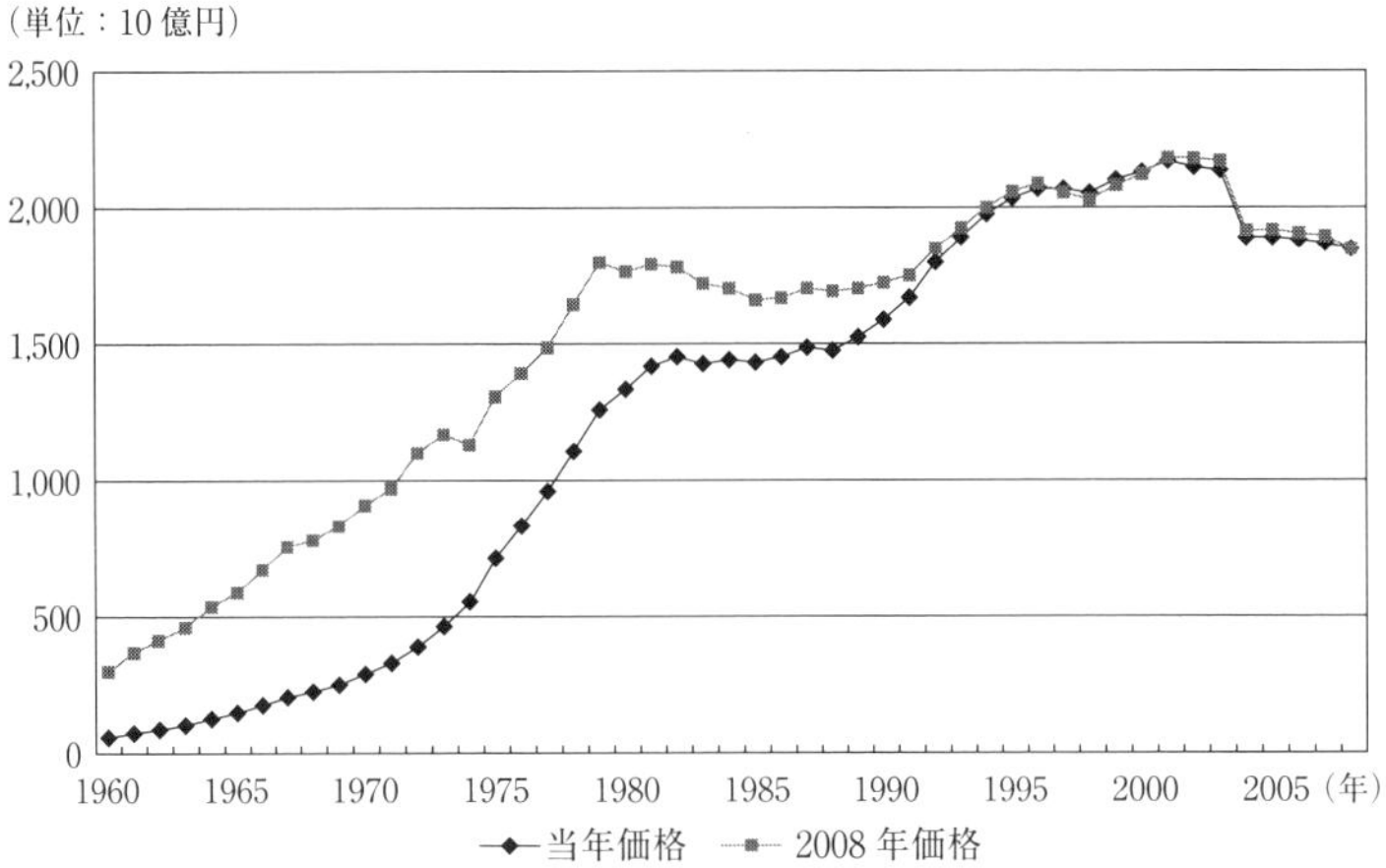

図 4-1　当年価格と 2008 年価格で見た高等教育への公財政支出の推移

出典：丸山 2009，図 3-6 より再掲.

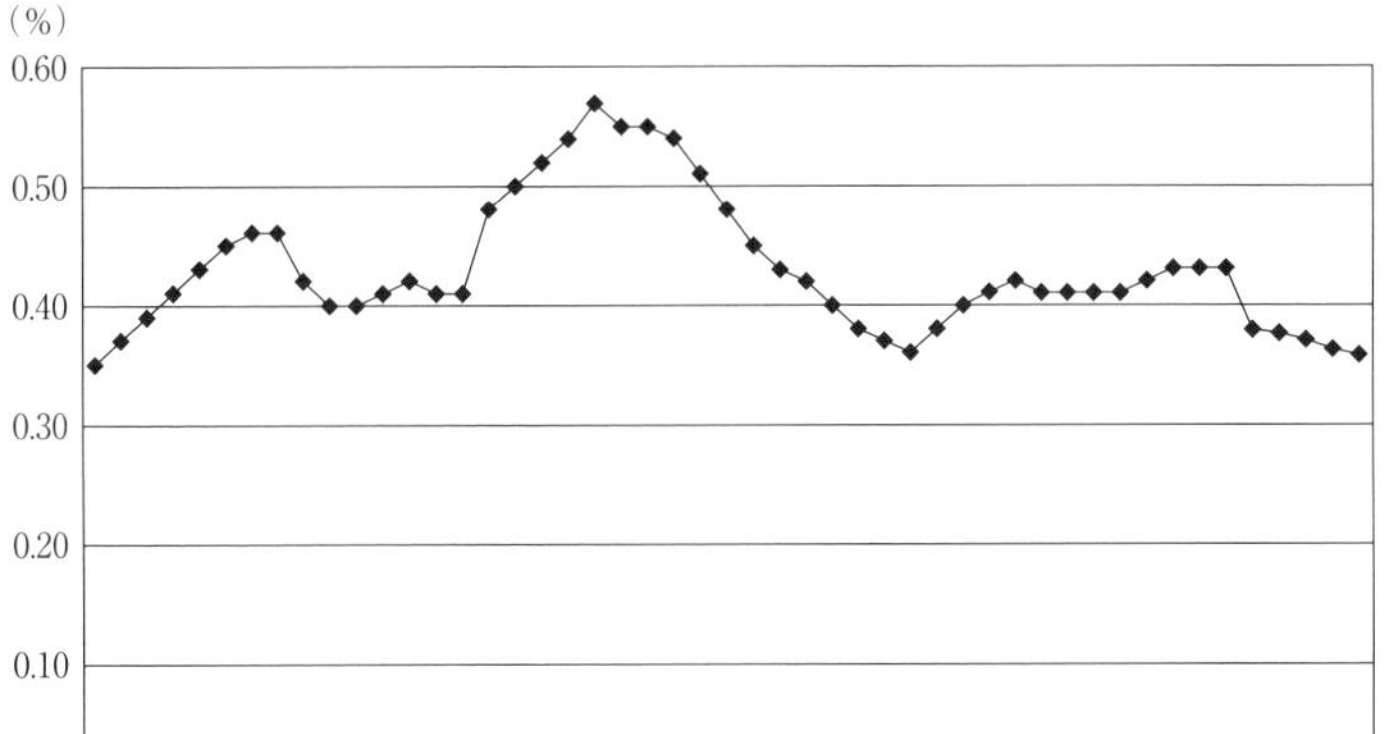

図 4-2　政府支出高等教育費(対 GPD 比)

出典：丸山 2009，図 3-5 より再掲.

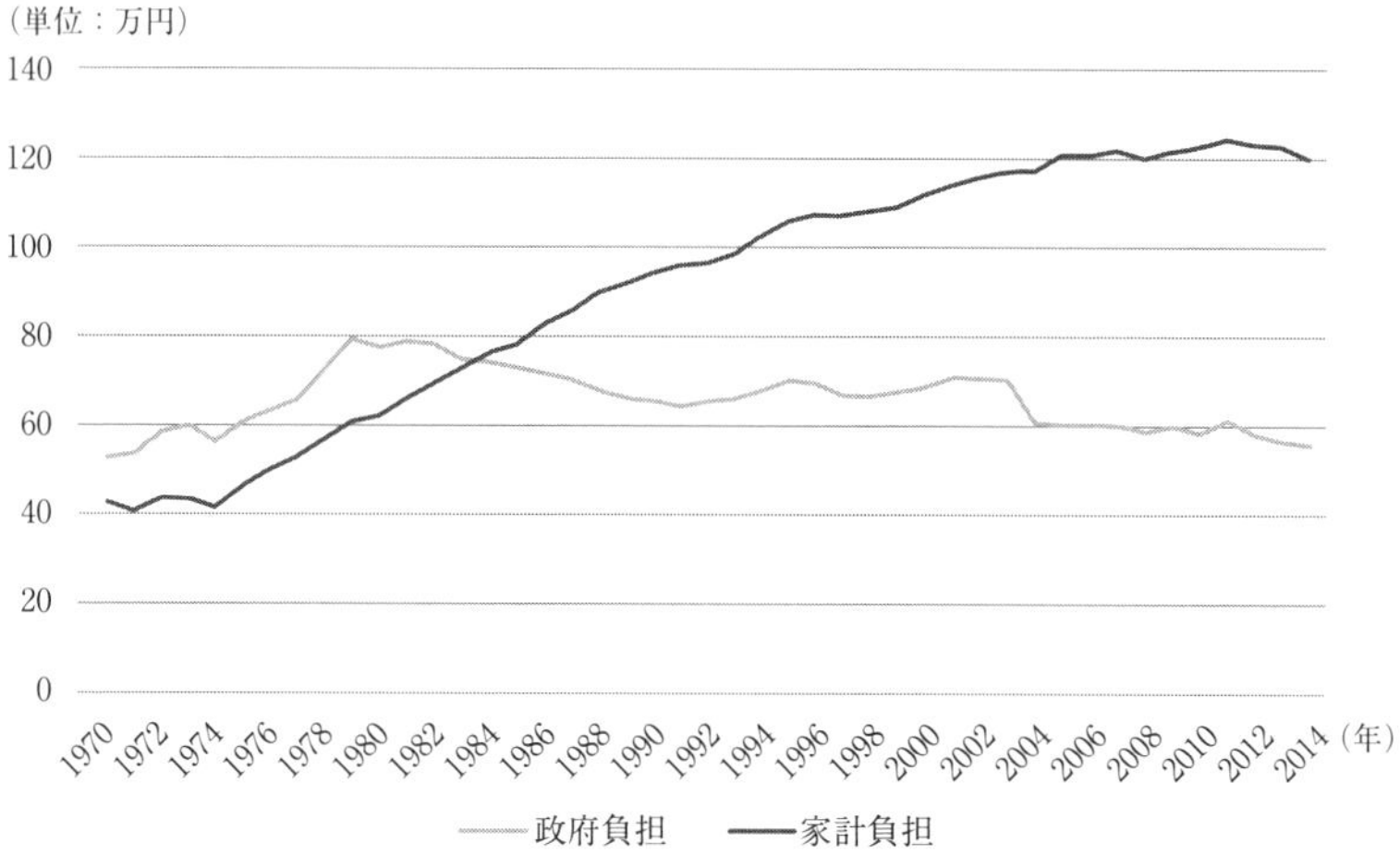

図4-3　学生1人当たり高等教育費負担(2015年価格)

きる仕組みをつくりあげるうえで、規制緩和を後押しした新自由主義的な政策が言説資源として一役買ったことは否定できない。ところが、図4-2、図4-3で見たように、高等教育への公的支出は抑えられたままだった。九〇年代以後の高等教育の拡大を担ったのは私立大学であり、財政的にそれを支えたのは家計であった。公的支出という面では、図4-1で公的支出が九〇年代に若干増大したことを見たが、学生一人当たりに換算すれば、減少傾向に歯止めがかかったわけではなかった。

これらの数値が示すように、臨教審以後の高等教育政策がとった新自由主義的な改革は、西欧のネオリベラリズムのように、「大きな政府」の配分の仕組みを変えるものではなかった。もともと小さな政府支出のもとで、高等教育の機会をさらに拡大するために、市場参入の規制緩和として新自由主義的言説が使われたのである。私立や家計に依存しすでに「民営化」していた市場の拡大に、財政的には小さな政府を維持したまま、規制緩和や市場原理の論理が使われた。個人や大学の自己責任論の強調という意味も、このような文脈で理解したほうがよい。

このように財政抑制と波長をそろえた規制緩和による高等教育政策を見ると、「グローバル化の遅れ」といった「「日本再生」のための大きな柱の一つ」としての高等教育改革への焦燥が透けて見えてくる。「失われたX年」を背景に、経済の停滞を挽回するために行われた高等教育の問題構築であり、「その後」の解決に根ざした焦りである。

ここからつぎの推論が可能になる。すなわち、「社会と大学の断絶・齟齬」は、経済がうまく回っていた時代には、それが問題視されても、そこに強い実効力をもった大胆な改革が及ぶことは少なかった。経済がうまくいっていた時代には、永井が指摘したように、企業のOJTが人材育成に大きな役割を果たしていたからかもしれない。そうだとすれば、大学までの教育は、企業に訓練能力の高い人材を提供すればよかった。訓練能力とは学習能力でもあり、基礎学力や基礎的な知識の学習とともに、大学までの教育を通じて具体的な目標として実行可能であった。少なくとも、大学はその入学者選抜の仕組みを通じて、訓練能力や学習能力の高い学生の選別を行った。

ところが、バブル経済崩壊後の日本経済の長期停滞は、非正規雇用の拡大、長期雇用の縮小、さらには、それらの影響を受けたOJTの衰退とほぼ同期するように起きた。人材育成の全体像に変化が生じたのである[(5)]。どちらが原因でどちらが結果かはわからない。さらにいえば、訓練能力や学習能力の高い学生の選別が、日本での人材形成に一定の機能を果たしてきたとする推論が、実証レベルでどれだけ妥当かも不明である。それでも、臨教審以前の政策が実効力を十分行使してこなかったという前述の推論の上に立てば、「社会と大学の断絶・齟齬」説をある程度放免する共通了解圏が経済がうまくいっていた時代には十分にはたらいていたといえるのかもしれない。

それに対し、バブル経済崩壊後の日本経済の長期停滞は、確実に問題視された。それが人材育成の失敗によったのか、そこに大学教育の失敗がどれだけかかわったのかは不明のままである。それゆえ、「社会と大学の断絶・齟齬」と、経済の停滞との因果関係も不明である。

にもかかわらず、いや、それだからこそ、この因果関係を不明にすることで、「社会と大学の断絶・齟齬」説が力を得ることとなったのである。従来から続く大学のイメージ（「レジャーランド」）や議論（大学教育無用論）の延長線上においては、大学側の分は悪い。あるいは、経済がうまく回らなくなったことで、「社会と大学の断絶・齟齬」説を免責する言説資源の力が弱まったのかもしれない。いずれにせよ、経済成長主義を、「社会の要請」「変化への対応」の影の主役と見れば、日本経済の長期停滞の前では、大学教育の改革が議論され、実行に移される。つまり経済が回復するまでは、高等教育の「遅れ」や「社会と大学の断絶・齟齬」は免責されないのである。ここから、経済を前景化した近代（化）の理解が、言説資源として効力を発揮する時期（＝経済の状況）と関係していたことが類推できる。

しかしながら、外形的で目に見えやすい制度や組織運営レベルの改革の場合とは異なり、教育の成果は評価されにくい。あまりに内実の乏しい、具体性を欠いた目標が、外挿的に導入されるだけに終わるからだ。それは、課題探求能力にしても、グローバル人材[6]に必要とされる能力や資質にしても、選ぶところはない。それだけになおさら、外形的に観察可能な「変化」に改革の目、評価の眼差しが向けられるのである[7]。教育の質の改善にはつながらない、表層的で形式的な大学改革の進行であり、二重の意味での「目的と手段のさか立ち」である。

結　論

これまでの分析をふまえると、キャッチアップ終焉以後の、共通了解圏の質的転換を遂げた「その後」の政策言説における思考の習性《クセ》を取り出すことができる。そのうちで特筆すべきは、「社会と大学の断絶・齟齬」、「変化への対応」（の不首尾）にかかわる問題構築に埋め込まれた思考の習性である。これらをふまえた以下の議論は、第二章で示した問い、「二項対立図式にかかわる近代（化）理解の問題」への一つの解答といえる。

キャッチアップ型近代の終焉の「その後」の課題とされた、模倣すべき「モデルのない時代」や「変化が激しく不透明な時代」に対応できる大学教育とは何か。変化に対応できる人材に求められる能力や資質は何か。過去から現在への変化ではなく、現在から予測不可能な未来への変化へと「変化の変節」を経た後に高等教育に突きつけられた課題は、それまでの高等教育では達成できていなかった能力や資質を育てるという「欠如態」を前提とした課題設定であった。

このような「欠如理論」に基づく知識を基盤にすると、追いつき型教育の諸特徴を解体すれば、「個性」や「創造性」あるいは「主体性」を育てる教育が可能になるはずだ、といった論理がまかり通る。そのような暗黙の論理をもとに、教育改革を進める政策が立案される。それらが支持を得やすいのも、キャッチアップ型近代化という経験がもたらす知識を人々が共有しているからだ。

前章で見たように、キャッチアップ型近代化終焉の「その後」においては、主体性や自立、あるいは個性をキーワードとする教育目標が掲げられ続けた。高等教育段階でいえば、社会や時代の変化に「主体的に変化に対応し、自ら将来の課題を探求し、その課題に対して幅広い視野から柔軟かつ総合的な判断を下すことのできる力」である。これらは、従前の高等教育が、時代の変化に対応できないという「社会と大学の断絶・齟齬」説をもとに、それまでの教育をキャッチアップ型として否定することで成り立つ議論に支えられていた。

大学教育の場合には、すでに従来の教育自体への否定的な見方（「旧態依然」）が定着していた。そのうえに、さらにキャッチアップ終了宣言後の教育の課題が突きつけられた。欠如理論は、過去や現状の否定（あるいは後進性の認定）のうえで、説得力を得る言説資源である。それゆえ、論理的にも、いまだ存在しない理念や理想から、抽象的に教育の目標が掲げられるようになる。言語技法（レトリック）の効用といってよい。

しかも表層レベルでの受けのよい表現が提唱する新たな教育目標は、「変化の変節」を経ているために、いっそう抽象的にならざるを得ない。その抽象度を少しずつ具体化するという方法でしか理解できない。たとえば「探求的能力」という言葉は、実際の教育実践の場面に翻訳しない限り（現場に「下ろさない限り」）、育成方法は見つからない。しかも、その目標が達成できたかどうかの判定も、永久にできない。「変化が激しく不透明な時代」に対応できる「探求的能力」がいかなるものかを確定することは、論理的にも時間的にも実践的にも不可能なのである。

このような不可能性・不可知性の前では、さまざまなレトリック（言語技法）を通じて美化された教育の目標は、中途半端にわかったつもりになるしかない。言葉遊びの周辺で教育論を交わしたり、中途半端に理解した実践例が、中途半端な言葉で表現され、紹介されることに終始する。

ところが、いくら大学の教育実践の現場で、たとえば「探求的能力」の育成が達成できても、それがただちに「社会と大学の断絶・齟齬」を埋めたことにはならない。大学が「変化への対応」を果たしたことにもならない。経済ナショナリズムに根ざした「社会の変化」、「社会の要請」を満たさない限り、成功とはみなされないからだ。[8] もっと端的にいえば、教室やゼミ室でどれだけ優れた実践が行われても、そこでの成果は、日本経済が復調しない限り、変化への対応を可能にしたとはみなされない。

しかもこの改革には終わりがない。改革のスローガンに込められる言語技法の目新しさを求めるために、そのときどきで使われる教育界の用語（buzz words 流行語、たとえば、探求的能力、グローバル人材、アクティブ・ラーニングなど）は変わっていく。だが、「変化の変節」を経てしまった後の大学には、その対応の成否は評価されようもない。ゆえに、改革はエンドレス・ゲームと化す。

すでに丸山の研究を参考に確認したように、大学教育に、より高度の期待が寄せられても、政府の公的財政支出は抑制されたままである。カネは出さない代わりに、規制緩和や多様化の推進を通じて、大学の柔軟性や自由度を増すことが、政策の実態であった（大学設置基準の大綱化、国立大学法人、指定国立大学法人制度、競争的資金の比重の増大など）。画一性や硬直性が「社会と大学の断絶・齟齬」説の根本原因とみなされていたのだから、それらを取り払えば、理想的な教育が可能になる、といった想定が込められていたのである。前章で検討した香山の議論――自由な競争の導入と、その自由になった競争空間において主体的な自立自助を図る個人の創出とを同時に行う――に通じる、矛盾した要求である。

だが、規制緩和に主導された改革は、個人レベルでの自己責任論と同じ論理を大学に突きつけた。自由度が与えられるだけ、結果責任を負うべきだという論理が共通了解圏に付け加わったのである。公的財政支出を抑制したままで、競争的資金の比重を高めることが、大学の競争力を強化し、経済成長への貢献を可能にする――このような期待がその裏にあった。

結果責任を負うことを大学に求めるようになれば、そこから先に制度的な評価の問題が待ち受けることは明らかである。大学制度の弾力化や多様化を求めた政策の導入と同時に、評価の問題が議論の俎上にあがってきたことは偶然ではない。濱中(二〇一二)のまとめのとおりである。大学の自己評価・点検に始まり、機関別認証評価制度を経て、現在では競争的資金配分の仕組みにも評価を促す仕掛けが組み入れられるようになっている。

しかし、いくら評価の精緻化を進めても、大学教育の成果の評価にはつながらない。その理由は、すでに本章での分析が十分に答えているはずだ。内実のある評価が不可能だとすれば、評価は外形的な側面に集中し、そこで精緻化される。それがどれだけ厳密さを帯びても、教育の改善にはつながらない。批判的思考力を備えた大学人が、その前で、改革疲れや徒労感に襲われるのは、このような評価の形式主義に気づいているからだ。近年の高等教育政策は、大学ランキングのような外部の参照点をもとに、グローバル人材といった抽象的な目的を掲げ、「上から」の教育改革を続けてきた。その継続性は、キャッチアップ型近代化の終焉意識が、言説資源として「その後」の政策を受け入れる共通了解圏をつくりだしてきたことによる。

注

（1）日本の知識人からも言及される言説となった（たとえば黒羽 一九九五）。

（2）あるいは前章で検討した香山健一が指摘したように、七〇年代半ばまでの日本社会は、臨教審以後の改革を受け入れるにはまだ早すぎたという解釈も不可能ではない。ただし、この場合も、キャッチアップ型近代化の完了以前と以後の変化を前提にしている。いずれにしても、高等教育政策への実効性のある対応が放置されてきたという点では、やはりキャッチアップ型近代化の終焉という時代認定が「社会と大学の断絶・齟齬」説の質的転換を促すうえで重要であった。

（3）このような言説は、「成功のパラドクス」の指摘の典型ともいえる。従前は欧米先進国という明確なモデルが外在し、そこからの知識・技術の輸入・模倣によってキャッチアップを効率的に行うことができた。それらを計画的・効率的に主導する主体としての国家（規制国家）が重要な役割を果たした。この二つの認識を前提にすれば、キャッチアップが終わり、モデルがなくなった時代には、追いつくことに照準を合わせた模倣も計画的な資源の集中・配分も、それを主導した規制国家もかえって変化を妨げるものとなる、と考えられたのである。こうした成功のパラドクスは、たとえば経済審議会の報告書ではつぎのように言明された。「制度的硬直性の増大　高度成長期から続いた成功体験が、我が国の行政、産業、金融、労働等広範な分野で制度の硬直性をもたらし、総論では理解できる変革の必要性に対しても、自らが関係した分野では、お互いにとって厳しい制度変更なしでも引き続き状況変化に対応できるという認識を生み出したのではないか」（経済審議会 二〇〇〇、一二頁）。

また前章でとりあげた香山健一によれば、従前の日本の教育もまた、成功のパラドクスだとつぎのように指摘した。「教育改革は決して容易なものではない。皮肉なことに、それは明治以来の「追いつき型近代化」の時代の教育がめざましい成功を収めたがゆえにである。「成功の悲劇」という言葉があるように、成功した制度や政策というものを変えることはなかなか難しいものであり、そのために、人はしばしば過去において成功したやり方に固執し続けることによって失敗の悲劇に至るという。日本の教育制度もまたいまや「成功者の悲劇」の危機にさらされている可能性ナシとしないのである」（香山 一九八七、三三頁）。

（4）欧米のネオリベラリズムと日本語で使われる新自由主義との共通性と異質性に注意を払うと、あたかもネオリベラリズムの翻訳語として使われ続ける新自由主義は、海外で力を得た思潮の無批判な輸入によって言説に力を与えるレトリック（二重語法）といえる。二重語法については以下の注（8）を参照。

（5）企業内の人材育成にかける費用は九〇年代以後、低下・横ばい傾向にある（厚生労働省職業能力開発局 二〇一六）。

（6）「グローバル人材」とは、政府の政策文書のなかではつぎのように定義されていた。「グローバル化が加速する二一世紀の世界経済の中にあっては、豊かな語学力・コミュニケーション能力や異文化体験を身につけ、国際的に活躍できる「グローバル人材」を我が国で継続的に育てていかなければならない」（グローバル人材育成推進会議 二〇一二、一頁）。ここで「豊かな語学力」はともかく、それ以外の資質や能力が多義的で曖昧な表現にとどまることは「課題探求能力」などと同様である。

（7）スーパーグローバル大学創成支援事業における「外国人教員等」の数値目標の設定など（苅谷 二〇一七）。

（8）ここには「二重語法（double speak）」による言語技法が含まれている。二重語法とは、括弧内で示した英語が暗示するように、ジョージ・オーウェルの『一九八四年』以後、用いられるようになったレトリックにかかわる用語である。一つの言葉が二つ以上の意味をもつ（ダブルミーニング）ことに着目しつつ、表層的に理解される意味が、より深層の意味を隠したり、歪めたりする、そういう言葉の作用に着目するための視点である。オーウェルの有名な例では、国民の記録や歴史を改竄する政府機関が「真理省」と呼ばれた。先の永井の指摘をふまえ、ここでの分析に即していえば、「社会の要請」や「社会の変化」といった表現が、「経済や財界の要請」や経済ナショナリズムという前提を覆い隠してしまう。そのような場合に、二重語法というレトリック（言語技法）を認めることができる。

第五章　教育研究言説の「近代」

はじめに

第三章と第四章では、教育政策言説を中心に、日本の近代をキャッチアップ型近代(化)として理解する認識の枠組みを取り出し、それらが、政策言説における教育問題の構築、問題解決のための「その後」の改革の設計にどのような影響を及ぼしてきたかを分析した。この章では、教育研究の言説に焦点を当て、日本の教育にかかわる近代(化)理解がいかなる論理によって構成されてきたのかを明らかにする。教育政策への対抗(批判)言説としての役割を担ってきた教育に関する研究知の言説を対象とすることで、日本の近代(化)をキャッチアップ型として理解する認識枠組みがそこにも根深く浸透していたことを確認する。

以下の分析で明らかになるように、政策言説とそれへの対抗言説の間には、表面的に鋭い対立がありながらも、その根底においては、共通する近代(化)理解が共有されていた。あるいは、両者の対立の構図自体が、近代(化)理解の一つの表現型であったという見方もできる。このようなことを明らかにしたうえで、対抗言説にまで浸透していた近代(化)を理解する枠組みがどのような特徴をもっていたのかを解明する。教育言説に見られた問題構築の習性《クセ》の広がりの確定と、その論理構成の分析とが本章の目的となる。主な対象とするのは、一九五〇年代の前半から始まった教育政策の「逆コース」をめぐる批判言説である。主流派教育学が標的と見た日本の教育政策の第一の問題点である。

一　「逆コース」の時間差

ある時期まで、研究の中心を占めた主流派の教育研究は、戦後進歩派知識人の系譜に連なっていた。他の領域の進歩派知識人とともに、日本教職員組合（日教組）の「講師団」を務めた教育学者たちである。彼らの言説を調べていくと、敗戦直後にアメリカの占領政策の影響を受け六三三制が成立した時点では、戦前の教育制度との対比のうえで、むしろアメリカ主導の戦後教育改革を歓迎していた。彼らの批判が急進化していくのは、日本の政治・教育が「逆コース」をたどるようになる一九五〇年代の後半以後である。

戦後教育学の通説によれば、日本の教育が「逆コース」へと変節した基点の一つは、教育への「国家統制」を強めた一九五八年の学習指導要領の改訂にあったといわれる。それまで「試論」との言葉が冠されていた学習指導要領が、法的拘束力を強めるものへと転換した政策変更である。それは教育内容への国家の介入として受けとめられた。時期的には、教員の勤務評定や全国学力テストへの反対運動と連動する時期であった。そのなかで、戦後教育の変節をとらえた表現が、学習指導要領の改訂を「逆コース」への転化と断じた批判言説である。

当時、批判の急先鋒だった日教組は、一九五九年に『新教育課程の批判』を発表した。この文書では、（A）（昭和二六（＝一九五一）年の指導要領と（B）（昭和）三三（＝一九五八）年の指導要領の二つからの抜粋が掲げられ、それらを対比させる形で論評が行われた。

昭和二六年の学習指導要領からの抜粋（A）は、つぎのように紹介された（ここでは要点のみを挙げる）。

●学習指導要領は、どこまでも教師に対してよい示唆を与えようとするものであって、決してこれによって教育を画一的なものにしようとするものではない

●学習指導要領や、その他の文書は、あくまでも実施のための手引き書であって、それをどのように生かしていくかは、教育を実施する教師のひとりひとりの責任にかかっている

●文部省で編集された学習指導要領に示された学習内容は全国の学校がその地域の差に応じて選択することを予想して書かれてあるから、学校はそれぞれの地域の事情に応ずるように学習内容の選択がなされることが望ましい

●各教科に全国一律の、一定した、動かしがたい時間を定めることは困難である

続いて、三三年からの抜粋が(B)として、つぎのように紹介された〔同じく要点のみ要約〕。

●小〔中・高等〕学校の教育課程については〔中略〕教育課程の基準として文部大臣が別に公示する小〔中・高等〕学校学習指導要領によるものとする

●第二章に示す各教科の内容に関する事項は特に示す場合を除き、いずれの学校においても取り扱うことを必要とするものである

●第一学年および第二学年においては、一部の教科について合わせて授業を行うことができる。〔中略〕〔この場合〕当該小学校の設置者は、市町村立の小学校にあっては都道府県教育委員会に、〔中略〕届け出なければならない

●小〔中〕学校の各学年における教科及び道徳の授業時数は、別表(一)に定める授業時数を下ってはならない

〔日本教職員組合　一九五九、二七頁〕

こうした対比を行ったうえで、つぎの分析と評論が加えられた。

もし予備知識なしにこの二つのグループの文章だけを見せられたら、人びとは、このAとBとは、全くちがった国の制度を示したものだろうと思うか、同じ国ならBのほうが五十年も百年も古い時代のものだろうと思うか、どちらかではないでしょうか。それほどこのAとBの二つの考え方、二つの教育行政の姿勢は、かけはなれているのです。しかもこのようにかけはなれ、白と黒、天と地とのちがいと言っていいほどちがった制度が、同じ国日本の昭和二六年と三三年という、わずか七年の年月のへだたりをおいて作られた制度であり、しかもBからAに変わったのではなく、AからBに変わったのですから、これは、じっさい、大へんな変わりかただといわなければなりません。（同、二八頁）

この文章は、当時の主流派教育学者の一人であった梅根悟の筆による。ここに示されている時間の逆転という論法（「同じ国ならBのほうが五十年も百年も古い時代のものだろうと思う」）は、「逆コース」への批判言説に、どのような近代（化）理解が含まれていたのかを如実に示している。「古さ」と「新しさ」の対比が、単なる時間差ではなく、そこに「先進性」と「後進性」という価値判断が含まれていることは容易に読み取れる。教師や学校現場の自主性を尊重する立場（昭和二六年）から、国家統制、画一教育を強める方向（昭和三三年）への政策変更には、教育行政の「後退」ぶりが印象づけられるからである。（A）に賛同する立場の背後には、「画一教育」や「中央集権」を忌避する判断が含まれる。第三章で見た臨教審による国家主導の教育への批判にも通じる判断である。このような価値判断を前提に置けば、先進―後進の対比とみなせる（A）と（B）の時間の逆転という論法は、退歩や後退として読み換えられている。近代理解にまつわる進歩主義的な見方に通じた読み換えである。

この先進―後進の対比の意味をさらに深く理解するためには、(A)の抜粋が、一九五一年に制定された学習指導要領であったことに目を向ければよい。それというのも、ここでの対比には、敗戦後にアメリカの影響を強く受けた学習指導要領の「先進性」を印象づけるロジックが含まれていたからである。

ここで想定された先進性としての戦後教育改革は、いうまでもなく、アメリカの占領政策に端を発するものであった。その先進性を主流派教育学者たちは高く評価した。それゆえに、そこからの後退に見えた五八年の指導要領改訂が「逆コース」として批判されたのである。

主流派教育学者はアメリカ主導による戦後の教育改革を当初は概ね歓迎していた。たとえば、アメリカ占領期の日本の戦後教育の制度設計のもととなったといわれる『(第一次)アメリカ教育使節団報告書』(一九四六)については、つぎの賛辞が送られた。

> われわれは歴史的なこのアメリカ教育使節団報告書を、これまで教育について書かれた世界中の文書のなかで、最高位の段階におかれてよいものの一つであると考える。これは二〇世紀前半までに発達した民主主義的教育思想のみごとな結実の見本である。そして、ここにはなかんずくアメリカ民主主義の正統な伝統の最もよきものが白光をはなっている。われわれはこのような貴重な文書が日本の教育のために作成され、日本のよき未来のために供与された幸福に思いを致さずにはいられない。(周郷・宮原・宗像編 一九五〇、土持 一九九一、二〇頁より引用)

周《す》郷《ごう》博・宮原誠一・宗像誠也といった、戦後の進歩派教育学を代表する教育学者の企画した著作での評価である。

さらに少し時代は下るが、『教育使節団報告書』の教育思想の背景として、教育史家の寺崎昌男はつぎのような解説を与えた。

〔それは〕今〔＝二〇〕世紀はじめ以降、デューイによって大成され、アメリカ現代教育の主潮となった「新教育」の思想を背景とするものであり、さらに大不況以降のアメリカ社会の「危機」の意識に支えられて発展したアメリカ民主主義的な市民形成の教育思想にも裏打ちされていた。報告書の教育哲学のなかにみられる児童中心主義的なプラグマティズム教育思想と、ニュー・ディール的な理想主義の二つの側面は、このような、第二次大戦当時におけるアメリカ教育思想の忠実な反映であったととらえることができる。（寺崎 一九七八、七九―八一頁）

この寺崎の指摘にあるように、戦後教育の基本路線を開いたアメリカの教育使節団報告は、アメリカのニューディール政策に関係した近代化論者のイデオロギーを満身に受けた教育改革路線であった。その団長を務めた、J・D・ストッダードは、ジョン・デューイの愛弟子で、ニューディールを代表するリベラリストといわれた（Cravens 1999, pp. 818-820）。

思想史的系譜でいえば、このニューディール・リベラルの影響を受けていたのが、シルズやロストウなどの六〇年代アメリカの近代化論者であった（Gilman 2003）。周郷・宮原・宗像といった戦後の著名な進歩派教育学者たちが、「アメリカ民主主義の正統な伝統の最もよきもの」の反映であり、「民主主義的教育思想のみごとな結実の見本」と呼んだ思想は、その後のアメリカ流近代化論の源流に位置していたのである。そこには、民主主義や福祉国家の実現を、より「進んだ」状態とみなす、アメリカ流近代化論の一つの系である、政治的・社会的・文化的な「近代化」（進歩派リベラル：progressive and liberal）の思想が反映していた。そして、そのような教育思想に基づいて戦後教育改革が導かれたことを、主流派教育学者たちは、「日本の教育のために作成され、日本のよき未来のために供与された幸福」と言祝いだのである。そうであれば、そのような賛辞を受けた「アメリカ民主主義の正統な伝統の最もよきもの」から出発した戦後教育改革の変節が、一九五八年の学習指導要領の改訂＝国家の介入による「逆コース」と批判されたのは、当然の展開のように見える。

ここには、「先進」からの「遅れ」や「後退」を問題視するロジックが色濃く見てとれる。当時の文部省批判として使われた「逆コース」という表現自体、空間的なイメージと同時に、過去（一九四五年から五八年まで）の戦後「新教育」の先進性からの後退（＝反転＝逆）という時間的イメージを喚起させるものであった。「民主主義的教育思想のみごとな結実の見本」というアメリカ流近代化論の一端をなす教育に関する近代（化）理解を受け入れ、そこからの後退を「逆コース」と見る――ドーアがいう「自らが進歩とみなす過程の「進んだ」状態に向かうものと明示的に認めた」変革を参照点として措定したうえで、それに逆行するものとして、国家統制を強めた一九五八年改訂を批判するロジックが作動していた、ということである。「逆コース」を歩み始めた日本の教育は、「五十年も百年も古い時代のもの」、本書の分析枠組みに照らせば、国家主導によるパターナリスティック（家父長的温情主義的）な開発型近代（化）を目指す、キャッチアップ型近代化路線に立つ教育（臨教審の表現を使えば「追い付き型教育」）として批判されたのである。

ただし、注意を払わなければならないのは、こうしたロジックを単純に「進歩主義」と同一視しないことである。一七世紀の西欧で生まれ一八世紀に開花したといわれる進歩主義の思想は、まさに「近代の産物」である（Bock 1978）。だが、本章でこれから見るように、日本の主流派教育学者の議論には、文明の進歩・前進を肯定するこの思想に加え、パッシンのいう「日本に特異なもの」（少なくとも当時としては他の先進西欧諸国には存在しないもの）としての「遅れ」や「後退」の認識が含まれていた。文化的にも、歴史的にも「特異な」オリジンをもつ「日本」を強く意識したうえで（「特殊」）、より進んだ「模倣されるべき（先進国の）モデル（「普遍」）」（ベンディックス）からの偏差を嘆いたのである。誤解を恐れず単純化していえば、日本の「遅れ」は普遍的な進歩の歴史の一次元上での差異として認識されたのではない。

「遅れ」は欧米先進国とは異なる、日本的な「特異なもの」に根ざして認識された。そしてその点に、日本の教育言説に特徴的な近代(化)理解が示されていた。このように位置づけると、戦後の教育政策言説と、それへの批判的・対抗言説といえる「逆コース」批判に見られる主流派教育学の言説との両者の関係に目を向けることで、キャッチアップ型近代化の終焉以前の教育言説に埋め込まれた近代(化)理解を分析の俎上にあげることができる。

ただし、若干の注意も必要である。主流派教育学の議論がやや複雑なのは、戦後教育学の批判言説には、先進的な西欧資本主義国からの偏差の認識に加え、マルクス主義の影響を受けて日本の後進性を見る見方が並走していた点である。反米思想にも通じる左翼的な批判言説は、本書の議論に照らしていえば、開発型国家の主導によるキャッチアップ型近代化、ならびにその下支えとなった日本の教育を、国家主義的ないし「国家独占資本」に従属する教育として批判するものであった。

その一例は、臨教審より一時代前の教育改革の重要な試みといえる、中央教育審議会「四六答申」(一九七一)に対するつぎのような批判言説に顕著に示されている。「逆コース」以後、臨教審以前の時期の教育改革の中心に位置づけることのできる答申への批判である。

〔教育改革の路線についていえば〕一つは政治的要請を背景とした官僚統制強化の国家主義路線、その二は財界の労働力需要を満たすために学校を職業訓練所化し、企業の要請にあった研究体制を大学に確立するために、制度・行財政・内容をできるだけ「効率化」させようとする近代化路線、三つは広はんな国民の大学・教育の期待に応える民主的改革路線がそれであるが、答申の全体の基調は、まさに民主的改革路線に全面的に挑戦する国家主義的近代化路線以外のなにものでもない。それは深刻な矛盾と危機をかかえこみながら「日米共同声明」体制下、対米従属のもとで軍国主義・帝国主義の復活の道を歩んでいる日本の国家独占資本主義の未来像、七〇年代国家像を「教育で始末をつける」(宗像誠也「私の教育宣言」)ことを意図したものと言わなければならない。(小川・伊ヶ崎一九七一、九七頁)

「民主的改革路線」を支持する立場から、中教審答申を、「官僚統制強化の国家主義路線」と財界の期待に応えようとする「効率化」重視＝経済成長主義の「近代化路線」と重なり合うものとして、それらが「日本の国家独占資本主義の未来像」に「教育で始末をつける」ものだと見たのである。ここで批判の対象となっている二つの改革路線の複合が、開発国家型の国家主導による近代化に近いことは見てとれる。そしてそこに「広はんな国民の大学・教育の期待に応える民主的改革路線」を対置させた。加えて、「軍国主義・帝国主義の復活の道を歩んでいる」との時代認識に表れているように、戦前との連続性としての日本的な歪みを認める見方が含まれていた。当時の言葉を使えば、「国民の教育権」を盾に、「民主的改革路線」の立場から政府の教育政策を批判する言説の一例である。ここには「国家」「国民」をいかに戦後教育政策に位置づけるかをめぐる対立が示される。言い換えれば、国民国家という近代の産物を、戦後の日本でどのように教育と関係づけるかという、近代(化)の課題が中心的な問題として表出したのである。

こうした複雑さをもち、しかも一部にはマルクス主義的立場からのより先鋭で反米的な批判を色濃く含む議論はありつつも、「民主教育」や「国民の教育権論」の立場に立つ「民主的改革路線」の主張が、アメリカ教育使節団の「民主主義的教育思想」と親和性をもっていたことは否定できない。右の急進的な批判言説で引用された宗像が、アメリカ教育使節団を高く評価していたことからも明らかである(1)。

なるほど一部には、顕著なマルクス主義的な立場からの批判言説もあったが、進歩的教育学の主流派による「逆コース」以後の戦後教育の見立ては、大筋において、パターナリスティックな開発国家型の追いつき型教育を批判するものであった。この混在を含めて理解すれば、急進派のいう「官僚統制強化の国家主義路線」＝「国家主義的近代化路線」とは、キャッチアップ型教育の別名である。そして、次章で検討するように、「財界の労働力需要」に応え、そのために教育の効率性を重視する――後に主流派教育学者によって「能力主義的差別教育」と名指されることとなる、経済に従属する過度な競争主義（学歴社会、受験教育や学力競争）の教育が、その時代には日本に「特異」な現象として、教育問題を生み出す元凶だとみなされ続けたのである（苅谷 一九九五）。ここには、経済や産業の面でも、あるいは政治や文化の面でも、ともに近代化論という世界的な思想（アメリカのヘゲモニー）の影響下にありながら、意図的、計画的、組織的に近代化を遂げようとしていた戦後の日本を、文化的にも歴史的にも西欧先進国とは「異質」であると意識せざるを得ない、そうした自己像が下敷きにあった。キャッチアップ型近代化がもたらす「普遍」と「特殊」のアンビバレンス（両義性）から逃れられない近代（化）理解に根ざした問題構築の習性《くせ》である。

それでは、こうした教育の問題構築の習性を生み出す認識枠組みは、どのような近代（化）理解に影響されていたのだろうか。この疑問に答える分析枠組みとして、ここでは第一章で紹介した「欠如理論」を援用する。欠如理論の典型は、「後進性」と「欠如」とを結びつけ、それを「日本社会の欠陥の原因」だとみなす思考様式である。

二　問題構築の原点――文部省『新教育指針』（一九四六―四七）

そこでつぎに行うのは、私たちが教育の問題構築において習性《くせ》の底流に流れる欠如という認識の系譜をたどる試みである。そこに通底する特徴と、時代の推移とともに変化した特徴とを取り出すことで、習性の理解を進める。明治以後の教育史の全体像を鳥瞰することはできないが、ここでは戦後の改革からの言説をいくつか追ってみる。

はじめに取り上げるのは、GHQの指導のもとでスタートした「戦後教育」の出発点で示された文部省の『新教育指針』である（一九四六年五月から四七年二月にかけて文部省が発行）[2]。この文献を「戦後教育における人間像の問題」として分析した教育学者の野辺忠郎（一九六九）によれば、『新教育指針』には、五項目の「日本人の物の考え方の欠点や弱点」がまとめられていた。それらの「欠点や弱点」は、それらを「国民自身が十分自覚して改めることによって」「新しい国家の再建の基礎」が「固められるという（当時の文部省の）立場から」取り出された項目だという。野辺はそれを「当時の文部当局が構想した新しい人間像の消極的な表現、つまり（肯定的《ポジティブ》な人間像の）裏がえしと見ることができるであろう」とみなす（同、七頁）。欠如態の指摘である。そこに敗戦直後、文部省が日本人や日本社会をどのように見ていたかが示されているというのだ。その五項目について、やや引用が長くなることを厭わずに、個々に検討してみよう。そこには、明治以降の一度目のキャッチアップ型近代化の失敗（敗戦）の直後に、文部省が戦前の教育と日本社会に関する問題をどのように構築していたかが見事に示されている。

（一）日本はまだ十分に新しくなりきれず、旧いものがのこつてゐる。

一方では近代文化を取りいれて進歩した生活をしながら、他方には旧くからの、封建的といはれるやうな生活がのこつてゐる。例へば電燈やガスを使ひ、ラジオを聞いてゐながら、しうとめがよめを不当に苦しめたり、主人が女中を道具のやうに取り扱つたりする家もある。工場では機械の力によつて大仕掛の生産をしてゐるが、そこで働いてゐる工員たちまで機械のやうに使はれてゐることが多い。自動車が走つてゐる道路の片隅で、手相をうらなつてもらふ人々もゐるのである。

このやうな事実は何を意味するのであらうか。日本国民は外から来る文化をすなほに取りいれる力すなはち包容力をもつてゐる。また新しくふれたものに親しみそれと一つになる性質、すなはち同化性にすぐれてゐる。これは日本国民の長所であつて、古くはアジア大陸から、儒教・仏教・文字・織物や焼物の技術などを取り入れた。

しかしそれらのほんとうの精神を理解するには長い年月が必要であつた。ましてそれらを自分のものとして生かすことは容易なことではなかつた。明治維新以来の日本は、西洋文化を急いで取りいれ、それによつて近代化した。けれどもそれは主として西洋文化の物質方面、もしくは外がはの形式を学んだのであつて、その根本の精神、またはその中にある実質はまだ十分に取りいれてゐないのである。例へば汽車や汽船や電気器具を使ふことは学んでも、それらをつくりだしたところの科学的精神そのものは、まだ十分に発展させてゐない。憲法政治や議会制度の形式を取りいれても、それらの実質すなはち人の権利を尊重することや自由な意思による政治といふことは、まだ十分に実現されてをらない。

　このやうに日本の近代化は中途半端であり、とくに近代精神の本質として後に述べるやうな諸点については、きはめて浅い理解しかもつてゐない。それにもかかはらず、すでに西洋文化と同じ高さに達したと思ひこみ、それどころか、精神方面においては、東洋人の精神、とくに日本人の精神の方がすぐれてゐると思ふ人々すらあつた。かうした誤つた考へをもつた人々が国民の指導者となつて、西洋の文化を軽んじ、その力を低く見て、戦争をひき起し、国民もこれにあざむかれて戦ひ、ついに敗れたのである。そこに日本の弱点があり、国民の大きなあやまちがあつた。われわれは日本国民の長所である包容力、同化性をもつとよくはたらかせて、西洋文化をその根本から実質的に十分取りいれ、それを自分のものとして生かすやうにつとめなくてはならない。〔後略〕（文部省　一九四六。引用は国会図書館デジタルコレクション、三―四頁より）

この文章には、一度目の日本の近代化の問題点の構築の論理が明確に示されている。「明治維新以来の日本は、西洋文化を急いで取りいれ、それによつて近代化した」との認識には、従前の近代化がキャッチアップ型であったことが明示されている。そして「外から来る文化をすなほに取りいれる力すなはち包容力」という日本の特徴の認識とつなげることで、外来の先進的な文化をそれ自体一つの塊としての存在として見ていたことの指摘としても読める。

ところが、一度目のキャッチアップ型近代化は、「中途半端」に終わったと断じている。「西洋文化の物質方面、もしくは外がはの形を学んだのであつて、その根本の精神、またはその中にある実質はまだ十分に取りいれてゐない」、すなわち、「近代精神の本質」「根本の精神」(その例として「人の権利を尊重することや自由な意志による政治」が挙げられている)の理解に失敗したというのである。一度目のキャッチアップ型近代化は「西洋文化の物質方面、もしくは外がはの形」を学んだに過ぎないという、近代化受容に関する認識が示されている。第三章での臨教審や香山の思想の原点ともいえる批判であり、さらには本章の後半で見る、教育の研究言説にも通じる近代(化)理解の明瞭な表明といえる。それゆえ、一度目のキャッチアップ型近代化失敗の「その後」の課題は、「西洋文化をその根本から実質的に十分取りいれ、それを自分のものとして生かすやうにつとめ」ることとなる。経済成長主義とは別の側面を構成した、アメリカ流の近代化論――人権、民主主義といった「普遍的」価値に定位した――近代理解に連なる認識が、この時点での教育政策言説で表明されていたのである。政治の前景化といってもよい。
(二)以下では、その具体的な問題点が列記される。

(二)　日本国民は人間性、人格、個性を十分に尊重しない。

ここに三つの言葉――たがひに関係が深く、また、にてゐながら、少しづつ意味がちがひ、使ひ方も区別さるべき言葉――を出した。後にもたびたび出てくるこれらの言葉の意味をあらかじめ簡単に説明しておかう。
人間性といふのは、人間が本来もつてゐる性質・能力・要求といふやうなものである。人間は他の動物と同じく肉体をもち物質にたよつて生きてゐる。そして物を食べたり子供を生んだりするやうな本能、みたりきいたりする感覚、憎んだり恐れたり喜んだりする感情などをそなへてゐる。しかしただそれらをもつて動物のやうに暮してゐるのではなく、人間に特有の自由意思によつて、その生活が道理にかなふやうに、正しく善くあるやうに、美しく心地よくあるやうに、信心深くつつましやかであるやうにと願ひ、かつ努力する。そこに学問・道徳・芸術・宗教などの文化がつくり出される。かうしたはたらきが人間性であつて、それらをおさへずゆがめずにのばすところに、人生の目的がある。

人格といふのは、人間の人間たる資格、ねうちといふ意味であつて、それは人間性として、そなはつてゐるいろいろのはたらきを、自由な意思をもつて統一してはたらかせるところに成立する。機械やどれいのやうに、自由な意思がなく、他から動されてはたらくものには人格は認められない。またいろいろなはたらきがたがひに分れつしたりむじゆんしたりして統一がないものは人格もないのである。人間は人格としてたがひに尊重さるべきであつて、機械やどれいのやうに単なる手段として取り扱はれてはならない。

個性といふのは、人間の一人々々の独特の性質といふ意味である。すべての人が共通に人間性をそなへてをり、まただれでも人格として、平等に尊重せられねばならぬけれども、人間性は各人によつてあらはれかたがちがつてをり、したがつて各人は他の人と区別さるべき特色をもつてゐる。これが個性である。例へばある人は美しいものを求め美しいものをつくり出す力がすぐれてゐて、美術家の個性をあらはし、他の人は青少年に対する愛情とかれらを指導する能力とがすぐれてゐて教育者の個性をあらはす。人間は各々の個性にしたがつて人間性をのばし、人格をはたらかせ、人類文化のためにつくすのである。

さてこれまでの日本国民には、このやうな人間性・人格・個性を尊重することが欠けてゐた。例へば封建時代において、将軍とそれに治められてゐる藩《はん》主、藩主とそれに仕へる家来としての武士、武士とその下にゐる百姓町人、といふやうに、上から下への関係がきびしく守られてゐた。そして上の者は下の者を自分につごうのよい手段として使ひ、下の者は自分の自由をおさへて上の者に仕へた。そこでは下の者は人間性を十分にのばすことができず、また人格を尊重せられず、個性を認められることも少なかつた。このやうな封建的な関係は近代の社会にものこつてゐる。例へば役人と民衆、地主と小作人、資本家と勤労者との関係が主人と召使のやうに考へられ、大多数の国民は召使と同様に人間性をおさへゆがめられ、人格を軽んじられ、個性を無視されることが多いのである。

教育においても教師と生徒との間に封建的な関係があると、教師は自分の思ふままに一定のかたにはめて生徒を教育しようとし、そこに生徒の人間性がゆがめられる。また教師が自分の名誉や利益のために生徒を手段として取り扱ふことにより生徒の人格を傷つけることが多い。さらに生徒の個性を無視して画一的な教育を行ふので、生徒の一人々々の力が十分にのばされないのである。

右に述べたやうに、社会生活においても、教育においても、人間性・人格・個性が十分に重んぜられなかつたことは、日本の大きな弱点であつた。そしてこの弱点が軍国主義者や極端な国家主義者に利用せられたところに、戦争の起つた原因もあり、敗戦の原因もあるのであつて、この点は後の章でさらにくはしく論ずるであらう。

（同、五一―六頁）

ここでは「日本国民は人間性、人格、個性を十分に尊重しない」という問題を構築したうえで、「人間性、人格、個性」の三つの言葉にわざわざ説明を加えている。これらの概念が日本人には理解されていなかったという暗黙の前提がはたらいたのだろう。今日これらの言葉にこのような説明が不要なことを念頭に置けば、異様な感のする説明である。それほど、これら三つの言葉で示された価値が、戦前の日本には欠落していたとみなされていたのだろう。そして、その原因は、（一）の冒頭で指摘された、「旧くからの、封建的といはれるやうな生活」が残存していることに求められた。この（二）でも、「封建的な関係」が教育の場面では生徒の「人間性」を「ゆがめる」ものとなったという問題の構築が行われている。そして「人間性・人格・個性が十分に重んぜられなかつたこと」が日本人の弱点であり、「この点が軍国主義者や極端な国家主義者に利用せられたところに、戦争の起つた原因もあり、敗戦の原因もある」と、一度目のキャッチアップ型近代化の失敗を帰責する。「遅れ」を封建的な関係とみなす問題の構図は、第一章で分析した箱根会議での日本側研究者にも見られた特徴であり、その後の教育の研究言説にもたびたび繰り返された問題構築の習性《クセ》である。

　そして、このような「日本国民は人間性、人格、個性を十分に尊重しない」弱点が、（三）の批判的精神の欠如という問題構築に連接される。

（三）日本国民は、ひはん的精神にとぼしく権威にもう従しやすい。上の者が下の者を愛してよく指導し、下の者が上の者を尊敬してよく奉仕することは、日本国民の長所であり、忠義や孝行の美徳はここに成り立つ。しかしこれは自由な意思にもとづき、自ら進んでなされるのでなければならない。上の者が権威をもつて服従を強制し、下の者がひはんの力を欠いてわけもわからずにしたがふならば、それは封建的悪徳となる。事実上、日本国民は長い間の封建制度にわざはひせられて、「長いものには巻かれよ」といふ屈従的態度に慣らされてきた。いはゆる「官尊民卑《かんそんみんぴ》」の風がゆきわたり、役人はえらいもの、民衆はおろかなものと考へられるやうになつた。政府は、憲法に保障されてゐるにもかかはらず、言論や思想の自由その他人間の大切な権利を無視して、秘密警察や、ごうもん〔拷問〕を用ひ、国民は政治をひはんする力を失ひ、「お上」の命令には文句なしにしたがふやうになつた。しかもそれは自由な意思による、心からの服従ではないので、裏面では政府を非難し、自分ひとりの利益を追ひ求めるものが多い。このやうな態度があつたればこそ、無意味な戦争の起るのを防ぐことができず、また戦争が起つても政府と国民との真の協力並びに国民全体の団結ができなかつたのである。

教育においても、教師が教へるところに生徒が無ひはん的にしたがふのではなく、生徒が自ら考へ自ら判断し、自由な意思をもつて自ら真実と信ずる道を進むやうにしつけることが大切である。このやうにしてはじめて、後に述べる「民主主義のてつ底」も「公民教育の振興」もできるのである。（同、六―七頁）

ここでも「封建的悪徳」や「封建制度」、それらと等置された「官尊民卑」といった後進性が、日本人から批判的精神を奪ってきたことが指摘される。教育においては、「生徒が自ら考へ自ら判断し、自由な意思をもつて自ら真実と信ずる道を進むやうにしつけること」が提唱される。この表現には、従前の教育の問題構築が反転して、「その後」の教育改革の目的となる、論理展開の原型が見てとれる。主体性の育成という課題提出の端緒である。そして、批判精神の欠落＝「生徒が自ら考へ自ら判断し、自由な意思をもつて自ら真実と信ずる道を進む」主体性の欠如は、つぎの合理的精神の欠如という問題構築につなげて理解される。

（四）日本国民は合理的精神にとぼしく科学的水準が低い。ひはん的精神に欠け、権威にもう従しやすい国民にあつては、物事を道理に合せて考へる力、すなはち合理的精神がとぼしく、したがつて科学的なはたらきが弱い。日本人のうちには少数のすぐれた科学者もあるが、国民一般としては科学の程度がまだ低い。例へばこれまでの国史の教科書には、神が国土や山川草木を生んだとか、をろちの尾から剣が出たとか、神風が吹いて敵軍を滅ぼしたとかの神話や伝説が、あだかも歴史的事実であるかのやうに記されてゐたのに、生徒はそれを疑ふことなく、その真相やその意味をきはめようともしなかつた。このやうにして教育せられた国民は、竹やりをもつて近代兵器に立ち向かはうとしたり、門の柱にばくだんよけの護り札をはつたり、神風による最後の勝利を信じたりしたのである。また社会生活を合理化する力がとぼしいために、伝統的な、かつ根のない信仰に支へられた制度、や、慣、習、が、の、こ、つ、て、ゐ、る、。いろいろな尺度が混用されたり、むつかしい漢字が使はれたりするのも、同じ原因にもとづく。そしてそれらの不合理な重荷がますます国民の科学的精神をおさへつけてゐるのである。

軍国主義や極端な国家主義は日本国民のかうした弱点につけこんで行はれたものであり、「民主主義のてつ底」や「平和的文化国家の建設」は合理的精神をのばすことによつてはじめて成しとげられる。われわれは後に「科学的水準の向上」及び「科学的教養の普及」の章において、この問題をさらにくはしく取り扱ふであらう。（同、七頁）

この引用では、「社会生活を合理化する力」の欠如が、「伝統的な、かつ根のない信仰に支へられた制度や慣習」の残存の原因であったという見方が示され、それが「国民の科学的精神をおさへつけて」きたという、後進性の結果の一つが示される。「西洋文化」の「根本精神」ともいえる合理主義や科学的精神の欠如という指摘である。

（五）日本国民はひとりよがりで、おほらかな態度が少い。

封建的な心持をすてきれぬ人は、自分より上の人に対しては、無ひはん的にもう従しながら、下の者に対しては、ひとりよがりの、いばつた態度でのぞむのが常である。そしてひとりよがりの人は、自分とちがつた意見や信仰を受けいれるところの、おほらかな態度をもたない。日本国民のこのやうな弱点は最近とくにいちぢるしくなつた。政治家は自分の政策が最もよいとひとりぎめをして、それに反対する人々をあつぱくした。政府の方針を支持する学者たちは、自分たちの学説だけを正しいものときめて、他の学説をしりぞけた。神道を信ずる人々の中にはキリスト教を国家に害のある宗教であるかのやうに非難する者もあつた。

かうしたひとりよがりの態度は、やがて日本国民全体としての不当な優越感ともなつた。天皇を現人神《あらひとがみ》として他の国々の元首よりもすぐれたものと信じ、日本民族は神の生んだ特別な民族と考へ、日本の国土は神の生んだものであるから、決して滅びないと、ほこつたのがこの国民的優越感である。そしてつひには「八紘為宇《はっこうゐう》」といふ美しい言葉のもとに、日本の支配を他の諸国民の上にも及ぼさうとしたのである。
およそ民族として自信を抱き、国民として祖国を愛するのは、自然の人情であつて、少しもとがむべきことではない。しかしそのために他の民族を軽んじたり、他の国民を自分にしたがはせようとするのは、正しいことではない。日本国民はかうした態度のためにかへつて世界の同情を失ひ、国際的にひとりぼつちになつた。これが戦争の原因でもあり敗戦の原因でもあつたのである。
これからの教育においては、個人としても国民としても、ひとりよがりの心持をすて、他の人々や他国の国民を尊敬し、自分と立場のちがふ者の意見や信仰をもおほらかに取りいれる態度を養ふことが必要である。われわれはこの点を「軍国主義及び極端な国家主義の除去」、「民主主義のてつ底」、「平和的文化国家の建設」等においてとくに力説するであらう。（同、八頁）

最後のこの五番目の指摘は、「ひとりよがり」「おほらかな態度が少い」という言葉で表現されているが、今ふうに言い換えれば多様性や異質性への寛容の欠如ということであり、その裏返しとしての「国民的優越感」の強度である。「極端な国家主義」の根底をなす態度として指摘されている。

この『新教育指針』の時代背景を考慮に入れ、この政策文書の特徴を野辺はつぎのように指摘した。

占領軍という超絶した権力者の監視下にあって、民族・国家の生き延びをはかるためには、平和的な民主主義国家を建設するほかなしという自覚に立って、今後の教育のあり方やその方向を応急的に説き明かしたものである。

従って、それは大体において、民主主義教育の観念的な解説ないし権力者の意を汲んだ模範作文という匂いが強いのである。（野辺 一九六九、八―九頁）

たしかに、「応急的」な対処としての「模範作文」といった印象を与える文書である。アメリカ流の民主主義＝近代化を素朴に受け入れ、それを起点に戦前の日本を単純視し痛烈に批判した言説ではある。だが、それだけに、敗戦に至った明治以後の一度目の日本の近代化の「失敗」を顧みる近代理解の特徴が端なくも示されている。最も特徴的なのは、この一度目の近代化をキャッチアップ型とみなしながらも、それが中途半端に終わったこと、それゆえに、「封建制」などの後進性を残していた点の指摘である。この「旧いものがのこつてゐる」という後進性が、「人間性、人格、個性」、「ひはん的精神」、「合理的精神」、「科学的精神」、「おほらかな態度（多様性・異質性への寛容）」の欠如として、それまでの近代化についての問題構築＝「反省」が行われたのである。

キャッチアップ型近代化が後発の近代化を旨とし、それゆえに必然的に後進性の意識を伴うことは、後発近代化を経験する国家に共通する特徴だろう。欠如理論と同類の、先進国には存在するが自国には欠けている「何」かという問題構成の仕方も同様に、他の後発近代国家に見られるものかもしれない。

だが、戦後日本の特徴は、キャッチアップ型近代化を二度経験したところにある。しかも戦後直後の視点から見れば、敗戦による国土の荒廃、占領政策のもとで進められた国家・社会システムの大転換という、「占領軍という超絶した権力者の監視下にあって、民族・国家の生き延びをはかる」ことが優先された。そして、そのためには、「平和的な民主主義国家を建設するほかなしという自覚」（野辺）のもとに進められた二回目のキャッチアップにおいては、一度目のキャッチアップを全否定するところから始めなければならなかった。この二段階のキャッチアップ型近代化が生みだした欠如理論には、他の後発型国家とは異なる特徴が刻印された。それというのも、既述のとおり、一度目のキャッチアップ型近代化において欠如していると名指しされた事柄(「人間性、人格、個性」、「ひはん的精神」、「合理的精神」等々)が、西洋先進国からの遅れとしてだけではなく、一度目のキャッチアップ型近代化を「失敗」に導いた主因であるとみなされたからである。二度目のキャッチアップは、それゆえ、その「失敗」を反省するところから始めなければならない。敗戦直後の経験は、その緊張感が極度に高まった時期だと見ることができる。

一度目のキャッチアップの否定を前提に、否定されるべき事柄を「後進性」と認め、そこに欠如態を見いだす。それゆえ、二度目のキャッチアップは、この欠如態を埋めることを当初の目標とせざるを得なくなった。しかも、そこでの後進性の克服は、西洋文化の「精神の根本」を根づかせることから始めなければならない。

このような敗戦直後の近代(化)の「反省」は、日本的な「特殊」を否定することで、西欧文化の「普遍」に傾斜していった。たしかに日本人には、「日本国民の長所である包容力、同化性」があった。それが一度目のキャッチアップ型近代化を成功に導いた要因でもあった。ところが敗戦直後には、一度目のキャッチアップの成功を「西洋文化と同じ高さに達したと思ひこみ、それどころか、精神方面においては、東洋人の精神、とくに日本人の精神の方がすぐれてゐると思ふ」ようになった、という戦前のキャッチアップ型近代化の失敗の認識から再出発せざるを得なかった。それゆえ、戦後の「反省」は、そのような日本の「特殊」を誤りとして断罪した。曰く、「かうした誤つた考へをもつた人々が国民の指導者となつて、西洋文化を軽んじ、その力を低く見て、戦争をひき起し、国民もこれにあざむかれて戦ひ、つひに敗れたのである。そこに日本の弱点があり、国民の大きなあやまちがあつた」と。

西洋＝普遍と日本＝特殊という単純化された二分法的な近代(化)理解の背景には、非西欧圏で「唯一」、「最初」に近代化を成功させたという日本の位置づけがさらに影響を与えたのだろう。日本の後に、日本の経験を見ながら、非西欧圏で近代化・産業化に成功した第二次大戦後の国々に比べ、日本の二度にわたるキャッチアップ型近代化の試みは、西洋とのよりいっそう鋭い対比を、近代的な自己像の構築の根底に置かざるを得なかったのだ。

この点で、歴史学者の河野健二のつぎの指摘は示唆に富む。

明治維新は、「西洋」に対抗するために、みずからを西洋化することを意図した革命であった。「西洋」にたいする抵抗と同化の過程は、日本の近代史をつらぬいており、対抗の表現としての戦争が繰り返される一方では、「西洋」を無条件でうけ入れようとする精神的態度も他方で形成された。しかし、対抗といっても「西洋」を抹殺するわけにはゆかず、同化といっても元来アジアの一国である日本が、何もかも西洋化するわけにはゆかなかった。この点に日本の苦悩があった。アジアの独自性に安住することもできず、みずからを「西洋」と認めることもできなかったからである。

しかし、逆説めくが、この矛盾こそが日本の独自性の中身であった。（河野　一九六四／引用は田中編　二〇〇一、六五頁より）

ここで示される「同化」と「抵抗」との「矛盾」は、本書の分析枠組みに照らせば、日本のキャッチアップ型近代（化）理解の根底に根ざした普遍と特殊の対立に重なる。この対立・矛盾の表現形式（アンビバレンス）が、「逆コース」以後の日本の教育言説を形成していく。言い換えれば、保守派（文部省）と主流（進歩）派教育学（日教組）とのイデオロギー的・政治的対立というアンビバレント（両義的）な事象自体が、戦後の近代（化）理解の表現型だったととらえることができるのである。そのことを明らかにするために、以下では、教育基本法をめぐる論争について教育言説をたどる。

三　「逆コース」に見る対立軸と戦後の近代（化）理解——教育基本法をめぐる攻防

この節では、主要な分析対象となる「逆コース」をめぐる教育言説の特徴を追う。ここでは、保守派対進歩派、文部省 対 日教組といった、戦後の教育史を特徴づけた対立と抗争の図柄が登場する。なるほど戦後の教育言説が、この両者の対立によって特徴づけられてきた。その点は、教育研究の定説といえる(森田 二〇〇三)。

この対立図式を戦後の教育領域における近代(化)理解の表現形式としてとらえ直すと、従来の見方とは異なる日本の教育言説の特徴と戦後教育の姿が見えてくる。一見鋭利な政治的・イデオロギー対立として表現された現象の根底に、戦後の日本社会が抱えていた近代(化)理解の矛盾を抱えた特徴が埋め込まれていたことに視線が及ぶのである。

だがその前に、『新教育指針』後の戦後教育の歴史をごく簡単に一瞥しておこう。

『新教育指針』が刊行された前後には、アメリカ教育使節団の訪問があり、その報告書(第一次)が刊行された(一九四六年)。この報告書の提言が、戦後教育改革の基本的路線を提示することとなる。それと並行して、日本側の動きとしては、教育刷新委員会による戦後教育改革の議論が始まる。一九四六年のことである。この時期はちょうど一九四六年の日本国憲法公布を受け、新憲法に見合った教育制度の議論が行われた時期であり、そのなかで、教育勅語の存廃をめぐる議論が活発化する。さらにそれと並行して、教育刷新委員会は、教育勅語に代わるべき「教育根本法」の構想を打ち出し、それが翌四七年に教育基本法の制定として結実する。

だが、その制定前に、教育勅語をどうするかという問題が残っていた。新憲法→教育勅語の失効→教育基本法の制定という流れが、スムーズにいったわけではなかったのである。(3) 主流派教育学を代表する堀尾輝久は、後にその事情をつぎのように解釈した。

民主主義と国民主権を機軸とする憲法において、天皇大権は否定され、それにともない勅語の失効と勅令主義の否定は明白であるにもかかわらず、その憲法が施行されて一年以上を経過し、ようやく、議会での失効宣言をもってその決着をみたことところに、勅語に対する支配層の執念と、それに影響された国民の意識の根強さをあらためて思い知らされるのである。また、勅語や奉安殿の処置も、多くの場合、「占領軍の意向」に依拠するかたちをとり、国民の批判に基づいてその処理をしきれなかったところに、強制と教化によってつくりだされた天皇制的タブーの根強さと、その民主主義の根っこの弱さを感じないわけにはいかない。（堀尾　一九九一、二七三頁）

「勅語に対する支配層の執念と、それに影響された国民の意識の根強さをあらためて思い知らされる」と指摘し、「強制と教化によってつくりだされた天皇制的タブーの根強さと、その民主主義の根っこの弱さ」を認め、保守派の論客のみならず、ひろく「国民の意識」にまで言及して、「天皇制的タブーの根強さ」（特殊＝後進性）と「民主主義（普遍＝進歩）の根っこの弱さ」という対立図式による解釈を提示する。しかも、民主主義については「根っこの弱さ」として、それが欠如していたという欠如理論的見方が提示されている。以下の分析では、この二項対立（普遍と特殊、および、その読み換え）の変遷をたどることで、対立の構図自体が示す（保守派と進歩派に共通する、あるいは一見対立していること自体が暗示する）近代（化）理解の特徴をあぶり出していく。

一九五〇年に始まった朝鮮戦争の影響を受け、占領政策に変化が生じた。それが教育政策だけに限定されない「逆コース」への政治的契機となった。さらに一九五一年にサンフランシスコ講和条約が締結され、日本が独立を回復したことで、アメリカの初期の占領政策の見直しが始まる。ここで教育言説の資料とするのは、一九七〇年代後半（キャッチアップ型近代化の終焉宣言以前）に主流派教育学者が中心となって執筆した、戦後日本の教育史を概観した著書『戦後日本教育史』（大田編著　一九七八）である。[4] そこに記述されている「歴史的事実」とそれへの注釈には、「逆コース」をめぐる政権側とそれへの批判言説の両者の近代（化）理解が示されている。その両者が奏でる戦後日本の近代（化）理解をとらえるうえで、『戦後日本教育史』は有効な言説データといえる。

そこには、つぎの記述がある。

「逆コース」は、前述のように朝鮮戦争・サンフランシスコ講和条約を背景として色濃くなっていた。欧米から見れば、日本には個人の権利を尊重する確固とした伝統がなく、命令が自由よりもよろこばれる国であった。五〇年暮れから翌年にかけて来日した日本研究者サムソンは、このような国で政治的独立が回復すれば、官憲主義が勢力をふるうようになるのではないかと危惧していた。(同、二三八頁)

外交官であり、かつ日本の歴史文化についての著述を残したイギリス人の目を通して、「欧米から見れば、日本には個人の権利を尊重する確固とした伝統がなく(=欠如)、命令が自由よりもよろこばれる国」という日本の後進性が指摘されている。そのうえで「逆コース」を、「官憲主義が勢力をふるう」、国家主義的な官僚による教育への「統制」の強化と見たのである。

この時代、自民党を中心とした教育基本法改正派の言説には、日本の近代(化)の「特殊」を、西洋的な近代(化)と対比する見方が含まれていた。講和条約締結を期に、「独立」後の管理法令の再検討を行うために設置された首相の私的諮問機関、「政令の改正に関する諮問委員会」(「政令改正諮問委員会」と略称された)での議論に、その特徴が刻印されている(同、二〇一頁)。政令改正諮問委員会は、一九五一年一一月一六日に「教育制度の改正に関する答申」をまとめた。それをたどった「逆コース」の歴史については、当時の発言がつぎのように紹介されている。

〔報告書の〕まえがきの部分では、戦後教育改革は「過去の教育制度の欠陥を是正し、民主的な教育制度の確立に資するところが少なくなかった」けれども「国情を異にする外国の諸制度を範とし、徒に理想を追うに急で、わが国の実情に即しないと思われるものが少なくなかった」ので、「わが国の国力と国情に合し、真に教育効果を上げることができるような合理的な教育制度に改善する必要がある」ことが強調されていた。これがこの委員会の基本的な考え方であった。（同、二〇二頁）

「国情を異にする外国の諸制度を範とし、徒に理想を追うに急で、わが国の実情に即しない」という発言に見られるように、「外国の諸制度」（その実際はアメリカ）を「範と」していることへの批判が、「わが国の実情に即しない」教育の問題を生み出していると、改正派の認識が要約されている。この改正派の言説には、本書でこれまで確認してきたキャッチアップ型近代（化）の理解に共通する見方が否定的な形で示されている。従前の戦後改革が、先進西欧社会をモデルとしてきたことを認めたうえで、それを否定する見解である。そして、それを「合理的な教育制度に改善する」という主張に、外国の諸制度を先進とみなし日本の実情を後進とみなす見方とは別の、日本の「特殊」を肯定的に見る見解を認めることができる。

それに対する当時の代表的な対抗言説を、『戦後日本教育史』はつぎのように紹介した。

答申に対する反対意見としては、東京大学教育学部教授団（海後宗臣、勝田守一、宮原誠一、宗像誠也氏ら一五人）から「「教育制度改革に関する答申」に対する意見」が公表された（五一年一二月二二日）。ここにおいて、右の答申は、（1）現行学校制度を「原則的に維持すべきだといいながら、実際はこれを大きく崩す」ものであり、（2）「「実情に即する」という名目で、前近代的、非民主的な日本の社会、経済、政治組織に教育を奉仕させよう」とし、（3）「教育の基本的な問題を無視」し、「教育を節約の対象としてのみ」扱い、（4）「教育による人権の確立伸長にきわめて冷淡」であり、（5）「社会の階層性を助長」する「複線型」の学校体系にもどすことによって、

「産業の上で、兵卒、下士官、将校の養成をそれぞれの学校に割り付ける」ものであり、(6)大学については「教育と研究の水準の低下(注・専科大学案)をきたす恐れ」があり、(7)教員養成機関については「旧師範学校にもどす」ものであり、(8)教育行政に関しては「教育行政の民主化に逆行」する案であって、教育委員の任命制は「能率と経済」のみを重視し「民主化の意義を軽視」するものであり、(9)「教育財政の確立に対して(は)十分な配慮を払っていない」」、と批判した。(同、二〇三―二〇四頁)

(2)に掲げられた「「実情に即する」という名目で、前近代的、非民主的な日本の社会、経済、政治組織に教育を奉仕させせよう」としているとの部分に目を向けよう。ここには、アメリカの占領下で開始された戦後教育改革を「先進」と定位したうえで、その視点を根拠に、改正側の主張を、その先進性からの後退とみなす見方が示されている。「実情に即」した「合理的な教育制度」への「改善」を近代(化)の前進と見るか、あるいはそれとは反する「前近代的、非民主的な日本」に引き戻すことと見るか。ここには近代(化)理解の両義的(アンビバレント)な側面が、対立の図式を通して明瞭に示されている。両者が共有する国民国家という近代の枠組みのなかで、国家や国民(日本人)の位置づけをめぐる近代(化)理解の両義性の表出である。

「逆コース」を進めた教育政策言説とそれへの批判言説の推移を、さらに『戦後日本教育史』によって追っていく。『戦後日本教育史』の第三節「逆コースと民間教育運動の勃興」では、その後の「逆コース」はつぎのように描かれた。

ところが、五〇年から五一年にかけては、前節でのべたように、日の丸掲揚、君が代の歌唱、愛国心の育成、修身科復活につながる道徳教育の振興など、文相みずからが公言するような事態にたちいたっていた。これらは、

普遍人類的価値からいって、存続あるいは復活させてはならぬ「伝統」であり……〔後略〕。（同、二三九頁）

「日の丸掲揚、君が代の歌唱、愛国心の育成、修身科復活につながる道徳教育の振興など」を文相が提唱したことを受け、それを「普遍人類的価値からいって、存続あるいは復活させてはならぬ「伝統」」と見る。一方は、戦後に否定された国家を日本の教育に位置づけ直そうとする主張であり、国民国家という枠組みのもとでの近代理解に基づく主張である。他方、それに対抗する言説は、「普遍人類的価値」を思想的支点に置き、そこから国家への回帰を後退とみなす。ここには普遍と特殊の対比、戦後の教育に国家をいかに定位するかをめぐる近代(化)理解の矛盾が明確に示されている。この矛盾・両義性(アンビバレンス)こそが、この節でとらえたい戦後日本の、キャッチアップ型近代化の終焉という認識が成立する以前の、戦後日本の近代(化)理解の特質であった。

さらに『戦後日本教育史』をもとに、対立の歴史を追おう。「国家による教育統制」に顕著に及び始めた教育行政の政策変更をめぐる時代の言説である。『戦後日本教育史』第四章第一節の「国家による教育統制」の冒頭の見出しは、「教育基本法改正の動き」であり、一九五五年に国会で審議された教育三法案(地方教育行政の組織と運営に関する法律=地教行法、教科書法案、臨時教育制度審議会法案)をめぐる「歴史」である。そこでは、基本法改正派の言説がつぎのように紹介された。

清瀬文相は、その立法趣旨説明で、教育基本法改正の必要について、第一に〔教育基本法の第一条〕教育目的に関する「反省」をあげ、「国家に対する忠誠ということがどこにもない」とし「いかに民主国といえども、国をつくっておる以上は国に対する忠誠心は鼓吹すべきものであろう」とのべ〔後略〕（同、二七〇頁）

当時の文相が、教育基本法の問題点を、「国家に対する忠誠ということがどこにもない」として批判したこの主張に対し、主流派教育学側は、地教行法の成立を、「この法律によって、民主主義的教育行政は国家主義的・官僚統制主義へと転換することになった」(同、二七〇頁)と解釈した。ここでは、これまで見てきた対立図式の中心にあった問題が、はっきりと言語化されている。戦後教育への国家の位置づけという問題である。「民主主義的教育行政」を普遍(＝先進)、国家主義・官僚統制主義を特殊(＝後進)と見る近代(化)理解の反映である。

さらに「指導要領の改訂と内容統制の強化」との項では、つぎのように当時の議論が紹介される。

清瀬文相は、教育内容に対する国の発言力強化の主張に続いて、五七年には教育課程審議会委員の総入れかえを行うとともに、教育内容の改訂の審議を託したが、そのあいさつで、「国際社会において新しい地歩を確保し、文化・科学・産業の急速な進展に応じて民族の独立と国家の繁栄を図るため、一大決心をもって」教育内容を改善することが必要だとのべ、そのため、「第一に、国際社会において信頼と尊敬を受けるに足る日本人の育成」により「不当な民族的劣等感」を「払拭」し、第二に、「新しい科学技術を十分に身につけた国民の育成」を主眼とする教育課程改訂の基本方針をのべた。

そして、その翌年には、「道徳教育の徹底、基礎学力の向上、科学技術の振興、進路、適性に応ずる教育などを主眼」として、学習指導要領の全面改訂を行った。(中略)この改訂によって「道徳」が特設され、「学校行事」が新たに加わった。「道徳」では、小学校三六、中学校二一の徳目が学年配当され、「学校行事」では、祝祭日には、国旗を掲揚し君が代を斉唱されることがのぞましいとされた。(同、二七三—二七四頁)

ここで引用された「「第一に、国際社会において信頼と尊敬を受けるに足る日本人の育成」により「不当な民族的劣等感」を「払拭」するという文相の発言には、日本回帰を目指す意図、先に見た『新教育指針』が否定した国家主義に通底する表現が含まれていた。その点を『戦後日本教育史』は、このような教育政策の変更が国家主義の復活につながる後退・退歩だとみなしたのである。それは、日本の教育が「日本人」や日本という国家を教育のなかにどのように位置づけるかをめぐる難問《アポリア》であり、近代(化)理解のアンビバレンスに根ざした対立の図式であった。

四　国家と公教育――古くて新しい近代の問題

国家を公教育のなかにどのように位置づけるか。「日本人」をどのように育成するか。これらの課題は、とりわけ一度目のキャッチアップ型近代化の失敗を経験した戦後の日本にとって、重要かつ難しい問題であった。それは、教育基本法の制定当時から気づかれていた難問である。その点で、以下に紹介する堀尾の指摘は傾聴に値する。

堀尾はその著書『人権としての教育』(一九九一)の第一章「憲法・教育基本法体制の成立の意義」で、教育基本法の制定時の貴族院での議論として、佐々木惣一議員が「祖国観念の涵養」について質問したことと、それに対する高橋誠一郎文相の回答の一部をつぎのように紹介する。

「〔教育基本法〕前文第二項において、「普遍的にしてしかも個性ゆたかな文化の創造をめざす教育」とあるのは、健全なる国民文化の創造、ひいては健全なる祖国愛の精神の涵養を含むものと考える。人格の完成、これがやがて祖国愛に伸び、世界人類愛に伸びて行くものと考える」と答えた。(同、二五〇頁)

ここには、普遍と特殊(日本国家の位置づけ)との潜在的な対立という問題、さらには、法案には「祖国観念の涵養」

が欠如しているという指摘への理想主義的ともいえる解答が示されている。文相は、「人格の完成、これがやがて祖国愛に伸び、世界人類愛に伸びて行く」として、普遍的な原理と「祖国観念の涵養」という日本の特殊に根ざした問題とを(理想主義的・予定調和的に)つなげようとした。だが、それが簡単には片付かない難問であることを堀尾は熟知していた。そこでは、普遍と特殊の問題がつぎのように示された。

教育基本法の教育目的は、人間の育成と国民の育成の統一という難問を提起した。二つの視点の統一はいかにして可能かという問題は、政治哲学と同時に教育哲学の根本問題の一つである。人間といい人類といっても、それは依然として課題にとどまる。しかも、今日、国民国家が国際社会の単位を形成しているという歴史的現実のもとでは、「国民」の視点に媒介されない人類の理想は虚しい。個人(個)と人類(普遍)は国民(特殊)に媒介されてはじめて、その統一が可能である。のみならず占領下の日本は、社会の民主化による人民主権の確立と同時に、独立による国家主権の回復という二重の課題を果たさなければならなかった。

民族の独立の課題を抜きにして、人格の完成を語り人類の平和を語ることは、非現実主義という批判をまぬかれない。問題は、自立した国民が閉じられた自己愛の国民であるのか、それとも「普遍へと開かれた特殊」として、そのナショナリズムが、インターナショナリズムを志向するものであるかどうかにかかっている。(同、二四九―二五〇頁)

人類を普遍、国民を特殊として、個人と人類の統合は国民を媒介にして可能になるという説を唱えている。この議論は、「人類」というカテゴリーを、近代西洋思想の特徴を帯びた普遍主義的な意味づけを通して読み換えたうえで成立する主張といえる。他方、国民を日本国家に所属する日本国民と読み換えると、ここに普遍と特殊の対立という、本書が問題にしてきた近代(化)理解の図式が浮かび上がる。この点をふまえたうえで、堀尾が「普遍へと開かれた特殊」という理想主義的色彩を帯びた主張を展開していること自体、それが難問であることを堀尾が熟知していたことの証左といえる。より表層的で俗説化した教育基本法をめぐる保守派の主張(「無国籍」で日本という国家の特性が見られない等)を乗り越えようとした試みである。(5)

さらに堀尾は、一九四七年当時、「文部省審議室参事として法文の作成の中心的役割を果たした田中二郎(東京大学法学部教授)も教育基本法の成立直後、第一条の解説でこの点について、次のようにのべている」としたうえで、以下の解説を加える。

ここに、「国家有用の人物を錬成」することを目的とした在来の偏狭な国家主義的教育から解放され、発展してやまない人間の諸能力諸要素の統一調和の姿である人格の完成を目指して教育が行われなければならないということが明示されている。そこでは、単に国家に有用な国民としてでなく、広く国家及び国際社会を含む社会の形成者――単なる成員ではない――としてふさわしい条件(新憲法の精神に則り、真理と正義とを愛し、個人の価値をたっとび、勤労と責任を重んじ、民主的精神に充ちた心身ともに健康な)を備えた国民の育成を期して行われるべきことが要請されているのである。こうした教育こそが、やがて世界的であるとともにしかも真の日本国民を育成することになるのであり、又普遍的であるとともにしかも個性ゆたかな日本文化を創造することになるであろう。

国民と人類は高い次元で統一が目指されていた。(同、二五〇―二五一頁。田中の解説の原典は、田中　一九四七)

最後の部分で「国民と人類は高い次元で統一が目指されていた」とあるように、抽象度を高めたより普遍の原理に近づく理想主義を通じて、この難問への解答が田中によって与えられていたというのである。この困難さの認識は、理想主義を西洋由来の普遍主義という思想的支点に立脚して、この難問になんとか解答を与えようとした、苦渋の試みといえる。だが、この難問の解決は、一九八〇年代以後、意外なほど容易に解けてしまうことになる。いや、溶けてしまったという表現のほうがふさわしいのかもしれない。

それゆえ、このような結末に至る教育政策をめぐる対立の歴史は、「こうした教育こそが、やがて世界的であるとともにしかも真の日本国民を育成することになるのであり、又普遍的であるとともにしかも個性ゆたかな日本文化を創造する」という理想（普遍）主義を中心に展開したのではない。本章で見たように、戦後教育に国家をいかに位置づけるかをめぐる政治的・イデオロギー的対立として展開していったのである。その対立の解除が一九八〇年代以降に行われることで、この難問自体が溶解するのである。それについては、「その後」の変化を見なければならない（第七章）。

五　キャッチアップ一度目の到達点とその後

日本の近代（化）理解において、普遍と特殊の対立＝アンビバレンスは、長い間日本の知識人を悩ませた。戦前の日本は、この問題に「国体」の概念をもって応えようとした経験があった。「万世一系の天皇」という神話を頼りに、日本だけに備わっていた「固有」の歴史に注目することで「国体」概念をつくりだし、それを機軸に西欧近代という普遍に対抗した経験である。国体という近代的な「伝統の発明」によって、キリスト教という超越的な機軸の「欠如」した日本に、機軸を創り出す。それによって特殊（その反転が容易に日本の固有性＝優越性に結びつけられた）を西欧的近代の普遍性に対置し、さらにはそれに優越するものと読み換えたのである。この問題については第七章六節で詳述する。その頂点が、戦前の「近代の超克」論にあることは、すでにたびたび戦後日本の知識人によって論じられてきた(6)。ここでは、そのような議論を再論することはしない。筆者の力量に余る課題だからである。ただし、そのような限定をつけたうえで、以下の行論に必要な限りで、一度目の近代化とそこでの近代(化)理解を振り返る(7)。

そのような言説データとして、明治維新からほぼ五〇年後に大隈重信が残した日本近代化を回顧した言説を紹介しよう(大隈 一九〇七)。明治維新を生き抜き、首相、さらに下野後には早稲田大学の創設者となった大隈が、「開国五〇年」を振り返った、今からおよそ一世紀前の近代(化)の「反省」である。大隈はいう。

米国の使節ペルリ提督の来訪せる好意を諒せる後は、憤怒は漸次に烟《けむり》となつて消散せり。明治の改革にて国是一たび開国主義に決定するや、国民は続々と欧米に向うて渡航し、自ら請うて其国民と握手し、之が教誨を信受する児童の如く、西洋人といへば、文明にして好意に富めるものとなし、往々西洋心酔と笑はるゝに至れり。是れ他なし、清浄の天地に洗滌、淘汰せられたる特質にして、国の勃興したるも亦此特質に原因せり。〔中略〕

開国以来日本が外国の思想と風潮とに触れて其感化を受け、影響を被むりたること尠からず、就中アングロ・サクソン人種より受けたる感化は極めて健全にして有益の結果を得たり。英、米両国が東洋の平和を維持し、砲火の競争を止めて、商工業の競争たらしめたるは、大に日本の進歩を裨益《ひえき》せるものと謂ふべし。抑と《そもそも》我邦をして憲政の美果を結ばしめたるは、アングロ・サクソン人種の政治思想に獲る所最も多し。(同、二五一―七一頁)

ここには「開国」の意義がキャッチアップ型近代化の嚆矢であったことが示されている。そして、その五〇年後には、キャッチアップ型近代化が一定の成功を収めたとの認識(近代化の自己像)がつぎのように描かれる。

蓋し電光の如き迅速の変化に慣れたる欧米国民さへ、日本近代の変化が短き期限に無比の速度を呈したるを見て驚嘆する所なり。此変化は近く之を東洋の隣邦に及ぼし、遠く之を世界の列国に及ぼす、其結果は至大の問題として、種々の批評錯出せり。而して日清戦役の前と後とは大に其趣を異にせり。甲は曰く、日本国民は軽卒にして、軍事に多大の資を投じ、商工の実業には興味を欠けりと。乙は曰く、日本国民は無邪気の摸倣者にして、文明の表皮を被むる小児的愛国者なりと。然るに日清戦役後に至り、外人の批評頓《と》に一変し、其或者は黄禍の悪夢に魘はれ曰く、日本人が若し科学、兵術を以て四億の支那人を訓練し、之を指揮して侵略の方針を取らば、欧洲諸国は亜細亜の領地と市場とを失はんと。而して前日の諸評は遂に我等の謬見なることを自證《じしょう》するに至れり。思ふに黄禍説の如きも亦数年を経て、彼等自ら之を取消すの運命に会するあらん乎。〔中略〕日本人が進歩して西洋文明の程度に達せば、其得たる地位を守るべし、是れ良好の政策にして、亦其利益なるべきを信ずるものなり。由来東洋は半野蛮なる侵掠的の人民の為に好餌とせられ易き地なり。故に之を鎮むるに文明国の武力を以てするにあらずんば、平和事業の発達竟《つい》に期す可からざるなり。果して然らば日本は世界文明国の代表者として、極東鎮護の任に当るものなりと謂ふべし。（同、七一―七三頁）

ここには、日露戦争後の日本の近代化の達成を肯定する自己像が描かれている。実際の歴史は、非西欧圏ではじめて近代化に成功したという自覚を得た日本が、その後、「半野蛮なる侵掠的の人民の為」に西欧列強に侵略されていた「東洋」に対して、「平和事業の発達竟に期す」ことなく、「武力を以て」しないとはならなかったことを示す。「果して然らば日本は世界文明国の代表者として、極東鎮護の任に当るものなりと謂ふべし」という一〇〇年前の大隈の未来展望は、はかなくも裏切られる。

だが、ここで論じたいのは、そのような歴史の推移ではない。日本を代表していた明治維新を生きた知識人・政治家の一人が、開国五〇年後にキャッチアップ型近代化の成功を肯定的に見ていた一〇〇年前の近代（化）理解と、戦後との対照である。

『新教育指針』で見たように、このような一度目のキャッチアップ型近代化の成功は、「日本の近代化は中途半端であり、とくに近代精神の本質として後に述べるやうな諸点については、きはめて浅い理解しかもつてゐない。それにもかかはらず、すでに西洋文化と同じ高さに達したと思ひこみ、それどころか、精神方面においては、東洋人の精神、とくに日本人の精神の方がすぐれてゐると思ふ人々すらあつた」とみなされた。大隈のいう、「日本人が進歩して西洋文明の程度」に到達する可能性、「日本は世界文明国の代表者」となる可能性に将来の日本を託した希望とは裏腹に、一度目のキャッチアップの結末は、このように否定的にみなされたのである。それだけに、このような全否定への反動として、一度目の成功にポジティブな価値を見いだそうとした人々が戦後に少なからず残っていたことは否定できない。

しかし、戦後しばらくの間は、このような一度目の成功をそのまま受容することはできなかった。とりわけ、一度目の近代化の成功が、日本的な「国体」という機軸によって主導されたことを肯定するわけにはいかなかったからだ。「国体」に代わる超越的な〔日本〕「特殊」(この表現自体に矛盾が含まれる)の存在を素朴に前提にすることはできなくなったのである。西洋的な価値＝普遍をある程度受け入れながら、そこに日本の「国情」という特殊を定位することに保守派もまた苦慮せざるを得なかった。

このように戦前の到達点と、それへの戦後の鋭敏な批判を対置させると、「逆コース」をめぐる教育言説の変遷に、ナショナルなもの(国家、国民、愛国心、日本人)をいかに位置づけるかという難問が潜在していたことがよりいっそう明らかになる。

保守派による日本の文化や伝統への回帰は、単純に戦前のナショナリズムの復刻版ではない。第一にこの難問には、国民国家という近代性の基本単位をめぐる問題が複雑に絡み合っていた。それを素朴に肯定できない戦後の歴史は、一度目の近代化の成功と失敗という日本の経験に根ざしていた。先進—後進という二分法が、単純には普遍と特殊に重なり合わない、後発型近代化という経験の投影であり、そこに根ざした近代(化)理解の難問《アポリア》の表明である。教育基本法改正派と、それに批判的な勢力との間で繰り広げられた「国民」の争奪戦としての近代(化)の位置づけである。国民国家という枠組みのもとでの(とりわけ後発型の)近代(化)をめぐる矛盾と対立の表出(開発型国家による国家主導の近代化路線と国民の教育権論に立つ教育批判)と言い換えてもよい。そこに戦前のトラウマを読みこもうとする進歩派から見れば、日本的な文化や伝統への回帰、さらには愛国心の教育は、普遍からの後退や退歩に映る。あるいは保守派をそのような「封建遺制」の保護者とみなすことによって、「国民」を自陣に引き寄せようとした。進歩派のナショナリズムは、平和主義や民主主義の担い手、さらにはインターナショナルを目指すことで、戦前回帰には至らない国民の形成という理想に基づいていた。「国民の教育権」の担い手としての国民への期待である。国民形成という点では、その内容やアプローチに違いがあっても、国民国家に定位した近代(化)理解であったことに違いはない。

だが、そのような国民は、いまだ存在しない可能性＝欠如態としての国民であった。国民の教育権の代表的論者である堀尾が、個人主義について語ったつぎの指摘はそのことを示す。

> 敗戦後の教育改革の思想は、十八世紀的な個人主義だといわれたことがある。その評価の立場は別として、それは、まさに、市民社会とともに自覚された教育の自由の古典的原則を、過去の日本の国民教育の哲学や制度に対決させ、それによって「国」の、したがって官僚の教育支配を排するという意味をもっていた。そのような思想は、したがって、文字を通じての知識としては、日本の知識人にとって、少しも新しいものではなかったはずである。しかし、ここで重要なことは、その古典的原則を、それを変質させる力に面しそれに抵抗し、みずからも新しく理論構成をし直しながら、まがりなりに歴史の中で貫き、またそれを担い、新しい社会的意味をつくり

> 出す新しい勢力の実質的な成長をみた西欧の経験が、われわれのばあいに、きわめて乏しかったという歴史的状況である。（とくに教育思想の面でそうであった。）（勝田・堀尾 一九五八）

「国民の教育権」の担い手＝「主体」を思想的に支えるはずの「市民社会とともに自覚された教育の自由の古典的原則」が、日本に欠如しているとみなされた。そしてその原因を堀尾は、「新しい勢力の実質的な成長をみた西欧の経験が、われわれのばあいに、きわめて乏しかったという歴史的状況」に求めた。一度目のキャッチアップ型近代化への評価である。

戦後の日本が国民国家をいかに公教育に位置づけるかという難問には、第二に、国家と経済との関係を公教育とどのように結びつけるかという問題があった。ここには、その後の主流派教育言説が批判の対象とする経済主義（経済ナショナリズム）に通底する近代（化）理解が含まれていた。経済成長主義という、政治性を脱色した戦後の近代（化）をめぐる対立である。これについては次章で詳しく分析する。

いずれにせよ、教育の「逆コース」をめぐる言説は、鋭い政治的・イデオロギー的対立の様相を呈した。それというのも、そこにはキャッチアップ型近代化という歴史的な経験を経て深く根を張った、近代（化）に相対したときの普遍と特殊という対立を両陣営がともに拭えなかったからである。とくに日本的な特殊を戦前の経験と重ねてみることで、そこに後進性を見いだす進歩派と、日本的な特殊を肯定的にみなすことで、普遍とみなされた西欧的価値からの距離を取ろうとする保守派との対立である。しかしいずれも西洋近代の価値という外部の参照点を共有しているという点では選ぶところはない。

保守派も（極端な主張は別として）、戦後は露骨な天皇制や軍国主義への回帰を唱えることはできなかった。保守派の言説の中心にあったのは、キャッチアップ型近代化の過程での欧米化が失わせてきた何らかの「欠如」（たとえば「祖国観念の涵養」)であった。他方で、進歩派から見れば、欠如していたのは、近代がもつ普遍の原理に根ざした特性であり、「特殊」を後進とみなすことで、「特殊」こそがその欠如を生み出したとみなした。普遍と特殊の対立をそれほど意識しないですんだ近代(化)を経験した社会であれば、これほど鋭利な対立としては表面化しなかっただろう。このような思考実験をもとにすれば、この鋭利な対立図式そのものが、二度のキャッチアップ型近代(化)を試みた日本の経験に根ざした対立＝アンビバレンスであったといえるだろう。

このような論理的な矛盾が表層的に政治的・イデオロギー的な対立や葛藤として現れること自体は、特筆すべき現象ではない。ここでの分析の独自性の主張は、キャッチアップ型近代化の終焉の「その後」において、近代(化)理解の変化によって、このような対立が解除されたときに(近代の消失)、どのような新たな問題を生み出すかという論点の提示にある。「逆コース」批判をめぐる教育言説の対立図式自体を、キャッチアップ型近代(化)理解の表現型とみなすことで、「その後」の様相も通説的な時代認識(たとえば冷戦終結による左右対立の消失)とは別様に理解できるということだ(8)。

さらに敷衍すれば、このような近代の消失は、経済的な豊かさの達成だけに帰責もできない。人々が豊かになったために政治的・イデオロギー対立が解消したというわけではないのである。ただし、経済との関係という問題を解くためには、もう一つの批判言説である、能力主義的教育批判を検討しなければならない。

注

(1)　森田尚人によれば、「宗像誠也が教育政策の行き過ぎ是正を戦前型旧教育への復帰と結びつけて論じるようになるのは、一九五三年九月に刊行がはじまった『日本資本主義講座』第二巻の論文「占領期の教育改革」(五十嵐顕、持田栄一と共著)以後である」(森田　二〇〇三、三五頁)。それまではアメリカの教育使節団報告書についても、高い評価を与えていたという。

（2）『新教育指針』は、一九四六年五月から四七年二月に四つの分冊として発行された。その「はしがき」にはつぎの文章がある。「本書は、はじめ省外の権威者諸氏をわづらわして草案を得たのであるが、マッカーサー司令部と相談の結果、その内容及び表現を、できるだけ、やさしくわかりやすいものにするために、省内で書きあらため、本省の責任において出すことにした」。また、この文章の前には、「国民の再教育によつて、新しい日本を、民主的な、平和的な、文化国家として建てなほすことは、日本の教育者自身が進んではたすべきつとめである。マッカーサー司令部の政策も、この線にそつて行はれてをり、とくに教育に関する四つの指令は、日本の新教育のありかたをきめる上に、きはめて大切なものである。〔中略〕本書は、ここに盛られてゐる内容を、教育者におしつけようとするものではない。したがつて教育者はこれを教科書としておぼえこむ必要もなく、また生徒に教科書として教へる必要もない。むしろ教育者が、これを手がかりとして、自由に考へ、ひ判しつつ、自ら新教育の目あてを見出し、重点をとらへ、方法を工夫せられることを期待する」とある。敗戦直後の「マッカーサー司令部」との関係を彷彿させる文章である。

（3）野辺によれば「事実、当時の日本政府や文部当局は、反面においては国体の護持を深く祈念すると共に、〔中略〕教育勅語は今後においても教育の聖典たる地位を失うべきではないという考え方を強く抱いていた」（野辺 一九六九、八―九頁）。

（4）大田堯編著『戦後日本教育史』（一九七八）の著者には、大田のほか、堀尾輝久、寺崎昌男（三氏とも東京大学教育学部教授、同学部長、日本教育学会会長を歴任）、平原春好（神戸大学教授、日本教育法学会会長を歴任）、山住正己（東京都立大学人文学部教授、同学部長、教育科学研究会委員長を歴任）が含まれていた。本章で引用した第四章は、堀尾の筆による。

（5）二〇〇六年に改正されるまでの教育基本法は、批判者側から、「普遍」的な価値を唱えているために「一般的」過ぎる、それゆえ日本の文化や伝統に着目する視点がないといった批判が寄せられてきた。基本法への典型的な批判である。たとえば、後に首相となりその第一次内閣のときに教育基本法の改正を行った安倍晋三は首相になる以前に「偏向歴史教科書是正に成功したイギリス」との座談会に出席し、つぎの発言を残している。

「〔教育〕基本法は「無国籍」だとよく言われるように、日本の歴史や国柄には一言も触れられていません。いってみれば日本の香りがしない。実は、首相の諮問機関だった「教育刷新委員会」の基本法の前文案には、「普遍的で個性豊かな、伝統を尊重してしかも創造的な文化を目指す教育」とあったのに、「伝統を尊重して」という文言がGHQの介入によって削除されたという事実があるんですね。この結果、日本人としての自覚やアイデンティティを育てるという視点が全く欠落してしまいました」（中西輝政監修・英国教育調査団編 二〇〇五、二六三頁）。

このような言説に明らかなように、改正派には、普遍主義は無国籍と映り、それゆえに「日本人としての自覚やアイデンティティを育てるという視点」の欠如が問題として構築されていた。「特殊」を肯定的にとらえる視点から、西洋の普遍主義を無国籍として批判する論理の典型ともいえる言説である。

（6）　たとえば、竹内（一九六六）、廣松（一九八九）、柄谷（二〇〇一）など。

（7）　以下の分析はあくまでも参考として戦前の言説を紹介することにとどまる。歴史学的な再検討は筆者の力量を超える課題である。

（8）　この国家と教育の関係をめぐっては、堀尾輝久との対談のなかで、第三章の主要人物である香山健一がつぎの発言を残している。

「私は今度の改革〔臨教審〕で非常に大事なのは、教育界に戦後四〇年間続いてきた、対立と不信の構造を除去し、相互信頼の回復に努めることが最大のテーマではないかと思っています。〔中略〕臨教審に関する虚像の中にはいろいろなタイプのものがあります。たとえば、日教組の教育改革研究委員会が出した「私たちの求める教育改革の提言」中に、臨教審は、再び戦前のような国家主義的教育へ回帰する危険性を強めているというような評価がされている。そういう認識で「危惧」「不安」を残念ながら日教組はもっている。他方、私は決して肯定しないのですが、日本の社会の別の一部には、臨教審が戦前復帰型の国家主義教育を強めてくれるのではないかという「期待」があります。あるいはまた臨教審が個性の重視とか、教育の自由、自律、自己責任を強調すると、国立教育研究所の責任ある立場の専門家のなかに、臨教審は「日本を赤化しようとしているのではないか」などと八つ当たりしてくるのが出てくるといった具合で、大変混戦している。／これは、臨教審の努力が不十分だったことの結果だと思いますので、責任のツケをほかに回すつもりは毛頭ありませんが、ただ、そういう虚像が戦後四〇年たってなおかつあるというところに、いまの日本の教育が解決を迫られている、一番根の深い問題、不幸があるのではないでしょうか」（堀尾　一九九三、二二九―二三〇頁）。

「ただ、教育界に限りませんが、戦後日本には一方で戦前は全くの暗闇で、戦後は光だという、八月十五日を境にして、闇と光というふうに歴史を単純に切断する議論がある。逆に、戦前は光で、戦後は闇だ、諸悪の根源は敗戦、占領、戦後改革にあるというような単純な見方も別な一部にある。この両者はいずれも歴史を単純に切断し過ぎており、激しく対立してはいるが、実は同根の見方であると思う。戦後、教育基本法が制定されて、教育の目的は人格の完成にあるということを掲げたけれども、文部省も日教組も含めて、教育界全体がこのことについての認識は十分でなかったきらいがあると思う。その意味で言うならば、戦前型の古い国家主義的な体質というのは、戦後の文部省にも日教組にも形を変えて持ち込まれ、その結果、基本法をめぐる対立も不毛かつ政治的なものになってしまった」（同、二三一頁）。

この引用に示されたように「戦後の総決算」と位置づけられた臨教審の教育改革は、それ以前の左右の対立を超えようとした。その「超克」の試みを正当化する言説資源として、キャッチアップ型近代化の終焉という認識が有効性を発揮した。

臨教審や香山が提示した、二度目の「近代の超克」論が、教育界における左右の対立を超える言説資源として作用したのである。

第六章　経済と教育の「近代」

はじめに

第一章で見たアメリカの社会学者、ラインハルト・ベンディックスによれば、近代化とは、「世界の中の産業化された社会において福祉国家の成長を意味した。それは、様々なやり方で競合する国家間を調整するパターンを提供すると同時に、〔先進国に〕追いつこうとする社会の政治リーダーや主導的な知識人によって模倣されるべきモデルを提供するものでもあった」(Gilman 2003, pp. 16-17)。さらにもう一人の近代化論の代表的提唱者であったシルズは、「いかなる国も、経済的な先進性と進歩なしには「近代〔modern〕」になれないだろう。経済的に先進的になるとは、経済が近代的なテクノロジーに基礎付けられているということであり、産業化されているということであり、高い生活水準を持つということである」(Gilman 2003, pp. 1-2)と、近代と経済の「進歩」とを関連づけた。それは、産業化の進展であり、その結果として国民が「高い生活水準」を享受できることであった。産業化やそれがもたらす経済成長、その果実ともいえる豊かさを実現することが、「福祉国家の成長」の謂であった。この課題に、後発の近代化を試みた国々は、開発主義で臨んだ。ギルマンが指摘したように、「「開発国家」は、経済成長に対するパターナリスティックな前提のもとに、第三世界において、福祉国家の類似物であった」(Gilman 2003, pp. 16-17)。

日本は「第三世界」に属していたわけではない。だが、戦後の二度目のキャッチアップ型近代化は、国家主導による試みとして理解された。二度目のキャッチアップの主軸に、「福祉国家の類似物」としての「開発国家」による経済成長政策を置いたという近代（化）理解である。そのことは第三章で詳述した。もちろん、実態レベルで、日本の産業化や近代化が開発主義あるいは開発国家型であったかどうかについては議論の余地がある。「下からの産業化」の動きをどのように見るかという問題が残るからである。[1] しかしながら、事実認定においては議論の余地を残しながらも、第三章、第四章で見たように、八〇年代の政策文書のなかでは、従前の近代化を国家主導とみなし、キャッチアップ型近代化が終焉したという時代認定とともに、その限界が指摘された。とりわけ経済政策においては、規制緩和へと大きく政策の舵を切る際に、開発主義的な国家の介入を、「その後」の発展・成長の足枷と見る、そのような見方が登場し、力を得たのである。それまでのキャッチアップ型近代化を推し進めてきた成功要因の一つとみなされた国家の統制への見直しが始まった。

ここには、国家と経済の関係が、近代（化）理解のなかでどのように位置づけられていたかというテーマが示されている。本章では、経済政策（言説）の分析を行うわけではない。だが、国家と経済の関係は、そこに教育というもう一つの項を加えることによって、近代（化）理解の分析を深める。政策決定者や教育研究者が、経済と教育とを結びつけて議論を展開する際に、国家の役割をどのように見ていたか、という問題である。あるいはまた、ある種の結びつきが形成されたことで、経済と教育との関係が、近代（化）の一環としてどのように理解されたかという問題でもある。

一　能力主義的教育批判に見る経済と教育の結合

ここでもはじめに、主流派教育学者が一九七〇年代後半に刊行した『戦後日本教育史』をもとに、当時の教育学言説に見られた経済と教育との結びつきに埋め込まれた近代(化)理解の習性《クセ》を読み解いていく。

すでに第五章で見たように、「逆コース」への展開を遂げた日本の教育は、主流派教育学者からは、国家主義的な教育への統制として問題視された。戦後教育改革の先進性からの後退・退歩として、「逆コース」路線の教育政策を反民主主義的＝国家主義的と見たのである。この国家主義の認定は実は、単純な戦前回帰の国家主義批判とはニュアンスを異にした。軍国主義や天皇制に代わって、戦後の国家政策の主軸が、やがて経済成長主義に置かれることが次第に判明したからである。それゆえ、主流派教育学者の言説においても、経済と国家と教育との関係がつぎのような表現を通して批判されることとなった。

一九五五年から六〇年にかけての、戦後教育の方向転換が決定的となった時期は、日本資本主義が「復興から成長へ」と転換をとげる時期に照応しており、それ以後、とりわけ一九六〇年代に入ってから、財界と国家の癒着の体制(国家独占資本主義)の確立を通して、経済界の要求が国家権力を媒介として、教育政策に貫徹し、教育政策の経済政策への従属が決定的となってくる。(大田編著 一九七八、二八八頁)

「国家独占資本主義」と名指された「財界と国家の癒着」が、「教育政策に貫徹し、教育政策の経済政策への従属が決定的」になる。教育政策の経済政策への従属というこうした見解に示されるように、そこでの近代(化)理解は、この時期の転換点を、経済成長主義による近代(化)と見る見方であり、そこに政治的な言説(「国家独占資本主義」)が重ねられた。戦後の日本の近代(化)は、(マルクス主義的な発展段階理論を援用して)「国家独占資本主義」の段階に至ったという認定である。

教育政策への「経済界の要求」は、『戦後日本教育史』ではつぎのように表現された。

「技術革新」と「生産性の向上」を基礎とする高度成長政策は、産業構造と労働力需要構造を変化させ、「産学協同」と「能力主義」の原則を中心として、労働力需要に見合う人材の選別と配分の機関として教育制度を再編成することを必要とし、そのため、学校制度の多様化と、能力と適性に応じた教育を要求する。そして、分に応じての満足感と、「適応能力」をもち、企業への強い帰属意識をもった労働者が「質の高い労働力」として推奨される。さらに、愛社精神と愛国心を一元化し、海外への経済進出を支える意識の形成が、次第にその重要性をましてくる。

しかし、この時期の教育問題は学校制度とそこでの教育内容の問題にとどまらない。高度成長政策にともなう社会構成と社会形態の変化は、子ども・青年の発達の基盤そのものを変えていった。(同、二八八頁)

高度成長政策が目指す産業構造の転換に応じる教育という指摘である。そこに、「「産学協同」と「能力主義」の原則」、すなわち、「労働力需要に見合う人材の選別と配分の機関として教育制度を再編成すること」、そのために「学校制度の多様化と、能力と適性に応じた教育」に改編する意図を読み取ったのである。このような国家統制による経済と教育との結合(経済(政策)への教育(政策)の従属)は、「能力主義」の表現を通じて、広く世間に流布することとなった。たとえば、つぎの指摘である。

こうして高度成長政策は、「能力主義」にもとづいて教育制度を、競争と選抜による人材開発システムに変えたばかりでなく、子ども・青年の発達的環境を貧しくし、危機にすることを必然的にともなった。(同、二八九頁)

競争、選抜、能力主義——一九六〇年代以後の教育問題の構築の際に必ず言及された表現が、出そろった。後に「能力主義的」「差別＝選別教育」と呼ばれることになる戦後日本の教育問題の「元凶」とみなされた問題の構築である。経済成長主義を政策の要とした六〇年代以後の近代(化)政策の問題点に重ねた認識といえる。

この点の確認のためにも、さらに『戦後日本教育史』の言説を追おう。教育問題とのつながりを示した部分である。

こうして一九六〇年代にすすめられた高度成長政策は、ハイタレントと各種労働力の確保を中心課題として教育制度の多様化、種別化を進め、戦後の六・三・三・四制の学校制度を、実質的に変更していったが、それにとどまらず、それが必然的にもたらした地域と自然の破壊のもとで、子どもは、その誕生のとき、いや、母胎に生命が宿ったときから、発達的困難と不安をともなう状況におかれ、伝統的な集団あそびは失われ、子どもたちが父母と共に働く機会は少なくなり、地域は教育力を失っていった。こうした状況のなかで貧困な幼児教育施設は、学校に行く前の段階で、すでに多くの不平等をつくりだし、テストと競争の教育は登校拒否症の子どもを生みだした。非行と自殺の増加も、教育不在の深刻な事態を反映するものだったといってよい。(同、二九〇—二九一頁)

教育政策を規定するものはなによりも経済政策の観点であり、道徳教育・愛国心教育もその労働力の質の内容をなすものとして位置づけられる。(同、二九三頁)

経済(政策)への教育(政策)の従属によって、広範でさまざまな教育問題が引き起こされる——「政治の時代」を終え「経済の時代」が始まった、その転換を戦後日本の近代(化)の変節ととらえ、そこに、国家の強力な介入を通した経済への教育の従属という「国家独占資本主義」のもとでの経済と教育と国家との結びつきを見たのである。

しかし、このような政治的・イデオロギー的な表現を取り除いてみれば、ここでの近代(化)理解は、臨教審が批判した「パターナリスティック(家父長的温情主義的)」な国家主導による近代(化)と選ぶところはなかった。戦後教育改革の理想を先進＝普遍として措定することで、そこからの偏差(「逆コース」)を後退・退歩と見る近代(化)理解を下敷きに、国家の介入・統制によって教育が経済に従属する事態を、日本の特殊＝後進性ゆえと理解したのである(2)。

だが、「国家独占資本主義」といった概念を通じて結びつけられた経済―教育連関への批判は、このような政治的・イデオロギー的な枠組みによって言説としての力を得たとは考えにくい。これまで見た主流派教育学者の主張が一定の影響力をもったのは、それが当時の人々やメディアが盛んに問題視していた教育における(受験)競争という問題と、能力主義的教育という批判言説とが結びつきやすかったからだと考えられる。能力主義的教育を、教育問題を生み出す元凶とみなす問題構築の習性《クセ》である。こうした教育のとらえ方の最も先鋭な形の表明は、日教組が組織した教育学者による教育制度検討委員会の報告書のなかの、つぎの表現に見いだすことができる。

子どもを、「成績」に応じて分類し、その「能力」別に上下の序列をつけ、進学する子としなくてよい子に分け、また普通高校と職業高校に仕分けし、男女を差別し、さらに、一流校から何流校にまで、格差をつけて、選別していく。そこから子どもたちのあいだに、はげしくつめたい競争主義が生まれる。こうして、わが国の学歴社会的傾向は強まり、学校は学歴競争の修羅場となる。こうした大勢を、教育における「能力主義」と呼ぶことができる。(教育制度検討委員会・梅根編　一九七四、五四頁)

能力主義こそは、今日の教育荒廃の元凶、教育諸悪の根源というべきである(同、八二頁)

学力による序列化を「能力主義」とみなし、そのような教育を「差別＝選別教育」として批判する。このような見方は、これほど先鋭的ではないにしても、日本の教育を問題視する際の、基底的な認識枠組みとなっていた。いわく、「序列化（あるいは、テスト主義、偏差値教育、学校格差、等々）が、非行（あるいは、落ちこぼれ、いじめ、自殺、登校拒否、等々）を生みだしている」というように。ある時代まで一定の影響力をもった、日本の「教育問題」を社会的に構築する際の思考様式である。

　このような「能力主義的教育」が生まれた原因は、前述のとおり、教育（政策）を経済（政策）に従属させた国家の経済＝教育政策に求められた。その発端とみなされたのが一九六三年の経済審議会答申『経済発展における人的能力開発の課題と対策』であった。

『戦後日本教育史』はこの答申をつぎのように読み解いた。

> 　経済審議会答申は、その新時代の要請に応える教育改革の原理として、産学協同の原理と結びつけて「能力主義」による再編の必要をこう説明している。社会が「模倣技術」による段階から「自主技術」の段階へと進まなければならないとすれば、そのためには、「広く国民一般に自主技術確立を可能にするような基礎的能力」の涵養が重要であり、同時にまた「社会全体が能力を尊重する気風なり、制度なりをもたなければならない。」いまや、「学歴や年功」に代わる「新しい価値観とシステムが要請される経済の歴史的段階に立っている。」そして「これら諸条件の歴史的変化は、新しい基準による人の評価・活用のシステムを要請している。端的にいえば、教育においても、社会に於いても、能力主義を徹底するということである。」
>
> 　この主張はつぎのような戦後教育についての批判的とらえ方とセットとなっている。「戦後教育改革は、教育の機会均等と国民一般の教育水準の向上については画期的な改善がみられたが、反面において画一化のきらいが

あり、多様な人間の能力や適性を観察・発見し、これを系統的効果的に伸長するという面において問題が少なくない。」（大田編著 一九七八、二九三―二九四頁）

「模倣技術」から「自主技術」への転換点に立つという経済審の認識を示したうえで、それが「産学協同」と「能力主義」による教育の「再編」として問題構築されたととらえたのである。たしかに「能力主義を徹底する」という表現が答申から引用されている。だが、この指摘だけでは、それが教育における競争を強化させる原因だとみなす主張の説得力は弱い。

その弱さを補うために注目されたのが、経済審が押し出した能力主義を「ハイタレントの養成」や教育の多様化といった政策目的と結びつけている点であった。『戦後日本教育史』では経済審が提唱したハイタレントの養成と発見について、つぎのような批判を展開した。

このことは学校教育が、「能力主義」的に再編される際の危険性を示していた。「能力主義」の教育では、学校がすべての子どもや青年の可能性を発見し、それを発達させる場ではなく、ハイタレントの「発見」と選定の場となることが求められている。そこでは、知能テストその他のテストを中心として、ハイタレントの見こぼしがないようにその先天的素質をまずは発見すればよいのであり、おちこぼれる子どもたちは、問題ではない。むしろ産業的要請からすれば、学力不振で、進学意欲を無くす子どもたちこそ「金の卵」なのであり、中小企業の労働力不足の対策として、むしろ一定数のおちこぼれをつくりだすことが、結果として求められていたといってよい。（同、二九五頁）

先に引用した「能力主義的・差別＝選別教育」への批判に通底する認識である。さらに後期中等（高校）教育の多様化については、つぎの批判が向けられた。

こうして「後期中等教育の多様化」を軸とするハイタレント選別の学校再編は、必然的に進路指導・観察過程・コース別クラス編成、あるいは各種テストによる能力検査の重視となり、他方で、能力に応じ、分に応じての「生き甲斐論」を説くことを通して、現代の労働における人間疎外を意識の面で解消させようと努める。（同、二九六頁）

このようにして、「教育制度の多様化と教育の能力主義的再編が必然的にテストと選別の強化をもたらし、受験競争を激化させた」（同、三三六頁）と、先の教育制度検討委員会と同様の教育問題の構築に至るのである。

こうした批判言説が一定の影響力をもったのは、前述のとおり、入試選抜（＝受験競争）の激化といった日本の教育の問題点がメディア等を通じてすでに広く受け入れられていたからである。しかも、高校入試という、ほとんどの中学校卒業者が経験することとなる入学試験の体験は、教育における競争（主義）という現象にリアリティをもたせた（苅谷 一九九五）。

経済審議会の能力主義の提言は、たしかに教育における「能力主義」の提唱と結びつけて（批判的に）理解された。ここには経済に従属する教育という関係を国家が主導したという近代（化）の理解が含まれていたことはすでに指摘した。だが、もう少し分け入ってみると、そこには、近代（化）理解のねじれが含まれていた。政策が求めていた能力主義と、教育問題として構築された「能力主義的・差別＝選別教育」とのずれである。とりわけ後者は、学力やテストの得点という一元的に示され評価された「能力」によって競争が激化し、子どもたちが序列化されるという「一元的能力主義」（乾　一九九〇）として理解された。ところが、すでに乾彰夫が的確に指摘したように、経済審答申の能力主義とは、近代的な（欧米的な意味での能力の多様性を前提とした）能力主義的管理（「人の評価と活用のシステム」）と人材形成を求めるものだったのである。その点は、先に引用した『戦後日本教育史』での答申からの引用にも示されていたはずである。にもかかわらず、当時の教育学者は、それが日本の能力主義の一元化を推し進めたものだと「誤読」した。

この誤読を誘った「競争主義の教育」という問題構築の習性《クセ》を探ることで、能力主義教育批判に埋め込まれた、もう一つの近代（化）理解の特徴を取り出すことができる。そのための準備作業として、まずは、当の経済審議会答申の近代（化）理解を分析の俎上にあげよう。

二　経済審議会答申の「近代」

答申『経済発展における人的能力開発の課題と対策』は、政策立案の必要性の前提となる時代認識を、「技術革新時代」と見た。

とくに現代社会経済の大きな特徴は、急速な科学技術の発展に支えられて経済の高度成長がつづく技術革新時代ということである。世界的な技術革新時代にあって、国際競争力を強化し、世界経済の進展に遅れをとらず大きな経済発展をなしとげ、国民生活の顕著な向上を期するためには、独創的な科学技術を開発し、また新時代の科学技術を十分に理解し活用していくことが是非とも必要である。この責務を果たしていくものは政府であり、そしてまたわれわれ国民自身にほかならない。ここに経済政策の一環として人的能力の向上をはかることの必要性がある（経済審議会　一九六二、一頁）

「経済政策の一環として人的能力の向上をはかる」ことが求められたのは、なによりもこの時代が「急速な科学技術の発展に支えられて経済の高度成長がつづく技術革新」の時代とみなされたからである。それが以下の政策の根拠となる、課題設定の前提を準備した。そこでの政策目標は、「国際競争力を強化し、世界経済の進展に遅れをとらず大きな経済発展をなしとげ、国民生活の顕著な向上を期する」ことにある。「世界経済の進展に遅れをとらず」の表現にあるように、ここにはキャッチアップ型近代化の根幹に経済の高度成長を位置づける近代(化)理解が示されていた。国際競争という文脈を用意して、「遅れ」をとることを問題視する問題構築である。

しかし、このような課題は、日本に特有だとは経済審は認識しなかった。「ある政策目標遂行のために人的能力開発を目指した政策は、わが国の歴史にも、諸外国においても決して珍しいことではない」(同、一頁)、といった指摘に見るように、人的能力開発が国際的動向であることを確認している。そのうえで、日本の政策課題が「特有」であることがつぎのように指摘された。

このように人的能力政策というものは、わが国の歴史においてもみられたところであるし、世界的にもとりあげられている問題なのである。しかし、それだからといって、われわれがとりあげた人的能力政策は、それらのくりかえしでもなければ、模倣でもない。それは、わが国の現代に特有のものでなければならない。(同、二頁)

われわれがとりあげた人的能力政策は、わが国の過去のものや、海外諸国のものより国民生活の向上ということに、より密接な関係をもつものである。(同、三頁)

「国民生活の向上」により密接に関係する、そのために諸外国の「模倣」ではなく、「わが国の現代に特有」の政策が目指される。日本の実情を認識したうえで、国際的な「遅れ」をとってはならないというキャッチアップ型近代（化）が目指されたのである。それというのも、「技術革新時代」は「第二次産業革命」の時代といった大きな（文明論的）転換点に立つという時代認識（近代（化）にかかわる理解＝知識）を下敷きにしていたからである。(3)

答申はいう。

第一次産業革命は人力とか畜力とかを機械にかえて、動力を集中した工場制工業が中心となって進められたが、第二次産業革命といわれる現代の技術革新では、人間の手足ばかりでなく、神経ないし頭脳的働きまでを機械におきかえていくのが特徴的である。

このような第二次産業革命といわれるほどの現代の技術革新は当然新しい時代にふさわしい技術者、技能者を必要とするとともに、新しい経営組織、労使関係等の経営秩序の確立を求め、ひいては経済構造、社会構造さらに人間の意識等に影響を与えずにはおかない。ここに人的能力政策の現代的意義がある。

とくにわが国は戦前から模倣技術が中心であり、それが戦時中から外国技術との接触をしゃ断され、戦後もかなりおくれて海外との自由な交流が可能となったので、外国技術とのギャップが大きく、これをうめるためもあって技術革新のテンポがかなり急激となっている。また、わが国では、欧米諸国のすでに戦前に発展した産業と、第二次大戦後に開花したものとが、同時に最近になって発展しはじめたという理由もあって、技術革新の進められている産業が広範にわたっている。（同、四頁）

ここでは戦前の一度目のキャッチアップ型近代化を「模倣技術が中心」とみなし、「それが戦時中から外国技術との接触をしゃ断され、戦後もかなりおくれて海外との自由な交流が可能となったので、外国技術とのギャップが大きく」なったと「遅れ」を指摘する。しかも、この遅れは、従前の近代(化)における日本の「特殊」と連接されて理解された。その部分を引用する。

過去の日本経済は資本主義体制のもとに急速な工業化を進めてきたが、これを支えた理念なり、人間の意識は、戦前においては封建的なものが多分に残存していた。戦後、この古い理念なり意識なりは急速に後退したが、これにかわる新しいものは、いまだ確立されているとはいいがたい。ではその新しい方向はどのようなものであろうか。それはほかでもない近代的合理主義を基調とする民主主義であり、それが正しい伝統の把握と相まって、個人にも職場にもそして社会一般にも正しく育成されることなのである。(同、九頁)

戦前における「封建的なもの」の残存、そして戦後にはそれに代わるべき「近代的合理主義を基調とする民主主義」がいまだ確立していないと見たのである。本書でたびたび確認してきた、近代的合理主義(普遍)を起点に、そこからの偏差=後進性を日本の特殊と結びつける近代(化)の理解である。(4) 経済審では、そのような日本の近代(化)の特殊性をつぎのように分析した。

わが国の従来の技術は先進諸国の模倣技術であったといっても過言ではないが、そこには以下のような事情が考えられ、それなりの必然性があったのであり、従来の高度成長を支えた一つの大きな要因として評価すべきであろう。すなわち、わが国が遅れて近代化を開始したために存在した先進国との間の大きな技術格差を埋める必要があったこと、豊富低廉な労働力供給を基盤として、特許料等を支払って外国技術を導入したり、高い外国機械を購入しても十分有利であったこと、とくに問題となる重化学工業は、戦前は軍需という大量かつ安定的な市場があり、また補助金等の国家的補助措置があったりして、それほど競争条件がきびしくなかったこと、戦前の技術進歩は、戦後に比して緩やかであったから、一度導入した技術で、かなりの期間生産を続けられたことなどの事情である。(同、一二—一三頁)

後発型近代(化)という理由による説明である。「しかし、ここにあげたひとつひとつの条件が最近大きく変わりつつあることは詳論するまでもないであろう。したがって、模倣技術から自主技術へということが、抽象論としてではなく、経済的、技術的要請として、強くわが国に課せられていると考えるべきである」(同、一二—一三頁)と課題設定が行われる。日本の近代(化)の後発性・後進性という認識をもとに構築された問題を前提に、政策設定が行われたのである。さらに答申は続ける。

技術の進歩は、一方における科学の進歩と、他方における現実の産業側の技術的改善の要求とが合目的的に結合することによって行われる。ところが、わが国においては、図式化していえば、科学は先進国で生まれた既知の学問を消化吸収することに努め、産業の方でも先進国で生み出された技術や機械を直接買ってくることを繰返してきたので、産業と科学をつないで自ら新技術を生み出すという努力が強くはなされない傾向が生じたと考えられる。このようなことを長く続けてきたために、技術に関連する科学と産業の間に断層が生まれ、また技術の進歩にたずさわる経営者や科学技術者に安易に流れる気風が潜在的に植えつけられてきたことも否定できない。そのために自主技術への切り換えを容易に行い難い態勢ができ上がってしまっている。したがって、今後自主技術を育成するためには、単に科学技術教育の振興、研究投資の拡充等の直接的な施策にとどまらず、より広く、国民一般に自主技術確立を可能にするような基礎的能力がかん養されることが基本的に重要である。

すなわち、そのような基礎的能力のかん養とは、現実の問題解決の方法を他に依存しないで自ら考え、自ら生み出していくという態度と能力をつけることである。いわば、創造力を身につけるということであるが、このような能力は既知の理論や知識を教えられるだけでは得られない。現実の日常生活の中で、系統的に体得されることが重要である。事実を正しく認識し、ここから問題解決の方法を見いだす、サイエンティフィック・アプローチ（科学的考究法）を教育の全過程を通じて身につけさせる努力がなされるべきである。実践を通じての教育が技術技能系以外の分野においても重視されるべきであろう。（同、一三頁）

ここには、それまでの日本の技術が模倣技術であったと指摘したうえで、それを「自主技術確立」に向けて変えていくことの必要性が強調されている。そしてそのために、問題解決能力等、「現実の問題解決の方法を他に依存しないで自ら考え、自ら生み出していくという態度と能力」の育成が、「基礎的能力のかん養」として提案される。さらにそのために必要な資質や能力がつぎのように提示され、それらを育成するための教育の革新が求められた。

チームワークをみのり多いものにするために必要な諸能力、すなわち、自分の考えを相手にわからせる表現力、相手の考えを理解する理解力、そして各人の能力をまとめひとつの新しいものを作りあげる総合力や指導性といったものがいずれの場合にも根本的な要素となるが、これらはあまりにも当然のことであるが故に軽視される傾向があり、ひいては確固たる厚い層の上に自主技術を築きあげていくことを困難にしている一つの原因ともなっている。このような協同のための諸能力も、主知教育でなく、日常の実際的訓練によって得られるものであり、系統的な実践を通じて体得することの重要性が指摘できる。（同、一三―一四頁）

ここまで本書を通読してきた読者は、これらの表現に既視感を覚えざるを得ないだろう。すでに一九六〇年代前半の時点で、それまでの日本の経済や技術のあり方が、キャッチアップ型であるとの認識が示され、それを脱却するためには、「自ら考え、自ら生み出していくという態度と能力」の育成を教育の基本とすべきとの考えが示されていたのである。

問題解決、コミュニケーション、リーダーシップ、創造力と自ら考える力など――ここに挙げられている能力の項目は、いずれも九〇年代以後のキャッチアップ終焉の認識を得た時代に提言された項目と選ぶところがない。六〇年代のそれが、自主技術の確立という、模倣技術からの脱却を目指していたことを措けば、自らモデルをつくる必要性を強調する見方をとるか、モデルを失ったと見るかの違いこそあれ、教育に求められる能力のアイテムにほとんど違いはないのである。

既視感のおおもとにあるのは、近代(化)理解の習性《クセ》である。時代の画期を設定し、急速な変化の到来を提示する。そのために求められる新しい能力・資質として教育の課題として示す。ほぼ同型の論理で、近代(化)理解が問題構築の言説資源として使われ、それが共通了解圏を形成し、そこで構築された問題を政策課題へと読み換える。このようにして政策言説の正当化が行われる。しかもそこには、日本の遅れや特殊が、あるときは明示的に、あるときは暗示的に設定される、外部の「先進」を参照点にすることで理解されるのである。

三　学歴社会・受験教育の「近代」――能力主義的教育の読み換え

主流派教育学者による経済審答申の「誤読」がなぜ生じたかについては、すでに乾の優れた先行研究がある（乾 一九九〇)。簡単に紹介すれば、すでに一九六〇年代には顕著であった一元的能力主義の成立という現実が増幅装置となって、経済審答申の多元的能力の育成という課題が誤読されたという説明である。労働経済学や経営学の成果を取り入れた乾の実証的な分析によれば、日本の企業社会は、一九六〇年前後に職務給制度から「日本的な」職能給制度への転換を遂げていた。それを背景に企業は、能力主義の導入にあたり、直面する労働力不足のもとで人材確保のために年功制的秩序を保持しなければならなかった。この妥協の結果、職務ごとに求められる多様で多元的な能力ではなく、人間関係や潜在的能力、「姿勢態度」「人柄」「人格」といった、一元的に序列化できる「職務遂行能力」を想定し、それを人事管理において重視していくこととなったというのである。しかも一九六〇年代には企業の新規学卒者の定期一括採用方式が日本の企業社会に定着した。そのなかで学校は、「『企業社会』への入職経路において、決定的ともいえる位置を持つに至り」、「正規雇用への入職経路が学校紹介就職へと事実上収斂していく」(同、一四八頁)。その結果、企業社会の一元的能力主義が、教育における「一元的偏差値的序列化」へとつながったと乾は見たのである。

ここでの課題は、乾の指摘の再検討を通じて、誤読の原因や理由を探ることではない。主流派教育学者を誤読させ、その批判言説が一定の力を得ることになる背景として、経済と教育との結びつきが、政策レベルではなく、当時の日本社会においてどのように理解されていたのかに注目する。

乾は、日本企業の人材選抜とその影響を受けた労働市場の編成、さらには就職を通じた学校と企業との結びつきに一元的能力主義を生み出す原因があると見た。そして教育における序列構造や競争の激しさは、先進国とは異なるものとして広く認識されていた。特殊の認識である。それに対し、高度な資本主義社会であったアメリカやイギリスの教育にはそのような特殊は存在しないと主流派教育学者は見ていた(たとえば稲垣 一九八四)。能力主義的教育批判のなかで、アメリカのハイスクールをモデルとしたといわれる、いわゆる「高校三原則」が中等教育改革の理想とされた

ことからも、その点を確認できる。(5)

乾の研究では、実態レベルでの分析が経験的な根拠(データ)とともに示されており、日本的な雇用慣行や就職の仕組みにも「日本的」な特徴が描かれている。このような学校と企業・雇用との関係は、経済と教育の関係の一端である。おそらく実態レベルの問題として、後発型近代化の経験がこのような企業の仕組みや就職の仕組みをつくりだしたという事実があったのだろう。だが、経済と教育の結びつきを言説レベルや近代(化)理解の問題としてとらえ直すと、このような事実認定が最も俗説化された「学歴社会」と「受験教育(競争)」にかかわる言説＝社会認識の特徴として対象化できる。「学歴社会」と「受験教育(競争)」の強固な結びつきが、一元的能力主義や競争主義の教育としてリアリティをもったと想定できるからである。臨教審の審議でもこれらの問題は、実証的にというよりも、俗説化された形で議論されていた(本書九四、九五頁)。主流派教育学者の能力主義的教育批判においても、「わが国の学歴社会的傾向は強まり、学校は学歴競争の修羅場となる」(教育制度検討委員会・梅根編 一九七四、五四頁)との表現が見られた。いずれも実証的データ抜きの問題構築であった。このように見ると、「学歴社会」や「受験教育(競争)」をめぐる言説を分析対象とすることで、「能力主義(の誤読)」を介した経済と教育との結びつきに関する近代(化)理解を読み解く手がかりを得る。

ただし、以下の分析で検討するのは、これまでのような主流派教育学者の言説ではない。経済と教育との結びつきにかかわる「学歴社会」については、教育社会学と呼ばれる領域の研究者が中心となって研究を進めてきたからである。教育社会学者の言説は、主流派教育学者に比べ、政治性やイデオロギー性が濃厚ではない。社会学を基礎に置く教育研究であるだけに理念先行というよりも実証性に重きを置いている。にもかかわらず、学歴社会や受験教育をめぐるその研究言説には、近代(化)理解の変節が現れる。

ここで取り上げる論者は、いずれもその時代の教育社会学を代表する研究者である。メディアでの発信も少なくなかった。主流派の教育学言説に対しても一定の影響力をもちうる立場と実績を備えていた。はじめに一九六〇年代に現れた「学歴社会」をめぐる言説を、日本における教育社会学草創期を代表する研究者であった新堀通也による『学歴』(一九六六)によって追う。新堀が問題視するのは、学歴による身分制、「レッテル」としての学歴の「非合理性」批判である。

尊重される学歴がレッテルとしての学歴であれば、学歴尊重は明らかに不合理である。それが合理的になるためには、つまり能力主義の原理と一致するためには、レッテルにいつわりのないこと、レッテルが完全に内容と一致していること、グループとしての評価が個人に適用できること、逆にそうでない者は一人残らずあるレッテルを得ていないことなどの前提条件が満たされていなくてはならぬ。だが、これらの条件が完全に実現されていないことは、説明するまでもない。(同、九頁)

個人を単位とする「能力主義の原理」との不一致を問題視することで、レッテルとしての学歴尊重を不合理と見る。つまり、個人単位の能力主義の原理を近代的な価値(普遍＝先進)として肯定・措定し、それと不一致を起こす日本の現実をその価値からの逸脱(特殊＝後進)として批判する。新堀の議論では、日本の後進性がつぎのように表現された。

日本の社会が学歴身分制と称されるのも、このためである。徳川時代のように家柄、階級によって個人の社会的な地位が生まれたときから決まっているという身分制はなくなったが、五歳から二十歳ごろにかけて獲得される学歴によって、その後の地位が相当程度、決定されるので、その後は学歴という基準による身分ができあがってしまう。(中略)この身分から脱して上昇するのはなかなかむずかしい。(同、一一―一二頁)

つまり学歴競争を終えて大人になってからの世界は、一種封建的な身分社会にほかならない。〔中略〕ものをいう実力が遊泳術であったり、コネを作って上役に取り入る技術だったりすることも多い。仕事の上での公開的な実力ではなく、閉鎖的・四畳半的な能力なのである。（同、一五頁）

日本社会は「学歴身分制」「一種封建的な身分社会」として批判的にとらえられている。その対極にあるのが、「実力主義、能力主義の原理」（同、一六頁）という近代的価値（普遍）である。「閉鎖的・四畳半的な能力」と「仕事の上での公開的な実力」との対比にも同様の基準（＝特殊と普遍）の適用が見られる。ここでも、近代的な価値を肯定・措定しつつ、それと日本的現実とのギャップのなかに日本の社会と教育の問題を見るロジックがはたらいている(6)。

では、「受験教育」についてはどうか。ここでは新堀と同時代の代表的な教育社会学者である清水義弘の著作を取り上げる。『試験』（一九五七）である。この本の主題は、戦後の単線型教育制度の成立が進学志望者の急増をもたらし、それが結果として入学難や受験競争の激化につながったことの解明にある。教育の量的拡大という社会変動と、それがもたらした入学難という教育問題とを関連づけた論考である。

大学入学者数の増大、進学者が上流階級、中流上層以外に広がっていることに触れた後で、清水はいう。

いずれにしても、戦後においては機会均等の原則が国民の広い層、なかんずく中流以下の層にまで滲透していることは否定できない。したがって、入学難ということがなければ、これはまことに喜ばしいことであり、国民の教育意識は戦前よりも一歩も二歩も前進しているとさえいうことができる。（同、一四頁）

ここに示されるように、教育の機会均等という、アメリカ流近代化理論のなかで中心的思想の一つとされる理念の浸透を、「前進」と肯定的に受けとめている。しかしそのことが、日本的現実のなかでは「入学難」という問題を引き起こしている、と問題が構築される。近代化論が掲げる価値（普遍）と日本の現実（特殊）とのギャップを指摘することで、教育問題が生じるという論理である。

しかも入学難が階級差を伴っていたことがつぎのように問題とされる。

入学競争は中流階級にとって重大な問題としてあらわれているが、重大な問題だといえば、下層階級が上流階級とはちがった意味ではじめから入試競争の圏外におかれていることである。（中略）彼らのうちには、高等教育を受けるにふさわしい英才も多数いるにちがいないが、彼らには何らの保障も援助も与えられていない。教育の機会均等という金ピカの原則は、もっぱら中産階級以上の所有物であって、下層階級には無縁の代物にすぎないのである。（同、七二頁）

最後から二つ目の文にあるように、ここでの階級格差は、機会の提供が不十分なことで生じる。その結果、「下層階級」のなかにもいるはずの「高等教育を受けるにふさわしい英才」が救い出されていないという点が注目され、それゆえに「教育の機会均等」という「金ピカの原則」の限界が指摘される。機会均等の原則と、機会の欠如という現実（資源の不足）とのギャップが問題とされたのである。しかも教育の機会均等の原則についても、つぎの指摘が行われた。

教育の機会均等の原則の滲透といえば、それはとりもなおさず民主主義教育の発展にほかならないから、まことにりっぱなわけであるが、しかし国民の教育意識のうちには、教育を立身出世のエレヴェーターと考えるもうひとつの動機が隠されていることに注目しなければならない。（同、一五六頁）

教育の機会均等原則の普及を民主主義教育の発展（近代的価値の発現）とみなしながら、そこに含まれる「立身出世」といった日本的な「動機」に着目し、近代的価値と日本的現実との混淆を問題視したのである。

このような清水の議論にも、一方で近代にまつわる価値（普遍）を認めながらも、そこから日本の現実＝特殊（機会の欠如、「立身出世」主義など）との落差を示すことで、教育の問題が構築されていた。そこでの近代理解は、戦後日本の教育に、理念や理想としては浸透しつつも、日本的現実の後進性ゆえに、いまだその理想が実現されていない状態を示す準拠点を提供した。そしてそこからの距離＝落差（後進性）が、日本の教育問題（特殊）の構築を可能とする言説資源となったのである。

このように、キャッチアップ近代化の途上とみなせる時点においては、近代的な価値を肯定・措定し、そこからの日本の現実との距離（落差）を指摘することが、学歴社会や受験競争といった問題を構築する際の習性《クセ》であった。そこでの近代とは、日本の現実がそこからどれだけ離れているかを測るための基点として理念化された参照点である[7]。ただし、そのような論理構成をもつだけに、「教育の機会均等の原則」にしても、「民主主義」にしても、「実力主義、能力主義の原理」や「仕事の上での公開的な実力」にしても、それらは抽象的な指摘にとどまり、それゆえにいっそう理想化され、当時の感覚では身近でわかりやすい日本的現実（「四畳半的能力」）を批判する言説としての力をもち得たのである。

ところが、「学歴社会」をめぐる教育社会学の言説は、一九八〇年代を迎えると大きく変わっていく。新堀や清水より時代が下り、キャッチアップ型近代化の完了という認識を得た直後の研究言説である。ここで見るのは、天野郁夫『教育と選抜』(一九八二)である。学歴社会と受験の両方を視野に入れ、近代化と教育の関係それ自体を対象とした研究である。新堀、清水の時代と比べると、実態レベルでも、日本の経済は高度成長期を終え、高校進学率が九〇%を超え、大学短大進学率も四〇%近くに上昇していた。さらにこの時期は、二度のオイルショックの後で欧米の経済が停滞するなかで、日本の一人勝ちと呼ばれる時期を迎えようとしていた。

『教育と選抜』のねらいは、「産業化の後発国」日本において、「学歴主義」や「学歴社会」が産業化の先進国よりもなぜはやく成立したのか、その「日本的構造」を解明することにあった。基本的な分析枠組みは「産業社会の基本的な構造」である。天野は近代化より産業化の語を多用するが、両者の間に互換性は高い。そして、教育が果たした産業化=近代化への機能的貢献という面において、日本の教育の機能的優位性を説く。たとえばつぎのような部分である。

> 学校教育制度は伝統的な階級構造を維持するよりも、新しいそれを創出する装置としての役割を果たした。それはヨーロッパ諸国と違って、学校が旧支配階級の身分文化と断絶する形で制度化されたためである。(同、二七五頁)
>
> 階級構造の開放性に対応して、わが国の学校制度も著しく開放的であり、その開放性が人々の上昇移動への「野心」をたえまなく「加熱」する役割を果たした。(同、二七六頁)

旧身分文化との断絶、階級構造や学校制度の「開放性」など、西欧諸国より後発産業化社会ゆえの優位性をもったというのである。それゆえ、すでに戦前においても、最低限の教育費の負担能力さえあれば、それからあと学校教育、とくにその「正系」である威信の高い官立学校の教育制度は、知的能力によるメリトクラティックな、競争的選抜の過程であった。(同、二七六―二七七頁)

社会規範についていえば、わが国では「業績」と「平等」という産業社会を支える二つの価値が、ヨーロッパ諸国にくらべて早期に確立され、政策面でも支持されてきた。とくに学校教育の場合、その機会は知的能力に応じて開かれるべきだという考え方が支配的だったとみてよい。(同、二八一頁)

となる。さらに戦後については、

産業化の過程で追い求められてきた評価と選抜の合理化――開かれ、普遍主義的で業績本位の、メリトクラティックな選抜という理想は、制度的にみる限り、ほぼ完全に近い形で実現されたといってよいだろう。(同、二九一頁)

と述べている。

このように天野は、日本という後発型の産業化社会が、先発国であるヨーロッパと比べても、より早くメリトクラティック(能力・業績主義的)な選抜を導入し、しかもそれが階級構造上も「より開放的」であったと見る。同じ現象が非合理であると判断されていた一世代前との違いは歴然である。

両者の違いの一つは、議論の準拠点となる西欧社会をどのようにとらえるかという実証性にある。天野は精緻な歴史分析をもとに日本との差異を論じた。階級的な開放性にしても、メリトクラシーの実現度合にしても、そのような近代的価値を基準点に置きながらも、実態の詳細な分析によって、産業化への教育の貢献という面での日本の機能的優位性を読み取った。

しかし、ここでの議論にとって重要なのは、つぎの違いである。天野の著作が書かれた時点は、すでに日本のキャッチアップが終わったという認識が社会に浸透し始めていた。同様に日本の過去や同時代の「学歴社会」を論じても、これほどの評価や判断の違いが生じた理由は、実証研究の精度の違いだけには還元できないだろう。キャッチアップ型近代の達成というフィルターを通して過去(戦前)や現在(一九八〇年までの戦後)を見る際に、日本の機能的優位性を事後的に判断しやすくなったということだ。

天野の著作は、エズラ・ヴォーゲルの『ジャパンアズナンバーワン』が日本で大ヒットした三年後の刊行である。アメリカ流の近代化理論を機能主義的に読み換え、日本にあてはめることで、日本の経路依存性に肯定的評価を下すことのできる知識の基盤ができあがっていた。大平政策研究会の報告書もすでに刊行されていた(一九八〇)。それゆえ、「産業化の過程で追い求められてきた評価と選抜の合理化」の実現という点での日本の優位性は、近代化理論が肯定する価値(「開かれ、普遍主義的で業績本位の、メリトクラティックな選抜という理想」)を外部の準拠点にしたままでも肯定可能となった。西欧とは異なる経路をたどりながら、むしろ後発性ゆえに近代化において優位に立つ――アメリカ流近代化理論のイデオロギー的作用に棹さす認識が示された。近代とは達成すべき目標である。ただしそこに至る道は一つではない――キャッチアップを終えた時点に到達し得た認識である。

もう一人、この時期に書かれた麻生誠の言説を追おう。『近代化と教育』(一九八二)である。この著作はそのタイトルが示すように、日本の「近代化と教育」の関係を分析した研究である。その理論枠組みとして援用されたのが、アメリカ流近代化論の代表的イデオローグとされるT・パーソンズである(Gilman 2003)。麻生は「前近代 vs. 近代の価値パターン」を図式化し、それに照らして明治以後の日本の社会変動を近代化のプロセスと見、そこに教育を位置づけた。明治以前の日本の社会や文化の特徴を挙げたうえで、麻生はつぎのようにいう。

意図的・作為的に、日本を近代化するためには、これら先行条件の中に萌芽的状態で存在している近代化の原初的モデルに、先進の西欧諸国の近代モデルを接合させて、我が国の社会風土になじむ「近代モデル」をつくりあげることが必要であった。これが、明治維新という革命期の指導者の課題であった。（麻生 一九八二、七七頁）

日本の近代化が「意図的・作為的」に行われたこと、さらには西欧の近代モデルとの接合によって、「我が国の社会風土になじむ「近代モデル」」が追求されたと見る。ここには、清水や新堀のように、西欧＝普遍的モデルからのギャップを後進的と断じる視点は弱い。代わって、日本的な近代化モデルを取り出そうとするねらいが前面に出る。たとえばつぎの指摘である。

先行エリートにおいては、個別主義価値志向と業績主義価値志向との複合体が優越していたのに比較して、離陸エリートにおいては普遍主義価値志向と業績主義価値志向との複合体が優越する傾向が強まる。しかし、わが国のように個別主義的な絆から、人権という普遍価値を媒介にした個人の解放の行われないままに「近代化」が推進された社会では、先行エリートのみならず離陸エリートにおいても個別主義価値志向が色濃く残存していたことを指摘しておこう。（同、一五三頁）

ここでの「離陸」メタファーはアメリカ近代化理論のもう一人の旗手、『経済成長の諸段階』で著名なロストウのそれをもとにしている。この点からも、麻生の議論がアメリカ流近代化理論に準拠して、日本がたどった西欧とは異なる近代化の経路を探ろうとしたことがわかる。したがって麻生にとっての近代(化)理解は、そこに至る経路に日本的な独自性を見いだしながらも、到達すべきゴールとしては、普遍性をまとうものとして構築された。日本の「近代化」は、主たる価値パターンにおいてはアメリカの近代化理論に則するか、あるいはそれと機能的等価性をもつ日本的な独自性をまといながらも、「近代化」という共通・普遍のゴール(麻生の指摘によれば民主化、工業化＝経済成長、モビリティの増大などアメリカの近代化論者が取り上げていた諸基準)に到達するまでの過程として描かれたのである。

このように見ると、学歴社会や受験をめぐる一九八〇年代の教育社会学の研究言説には、近代化理解の変化が示されていたことが確認できる。キャッチアップ以前には、日本の教育と社会の問題性が、欧米(普遍＝先進)からの後進性(特殊)として認識された。箱根会議での日本側の研究者をはじめ、本書のなかでたびたび指摘した近代(化)理解の習性《クセ》である。ところが、キャッチアップが完了したという認識が日本社会に広まった時期には、それ以前の研究や言説とは異なり、日本的な独自性(特殊)が機能的等価性を発揮し、日本の近代化を可能にしたという認識を得た[8]。キャッチアップ型近代化の終焉という認識を得たことで、キャッチアップ型近代(化)の途上でまとわりついていた、普遍＝先進 対 特殊＝後進という近代(化)理解が解除されたのである。

教育社会学という研究分野は、社会学をベースとしているだけに、理念やイデオロギーが先行した主流派教育学に比べ実証性を重視し、社会理論への関心も高かったということができる。また、他の社会学領域と比べ、教育という実体のある研究対象をもったため、外来の思想の直接的適用という弊を比較的逃れてきたともいえる。その分、日本の社会変動の実態をとらえようとする志向性が強かった。しかし、それだけにそこから取り出すことのできた近代(化)理解には、同じ時代の、同じ現象を対象とした研究であるにもかかわらず、一世代前の近代化理解に比べ、理解の仕方に大きな変化が生じた。後進性を前提として学歴社会や受験教育の問題をとらえた見方から、後進性にとらわれない機能主義的な理解へと変化したのである。

もちろん、天野や麻生の研究でも、受験教育の問題点は指摘されていた。それ以前と異なるのは、学歴社会にせよ、受験教育にせよ、その日本的な「特殊」を、経済成長に資する近代化の推進にとって機能的だったと肯定的に見た点である。そのような近代(化)理解が、キャッチアップ型近代化が終焉を迎えようとした時期に展開した。能力主義を介した経済と教育との関係は、こうして後進性としての特殊という認識から解放された。受験教育や受験競争といった「犠牲」を払いながらも、近代(化)に貢献する日本的な教育という認識を得たのである。それは主流派教育学への対抗言説であり、能力主義的教育の再解釈でもあった。政治的・イデオロギー的な近代(化)理解に代わり、経済と教育との日本的な結合(特殊)を機能主義的に解釈する近代(化)の理解(特殊からの普遍の達成という認識)であった[9]。

四　後発型近代(化)の経験と後発効果の「近代」

このような「能力主義的教育＝教育と選抜」問題の読み換え(後進性から機能性へ)が可能だったのは、とりわけ天野の場合、その分析を支える近代化の理論的枠組みが与えられていたからである。ロナルド・ドーアの「後発効果」理論である。それは、日本の後発型近代(化)の経験に対応した理論であった。その意味で、近代化理解という認識に特定できる問題と、現実の実態の記述(それを解釈するための助けとなる理論)とが交錯するところで生じる、近代(化)理解＝近代化の経験に関する事実認定を含んでいる。

本章の最終節では、ドーアや天野の研究からの引用を、近代化理解の言説データかつ、事実認識にかかわる一定の実証性をもつ記述として検討する。社会構築主義に立つこれまでの分析からあえて逸脱をするため、これまでの議論とは別様の議論になる。そのことを念頭に、後発型近代(化)という経験を単なる言説ではなく実証的に解明された実態としてとらえることで、「学歴社会」や「受験教育」といった「教育問題」が、どのように生み出されたのかを論じておく。後発近代(化)の経験が生み出したパラドクス(後述)である。

ドーアは、後発的な近代化を遂げた国々が「学歴病」にかかりやすいことを指摘した。学歴病に対する後発効果とは、つぎのようにまとめられる。

他の条件が同じであれば、後発的に発展を開始した社会ほど(すなわち、世界の歴史において近代化への駆動を開始するのが遅れた国家ほど)、

- 職業選抜において、教育の資格証明(学歴)がより広範に利用される。
- 学歴のインフレーションの度合がより早く進む、そして、
- 学校教育は、本来の教育を犠牲にしていっそう試験に志向するようになる。

(Dore 1997, p. 72. 訳は引用者)

後発型の近代(化)を遂げた国々において、教育と職業との結びつきが「学歴病」として発生しやすいことが指摘される。もちろん、ドーアが問題とした「学歴病」の発生と、ここでの分析課題である教育と職業(経済)との結びつきの展開とはまったく同じことではないが、重なる部分も多い。ドーアが指摘した三点のうち一番目と三番目、すなわち、学歴が職業選抜でより広く使われることや、試験志向の教育が広がることは、日本における学歴社会の成立や受験教育の発展の経験と重なる――それを学歴病と呼ぶかどうかには価値判断の問題が含まれるが[(10)]、ヨーロッパ諸国と比べれば、これらの項目に対応する日本の経験は事実レベルでも歴然としている。

ドーアも天野もその重要な理由としてキャッチアップ型近代(化)を挙げていた。ドーアは端的にいう。

その理由を説明するのは簡単である。そのことの一部は、後発型の発展を遂げる社会がキャッチアップを第一に必要としているからである。すなわち、公教育という枠組みを通じて知識や技術を改善することによる発展である。その最も重要な部分は、社会建設にかかわる技術においても機械の技術においても、最先端の技術を、中心となる先進国のモデルから輸入するという一般的な傾向によって説明できる。(Dore 1997, p.72)

他方、天野は、歴史データの分析を通して、企業の採用において学歴の価値が認められたことがヨーロッパよりも日本において先行したことを実証的に跡づけ、その知見に基づき、つぎの指摘を行う。

ヨーロッパ諸国とわが国の学歴主義の決定的な違いはこの点にある。教育資格と職業資格との結びつきから、一八世紀の後半にドイツに生まれた学歴主義は、一九世紀にはヨーロッパの多くの国に広がった。しかしヨーロッパではこの学歴主義は、専門職業と官庁・官僚の世界だけにとどまり、産業化の担い手であり、また産業社会の中核的な組織である企業には広がらなかった。それは一つにはヨーロッパ諸国の「正系」の学校系統が、企業の必要とする人材の養成とまったく無縁であり、また一つには企業組織の官僚制化が遅れたためとみてよいが、いずれにせよそこでは、産業化の進展はそのまま、学歴主義の進展をもたらさなかった。〔中略〕わが国の高等教育制度は、「正系」の帝国大学自体が、ヨーロッパの大学の排除した工学・農学などの「実用」の学を、はじめからその学部編成に加えて発足したことからも知られるように、専門的職業人や官僚だけでなく、事務・技術職員や経営者の養成需要に対しても対応的な(レスポンシブ)性格を備えていた、いや、教育の「象徴的価値」よりも「機能的価値」を重視する学校教育制度全体が、産業化のもたらすさまざまな人材需要に即応的な性格を備えていた、というべきかもしれない。わが国の学校教育制度は、その意味で、産業化を先行したヨーロッパ諸国のそれ以上に、純粋に「産業社会型」の制度だったのである。こうした専門的職業人や官僚だけでなく、企業の職員層の養成機能をもつことによって、わが国の学校教育制度は、近代セクターへの「ビザの発給所」となり、また産業化の進行とともに、ヨーロッパ諸国のそれを遥かに上まわる速度で発展することを約束されたのである。

（天野　一九八二、一五二—一五三頁）

この指摘が歴史的事実を正しく反映しているとすれば、後発型近代（化）の経験において、日本では産業化に必要な知識を、学校を通じて配分する仕組みが早期から成立していたことになる。学校化された知識の伝達を通じて、産業化の担い手となる人材が育成されていたということだ。このような後発型近代化の経験に対し、ヨーロッパ（とりわけイギリス）では、産業化を起こした知識は学校に集約されずに社会に遍在した。それゆえ、学校との結びつきを経ずとも、産業化が先行することを可能にした。それに対し、日本では、学校制度を確立したうえでの、知識の選択とパッケージ化が必要だった。

その結果、産業化に必要な人材を社会から幅広くリクルートする仕組み（「メリトクラシーの大衆化状況」（苅谷　一九九五）が、日本ではヨーロッパよりずっと早期に取り入れられた。中等教育レベルや高等教育レベルの教育機会拡大のスピードがヨーロッパ諸国でよりもはるかに速かった事実も、このような近代化の経験の違いによって説明できる。(11)

この点で、ドーアが後発効果の事例として取り上げた日本以外の後発型近代社会との違いも重要である。それらの国々は、イギリスの旧植民地であり、植民地時代にすでに英語での教育を通じて植民地のエリートが育成・選抜された経験をもっていた。そうした国々が独立後に近代化を開始した経験と、植民地となった経験がなく、しかも西欧語と最もかけ離れた言語とされる日本語を母国語とする日本の経験との違いは、日本における経済と教育の結びつきの展開を分析する本章にとって無視できない違いである。

天野はその重要性を、教授言語の問題としてつぎのように指摘した。

〔学校教育〕制度の日本的構造をつくり出した最大の要因は、教授＝学習言語としての外国語の問題であった。（天野　一九八二、九五頁）

当初は、外国語を通じてしか西欧の先進的な知識の導入はできなかった。そのため外国語の教育が優先された。この目的のために明治政府がとった政策は二つあった。一つは高額な給与で外国人教師を雇ったこと（御雇外国人と呼ばれた）、もう一つは、日本人の優秀な若者を選抜して欧米先進国に留学させたことである。このような西欧語による知識の導入を資源の乏しい時代に効率的に行うために、東京帝国大学を頂点とする、鋭いピラミッド構造をもつ（教育階梯の上に行けば行くほど、同じ教育段階であれば威信の高い学校ほど、入学が難しくなる）日本の学校制度がつくられた。そしてこの鋭いピラミッド構造をもつ学校教育制度の成立が、厳しい学力試験による選抜の仕組み（受験教育）を生み出した。(12)

しかし、天野が指摘したように、日本の貨幣価値が著しく低い時代に外国人を高額で雇い続けることも、大量に留学生を送り続けることも、政府に大きな財政的負担を強いた。それを逃れるために、教授＝学習言語の日本語化が急がれた。

天野の研究によれば、明治二〇（一八八七）年頃には、留学帰りの日本人の教師が外国人教師に順次代わっていく。明治一〇年代半ばには東京大学の教員の日本人化が大きく進んだ（天野　二〇〇九）。さらに教科書も日本語化（外国語の教科書の翻訳や日本人教師による日本語での「講義録」の発行）が進んだ（天野　一九九四）。とりわけ私立の専門学校では、日本語化が帝国大学以上に速く進んだ。最先端の研究が提供する知識には西欧語でしかアクセスできない時代が続いたが、こうして近代教育の誕生から二〇年ほど後には、高等教育レベルに至るまで、日本語での教育が可能になったのである。

天野の議論ではあまり強調されていないが、このような西欧からの先進的な知識や技術の導入が母国語で可能になるという変化は、旧植民地である他の後発型近代化社会と比べたときにも、さらには日本よりも先に産業化を進めた欧米諸国と比べた場合にも、日本での職業と教育との結びつきにとって重要な意味をもった。すでに西欧語でのエリート教育を旧植民地時代に経験していた他の非西欧圏の後発型近代化社会では、高等教育レベルでの教授言語のローカル化が遅れたからである。それに比べ、日本の経験は、外来の先進的知識の有用性や権威についての承認を残したまま、言語的に大きな壁となっていた西欧的知識の日本語化を急速に、そして広範に進めることに成功した。その結果、留学生を送り出す政策に比べ、国内での知識習得の窓口を明確に一本化することで、そこに特権を与え、しかもその特権を求める人々が集中する仕組みを短期間でつくりあげた。後発型近代化の特徴――そこにはキャッチアップ型近代化の経験も含まれた――が、知識のローカル化を通じて社会の学歴主義化を推し進め、初等教育から高等教育まで、学校での成績・達成が職業的な地位に結びつく、目に見えやすい教育と経済との機能的な結合(「学歴社会」)をつくりだしたのである。

この点で重要なのが中島秀人の研究である。中島は、このような日本の教育の拡張期と科学的技術の登場との同時代性に着目する。科学的技術(電気技術や有機化学工業など)において「第二次産業革命を構成する重要な要素」と考えられた日本での技術導入の時期(一九世紀後半)が、欧米とそれほど変わらなかったというのである(中島 二〇〇六)。と同時に、知識の学校化(現代では悪い意味で使われるがここではそれとはニュアンスが異なる)を可能にする基盤をつくりだすうえで科学技術教育という新しい教育を取り入れる、ほどよい後進性をもっていたことも中島の指摘から読み取ることができる。後発型近代化の経験が功を奏した理由の一つである。(13)

中島のいう「科学的技術」を含む西欧的知識の日本語化を通じて、日本の高等教育の量的な拡大がヨーロッパ以上に進んだ。この経験は、西欧的知識の有用性と権威を損なわない形で、それへの接近を大衆化するうえで欠かせない出来事だった。と同時に、このような邦人化＝日本語化という先進的知識導入のローカル化(indigenization)は、植民地支配を受けた後に近代化を遂げた後発型近代化の社会はもとより、知識のローカル化が遅れた非西欧圏の独立国(タイやトルコ、エチオピアなど)とも異なる特徴を、日本における後発型近代化の経験に付け加えた(14)。

しかしながら、このような知識のローカル化が早期に確立し、母語による試験を通じた選抜制度(学歴社会＝受験教育)の確立が早ければ早いほど、そしてそれが大衆的な規模で拡大すればするほど、それは母国語での教育と選抜を通じて、学校を通じた、国内だけで通用する能力主義(ナショナルな学校型メリトクラシー)の確立につながった。このことが、後に、教育の転換を困難にさせる桎梏とみなされるようになる。たとえば、受験教育の転換、教育の英語化への対応の難しさはその一例である。このようなパラドクス──知識のローカル化に伴う成功と、その裏返しとしてのグローバル化への対応の遅れ──が母語による、国内だけで通用する試験制度を通じた選抜制度の成立という、初期の成功に埋め込まれていたのである。

この初期の成功経験は、もう一つのパラドクスを生むこととなった。日本語化された知識によって可能となったメリトクラシーの拡張がもたらしたパラドクスである。教育を通じた職業選抜の仕組みは、西欧諸国からの先進的知識の有用性への信仰に基づき、その知識の多寡を基準にメリットのある人材を選び出し、それによってエリートの地位を正当化することによって確立した。知識の習得が能力の高さの証明となった。それゆえ、ドーアが指摘したように、教育資格(学歴)が職業的な機会と結びつくことを可視的に、そして容易にした。しかし、知識の日本語化が進み教育の機会が拡大していくと、先端的知識を使いこなすこととは異なる職業と教育との結びつきが生じるようになる。ドーアはそれを学歴インフレーションと呼んだ。それは、戦前においてもヨーロッパより「開放的」だった教育制度が、戦後の教育改革による「単線型」化によってさらに開放的になり、一九六〇年代、七〇年代を通じて急速に教育機会の拡大＝人々の学歴上昇を引き起こしたことでより顕著となった。

学歴インフレーションの病理は、それが学校型の能力主義的な選抜《メリトクラシー》の仕組み自体の存在基盤を脅かすこととなった。一部のエリート層を除けば、はたして学校化された能力主義的選抜《メリトクラシー》制度は、エリート職以外の職業につく人々にとっても有用な能力やスキルを養成したり評価したりするものなのか、という疑義である。先進的知識の有用性への信仰によって学校化された選抜制度に参入する人口が拡大すればするほど(＝学歴社会化の進展)、当の選抜制度の正当性の基盤とみなされてきた、学校化された能力や獲得した知識の評価と、職業において必要とされる能力や獲得された知識との乖離が広がっていく。その結果、知識の有用性に関する神話が揺らぎ始めることで、日本で発達したナショナル・メリトクラシーは危機に直面した。このような事態も、後発型近代化のもとでメリトクラシーが成立したことと関係する。そのような危機は、戦後の教育機会のいっそうの拡大のなかで、学歴主義の非合理性に対する批判(新堀編 一九六六)や、能力主義的差別・選別教育批判(主流派教育学)という形で表出した。「受験教育」や「詰め込み教育」への批判が、「受験に役立つだけの知識」の注入に終始する教育に照準していたことは明らかだからだ。そしてこれらの「教育問題」を解決しようとする試みが、別の危機を招来することになった。臨教審以後の教育改革が招いた教育の不平等の拡大である。この問題については、すでに別の著書を通じて、実証研究として提示した(苅谷 二〇〇一、二〇〇二、二〇〇九)。

これに関連する三つ目のパラドクスは、知識伝達の方法＝教授法に関連する。前述の知識の有用性の揺らぎと呼応して、知識の効率的な伝達を重視した教授＝学習法についても、後発型近代化の経験を通じて確立したナショナルなメリトクラシーは、その成立期にパラドクスの種を抱え込んでいた。資源の制約下で効率的な知識伝達を行うためには、大人数での一方的な講義形式の授業が主流を占めた。大学や高校で批判されてきた一方的な知識伝達の教育である。しかも、知識の伝達＝受容を重視した教育は、その評価においても知識の定着をペーパーテストで測定するという方法に依存した。ドーアのいうように、近代化の開始時期が遅れれば遅れるほど、知識詰め込み型の教育と試験に志向した教育(「受験教育」)が発達したのである。それがうまくいけば、近代化の促進に貢献する。キャッチアップを一部内に含んだ後発型近代化の成功要因として、このような効率を重視した教育が取り入れられたことが、学校化された選抜制度を特徴づけた。

「学歴社会」や「受験競争」を「能力主義的教育」として批判した主流派教育学の言説が一定の影響力をもち得たのは、「国家独占資本主義」といったイデオロギー的な批判を人々が受け入れたからではない。それよりも、メリトクラティックな仕組みに、急速にそして大規模に人々が殺到し始めた、そのことによって、その仕組み自体の問題が露呈し始めたからである。しかも、知識の伝達＝受容を効率的に実施してきたナショナル・メリトクラシーを通じた人材形成がキャッチアップ型近代化を推し進めるのに成功すればするほど、そこからの脱却は難しくなった。このようなパラドクスが、キャッチアップ型近代化の終焉という近代(化)理解によって「その後」が展望された転換期に、大きな問題となったのである。

注

(1)　国家の主導ではなく地方の役割については、明治初期の海外留学生の派遣に果たした地方のはたらきについて中村尚史が「後発工業化と中央・地方」という論文のなかで指摘している(中村　一九九八)。さらに同論文では一八八〇年代に「富国論」が地方に行き渡っていたことが示される(それは大久保―大隈による上からの殖産興業政策が八〇年代には頓挫していたことと対照をなす)。ここには、国家主導の「上からの近代化」とは異なる知見が示されている。ただし、第三章注(3)で触れたように、佐々田(二〇一一)の研究によれば、一九三〇年代以後に開発型国家システムが満州国で試みられ、それが戦後の高度成長につながった。この見方をとれば、国家主導による開発国家についての見解の違いによって、戦後日本の国家システムをめぐる認定が異なってくる。

(2)　この批判的見解を支えていたのは、主流派教育学者のなかで一定の勢力をもっていたマルクス主義の影響であった。社会主義を資本主義より「先進」とみなす発展段階論の理解を下敷きにした「先進」の設定である。それは、たとえば、第五章で引用した中教審答申批判の言説(「民主的改革路線に全面的に挑戦する国家主義的近代化路線」といった位置づけ)に示されていた。この点に関して、盛山和夫のつぎの指摘は重要である。「当時、共産主義思想は全世界において多くの知識人たちを魅了していたから、そのこと自体に日本の特殊性はないけれども、日本社会において、マルクス主義的な理論図式が受け入れられた素地としては、次の点が挙げられるだろう。最も重要だと思われるのは、日本における「歴史的発展段階問題」であった。明治以降、西欧に対する劣等意識と対抗意識とをバネにして富国強兵をめざしてきた日本にとって、「はたして本当に西欧に追いついたのか、どの程度追いついたのか」という問題ほど深刻なものはなかった。マルクス主義はこの問題を考える上できわめて明快な体系を示しているように思われたのである。第二のポイントは、それと関係しているが、日本に鬱々と潜在していた「反西欧意識」をマルクス主義が「反資本主義」という形で代弁してくれたということである」(盛山　二〇〇八、三頁)。

(3)　ここには、臨教審や香山健一がとらえようとした文明論的な転換点と類似した議論が展開されている。二〇一〇年代の教育の政策文書でも、ＡＩや「Society5.0」といった時代の大変動を印象づける「画期」の設定の後で、教育改革の必要性が唱えられている。

(4)　「近代的合理主義を基調とする民主主義であり、それが正しい伝統の把握と相まって、個人にも職場にもそして社会一般にも正しく育成されること」という指摘には、「正しい伝統の把握」についての肯定的評価が含まれている。たんなる欧米先進国の近代合理主義を追いかけるだけでなく、日本の特殊を視野に入れた言説といえる。

(5)　たとえば主流派教育学者の一人、宮原誠一は、高知県で実施されていた一高校一学区の小学区制と高校全入制(無競争・無選抜での高校入学)に言及し、それを理想化している(苅谷　二〇〇一、一〇三頁)。

(6)　清水義弘もまた「民主主義に反し、経営に損失をもたらす学閥は、一日もはやく解消するようにした方がよい」(清水　一九五七、一一九頁)と指摘していた。

(7)　ドーアによれば、「時には先進諸国自体の現状ではなく、その将来像、「あるべき」像といった、より「先進的な」処方に則って近代化を図っている」(ドーア　一九七六/邦訳　一九七八、一九頁)。

(8)　三谷太一郎は、日本の近代を貫いていたのは、機能主義的思考様式だとみなしている(三谷　二〇一七)。

(9)　第三章で紹介したように、麻生と天野は、日本の教育と近代化について英語で出版していた。教育と近代(化)との関係について、主流派教育学者とは異なる見解をもっていたことは間違いない。

(10) 日本の場合、学歴インフレーションについては大学学士課程までは当てはまったが、それ以後の段階には当てはまらなかった(Kariya 2011)。

(11) むしろ例外は、アメリカと日本の先行であった。ただし、そのルーツや成立のメカニズムはこの二国でも異なった。日本の場合には、産業化を国家が主導し、そのための人材の育成と選抜も同じく国家が主導することで制度化された教育が担った。アメリカの場合は、中央政府の役割は産業化においても教育の制度化においてもずっと弱かった(苅谷 二〇〇四／増補 二〇一四を参照)。

(12) このような明確な学校間の階層性(ハイアラーキー)を特徴とした戦前の教育制度は、戦後の改革を通じても、大学間、(新制の)高校間の「学校格差」問題として残り続けた。

(13) 中島の指摘の重要な部分を引用しておく。「一九世紀後半、「科学的技術」の本格的登場の時期に、あたかもそれにちょうど間に合うかのように、日本は近代化を始めた。日本はまず、遅れの著しかった伝統技術の近代化を進めた。なるほど、鉄道や蒸気機関は日本では全く新しいものだった。だが、こういった技術の基礎は科学的とは言い難かった。一方、これと並行して、「科学的技術」に必要な理工系の教育機関と国立研究機関を、日本は欧州とほぼ同時に整備し始めた。欧米先進国でも、「科学的技術」という新しい性格の技術が登場し始めた時期であり、幸いにも日本は、技術発展で二ステップのジャンプをする必要がなかった。これが二〇世紀になって近代化を始めた途上国との最大の相違であり、その点で、日本への科学技術の導入は相対的に容易であった」(中島 二〇〇六、一〇四頁)。

このような、近代(化)の同時性については、アメリカの日本史研究者、グラックが指摘している(Gluck 2011)。そこでは、一九世紀の国家形成の同時性という現象に着目し、日本の近代化の開始が決して遅くはなかったことが例示される。たとえば、フランスで一八七〇年から一九一四年にかけて農民を「フランス人化」しようとしたイデオロギー的、制度的努力は、ほぼ同時期の日本の経験と同じものだったという指摘や、デンマークにおける標準的国語の成立時期が日本とほとんど変わらなかった、という指摘である。そして、一九世紀の国家形成の同時性という現象を、国家間の「上下の関係」として理解することはできない、という(Gluck 2011, p. 681)。

(14) ドーアの後発効果の議論ではなぜかトルコやタイは出てこない。日本以外はみなイギリスの旧植民地＝英語によるエリート教育が成立していた社会である。

第七章　外在する「近代」の消失と日本の迷走

一　日本人は優れているか

次頁の図を見てほしい。**図7-1**は統計数理研究所が一九五三年以来、ほぼ五年ごとに行っている「日本人の国民性調査」のうち、「日本人は西洋人と比べて優れているか」という質問項目への各回答率を示したものである。このような質問が、一九五三年の初回調査以来継続されていること自体が、日本人の「国民性」を調べようとする研究者の意識――あるいは本書の議論に引きつけていえば、近代(化)理解と戦後日本の自己像――の反映ともいえる。そのことはおくとして、この調査から興味深い結果が浮かび上がる。一九五三年の時点では、わずかに二〇%の国民が「日本人は西洋人と比べて優れている」と答えるに過ぎなかった。およそ三〇%が「劣っている」と答えていたことと比べると、「劣等」意識が「優越」意識を上回っていた。ところが、一〇年後の調査(一九六三年)では、優劣が逆転している。およそ三分の一の回答者が「日本人は西洋人と比べて優れている」と感じ始めているのである。高度成長期のただなかでの意識である。

「日本人は西洋人と比べて優れている」との回答は、その後も増え続ける。第一次オイルショックの影響もあったのだろう、一九七三年には一時的な減少を見せるが、その一〇年後の一九八三年には、この「優越」意識がピークを

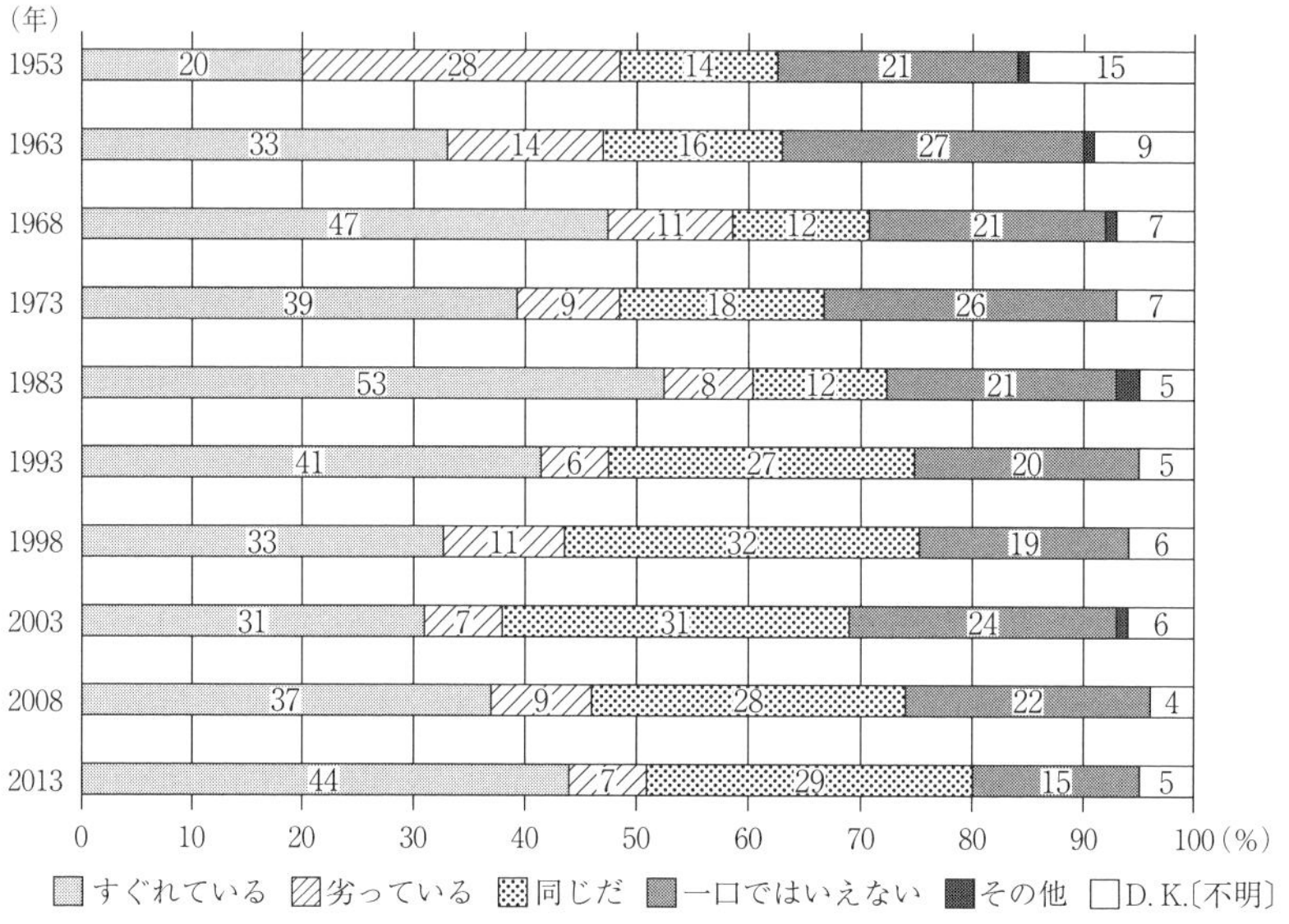

図 7-1　「日本人は西洋人とくらべて，ひとくちでいえばすぐれていると思いますか，それとも劣っていると思いますか？」(国民性調査)

迎える。半数を若干超える回答者が「日本人は西洋人と比べて優れている」と感じるようになっている。その後、この「優越」意識は減少していくが、代わって増えていくのは「同じだ」や「一口ではいえない」である。もっとも、「劣等」意識が回復したわけではない。「劣っている」の回答はその後も一〇％以下にとどまって推移している。

この調査に加えて、同様に日本人の意識の変化を同一の質問項目で追跡してきたＮＨＫ放送文化研究所の「意識調査」も見ておこう。**図7-2**のグラフが示すように、「日本人は他の国民に比べてすぐれた素質をもっている」と「日本は一流国だ」という意識が、一九七三年から上昇し、八三年にピークに達している。いずれも半数以上の回答者がそう答えている。先の統計数理研究所の調査と合わせると、これらの調査結果から、八〇年代初頭に、日本人が欧米先進国に対して劣等感を払拭し、優越感と言えるまでの意識をもつに至ったことが明らかとなる。日本経済が高度成長期を終え、バブル経済に向かう直前の頃である。それは、ハーバード大学教授エズラ・ヴォ

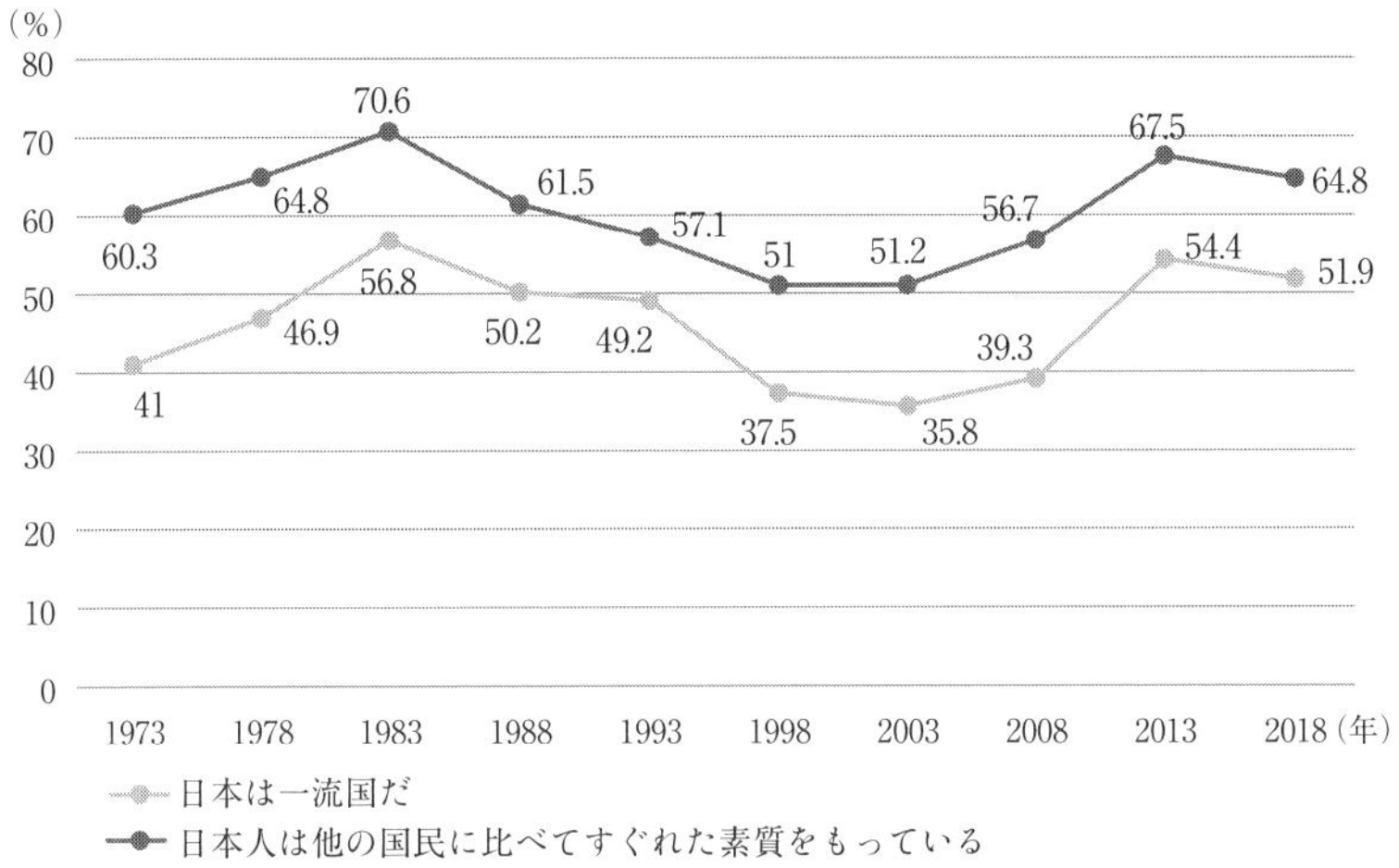

図 7-2 「日本は一流国だ」と「日本人は他の国民に比べてすぐれた素質をもっている」に「そう思う」と回答した比率

ーゲルの『ジャパンアズナンバーワン』が日本で七〇万部を超える大ベストセラーとなった一九七九年から四年後の日本人の意識でもある。

このような国民の意識の変化と、近代(化)理解の「到達点」――キャッチアップ型近代化の終焉意識――の両者に、影響を及ぼした何らかの社会や経済の変化があったのではないかと推測すれば、一九八〇年代の初頭から半ばにかけて、知識人を含めた日本人の近代(化)理解の変化と、このような調査結果との共振的な関係を読み解くことはそれほど無理な推論ではない。一九五〇年代後半から始まった高度経済成長期を終え、日本人が豊かさの意識を享受できるようになったという変化、さらには、それを実際に可能にした経済の高度成長という実態(第一章第四節で紹介した一九七一年版『経済白書』の統計が示した事実)や、一九七〇年代において国際的にも認定された、相対的に所得不平等度の低い社会の実現という「事実」である(Sawyer 1976, Yasuba 1991)。高度経済成長の「果実」を、豊かさという実感を通じて得た経験の反映といってもよい。

豊かさだけが、日本人の対外的な自信を回復させたのではない。そこには、隠されたナショナリズムがあった。社会学者の吉見俊哉が的確に指摘したように、経済の高度成長は、日本人が「敗戦で打ち砕かれたナショナル・アイデンティティを、技術や経済、新しい民主主義といった新種のシンボルに仮託しながら再構築し、「戦争」の忌まわしい記憶を歴史の彼岸に押しや」るものであった（吉見 二〇〇九）。この「新種のシンボル」に、高さでエッフェル塔をわずかに上回った東京タワーの完成（一九五八年）や、戦争のために返上した「幻の東京オリンピック」（一九四〇年）に代わって、「アジアで初めて」開催された一九六四年の東京オリンピック、これも「アジア初」との形容がつけられ「人類の進歩と調和」をテーマに掲げた大阪万国博覧会（一九七〇年）といったアイテムを加えることもできる。戦前のような露骨なナショナリズムは示せなくなった。それに代わって、こうした新種のシンボルに心酔することで、二つの調査結果が示唆したように、戦後の日本人は自信（＝ナショナル・アイデンティティ）を回復させていったという解釈である。それは、物量的な豊かさを実現し、「世界第二の経済大国」になることで、敗戦であえなく潰えた戦前日本の「一等国」という地位を回復するためのナショナリズムの運動でもあった。軍事ではなく、経済を通じて先進国に再び「追いつこう」と躍起になった時代を後押しした主たる要因は、もちろん、人々の豊かさへの希求だっただろう。だがそれに加え、ここでいう、戦後生まれの（経済）ナショナリズムが一役買ったと見ることができる。「二度目」のキャッチアップ型近代化の理解から導かれた、政治より経済を前面（＝全面）に押し出して近代（化）を理解する――そこに、戦前からのナショナリズムの変節があったという見方である。

この六〇年代を通じ一九八〇年代初頭に至る日本人が体験した社会変動は、たしかに、それ以前の日本社会とはまったく異なる「時代」を生み出したということができるだろう。後発型近代（化）の経験が、実際に人々の生活を変えていった。前述のとおり、所得水準が高まるだけではなく、所得格差も縮小していく。都市化や生活様式の「西洋化」（電化、洋服、洋食、洋酒、テーブルにイスの食卓、団地＝２ＤＫ）を通しての生活面での変化も大きい。国民皆保険制度や国民年金といった社会福祉に向けた政策導入も六〇年代に進む。高校教育が広く行き渡ったのもこの時代である。

こうした変化は、戦前の日本社会では、それよりはるかに可視的だった大きな格差、たとえば都鄙《とひ》の生活格差、あるいは貧富による格差を見えにくくさせていった。「一億層中流」という認識や流行語が生まれたのは七〇年代である。そこに至る、社会の均質化や標準化が顕著に進み始めたのが高度成長の時代を通じてである(苅谷 二〇〇九)。「経済大国」の果実が、比較的平等に国民に分け与えられることを通じて、日本人の(民族的のみならず社会経済的な)「同質性」が強調され始めた起点は、やはり高度成長の時代にあったといってよいだろう。

「豊かで平等な国、ニッポン」の実現――経済ナショナリズムに導かれた、この新しいナショナル・アイデンティティの形成(=西洋への劣等意識の払拭)が、政策担当者や知識人の近代(化)理解にも影響を及ぼしたという推論が可能になる。ここには、工業(産業)化や経済成長に照準して近代(化)を目指してきたことの一つの帰結が示されている。戦後日本の「目的意識的・選択的近代化」(丸山)、「他動詞的近代化」(ドーア)といった近代(化)理解が導いた実態レベルの社会変動の反映と言い換えることもできる。

二 「産業化・経済に照準した近代(化)理解」の問題

このような、経済成長や、それを推し進めるための科学技術といった面を前景化して近代化を進めようとした近代(化)理解には、いくつかの特徴があった。第一に、経済の前景化は、相対的に政治の後景化を促した。箱根会議での日本側の議論で見たように、日本の民主化は戦後日本の近代(化)の進展を見るうえで重要な論点だったはずである。しかし、産業化や経済成長を近代(化)の主たる尺度として近代(化)を理解する知識の基盤ができあがった。その象徴的ともいえる政治イベントが、「政治の時代」から「経済の時代」への転換といわれた、岸内閣から池田内閣への移行=政策転換であった。一九五〇年代後半から始まっていた経済成長を、高度成長へとつなぐ産業政策や、その具体像ともいえた「所得倍増計画」、第六章で見た経済審議会が描いた日本経済・産業の近代化の見取り図といった「経済の時代」の到来が、その後の高度成長を可能にしたとする見方を補強した。このような経済の前景化による近代（化）の理解（知識の基盤）によって、政治面での変化よりも産業や経済面での「進歩」や「成長」を、日本の近代（化）の度合を測る基準として受け入れる見方を正当化したのである。選び出したある局面に限定して近代（化）を理解する、まさに目的意識的・選択的な近代（化）の帰結である。

「産業化・経済に照準した近代（化）理解」は、第二に、近代（化）の「進歩」や「成長」を目に見えやすい形で示すことに成功した。第一章で紹介した一九七一年版『経済白書』は、その最も典型的な自己像の表出であった。統計的に示された「数字」は、外部の参照点に照らして映し出された「事実」であった。そしてそれは、しばしば他の先進国の同様の数字と並べられた。そのような国際比較を通じて、日本の近代（化）の「進歩」や「成長」が測定され、観察され、「事実」として認定され、人々の近代（化）理解の知識の基盤を形成していく。もちろん、そのような数字だけが重要だったのではない。実際に人々に豊かさを実感させる「物質主義」的な、より目に見えやすい、実感をもたらす社会の変化を伴うことで、近代（化）の「進歩」や「成長」を印象づけた。ただし、そこでの「豊かさ」が実際に「先進」する諸国と同じレベルであったかどうかは、別の問題である。選ばれた項目での数字上の比較と、実際の「豊かさ」との違いは異なる場合が少なくないからである。にもかかわらず、多くの日本人にそのような「進歩」や「成長」を印象づけるうえで、「数字」による事実の認定が大きな役割を果たしたということである。

第三に、「産業化・経済に照準した近代（化）理解」は、実際に経済が成長し、産業構造（＝就業構造）が大きく変容してくる過程で、普遍と特殊、先進と後進といった二分法的分裂（アンビバレンス）を特徴としてきた従前の近代（化）理解に変容を加えた。「産業化（＝工業化）」やそれがもたらす「豊かさ」への到達の経路が、欧米先進国とは異なっていたとしても、到達点の同一性の了解が、二分法的な近代（化）理解のトラウマを解除したのである。日本的な「特殊」が、欧米先進国にあって日本にない欠如態の機能的等価性を発揮するという理解がそれを可能にした。経済成長が進むにつれて、日本的経営や日本型の経済政策(「開発国家」)が肯定的に受け入れられていった。第六章で見た学歴社会の産業化に対する機能的優位性もそのリストに付け加えることができる。その過程で、後進性や特殊といった従前の時代に日本の知識人や政治家を悩ませ続けた二分法的近代(化)理解の呪縛(アンビバレンス)が解かれていった。呪縛を解くうえで、数値化でき国際比較可能な産業化・経済に照準した近代(化)の「成功」が参照された。近代(化)に至る経路の「質」の違いを、「量」や「時間」(先進―後進)に読み換え、比較可能な尺度にのせることで、二分法的近代(化)理解のトラウマから逃れる術を(レトリカル=言語技法的に)得たのである。

そして、第四に、本書で検討してきたように、このように「産業化・経済に照準した近代(化)理解」は、キャッチアップ型近代化理解と大きく重なり合うものであった。いや、より正確にいえば、「キャッチアップ型」として後発型近代(化)の経験を理解しようとしてきたことが、産業化・経済に照準した近代(化)という理解を強化したという面もある。一方が他方を生み出した因果関係というより相互補完的な関係である。外部の参照点(「追いつくべき」対象=ゴール)を設定することで、その到達点との距離が、戦後日本の近代(化)理解を助けたのである。そして、追いつくべき外部の参照点に照らして、追いついたという認識を得たときに、近代(化)は終わりを宣告された。近代(化)の終焉、すなわち近代の消去である。

だが、このように近代(化)を抹殺してしまうことになる戦後日本の近代(化)の理解は、「追いついた後の問題」――本書では「その後」の問題――すなわち、キャッチアップ型近代化の終焉宣言後の社会の問題構築に大きな課題を残すこととなった。そこに迫るためには、産業化・経済に照準した近代(化)≠キャッチアップ型近代(化)の理解について、多少抽象度を上げた、仮説的な考察を挟んでおく必要がある。

●「産業化・経済に照準した近代(化)理解」の問題

工業(産業)化や経済成長に照準して近代(化)を目指したことは、近代(化)理解にどのような特徴を与えたのか。

●二項対立図式にかかわる近代(化)理解の問題

先進・後進、普遍・特殊といった二項対立的な図式で描かれた近代(化)理解はどのような特徴をもっていたのか。また、その対立図式が「解除」されることで、「その後」の問題構築にどのような影響を及ぼしたのか。

●目標とすべきモデルの存在による近代(化)理解

明確なモデルの存在という、近代化の目標の認定を中核におく近代(化)理解は、どのような特徴をもつのか。その克服はどのように試みられたのか。それによって、近代(化)理解はどのような変容を受けたのか。

●モデル喪失と主体性の問題

追いつくべきモデルの喪失という近代(化)理解は、「その後」の課題の構築にどのような特徴を与えたのか。そこではいかなる「主体性」の構築が求められたのか。

●モデル喪失と日本回帰の問題

追いつくべきモデルの喪失という近代(化)理解は、「その後」の課題の構築に、日本への回帰をどのように忍び込ませたのか。それはその後の近代(化)の理解にどのような影響を与えたのか。

三　外在する「近代」の実体化

ここでの議論の出発点とするのは、後発型近代(化)の経験にとって、「近代」は、西欧先進国という、外在する、それゆえある程度実体としての輪郭をもった存在(entity)として理解された、という主張である。第一章で引用した丸山の表現を借りれば、「外からいわば「完成品」として」みなされた「近代」のとらえ方に限りなく近い。つまり、「近代」それ自体が、「進歩」を内在しながらも、一つの完結した、目に見え実感のできる、実在する「世界」のあり方として理解されたという見解(筆者の解釈)である。近代を実体化し、そこに実在性を与えて近代を見ることで得られたこの感覚は、自動詞として「近代化」していた社会(丸山のいう「自然自生的近代」)が自らの内部の視点を参照することで獲得してきた近代(化)の理解とは、決定的に異なる近代(化)の理解だったといえるだろう。

「自生的」あるいは「自動詞的」な近代化を経験した社会と、後発型近代化を経験した日本人の近代理解とのこの違いは大きい。なぜなら、同時代的に自生的に「近代」を経験し続けている人々にとって、英語のmoderniseが言い当てている現象は、近代化と現代化とを区別できない現在進行中の社会変動だからである。近代(化)の概念は、近代(化)の出発点とみなされた過去から現在までに連なる、現在進行形の変化を記述・説明するための理論構築の手がかりを提供してきた。たとえば、変化の軌跡を反省的にとらえ直すことで、変化自体に変化を与えていく、といった「反省・省察(reflection/reflexion)」の契機(再帰性 reflexivity)を含んだ(社会と個人の)自己観察である(ギデンズ 一九九〇／邦訳 一九九三、Beck et al. 1994)。あるいは、プロローグで見た有賀喜左衛門がいう、「人間が生きるための現在における問題の自覚を持つことに深くつながる」、「次に来る時代を呼び醒まして行く」(有賀 一九六四、六頁)意識であり、時代感覚であり、そのような意識によって社会変動についての理解を進める思考の様式である。それに対して、日本語の「近代化」は、日本を対象とした場合、現在進行中の社会変動を説明する用語としてはもはや使えなくなった。日本語の「近代(化)」は、現在(二〇一九年)であれば他国の出来事、日本に当てはめれば、すでに終わった時代やその時代の変化を言い当てる意味に変化した。逆に日本語で「現代化」として考え、表現した場合には、何かを新しくしていくという意味はあっても、英語での modern や modernization の含意はなくなった。「次に来る時代を呼び醒まして行く」(有賀　一九六四、六頁)意識を欠落させてしまったのである。その結果、ある一定の過去から脈々と続く、内部の参照点に照らして自己像をつくりだし、それをもとに「反省・省察(reflection/reflexion)」という変化の起点・契機(再帰性 reflexivity)を含んで、自らの社会の変動をつくりだし、さらにはその変動をとらえようとする用語としては、「現代化」を使えない。それは言葉だけの問題ではない。すぐれて、現在までに至る自分たちの歴史や社会の変化を、どのように理解するかという認識枠組みの問題である。

「遅れた」「特殊」な、日本という、西欧と比較した外部の視点から、外在的＝外生的＝実体的な塊(entity)として、実体化して認識された近代――そのような認識の習性《クセ》を得たことは、日本社会にどのような問題を突きつけてきたのか。先進社会が体現した「文明」「近代」に追いつくことを「進歩」と見たキャッチアップ型の近代(化)理解には、外来の、外在する、進んだ、美しいモデルにスポットライトを与える側の、「闇」につつまれた足場の特質が紛れ込んでいた。追いつこうとした「近代」の理念化・理想化を、反転したときに姿を現す、日本という近代の自己像である[1]。

これまでの分析は、そのような近代(化)理解の特徴を明らかにしてきた。それゆえ、そこで明らかとなった地点から、追いついたことで近代を消してしまった「その後」の諸問題をより明瞭に描き出すことができる。近代日本社会(過去でなく現在に続く modern Japanese society)が迷走を始めた、そこでの問題構築の特質とその変化についての検討が可能になるということだ。それがこの章の課題となる。

四 欠如する「主体(性)」の変節(「その後」の問題 一)

外在する外来の「近代(化)」を照準して理解された戦後日本の近代(化)には、教育政策や教育研究の言説において、まるで慢性病のように問い続け、追い求め続けた「問題(problem)」があった。分析概念として示せば、「主体(性)」の欠如、あるいは欠如する「主体性(自律的・自立的個人)」をいかに育成するかという問題である。

ここで「その後」の問題構築の特徴の解明として、欠如する「主体(性)」の問題に立ち返るのは、外在する近代という外部の参照点に照らして問題の構築が行われ続けたこのテーマが、近代(化)が消去される前後で、質的な転換を遂げていたことを確認するためである。

(1)敗戦直後——「主体性」の切迫した希求

第五章で見たように、戦後まもなくの頃に当時の文部省が出した『新教育指針』(一九四六)の一節「どうしてこのやうな状態になつたのか」で指摘された、「日本人の物の考え方」の五つの「欠点、弱点」を最初に取り上げる。これらは、その当時までの日本人に欠如していた特性を列挙したリストである。なかでも、三番目に挙げられた「ひはん的精神」の欠如は、ここでの分析概念に置き換えれば、「主体(性)」の欠如に相応する。もう一度引用しよう。

(三) 日本国民は、ひはん的精神にとぼしく権威にもう従しやすい。〔中略〕上の者が権威をもつて服従を強制し、下の者がひはんの力を欠いてわけもわからずにしたがふならば、それは封建的悪徳となる。〔中略〕このやうな態度があつたればこそ、無意味な戦争の起るのを防ぐことができず、また戦争が起つても政府と国民との真の協力並びに国民全体の団結ができなかつたのである。

　教育においても、教師が教へるところに生徒が無ひはん的にしたがふのではなく、生徒が自ら考へ自ら判断し、自由な意思をもつて自ら真実と信ずる道を進むやうにしつけることが大切である。〔後略〕（文部省　一九四六、六―七頁）

「権威」への盲目的な「服従」を「封建的悪徳」と断じている。この指摘から明らかなように、外在する近代の規準に照らして、後進性とみなされた特性（「封建的」云々）が生み出したのが、「ひはん的精神」の欠如、すなわち、欠如態としての「主体（性）」である。ここには欠如理論で説明できる典型的な思考様式が示されている。日本の後進性ゆえの「欠如」という論理である。

　ただし、注意を払いたいのは、そこで欠如とみなされた当のものは、戦前の否定のシンプルな裏返しとしての、戦後民主主義の樹立という切迫した価値転換＝制度変革のなかであぶり出された欠如態であった。戦後の民主主義という価値の大転換が、この論理を支えた。したがって、この論理に従えば、権威への「盲目的」な「服従」を強いることをやめ、「封建的な関係」を是正すれば、「ひはん的精神」を養うことが可能になるはずだ、という暗黙の前提が含まれていたことになる。少なくともそれは必要条件の一つであった。欠如理論には、欠けた当のものを欠如たらしめていた仕組みからの解放を求める論理が内に含まれている。後進性からの脱却や特殊から普遍への転換（「進歩」）が、欠如していた主体（性）を生み出すはずだという、欠如理論の典型的な思考様式＝論理＝問題構築の方法である。しかもここには、性急ながら、戦前の否定というわかりやすい過去の内部の参照点が提供されていた。それだけに、欠如した主体（性）というものの内実は不明確ながらも、それが戦前の「盲目的」「服従」や権威主義への追従のアンチテーゼであるという輪郭は明確であった。

（2）戦後「逆コース」下の教育と欠如する主体（性）

主体性の欠如という問題構築は、一九六〇年代になっても主流派教育学において論じられ続けた。ここでは、『戦後日本教育史』の編著者であった、大田堯の別の文章からその一例を取り上げる。つぎの引用は、主流（進歩）派教育学者が中心となって組織した教育科学研究会が編集した雑誌『教育』一九六六年九月号に掲載された「教育とは何か」という論考からの引用である（ただし、大田　一九七三に再掲された著書から引用）。

わが国に成立してきた教育の習俗ないしその思想には、「もの」を「もの」として認識するといういかにも当然のことが、ある理由によって、充分に習俗としても、通念としても把握されているとはいえないということ、そのために自主性だの自発性だの主体性だのということがコトバとしては、日常語に用いられておりながらも、いっこうに充実した事物認識の力量に裏付けられた迫力のあるものとはいえないものにおわっているという歴史的な現実の直視が、どうしても必要であるように思われてくる。（大田　一九七三、三六―三七頁）

ここで「「もの」を「もの」として認識する」という表現で大田がいおうとしているのは、事物を事物として認識するような「ヨーロッパで成立してきたような事物認識」のことであり（同、三九頁）、「近代科学という人間の事物認識の方法」のことを指す（同、三三頁）。「近代精神の本質」、ないし近代のエートスと言い換えてよい。それが欠如しているために、

そこ〔日本〕では、ヨーロッパで成立してきたような事物認識を中核とする「教育」というコトバの意味内容が

確立されていなくて、政治的必要に従属した倫理、道徳の「おしつけ」を中心とする「教化」「教訓」というものと、政治や倫理への従属を一度たちきった事物の認識を達成することを媒介として成立する主体の形成、「教育」とのけじめが明らかにされないままにおかれている。（同、三九頁）

という判断が下される。そして、近代精神（この場合は「事物認識」）の欠如という、より上位カテゴリーでの日本の欠陥が、「主体の形成」の脆弱さという教育の問題を生んでいるという論理で日本の教育の問題が構築される。

これらの言説から明らかなように、「近代精神の本質」であれ「近代科学という人間の事物認識の方法」であれ、西洋近代の本質ともみなされるような普遍を起点に、それらが日本では欠如していると指摘することで日本の教育問題が構築されている。すなわち、欠如とは後進性であり、「普遍的」なものからの偏差＝距離であった。これもまた、外来の、外在する近代という、外部の参照点に照らして下された判断である。

さらに注目すべきは、このような主体（性）の欠如の理由が、「政治的必要に従属した倫理、道徳の「おしつけ」を中心とする「教化」「教訓」というものと、政治や倫理への従属」から生じているとみなしている点である。『新教育指針』が戦前の「封建的」な権威主義が「ひはん的精神」を抑圧してきた体制だと見た見方に対し、戦後の「逆コース」下にあった日本の教育行政（「国家主義的・官僚統制主義」（大田編著 一九七八、二七〇頁））が、今度は「主体（性）」を生み出すはずの「事物の認識」を拒んできたと見たのである。帰責される対象は、戦前と戦後では異なっている。しかし、ここにある欠如理論の機序は、論理的に見れば、『新教育指針』と同型といえる。どちらも、欠如態の発現を阻んできた、抑圧してきた何らかの力を想定して、それによって主体（性）が欠如してきたという見方＝論理を含んでいるからである。

もう一つの類似点は、『新教育指針』も主流派教育学のいずれも主体（性）を、その時点でも本来あるべき重要な資質とみなしている点である。本来、現在あるべき資質であるにもかかわらず、何らかの抑圧によって、その時点でも欠如しているとみなされている点で、あるべきものがない状態の欠如理論といえる。もちろん、その判断を可能にしていたのが、外来の、外在する近代からの距離(遅れ、特殊)という認識であった。

(3)臨時教育審議会における欠如する主体(性)の認識

大田の言説からおよそ二〇年後の臨時教育審議会でも、主体(性)の欠如が問題化された。その前提となる時代認識が、臨教審に影響を与えた一九八〇年の大平政策研究会の報告書にあったことはすでに指摘した。そこに戻って最も典型的な時代認識を再度引用する。

〔日本は〕もはや追いつく目標とすべきモデルがなくなった。これからは、自分で進むべき進路を探っていかなければならない。(内閣官房 一九八〇b、三二頁)

モデルの喪失という時代認識である。そして、この時代認識に対応する形で、教育政策の言説として提示されたのが、つぎに示す臨教審答申である。

今後における科学技術の発展や産業構造、就業構造などの変化に対応するためには、個性的で創造的な人材が求められている。これまでの教育は、どちらかといえば記憶力中心の詰め込み教育という傾向があったが、これからの社会においては、知識・情報を単に獲得するだけではなく、それを適切に使いこなし、自分で考え、創造し、表現する能力が一層重視されなければならない。創造性は、個性と密接な関係をもっており、個性が生かさ

れてこそ真の創造性が育つものである。（臨時教育審議会編 一九八七、一九頁）

すでに本書で詳述したとおり、大平政策研究会から臨教審への流れのなかで、キャッチアップ型近代化の終焉が宣言され、その時代認識に従って提唱されたのが、モデルも目標もない時代に「自分で進むべき進路を探っていかなければならない」ための「自分で考え、創造し、表現する能力」である。「主体（性）」という表現は与えられていないが、それを指し示すことは明らかである

臨教審の近代（化）理解をもとにすれば、しかしながら、その「主体（性）」は、従前の、日本に特徴的な国家主導による教育が原因となって、欠如していると理解された。「追いつき型近代化」のもとでの「追いつき型教育」は、詰め込み教育や受験教育、画一教育を生み出さざるを得ない。そのような教育が、主体（性）の欠如の原因として帰責されたのである。『新教育指針』や大田と同様に、主体（性）を欠如させてきた原因を想定することで、それを取り除けば、主体（性）が立ち現れるはずだという論理構成をとった欠如理論である。

その論理構成を明確に示したのが、臨教審の議論を主導した委員の一人、香山健一の近代（化）理解であることも第三章で詳述した。もちろん、大田との違いも明らかである。大田をはじめとする主流派教育学が、「逆コース」下にあった日本の教育行政を「国家主義的・官僚統制主義」とみなして、そこに主体（性）の欠如を生み出す「抑圧」を見いだした際には、日本の近代（化）の後進性が問題認識の根底にあった。そこにマルクス主義的な体制批判のイデオロギーが付け加わったことで、「国家主義的・官僚統制主義」とそのもとでの能力主義的教育が、主体（性）の欠如を生む原因と見た。それに対し、臨教審は、当然ながら政府の審議会として、主流派教育学と同じ政治的立場を共有したわけではない。そのような政治性・イデオロギーを離れたうえで、主体性の育成を妨げてきた原因を、キャッチアップ型の近代（化）のもとでの国家主導による教育に求めたのである。

そこから、国家の介入をできるだけ排除した「新自由主義」的立場に立つ「教育の自由化」論が提唱されることとなる。「英国病」をはじめとする、「先進国病」が国民の国家への依存体質をつくりあげることで、国民の「自立(＝主体性)」を弱めてしまう。その同じ轍を踏まないために、主体(性)を育む教育の改革が必要となる。しかも、今や目標とすべきモデルは存在しない。国家主導の教育を「規制緩和」によって「自由化」することが、モデルなきこれからの時代に必要とされる主体(性)の育成を促すはずだとみなされたのである。名指しされた国家による教育への介入の問題点の形容こそ異なったが、主流派教育学と同様に、国家の教育への介入を排除することを目指したのである。

この両者の批判に共通するのは、いずれも、国家の介入を除去することで、自立した、主体的な個人が誕生すると期待していたことである。少なくともそれが必要条件とみなされた。臨教審の立場は、国家の規制を外し自由な空間を準備することで、競争が生まれ、国家への依存を軽減させる「自立自助」への期待であった。

主流派教育学側の欠如理論は、国家統制を弱めることで、国民の教育権が樹立でき、そのことで主体的な「国民」の形成ができるという論理をまとっていた。その主体的な国民の育成はまた、国家の教育権を奪取するために頼るべき(まだ見ぬ)主体であった。国家の教育権や能力主義的教育のもとでは損なわれる個人の主体性を、「国家独占資本主義」を解体することで創出できると見たのである。それはすぐれて政治的な主体性の特徴を備えていた。

このような教育の議論において、国家をどのように見るか、位置づけるかについては、鋭く政治性の色合いの違いが表れる。第五章で見たとおりである。だが、臨教審も主流派教育学も、ともに戦後日本の国家を、経済に介入する国家とみなしていた点に選ぶところはない[2]。二節で明らかにした、経済を前景化したキャッチアップ型近代(化)の理解である。そこに共通する近代(化)の理解が、このような国家の位置づけを——政治的・イデオロギー的な立場を超えて——共有可能にしたのである。経済成長に対する「パターナリスティック(家父長的温情主義的)な」介入、あるいは統制を行う国家という位置づけである。しかもそのような国家の介入が、日本の教育から主体(性)育成の契機を欠如させる原因と見る欠如理論も共有していた[3]。

このような共通性があったとはいえ、香山の思想では、それを西欧近代の個人主義に委ねることはできなかった。それに代わって、「自立自助」という日本的価値(伝統)に基づく独自の「主体(性)」が求められた。

この点で、やや脇道にそれる議論になるが、興味深い言説を一つ紹介しておく。香山が文部省の『新教育指針』に向けたコメントである。香山は、この文書で謳われた「個性尊重の原則」がその後、十分に実現しなかった理由を分析し、それを「教育の自由」の不幸な運命とみなした。そしてその理由を、「我が国の戦後民主主義が著しく未成熟であったこと」、「自由についての極めて未成熟な認識段階」(香山 一九八七、四二―四三頁)、それによって「自由イコール放縦、無規律、無責任」と誤解されたことに求めた。だが、それから四〇年近くを経た一九八〇年代はその段階とは違うはずだとして、臨教審での「教育の自由」をつぎのように主張した。

しかし、いまや戦後民主主義が豊かな成熟を遂げつつある以上、教育の世界も「教育の自由」をめぐる低次元の、不毛な対立に終止符を打ち、自由・自律、自己責任の原則をしっかりと確立しなければならないし、それをなし得るであろう。(同、四四―四五頁)

ここで「自由・自律、自己責任の原則」の「確立」が求められていることは、主体(性)という欠如態に連なる問題意識である。

いったいどこでどのように戦後民主主義が成熟を遂げつつあるのかは不明である。根拠は挙げられない。だが、第三章で見たように、「文明論的」な時代の転換という視点によって、このような成熟への期待が正当化された。未成熟から成熟へという時代の転換を支える論理として、キャッチアップ型近代(化)の終焉という時代認識が言説資源となったのである。

この時代認識は、同時に、先進・後進、普遍・特殊といった二項対立的な近代(化)の理解(アンビバレンス)を解除した。それは経済の前景化によるキャッチアップ型近代(化)とその達成という認識を強化することによる、政治性からの解除でもあった。政治の後景化である。それゆえ、臨教審や香山の思想においては、日本的価値(伝統＝特殊)に基づく自立(独自の道の探求)が、「その後」に必要とされる主体(性)と等値され、臨教審答申における「日本回帰」が可能になったのである。経済や産業化におけるキャッチアップの終了宣言が、まずは後進性のトラウマを解除した。それをもとに、西欧＝先進＝普遍に対し、劣位とみなされていた日本の「特殊」に関するトラウマが溶解した。日本的価値に位置づけられた「自立自助」が、困難な別の欠如態であったことはすでに第三章で指摘した。だが、ここには、政治性が解除された、「その後」のナショナリズムをめぐる問題が、主体(性)の欠如理論の文脈において提示されている。このナショナリズムや日本回帰の問題については、本章六節(2)で検討する。

(4)未知なる変化に対応できる主体(性)

臨教審によってキャッチアップ型近代化の終焉が宣言された後では、「これからは、自分で進むべき進路を探っていかなければならない」とする認識が、教育政策言説の前提となっていく。臨教審の「自分で考え、創造し、表現する能力」の育成という、欠如する主体(性)に向けた改革＝政策の推進である。だが、二分法的な近代(化)理解から解除された「その後」の教育言説においては、欠如した主体(性)の意味が、微妙だが、重大な変化を遂げていく。欠如とみなすことを可能にしてきた枠組みが、過去や現在から、未来の変化へと、文脈の移し替えが行われるのである。この文脈の転換は、欠如態としての主体(性)の意味をも変えていく。そのプロセスを追おう。

臨教審においては、戦後第三の教育改革を、その後に待ち受ける大きな「文明論的」な時代や社会の変動に照準して提案されたことは第三章で見たとおりである。教育改革において育成すべき資質や能力は、それゆえ、社会の変化に対応できる資質や能力としての位置づけを与えられた。第四章の高等教育政策言説の分析でも見た、未知なる社会の変化に参照点を置いた教育改革論の始まりである。

その具体的な教育政策への移し替えが本格化するのは、「生きる力」の提唱、「ゆとり」教育と呼ばれることになった一九九八年の学習指導要領の改訂であった。その政策文書の一つ「教育課程審議会」の答申にはつぎの文章がある。

> 変化の激しいこれからの社会を考えたとき、〔中略〕多くの知識を教え込むことになりがちであった教育の基調を転換し、学習者である幼児児童生徒の立場に立って、幼児児童生徒に自ら学び自ら考える力を育成することを重視した教育を行うことは極めて重要なことである。
>
> そのためには幼児児童生徒の発達の状況に応じて、知的好奇心・探究心をもって、自ら学ぶ意欲や主体的に学ぶ力を身に付けるとともに、試行錯誤をしながら、自らの力で論理的に考え判断する力、自分の考えや思いを的確に表現する力、問題を発見し解決する能力を育成し、創造性の基礎を培い、社会の変化に主体的に対応し行動できるようにすることを重視した教育活動を積極的に展開していく必要がある（教育課程審議会　一九九六）

「変化の激しい社会」の到来を予見し、その変化に「主体的に対応し行動できる」能力や資質の育成を目指すことが謳われている。では、そのような社会の変化とは何か。この時点では教育課程審議会の「親」審議会にあたる中央教育審議会の答申（一九九八）にはつぎの表現がある。

> 我々は、これからの社会の変化は、これまで我々が経験したことのない速さで、かつ大きなものとなるとの認識

に立って、豊かな人間性など「時代を超えて変わらない価値のあるもの」(不易)を大切にしつつ、「時代の変化とともに変えていく必要があるもの」(流行)に的確かつ迅速に対応していくという理念の下に教育を進めていくことが重要であると考える。〔中略〕

すなわち、既に述べたように、これからの社会は、変化の激しい、先行き不透明な、厳しい時代であること、そのような社会において、子供たちに必要となるのは、いかに社会が変化しようと、自分で課題を見つけ、自ら学び、自ら考え、主体的に判断し、行動し、よりよく問題を解決する資質や能力であり、また、自らを律しつつ、他人とともに協調し、他人を思いやる心や感動する心など豊かな人間性であり、そして、また、たくましく生きていくための健康や体力である、と考えるのである。

社会の変化に対応する教育の在り方として、我々が次に指摘しておきたいことは、国際化や情報化などの社会の変化に対応し、これらの新たな社会的要請に対応する教育を行っていくことは重要なことではあるが、初等中等教育段階は、これらの変化に主体的に対応できる資質や能力の基礎を、子供たちの発達段階を十分に考慮に入れて育成する必要があるということである。(中央教育審議会　一九九六)

これから起こるであろう社会の変化は、それまでに「経験したことのない速さ」と規模をもつはずだとみなし、「変化の激しい、先行き不透明な、厳しい時代」を生きていくための資質として、「自ら学び、自ら考え、主体的に判断し、行動し、よりよく問題を解決する資質や能力」、すなわち「変化に主体的に対応できる資質や能力」の育成が求められた。このような能力や資質(主体(性)の言い換え)が、その時点の日本の教育では育成されていないことを前提とした問題の構築であり、それゆえその問題を解決するための教育改革という「その後」の展望が示される。

そこで実際にとられた政策が、大胆な教育内容の削減と、全土曜日の休業、「総合的な学習の時間」による「主体的な学び」の実践という提案であったことは周知のとおりである。その箇所も引用しておこう。

そのためには、教育内容を厳選し、［ゆとり］のある教育課程を編成するとともに、指導方法の改善に努め、学校教育の在り方を、これまでの知識を教え込むことに偏りがちであった教育から、子供たち一人一人の個性を尊重しつつ、上述の［生きる力］をはぐくむことを重視した教育へと、その基調を転換させていくことが必要である。（同）

この、「ゆとり」による教育内容の削減と全土曜日の休業、教師や学習者の自由度を高めた「総合的な学習の時間」の導入といった施策が、国家の介入を縮減することで、教育の自由度を高める臨教審や香山の思想と共鳴していることは明らかである。主体（性）の発現を妨げてきた、従前の教育による抑圧要因を除去することで、そこに「自ら学び、自ら考え、主体的に判断し、行動し、よりよく問題を解決する資質や能力」「変化に主体的に対応できる資質や能力」が育っていくと見たのである。(4) これも必要条件の提示である。そして、それをどのように実現するかという手段の提供（十分条件となるはずの実行手段）は、学校現場に委ねられることとなった。

ここで論じたいのは、筆者自身がすでに何度も指摘してきた「ゆとり教育」の問題点ではない（苅谷 二〇〇一、二〇〇二）。注目したいのは、「先行き不透明な」までに未知なるものとみなされた未来の社会の変化に照準することで生じた、欠如理論の変節である。欠如する主体（性）を枠づける文脈（図柄）の変異といってもよい。このように文脈を移し替えられた欠如態としての主体（性）の希求は、今日（二〇一九年）まで続いている。

二〇二〇年から始まる学習指導要領では「アクティブ・ラーニング」を通して、「主体的・対話的で深い学び」の実現が目指されることとなった（中央教育審議会 二〇一六）。グローバル化と情報化がもたらす急速な社会の変化に対応できる資質・能力の育成の柱と位置づけられている。審議のまとめには、指導要領が目指す「新たな学校文化の形成」として、つぎの表現がある。

> 予測できない未来に対応するためには、社会の変化に受け身で対処するのではなく、主体的に向き合って関わり合い、その過程を通して、一人一人が自らの可能性を最大限に発揮し、よりよい社会と幸福な人生を自ら創り出していくことが重要である。（同 二〇一六）

「予測できない未来」に対応するためには、「受け身」ではダメだとして、その対比として主体性の育成が求められる。アクティブ・ラーニングの提唱が合わせて議論されたように、「主体的・対話的で深い学び」を通して、社会の変化に「主体的に向き合って関わり合」う資質を育てようというのである。「もはや追いつく目標とすべきモデルがなくなった。これからは、自分で進むべき進路を探っていかなければならない」（内閣官房 一九八〇b、三一頁）。キャッチアップ型近代化終焉の認識を前提に、主体（性）の育成が、「予測できない」社会の変化に照準する、「その後」の問題解決として提示され続けた。その意味で、近代（化）の終焉という認識＝宣言が、こうした未来（未知なる変化）に照準した教育政策を正当化する言説資源として機能した。

だが、はたして「主体的に向き合って関わり合」うことを可能にする能力や資質とは何か。変化自体が不確定で未知であれば、この欠如を埋める術が明確に示せるはずがない。せいぜいが、その時点で、外形的にアクティブに見える学習を促すことくらいである。そこで育成されるはずの資質や能力は、ますます霧のなかで輪郭さえ見えてこない。このような曖昧さを残しながらも、こうした政策言説が学習指導要領改訂のガイドラインとなり、そこでつくられた指導要領に応じて教育研修が行われ、「主体的・対話的で深い学び」のなんたるかが、わかったつもりになって教育現場に下ろされていく。こうした実効力を発揮する力の源泉として、これらの政策言説は、正当化の言説資源（共通了解圏）として使われ続けたのである。

（5）外部の参照点をなくして浮遊する主体（性）——ジグソーパズルの変貌

ここまでの検討をまとめよう。ジグソーパズルのたとえを使えば、かつては外来の外在する近代に照準することで、パズルの図柄がつくられ、そこに欠落していたピースが——その中身が何であるかは確定できないまま、それを獲得するための具体的方法も示せないまま——欠如する主体として問題の構築が行われた。ところが、それが、変化する社会に対応できる主体性という新たな位置づけを与えられるようになった。キャッチアップ型近代化の終焉「その後」の問題構築である。このような新しい文脈のもとで、新しい位置づけを与えられた途端に、欠如理論を構成してきた図柄は大きく変貌した。外来の近代（化）というテーマを解除した後では、内部の参照点もないままに、未来に志向して構築される「社会の変化に対応」できる資質としての主体（性）（＝欠如態）は、その内実の曖昧さだけでなく、その輪郭も溶解してしまうのである。「不透明な」、「変化の激しい」時代に対応できる資質・能力としての主体性——パズルの図柄がぼやければ、そこで欠けているはずのピースの輪郭さえ示すことはできなくなる。

欠如態としての主体は、ジグソーパズルの図柄が変わるたびに形も中身も変わっていった。欠如している「何か」を、あるべき「何か」として規範的な命題に祭り上げ、そこからの演繹的思考でそれらを理解しようとしてきたからだ。欠如している「何か」を確定できないことが、欠如理論たる所以であった。だが、従前の欠如理論には、外在する近代（化）という外部の参照点が曲がりなりにも存在した。その参照点に照らしても、欠如していた主体（性）の中身が明確にならず、それを埋めるための具体的手段が提供できないことは、いうなれば欠如理論によって理想化された主体（性）の特徴であり、ある意味、その魅惑でさえあった。欠如理論に囚われた日本の知識人や政策立案者の思考の習性《クセ》の帰結であった。

たとえば、一九七六年の中教審答申に「別記」として付言された「期待される人間像」に示された主体性の希求が、その特徴を示している。

日本の教育の現状をみるとき、日本人としての自覚をもった国民であること、職業の尊さを知り、勤労の徳を身につけた社会人であること、強い意志をもった自主独立の個人であることなどは、教育の目標として、じゅうぶんに留意されるべきものと思われる。（横浜国立大学現代教育研究所編　一九八〇、九六―九七頁）

主体(性)という表現は使われていないが、「強い意志をもった自主独立の個人」の育成が教育の目標の一つとして掲げられているところに、主体(性)を希求する、この時代の認識の特徴が表現されている。それは、外在する近代という参照点をいまだ残しながらも、そこに特殊としての日本を位置づけようとすることで見つけだした視点からの、欠如態としての主体(性)の理解である。ここでは「期待される人間像」言説自体を詳細に論じる余裕はないが、この主体性の議論と関連する部分を二カ所だけ、さらに引用しておこう。「日本のあり方」の「要請三」、「民主主義の要請」という節からのつぎの二つである。

由来日本人には民族共同体的な意識は強かったが、その反面、少数の人々を除いては、個人の自由と責任、個人の尊厳に対する自覚が乏しかった。日本の国家、社会、家庭において封建的残滓《し》と呼ばれるものがみられるのもそのためである。また日本の社会は、開かれた社会のように見えながら、そこには閉ざされた社会の一面が根強く存在している。（同、九九頁）

民主主義国家の確立のために何よりも必要なことは、自我の自覚である。一個の独立した人間であることである。かつての日本人は、古い封建性のため自我を失いがちであった。その封建性のわくはすでに打ち破られたが、それに代わって今日のいわゆる大衆社会と機械文明は、形こそ異なっているが、同じく真の自我を喪失させる危険を宿している。（同、九九—一〇〇頁）

これらの引用からもわかるように、キャッチアップ型近代化が終了する以前の、外在する近代（化）の理解に定位した日本の後進性や特性の認識と、そこからの距離として示された「自我の自覚」「一個の独立した人間」と名指された主体（性）の欠如理論である。主流派教育学者からは国家主義的と批判されたが、四十余年を経た現在の目から見ると、近代主義と日本の後発型近代（化）の経験とをふまえた、必ずしも過激とは言えない日本回帰に彩られた、抑制の効いた文章である。国家＝政府がこのような徳目を政府の文書として提出することには私見として違和感があるが、そのことをおいて、主体（性）の欠如理論の論理を読み解く言説として見れば、その時点での「日本の教育の現状」に定位し、外部の視点と内部の視点を併せもつ欠如理論としての性格を備えていた。『新教育指針』とも主流派教育学の欠如理論とも印象を異にする、政治的緊張感や鋭利な政治的・イデオロギー的対立から距離を置いた、一種の穏当さを備えた近代主義の表明である。

この、「現在」に定位した欠如理論と比べたときに、「予測できない未来」、「先行き不透明な」未来に照準しようと文脈（図柄）を移し替えた主体（性）のジグソーパズルは、驚くべき変貌を示す。近代が消えた「その後」においては、さまざまなトラウマが解除された。と同時に、外在する近代という外部の参照点も失った。その結果、欠如した内実の不明に加え、その輪郭までもが溶解してしまう、未知なる未来の変化に対応できる資質としての主体（性）が求められるようになる。だが、そこには、その輪郭を明確にするための視点を定める参照点は、ない。内部の参照点を構築できない日本の教育政策言説が陥った近代(化)の罠である。

欠けたピースの輪郭は変化し続ける。変幻自在の主体性の仮構が続く。その結果、浮遊した欠如態としての主体(性)を追い求めることが、教育改革の中心に据えられることになる。迷走せざるを得ない論理を内蔵した、「その後」の問題構築である。

五 「エセ演繹型の政策思考」と主体(性)の空転(「その後」の問題 二)

(1)演繹的思考による初期の制度設計

教育政策の言説においては、このような空回りがすでに二〇年以上も続いているというのが筆者の見立てである。なぜか。

議論の出発点に置くのは、後発型近代化の初期段階の経験である。ここでも仮説的に設定する、歴史の経緯を起点にしよう。

少なくとも、先進する欧米列強の植民地になることから逃れた非西欧圏の国々が後発型近代化を開始する初期段階においては、どこにおいても選択的・目的的に、外来の先進する制度や技術、知識の導入を図ったことは否定できない。ドーアがいう「他動詞的」な、あるいは設計・計画された(engineered な)近代化の初期段階である。とりわけ日本のように徳川末期に結ばれた西洋列強との不平等条約の改正を目指した国にとって、近代国家の建設や産業化の開始による経済の発展という、独立と自立のための「近代化」は、外来の制度の輸入を通じて行うしかなかった。富国強兵、殖産興業である。自生に任せる時間的余裕も国際政治的な空白も与えられなかった。「上から」の他動詞的な近代化が、外来の制度や知識・技術の選択的模倣から始めざるを得なかった経緯については、そこにどれだけ「追いつこう」とする意識が内在していたかどうかは別として、実際の経験としてそのような事実があったと仮定してよいだろう。後発型近代化の概念自体がそのことを含んでいる。

とりわけ国家や社会の諸制度の導入においては、目に見え手で触ることのできる「物」レベル、技術レベルの模倣に比べ、日本の現実と対応関係のない知識や思想、観念を相手にしなければならない。日本の過去や現実に対応するものがある場合（たとえば郵便制度と飛脚制度、納税制度と年貢、貨幣制度など）には、そこからの類推（ある程度の帰納的思考）による理解や、それに基づく制度の導入も可能だっただろう。それに対し、多くの近代法を含め、日本語にはもともとなかった観念や、翻訳によっても、日本の過去に対応物がなかったり、観念レベルでまったく異なる制度を導入しようとする場合には、外来の知識の学習を頼りに、そこからの演繹的な思考によって導き出される理解に基づいて、制度をつくりだすしかなかったはずだ。科学技術領域のエンジニアリングなどに比べて、社会制度の設計・計画の領域（第一章で触れた、ドーアのengineeredな近代化）において、抽象的な観念や制度の理解は難しかった。それは、初期の啓蒙思想家かつ外国文化・文明の翻訳者でもあった福沢諭吉や中江兆民、中村敬宇、西周といった思想家たちの苦労を見れば明らかである。彼らだけでなく、実際に制度の設計者として制度をつくりだしてきた初期の官僚にとっても同様であったはずだ。維新の功労者から代替わりした、明治初期の官僚たちである。

ところで、清水唯一朗の『近代日本の官僚』（二〇一三）によれば、明治初年に成立した官僚やエリート養成の仕組みであった貢進生制度では、全国から英才を集めて、大学南校で外国語の教育を徹底させた。その後、海外留学の経験などを経て、日本の法制度の整備にあたる実務家官僚になっていく彼らの多くは、外国語と並んで南校で法律を学んだ学生たちであった。法律学という近代制度の学を学ぶことが、初期の社会制度の設計者の資質や知識として重要だった。そしてそこで学ばれたのが、欧米先進国の法律であった。その理解をもとに、自国の法律の整備＝社会制度をつくりあげていったのである。

ここでのポイントは、現実の社会現象から観察され集められた経験＝データをもとに理論化を進める、帰納的思考を不可欠とする社会科学的知識よりも、すでに出来上がった法体系についての理解を進め、解釈を深める法学的知識が基礎となっていたということである。また、彼らのなかには岩倉遣外使節団の一員として随行し、「制度調査」の役割を担ったエリートたちもいた。欧米の先進的な制度を調査し、日本に適用するために学んでくるという目的である。

法学的教養とそれに特有の――帰納と演繹の両方を必須とする社会科学とは異なる――思考様式を基礎に、外国の諸制度を調査し、それを日本に持ち帰る。このような役割を遂行するうえで、彼らの理解が演繹的な思考によっていたと推測することができる。先行する外国の制度をモデルに、そこからの演繹的思考によって日本にあてはまる法制度をつくりあげていくという思考回路である。少なくとも、日本の具体的現実から帰納的思考を通じて近代的な制度を設計したわけではなかった。

このような思考回路を実証する事実を探ることは、本書ではできない。ただ、清水の研究から傍証となる事実を探ることはできる。つぎの記述である。

> 政府は必要に応じてさまざまな法令、通達を出してきた。〔維新から〕二〇年の月日を経て、それらは相互に絡み合い、専門官僚ですら実態をつかめないほど複雑になっていた。加えて、地方ではその土地の実情に合わせた慣習が積み上がっていた。この結果、法令が出されるごとに疑問が百出し、地方から各省へ、各省から太政官に問い合わせが殺到し、法令の解釈が定まるまで一年を要する有様となっていた。(同、一五七頁)

法令と地方の現場との齟齬が描かれている。上から与えられた法令や通達が、地方の実情に合わない、そのための問い合わせが、今度は地方から中央に逆流する。このような現象が生じたのは、法令や通達が、それぞれの現場の経験からの帰納的な推論によって、法律や通知となり組み上がっていたプロセスとは逆のことが起きていたことを示唆する。近代的な法体系をつくろう、新しい制度を創出しようという上＝中央からの試みが、外来の近代の理解に枠づけられた、上(抽象的命題)からの演繹的思考によって、下(地方、現場)に下ろされていたこと、すなわち、抽象度を下げて適用されていったことを示唆する事実である。法学的教育を中心とした社会制度の設計者の養成は、帰納型の思考よりも演繹型の思考を得意とするエリートを形成したのではないかという推論を可能にする傍証である。

演繹型の思考様式だけがエリートたちの思考の中心だったと主張したいわけではない。そこでは帰納的な思考よりも、相対的に見て、演繹的思考に傾斜した、外来のモデルを理解し、日本に適用可能な形にできる知識や技術をもつことに価値が置かれていたのではないかという推論を議論の起点に置きたいのである。すなわち、外来の外在するモデルの存在が、上位の命題(模倣の対象＝目標)を所与のものとして与え、そこからの演繹的思考で、後発型近代(化)における制度化が進んでいったのではないか。現実の観察から得られた知識をもとに、帰納的に考え、事実を積み上げながら制度の設計が行われたのではない。あるいは、現実＝現場からの帰納によるフィードバックがうまくかかるわけでもない。演繹型の思考様式が、後発型近代(化)の経験のもとでは影響力をもったと考えるのである(5)。

このような仮説から出発すれば、「法学部」出身のエリートたちが(6)、上級官僚や政治家として、「上から」の近代化を推し進めてきた「国家主導」に新しい意味づけを与えることができる。たんに権力上のハイアラーキーの上位からの命令と下位での受容という関係(上意下達)だけではない。それに加え、思考様式において、外来のモデルをもとに、抽象度を下げて理解するという演繹型の思考をもとにした、制度の設計、構築、普及、実施という流れがあったと想定できるのだ。つまり、上意下達を権力関係として読み解くだけでなく、こうした思考様式と関連づけて理解しようということである。

あるいは、さらに一歩進めれば、日本における国家エリートを中心にした権力のハイアラーキーは、このような法学的知識に基づく演繹型の思考様式と分かちがたく結びついて成立していたのではないか。ピラミッド型の権力構造に見えていたものと、それを支える思考様式としての演繹型政策立案との二重性が、日本型官僚制のハイアラーキーをつくっていたという見方である。知識は権力だといわれる。だが、ここでの主張は、知識の有無にとどまらず(あるいはフーコー流の知の権力論でもなく)、その知識を生み出し伝える思考様式(演繹型)が、権力のハイアラーキーと分かちがたく結びつく、表裏の関係にあったということである。

この仮説に立てば、中央集権的な仕組みは、演繹型思考の様式と親和性が高かったといえる。外国語の能力に長け、先進国の制度にも通じる上級のエリート官僚たちが構想・設計した制度が、その抽象度を下げながら、全国で実施されていく。その過程では、中央から地方へ、地方から「現場」へと、政策に込められた理念や政策目標の抽象度を下げる形で、政策の意図や目的が解釈され実施に至る、あるいは制度化が浸透していく。それゆえ、「上意下達」は、モデルとなる(外来の)制度や法律といった上位の命題(政策目標)を、さまざまな言葉の言い換えや例示を通じて、現実に適用可能な目標へと読み換えていく過程であったと考えられるのだ。そこには、忖度のような下から想像力をはたらかせて、上位の抽象的思考を理解しようとする余地や過程も含まれていた。言語技法(レトリック)による共通了解圏をつくりあげるうえでも、この思考様式が重要な役割を担ったはずだ。

このような官僚制の仕組みは、後発型近代(化)の初期段階の思考様式にまで遡ることができる、というのがここでの主張である。日本の官僚機構が絶大な権力をもつに至った理由の一つに、権力や知識の集中という現象に加えて、後発型近代化の経験とそれが生みだした演繹型思考様式による政策立案＝制度化が一役買っていたという解釈である。

そしてそこでのエリートの育成として、演繹型の思考と理解力を研ぎ澄ます法学的教育が必須になっていたのではないか。立法府が重要な役割を担う「法の支配」というより、いわば「法学部の支配」（帝国大学法学部出身の官僚や政治家による支配というより、彼らが身につけた思考様式の支配）と呼べる事態である。その実証は、今後の課題であるが、このような推論は、とりわけ戦後の教育政策言説の特徴を分析する場合に、有効な議論の出発点となる。

ところで、後発型近代化の経験のもとでの近代的制度の導入は、欠如理論を当初から組み込んでいた、と見ることができる。多くの場合、先進の外来の近代的制度は、いまだ日本には存在していない、という欠如を前提にせざるを得ないからだ。すでに日本に対応する制度があった場合には、そこでの経験からの類推も可能だったろう。だが、そうではない新たな制度の導入が行われた場合には、欠如理論がそこに織り込まれることは論理的必然である。その意味で、演繹的思考による社会制度の設計と、欠如理論による近代（化）理解とはコインの両面のようなものだった。

ところが、このような後発型近代化の経験のもとで発達した「法学部（≒演繹的思考）支配」の構造は、戦後の教育政策において、いくつかの困難を抱え込むこととなる。戦前の教育制度の否定から出発した「戦後教育」は、『新教育指針』に見たように、新たな、それゆえ戦前には欠如した（とみなされた）「主体（性）」の育成を託されたからである。すでに敗戦までに一定の整備を終えた近代教育制度を前提としつつ、それらをつくり替えることで、教育の目的までをも根こそぎ変える。アメリカ型の教育制度への改変を通じて、民主主義や平和国家の建設といった、アメリカが設定した理想に近づける——アメリカ流の近代化論のもとで行われた二度目のキャッチアップ型近代化が抱えた困難である。そして、その困難に直面したときに、演繹的思考は、教育政策言説においては、容易にエセ演繹型へと変質していく。主体（性）の育成を中心に、欠如理論と演繹的思考に導かれた教育制度の再設計との組み合わせが、帰納的思考による政策立案のルートを欠いたまま、教育政策が立案、実行されていくのである。

もちろん、すべての教育政策、戦後の教育改革が、日本の現実からの帰納的思考による政策や制度の調整という機能を遮断していたわけではない。すでに別の研究で示したように、日本の現実との緊張関係から汲み上げ、政策を練り上げていった教育財政の仕組みや、教育の平等を達成するための教育の標準化といった面では、戦前の経験をふまえつつ、帰納的思考を生かした制度改革が行われた(苅谷 二〇〇九)。あるいは、いくつかの教科の教科書的知識の教授のように、戦前までの近代教育制度のもとでも行われてきた領域では、新たな制度の構築もし易かっただろう。こうした欠如理論のあまりあてはまらない領域に比べ、主体(性)の育成といった、それ自体欠如理論と強く結びついていた政策目標については、演繹的思考との組み合わせが政策を空転させることになるのである。

主体(性)をめぐる欠如理論の変遷については、本章で見たとおりである。特筆すべきは、空転が迷走といえるほどに極立ってくるのは、キャッチアップ型近代化終焉の「その後」であることである。キャッチアップ型近代化の終焉を宣言し、外在する近代(化)の呪縛から解かれたことで、希求する主体(性)は明確な輪郭を失い、浮遊していく。その欠如理論の変節を強化したのが、エセ演繹型思考と呼ぶ政策立案思考の支配である。

(2)エセ演繹型思考による主体(性)の空転

その典型的事例を、現在進行中の二〇一八年に改訂された学習指導要領を対象に検討しよう。

先述のとおり、「予測できない未来」に対応するには、「受け身」ではなく、社会の変化に「主体的に向き合って関わり合」う資質=主体性の育成が必要である——このような中教審答申に基づく改革が、二〇一八年の指導要領の改訂であった。そこでは、「アクティブ・ラーニング」の提唱が議論された。最終的な指導要領では、このカタカナ語は消されたが、それに代わり日本語で「主体的・対話的で深い学び」と言い換えられた。いずれにしてもこのような教授・学習を通して、社会の変化に「主体的に向き合って関わり合」う資質を育てようというのである。そこでいう資質や能力が何であるかは、同程度の抽象的な表現での言い換えは行われても、具体的には特定されない。資質・能力の内容が曖昧なだけでなく、そもそも「予測困難な社会の変化に主体的に関わ」るとはどういうことか、その意味さえ、多義的・曖昧すぎてわからない(7)。現実からの帰納による目標の設定にはほど遠いからである(8)。すでに浮遊し始めた、輪郭さえおぼろげな、欠如する主体(性)の育成を仮構して設定された目標である。その目標を達成するために案出されたのが、これもまた抽象的な理解にとどまるアクティブ・ラーニング＝「主体的・対話的で深い学び」であった。それは、何か。「学習指導要領等の改善の趣旨及び内容について解説したもの」(文科省)と位置づけられ、「文部科学省著作物」と呼ばれる「小学校学習指導要領解説」には、以下の「説明」がある。

一　学ぶことに興味や関心を持ち、自己のキャリア形成の方向性と関連付けながら、見通しをもって粘り強く取り組み、自己の学習活動を振り返って次につなげる「主体的な学び」が実現できているかという視点。

二　子供同士の協働、教職員や地域の人との対話、先哲の考え方を手掛かりに考えること等を通じ、自己の考えを広げ深める「対話的な学び」が実現できているかという視点。

三　習得・活用・探究という学びの過程の中で、各教科等の特質に応じた「見方・考え方」を働かせながら、知識を相互に関連付けてより深く理解したり、情報を精査して考えを形成したり、問題を見いだして解決策を考えたり、思いや考えを基に創造したりすることに向かう「深い学び」が実現できているかという視点。(文部科学省 二〇一七a、七七頁)

それぞれについて、他の言葉での言い換えや、他の活動との関連づけは行われている。だが、どれも抽象度の高い表現に終始していて、具体的な現実との対応関係は、ここでも多義的・曖昧である。

しかも、この「説明」の前には、つぎの一文がある。

児童に求められる資質・能力を育成することを目指した授業改善の取組は、これまでも多くの実践が重ねられており、主体的・対話的で深い学びの実現に向けた授業改善を行うことが、そうした着実に取り組まれてきた実践を否定し、全く異なる指導方法を導入しなければならないことであると捉える必要はない。(同、七七頁)

従来から行われてきた「授業改善の取組」のどこは残してよくて、どこはさらなる改善が必要なのかは、いっこうに不明である。これまでの教育においても、「予測困難な社会の変化に主体的に関わ」ることのできる資質や能力が育成されてきていたというのだろうか。このような記述には、帰納的思考の痕跡はほとんど見られない。それは、このような指導要領による教育改革を立案した中教審答申にも存在しない。

ところで、新しい学習指導要領が発表されると、いつの改訂でも始まるのが、新指導要領の内容の「周知・徹底」である。地方教育委員会や教員を対象とした研修を通じて、「周知・徹底」が行われる。今回の改訂でも、「主体的・対話的で深い学び」や、それを実現するための「カリキュラム・マネジメント」など、新しい言葉を中心に、その理解を「周知・徹底」させる行政の仕組みがはたらいた。これら新しい用語について、教育現場が「何を理解しているか」、それらによって「何ができるか」、さらには「理解していること・できることをどう使うか」(9)を十分に浸透・理解させることが、「周知・徹底」のゴールとなる。

たしかに、これらは、「上からの教育改革」を印象づける。だが、本章での検討をふまえれば、それは、(エセ)演繹型思考を通じての「上意下達」による教育改革の実施過程にほかならない。たとえば、学習指導要領で「主体的・対話的で深い学び」と言い換えられた「アクティブ・ラーニング」は、もともと外来の active learning という教育用語を理想的な学び方として、抽象的なレベルで輸入した概念である。それをもとに、それより抽象度を下げた日本語で説明しようとする言説が、先に引用した学習指導要領「解説」の部分であった。だが、それを言い換えた「主体的・対話的で深い学び」という日本語も、依然として抽象度の高いレベルでの理解・解釈にとどまる。漠然と、児童生徒が進んで何かを調べたり、それをもとに話し合ったり、あるいはそこでの議論の結果を発表する、といった、外形的に見て「受け身」ではない学習を想定しているイメージは伝わる。だが、そこで実際に児童生徒たちの頭のなかで何が行われているのか、外から積極的に見える学習への参加と、そのようには一見見えない学習とのちがいはどこにあるか。前者では、主体(性)の育成が行われ、後者では行われていないとしてよいのか。それを判断するのは誰で、その判断力はどのようにして育成されるのか。このようなことは、手本となるような授業実践を研究することで、どの教師にも育成可能なのか。教育学の研究は、そのような学習のメカニズムやその成果について、評価できるレベルにまで研究が進んでいるのか。不明な点を挙げていけばきりがない。

ところが、こうした言い換えも例示も、抽象度を中途半端に下げただけでわかったつもりにさせる論法で終わっている。中教審答申や指導要領の総則を読んでも、中途半端な抽象的レベルでしか理解できない。具体的な実践例が紹介される場合も、肝心の抽象的概念との結びつきが弱く、それが実際に主体(性)の育成にどのようにつながっているか、具体的には説明されない。そのため、「なんとなくわかったつもり」になるだけで腑には落ちない。演繹さえ十分に行われていないのである。このように見ると、教育改革についての思考様式が中途半端な(エセ)演繹型思考によるために、政策言説は、「周知・徹底」を通して現場に「下ろすもの」だという慣行が続いてきたことにも納得がいく。

これが演繹的思考の産物であることは、学習指導要領の文部科学省による「解説」の構成からも明らかである。「教育課程の編成及び実施」の前には、「教育課程に関する法令」の節が設けられ、教育基本法、学校教育法といった法律に基づいて、各学校においては、以上のように、教育基本法や学校教育法をはじめとする教育課程に関する法令に従い、学校教育全体や各教科等の目標やねらいを明確にし、それらを実現するために必要な教育の内容を、教科等横断的な視点をもちつつ、学年相互の関連を図りながら、授業時数との関連において総合的に組織していくことが求められる。(文部科学省 二〇一七a、一一―一二頁)

と、この学習指導要領が位置づけられる。もちろん、法的拘束性のもとでの、学校教育法施行規則の「告示」として位置づけられているのだから、法体系のもとにあること自体は不思議ではない。だが、ここで問題にしたいのは、上位法との関連において教育課程が構想されていることが強調されている点である。演繹的な思考であることの告白のような「解説」の構成である。少なくとも、現実から観察された事実に基づいて、それをもとに帰納的な思考を経てカリキュラムの改善が行われたのではないことは確認できる。おそらくは、こうした疑問をもたずにこうした前掲の「解説」を机上で書いてしまえるところに、演繹的思考が染みついた政策立案者の思考の習性《クセ》があるのだろう。

「解説」にはつぎの文章もある。

こうした法令で定められている教育の目的や目標などに基づき、児童や学校、地域の実態に即し、学校教育全体や各教科等の指導を通して育成を目指す資質・能力を明確にすること(第一章総則第一の三参照)や、各学校の教育目標を設定(第一章総則第二の一参照)することが求められ、それらを実現するために必要な各教科等の教育の内容を、教科等横断的な視点をもちつつ、学年相互の関連を図りながら組織する必要がある。(同、一一頁)

「児童や学校、地域の実態に即し」とあるが、それが体系的に調べられた形跡も、そこから帰納的に新たな教育目的が構想された痕跡もない。むしろこの文章が示すのは、「法令で定められている教育の目的や目標」からの演繹的思考を通じて、学習指導要領のようなカリキュラムや教授方法にまで踏み込んだ政策文書が構想され、書かれているという点である。教育政策において体系的な実態把握＝エビデンスがないことの問題点は、筆者自身がたびたび批判してきた。だが、問題はそれに加えて、演繹的思考による政策構想が、帰納的思考や、これまでの教育政策の検証の必要性を取り除く形で、繰り返して行われてきたことにある。中途半端なエセ演繹型思考による政策立案が、実態把握の必要性を認めさせないことで、エビデンスに基づく政策立案を阻んできたのである。

新指導要領についての文科省の説明では、「我が国のこれまでの教育実践の蓄積に基づく授業改善の活性化により、子供たちの知識の理解の質の向上を図り、これからの時代に求められる資質・能力を育んでいくことが重要」だと書かれている。だが、「これまでの教育実践の蓄積に基づく授業改善」をもとに現場から帰納的な思考で、具体的手段が特定されるわけではない。

このようなエセ演繹型思考で組み立てられた教育政策は、「現場に下ろす」ことが不可避となる。それゆえ、現場の理解が求められ、理解を促す「周知・徹底」が教育改革の重要な役割を担う。伝達講習や教育雑誌や市販本を通じた「現場に下ろす」ノウハウ本がもてはやされる所以である。

その裏返しは、政策がうまくいかないのは、「周知・徹底」がうまくいかなかったからか、教育現場がその主旨を理解できなかったからかとなる。これまでの教育実践の蓄積から帰納することで、政策を立てるという発想＝思考の回路は封じられている。それゆえ、実態把握（帰納のための知識の基盤）を欠いたままでも、つぎつぎと教育政策の言説は生産できるのである。帰納的思考の必要性を十分に認めないまま、政策の立案と実施、下に降ろす改革のスタイルが繰り返される。フィードバックは最初から封じられているのだ。

教育を未来志向のプロジェクトとみなす限り、演繹的思考が基本的な思考様式となることは避けられない。それは日本に限らず当てはまる教育(者・学)的思考の特徴である。だが、日本でそれがいっそう極立つのは、一九八〇年代以後の教育改革において、長年目標として掲げられる「資質・能力」(主体性、創造性、個性、問題解決能力など)が、日本では「欠如」してきたものとみなされたことによる。裏返せば、改革が必要だとみなされるのは、それまでの日本の教育がそれらの育成に失敗してきたという認識を前提にしている。受験教育の強い影響を受けた暗記型の学習(あるいは画一的な教育)が主流だったために、その犠牲として、「主体的・対話的で深い学び」ができず、それゆえ「社会における様々な場面で活用できる知識」や能力を身につけることができなかった。問題構築を正当化する、言語技法(レトリック)による共通了解圏であり、その欠如理論との結合である。欠如理論の通例として、抽象的でまだ見ぬ理想を政策目標に掲げるのだから、それを実現する手立てについても、目的・手段の関係は抽象的なレベルにとどまらざるを得ない。エセ演繹型の思考を繰り広げることで、手段(たとえばアクティブ・ラーニング、カリキュラム・マネジメント)が机上で構想され、提示され、解説が付されるにとどまってしまう。外来の近代の影を払拭したと思った「その後」に、なおも外来の思想から演繹した「アクティブ・ラーニング」を通じて、まだ見ぬ主体(性)を追いかけ続ける。これもまた、キャッチアップからの脱却という日本的な「近代の罠」にはまった日本の教育の姿である。

このようなエセ演繹型思考による教育政策の立案において、帰納的思考はほとんど重視されない。たとえば、OECDが二〇一一年に実施した国際成人力調査(PIAAC)では、先進国の一六歳から六五歳までの成人を対象に、学校などで学んだ知識や能力を、職場や日常などの実生活でどれだけ役立てるスキルとしてもっているかをテストしている。まさに、活用できる知識やスキルの習熟度を測定する調査である。結果によれば、読解力も数的思考力も、日本の成人の平均点は第一位であった。平均だけでなく、習熟度レベル上位の割合も日本の成人は最も多く、レベル下位の割合は小さい。これらの日本人の多く(一九四六〜九五年生まれ)が、これまでの教育政策が否定的に見てきた、暗記型や受験教育、あるいは画一教育とみなされた学校教育の経験者である。それなのに、なぜ日本人の習熟度は高いのか。これらの結果をもとに、帰納的な思考を通じて教育政策を立てようという発想は、日本の教育行政にはない。あるいは、今後はこれまで以上に変化の激しくなる時代だから、今にもまして「生涯にわたって能動的（アクティブ）に学び続ける」資質や能力の育成が重要だというのだろう。だが、そこでいう資質や能力も、エセ演繹型思考の枠を出ない。その中身も、それが具体的にどのように育成されるかも、曖昧なままにとどまる。

　だが、教員の働き方問題が解決しないまま、より高度な教育実践や学校経営を求める今回の教育改革を、学校現場はどのように受けとめるのか。多義的で抽象的な言葉で構築された理想の教育は、どのように現場で「理解」され、「どう使」われるのか。児童生徒たちにはどのような影響が及ぶのか。うまくいかない場合に誰にしわ寄せが行くのか（苅谷 二〇〇一、二〇〇八／二〇一二）。

　これらの問いは、教育改革を構成する教育言説の特徴が暗示する学校現場との距離感を示す。この距離を埋めようとするのが、「周知・徹底」である。とりわけ、すでに多忙を極める教員たちが、このような学習にどれだけの準備と、学習成果についてのフィードバックができるのかについては、学校や教員の現状をとらえて、そこからどのような問題があるか、障害はどこにあるかを（帰納的に）考えてみればすぐにわかるはずである。あるいは、現状で日本全体の小中学校、高校でおよそ九五万人もいる教員に、こうした「予測困難な教育の変化に主体的に関わる」能力や資質が備わっているのだろうか。もしこのような能力や資質を日本の教員たちがすでに備えていたとすれば、このような「周知・徹底」は不必要だろう。否。このような能力や資質を育成していたことに、これまでの教育が（少なくとも教員の養成においては）成功してきたことを前提にしなければ、このような思考実験自体が成立しない。もし、そのような能力や資質を日本の教員の多くがもっていないとしたら、今度は、そのような教員たちに、「主体的・対話的で深い学び」を促すことができるのか、そのような疑問がわく。それがうまくいくかどうかの要となる、児童生徒の学習の実際(頭のなかで起きていること)と、外形的に観察できる活動との関係を見極めるだけの能力や資質を日本の教員たちは十分に備えているのか(10)。日本の教育行政が、教員たちを「受け身」の学び手だとみなしているから、「周知・徹底」が必要となるのである。あるいは、そのような前提を隠すために、「全く異なる指導方法を導入しなければならないことであると捉える必要はない」といった、現場の混乱を避けるために、判断基準の曖昧な注釈が「解説」に書かれるのである。

以上のような考察を前提とすれば、「周知・徹底」の対象となり、受け身にとどまる現場にとっては、「周知・徹底」の如何にかかわらず、指導要領準拠の教科書やアクティブ・ラーニングを導くといわれる教材会社のワークブックを使うことが、現実的な対応になる。それが実際にどのような成果をあげたか、あげないかは、これまで同様、帰納的思考＝事実の検証の対象とはならない。それが「失敗」に終わっても、原因はわからないままである。一九九〇年代以後に実施されてきた教育改革と同様に、実行を阻む原因も解明されないままだろう。いや、そもそも、このような教育を受ける人々が、「予測困難な社会の変化に主体的に関わ」ることのできる資質や能力を身につけることができたかどうかは、何十年か後にならなければわからない「目標」設定である。不可知論に不可知論が重なる。それでも、同型の教育改革が続く。その政策を枠づけ、正当化する言説資源(＝近代化理解の枠組み)が変わらず、依然として正当化を可能にする力を与えられているからだ。

「追いつき型近代化」の果てに、近代を消去した「その後」の教育政策は空転し続ける。その原因の一つは、それまでの近代(化)の理解と、それを達成したと思いこんだ時代認識にあったというのがここでの結論である。

六　呼び込まれる外部の参照点

だが、このようなエセ演繹型思考と欠如理論の結合が生み出す政策立案思考は、思想的空白を生み落とすことで強力なイデオロギーを教育にもち込んだ。この節では、この二つの思考様式のセットが、教育政策に新たなイデオロギーを呼び込むことになった経緯と、その仕組みについて考察を加える。対象とするのは、新自由主義と、日本回帰(＝ナショナリズム)である。

(1)新自由主義

新自由主義的な思想が、「その後」の教育改革言説を枠づける言説資源(「言語技法が生み出す共通了解圏」)となってきたことは、すでに第三章、第四章の分析を通じて明らかにした。また、それが、西欧のネオリベラリズムとは似て非なるものであることも手短に指摘した。ここで再度、この言説資源を取り上げるのは、それが正当化言説として影響力を及ぼすうえで、欠如理論とエセ演繹型思考のセットとどのように関係していたのかを解明しておくためである。

日本流の新自由主義の主張は、国家主導の近代化がすでに時代遅れになり、むしろ桎梏と化している、そのために、個人の自立を促すことも、主体(性)を育成することもできない、という問題構築を特徴としていた。福祉国家の解体や資源配分の方法の変更ではなく、国家の規制や介入を取り除くことで、欠如していた主体(性)が現れるはずだと見たのである。ここには、欠如理論を下敷きにした主体(性)の希求と、それを阻んできたとみなされた国家による規制・介入を取り除く政策との結合が見られた。

このような問題構築は、本章の二節で論じた、経済を前景化した近代(化)の時代認識を基盤にしている。経済を前景化した近代(化)の理解と、キャッチアップ型近代化の終焉の理解は、バブル崩壊後の経済の停滞において、欠如する主体を、市場における自立した競争者とみなした。そこで必要とされる資質や能力は、その中身を埋められないまま、エセ演繹型思考を通じて、曖昧なままに目標化された。

はじめに、議論の手がかりとして、小渕恵三元首相の委嘱による「二一世紀日本の構想」懇談会の報告書を材料にしよう。バブル経済の崩壊後、日本経済の停滞が広く認識されるようになった一九九九年時点での首相の諮問機関の答申である。

戦後の日本の成功モデルが、より正確に言うと、そのモデルへの過信が、いまでは日本の活力を殺ぐ結果となっている。その間に生まれた既得権益と社会通念の多くが経済社会を硬直化させ、陳腐化させている。そのモデルは、一言で言うと戦後の、いや明治以後の「追いつけ追い越せ」モデルだったと言ってよい。それを超えるモデルを日本は探さなければならない。しかし、世界に出来合いのモデルはもはやない。正解を外に求める時代は終わった。(「二一世紀日本の構想」懇談会 二〇〇〇、一〇頁)

繰り返すまでもなく、本書がこれまで見てきた近代(化)の理解がここでも反覆されている。しかもここでの主題は、日本の再生、すなわち、経済を前景化した「その後」の展望＝問題構築にあった。[11]そして、この「構想」では、「個」の自立が日本社会の「再生」の切り札とみなされた。「護送船団方式」や会社主義に代表される、「集団」重視の社会から、個人の自立した社会への移行が必要だというのである。まさに欠如理論を下敷きとした主体(性)の希求である。そこでは、「たくましく、しなやかな個」という理想＝欠如態としての主体(性)がつぎのように語られる。

> 所属する場の和を第一に考える日本人の傾向は、先進国のなかでは貧富の差が少なく、比較的安全性の高い国を生み出すという利点を持った。しかし、個人の能力や創造力を存分に発揮させる場としてはむしろ足かせとなってきた。
>
> 　グローバル化や情報化の潮流の中で多様性が基本となる二一世紀には、日本人が個を確立し、しっかりとした個性を持っていることが大前提となる。このとき、ここで求められている個は、まず何よりも、自由に、自己責任で行動し、自立して自らを支える個である。自分の責任でリスクを負って、自分の目指すものに先駆的に挑戦する「たくましく、しなやかな個」である。（同、一七頁）

　これまでの日本社会は、個の自立を阻んできた。だから、日本を変えるためには、「たくましく、しなやかな個」が求められる。だが、個の自立を阻む主たる原因は、「場の和を第一に考える日本人の傾向」である。その結果が「先進国のなかでは貧富の差が少な」い社会を生み出す一方で、「個人の能力や創造力を存分に発揮させる場としてはむしろ足かせとなってきた」というのである。そして、つぎの議論に続く。

> 　残念ながら、日本の社会には個人が先駆性を発揮するのをよしとしないきらいがある。日本人のもつ絶対的とも言える平等感と深く関わるが、「結果の平等」ばかりを問い、縦割り組織、横並び意識の中で、〝出る杭〟は打たれ続けてきた。「結果の平等」を求めすぎた挙句、「機会の不平等」を生んできた。（同、一八頁）

「「結果の平等」ばかりを問」うことで、「〝出る杭〟は打たれ続けてきた」。だから、結果の平等から機会の平等へと転換しなければならないというのである。このような議論には、「和」を重視する日本人↓「結果の平等」の強調

↓個の自立への足枷といった論理の展開が見てとれる。言い換えれば、個の自立を求め、「自己責任」を問う社会の創出には、過度な「結果の平等」からの脱却が必要だという前提が内在的に含まれていたのである。

同様の認識は、これも小渕首相直属の諮問機関であった、経済戦略会議の答申『日本経済再生への戦略』(一九九九)にもつぎのような表現で示されていた。

二一世紀の日本経済が活力を取り戻すためには、過度に結果の平等を重視する日本型の社会システムを変革し、個々人が創意工夫やチャレンジ精神を最大限に発揮できるような「健全で創造的な競争社会」に再構築する必要がある。競争社会という言葉は、弱者切り捨てや厳しい生存競争をイメージしがちだが、むしろ結果としては社会全体をより豊かにする手段と解釈する必要がある。競争を恐れて互いに切磋琢磨することを忘れれば、社会全体が停滞し、弱者救済は不可能になる。(経済戦略会議　一九九九、ページ番号なし)

ここでも、欠如態としての個の自立=主体(性)を生み出すためには、結果の平等を強調してきた従来の仕組みを改め、競争社会をつくりだすことが求められている。いずれの答申でも、問題視されていたのは、「結果の平等」を重視してきた日本社会の特徴であり、それは、競争の欠如と等値された。

「二一世紀日本の構想」は、日本文化に焦点を当てた提言となっていた[12]。だが、文化論的色彩をもちながらも、そこで強調されたのは、欠如理論に基づく主体(性)の希求であった。そして、それを確立するためには競争の導入が必要だと認識されていた。そのうえで、そのためには「官」への依存からの自立=「中央政府に対して過大な依存心を持ち、子供が親に頼るようなパターナリズムからの脱却」(同)が目指されていた。これらの点から見れば、日本文化論を含んだ新自由主義の見方といえる。他方、経済戦略会議では、より明確に「小さな政府」路線がとられた。

このようなニュアンスの違いはあるにしても、これら二〇世紀末の政府の政策言説では、個の自立が「自己責任」と言い換え可能な形で表明されていたところに注目したい。「結果の平等」から「機会の平等」への転換＝「健全で創造的な競争社会」の導入は、自己責任を求める社会とほぼ等値されるからである。つまり、求められる主体(性)が「自己責任」を負うべき主体(性)として強調されるのである。

このような日本流の新自由主義は、近代を消したことで、近代の理論に代わって社会の変動を導く、あるいはそれを解釈する枠組みを提供した。「その後」がつくりだした新たな言説資源(言語技法による共通了解圏)である。

それが欧米のネオリベラリズムと大きく異なるのは、欧米、とくにアングロサクソン系の国々では、市場競争型の資本主義がすでに根づいており、そのうえで、非効率な公共部門の民営化や市場化が行われたことに、この用語が照準していたからである(Harvey 2005)。標的となったのは、福祉国家であり、「大きな政府」となっていた公共部門である。しかもそれが非効率に運営されていると見た。ことの正否は別として、それゆえ、ネオリベラリズムとは、ある意味では(経済成長を優先した)近代合理主義の徹底であり、その意味で近代の高次化とみなすことができる。

それに対し、日本の政策担当者や経済界の認識では、先に見たように、日本にはそのような競争的市場が存在しないことが問題とされたのである。もともと「小さな政府」であり、むしろ国家の統制による効率性が高いとみなされていた日本において標的とされたのは、国家の介入(開発国家)や「結果の平等」、競争のないもたれ合いといった、キャッチアップ型近代化のもとで生まれた「官」が主導した「公」への依存体質であった。その解体に新自由主義が正当化言説として用いられた。

とりわけ雇用市場における規制緩和によって、労働力を流動化させようとした政策が実施されたときには、全体の流動性を高めることではなく、非正規雇用の枠を拡大することが規制緩和の実態だった。それゆえ、そこでの競争には最初からセーフティネットが取り払われていた。依然として正社員の雇用が守られ、流動性が高まらないままで新たに拡張した非正規雇用市場において、その責任を個人に帰す。そうすることで、制度の瑕疵や社会政策の責任を免責する、そのための言説資源として「新自由主義」があたかも外来のネオリベラリズムの翻訳語のように使われたのである。

そして、そのように新たにつくられる市場での競争に参加する個人の「自己責任」が問われることとなった。アメリカやイギリスのような個人主義を前提に成立した市場型の資本主義社会では、責任の語にわざわざ「自己」などの接頭語をつける必要がない。英語では responsibility といえば十分であり、そこに self- をつける用法はない。個人主義を基盤にした「自由主義」社会では、当然のように個人の「責任」が(相互に)問われるのである。

それに対し、個人主義を基盤に「自由主義」が発達した歴史の浅い日本では、香山の認識のように、「個人主義」はほとんど「利己主義」と等値させて理解された。個人主義や自由主義の誤解が生み出す「権利意識」の過剰が、「利己主義」として国家への依存を生んでいると見たのである。その意味でも、(「新」のつかない)自由主義やそれを支える個人主義の「誤解」を前提に、「新」自由主義が呼び込まれた。過剰とみなされた権利意識＝「利己主義」に結びつかない、「自立自助」が求められた所以である。日本で「責任」の語に「自己」という接頭語が必要となったのも、個人の責任を問う際に、過剰な権利意識によって集団や共同体に依存している状態から個人を引き剝がすという意味で、特別の用語がつくられたのだろう。「自己」が強調されるのは、それだけ「個人」が集団や共同体のなかに埋没しているという前提が、「自己責任」を問う側に共有されていた、と想定できるのだ。

規制緩和が必要なのは、「既得権益」を守ろうとする守旧派が自由な競争を妨げているからだといわれ続けた。たしかにそのような事実もあっただろう。しかし、ここで注目しているのは、そこで使われた新自由主義のつぎの論理である。過剰な権利意識によって既得権益で守られた個人を、保護してきた集団から引き剝がす。そのためにいっそうの「個人化」(Beck & Beck 2002)を進める。それが新自由主義の名のもとでの「自己責任」の強調である。自由主義の基盤を欠いた「新」自由主義の密輸である。その意味で、このような日本流新自由主義は、「近代」の高度化として受容されたのではない。本書で見てきたように、「近代」との訣別・断絶によって呼び込まれたのである。

たしかに、市場における競争の効率性を「普遍」と見る見方がイデオロギーとして日本流新自由主義にも含まれてはいる。だが、実際に行われた規制緩和は、雇用市場全体の流動化や外部市場化を進めたのではない。そこにはほとんど手をつけずに、低賃金でスキル獲得の機会を奪われた非正規職の拡大がそれに代わった（玄田 二〇〇一、落合 二〇一八）。そのような中途半端な「規制緩和」は、ネオリベラリズムとは一見似てはいるが、根本において異なる標的を狙っていた。規制緩和による非正規雇用の拡大は、市場化がもたらす競争による効率化とは異なるのである。しかし、市場化による競争といっそうの個人化を促すネオリベラリズムのイデオロギーは、非正規雇用市場の拡張の結果を、個人の責任に帰することをよしとする見方を社会に浸透させるうえで、使い勝手のよい、外来の流行の思潮だった。市場的競争の効率性という「普遍」（「世界標準」）の信仰も、日本型の雇用慣行を改めさせるにはほどよい説得性をもった。その結果として、「新」自由主義の浸透とともに、「小さな政府」を維持したまま、個人に帰責することを認める新たな用語として「自己責任」が使われ始めた[13]。産業構造の変化といった客観的な社会変動に加え、このようにキャッチアップ型近代化がすでに終焉していると見た近代（化）の認識＝近代の消去が、ネオリベラリズムを翻案して呼び込む共通了解圏をつくりあげていた。それが本書の主張である。

試みに、プロローグで用いた日本語書き言葉コーパス「少納言」を用いて「自己責任」の語の出現頻度とその時期を調べた。このコーパスがカバーする「最大三〇年間（一九七六〜二〇〇五）」に、四二二件の用例が見つかった。そのうち一九七九年に一例、八一年に一例、九〇年に一例、九三年に四例、九四年に一例、九五年に六例、九六年一例、九七年六例と、九七年以前の用例数は二一件、つまり四二二件のうちほとんどの四〇一件は九八年以後の用例であり、そのほとんどは二〇〇〇年代であった。つぎに「新自由主義」の語の出現頻度を調べると全部で六五件。二件が九六

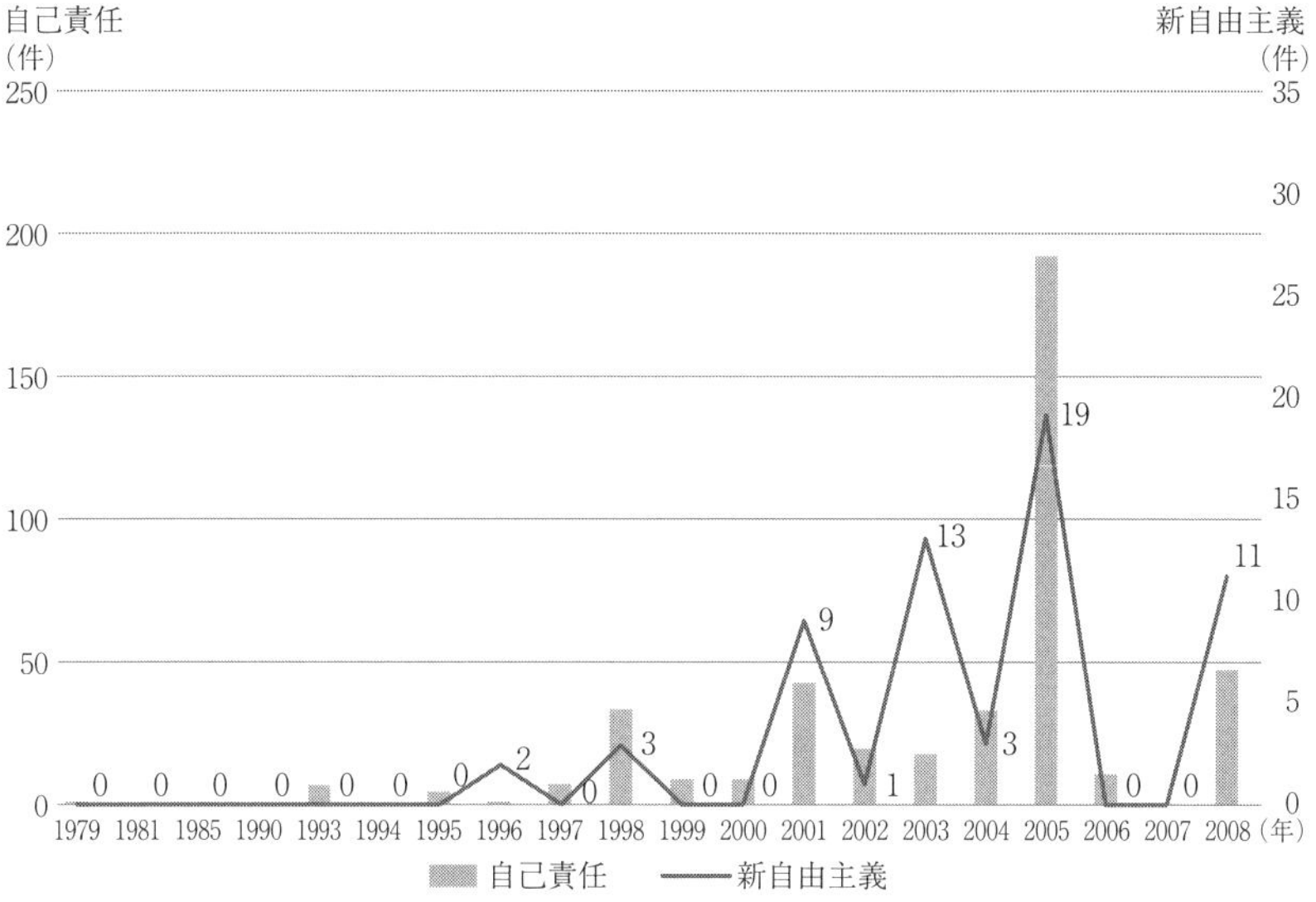

図7-3　コーパスで見た「自己責任」と「新自由主義」の出現頻度

年、三件が九八年で、六〇件は二〇〇〇年代であった。「ネオリベ」(-ラル、-ラリズム)については、五件で、そのすべてが二〇〇〇年代である。

さらに出現頻度の算出に使い勝手がよい、日本語コーパスの上級編といえる「中納言」を用いて、同様の作業を行った。ただし、「中納言」がカバーするのは一九七一年から二〇〇八年までの三七年間である。この期間に、「自己責任」は総数四四二件、「新自由主義」は六五件であった。これをグラフ化したのが**図7-3**である。出現の総数がおよそ七倍違うので、目盛りもそれに応じて補正している。「新自由主義」は総数でも六五件と少ないのでぶれはあるものの、二つの用語とも一九九〇年代の終わり頃から使われ出したことがわかる。また、両者がともに出現頻度を増やすのは、二〇〇〇年代が中心となることも確認できる。時代的には、「新自由主義的」改革を目指し、「構造改革」が流行語となった小泉純一郎が首相のときに、「自己責任」の語の使用も大きく増え、定着していったと見ることができるのである。

こうした言語技法(レトリック)による言説資源が、政策を立案し、実行する力を得ているのは、「その後」の時代認識が、ネオリベラリズムの思潮を呼び込み、日本流に翻案する知識の基盤を用意したからである。「自立自助」、あるいはよりソフトな表現だが「たくましく、しなやかな個」という自己責任論と共振する、個人主義なき主体性の希求であり、労働コスト削減による成長戦略である。

このような時代認識は、現在（二〇一九年）まで続いている。二〇一八年一二月に経済同友会が提出した提言、『Japan 2.0 最適化社会の設計――モノからコト、そしてココロへ』には、二〇一七年改訂の学習指導要領への言及が見られる。そこにつぎの文章がある。

「主体的・対話的で深い学び」（アクティブ・ラーニング）の視点が盛り込まれた新学習指導要領の実施に向け、国内外の重要かつ中長期的な課題について、効果的に学ぶためのカリキュラムの検討、教員のスキル向上を進める。さらに、図書館のデジタル化を含めた拡充、学校や企業等が所有する書籍の利用開放など、環境を整備する。（同、三四頁）

学習指導要領による改革を全面的に支持する言説である。そこに込められた財界の意図は何か。それを示すのがつぎの文言である。

国家価値の最大化の追求と社会の持続可能性の向上との好循環が成立している状態、すなわち最適化社会を、自ら考え、自ら語り、自ら動き、実現を目指していく。その起点は国民一人ひとりであり、最適化する能力（「最適化能」）を日本人の強みとして磨いていく必要がある。人間として必要な倫理や道徳、働いていくための実学、イノベーションを起こす独創性、世界で戦える高度専門知識など、初等教育からリカレント教育までの教育全般

にわたる改革、人づくり革命を急がなければならない。（同、五頁）

ここでは「人づくり革命」のねらいが、日本の経済力の復活にあることが明確に示されている。経済の前景化である。しかも、このような「人づくり革命」が必要なことは、この提言を発表した際の小林喜光代表幹事のつぎの発言に示される。

そもそも今、本当の危機感が我々にあるのだろうか。内閣府「国民生活に関する世論調査」（二〇一八年六月）によると、（国民の）七四・七％が（現在の生活に）満足しているという。これだけ世界から遅れをとっているという状況の中で、なんとなく幸せというか、ゆでガエルというか、こういう現象をどう捉えていけばいいのか。我々からすれば、これを「知の退廃」であり「自己変革力の枯渇」と表現している。だからこそ、過去の延長線上には明日はないという思いでやってきた。（小林喜光代表幹事記者発表会・発言要旨。未定稿、二〇一八年一二月一一日）

「世界から遅れをとっている」という時代認識には、本書が分析してきた近代（化）の理解が色濃く反映している。しかも、国民の「ゆでガエル」状態を、「自己変革力の枯渇」と結びつけて問題構築を行う論理展開は、第三章で見た香山健一の近代（化）理解の引き写しかと思えるほどである。ここでも欠如しているとみなされるのは、「最適化社会を、自ら考え、自ら語り、自ら動き、実現を目指していく」主体（性）である。先の提言の引用にあったように「働いていくための実学、イノベーションを起こす独創性、世界で戦える高度専門知識」といった能力・資質の強調は、経済を前景化した近代（化）の理解と、欠如態としての主体（性）の育成とを結びつけた発想から導かれた指摘といえる。そして、このような提言を通して、政府が進める、エセ演繹型思考で構想された教育改革が支持される。

このように経済を前景化した近代(化)の理解が、キャッチアップ型近代化の終焉以後も長らく続くのは、バブル崩壊後の日本経済の停滞が長引いているからである。中国などのアジアの近隣諸国に日本は「追いつかれ追い抜かれた」といった、これもキャッチアップ型近代(化)の理解に基づく現状認識が下敷きになっている。しかも、この提言では、規制緩和の必要性が不可欠であることが何度も指摘される(たとえば「技術革新に応じて規制・制度を柔軟に変えることができず、イノベーションの社会実装、事業化までに多くの時間を要する。旧態依然の規制とそれに守られた強固な既得権益の構造がイノベーション創出を阻害している」といった表現)。「民間主導」による経済成長を強調する点も、国家主導の解体を求めてきた日本流新自由主義の思潮に通底する。

しかしながら、臨教審答申が新自由主義的だという批判を受けてきたにもかかわらず、「その後」の教育改革において、実際にどれだけの規制緩和、国家主導の教育への統制が弱まってきたのか。それを一瞥すると、奇妙なことに、その実態は、公教育の仕組みを大きく変えてきたとはいえない。少なくとも、ネオリベラルな教育改革のモデルとみなされた、たとえばイギリスに比べると、大きな構造転換が行われた形跡は、日本の場合ほとんど見られない。

たしかに、大学教育については、第四章で見たように、設置基準の大綱化や国立大学法人化といった新自由主義的な改革が実施された。だが、法人化も、大学の二割を占めるに過ぎない国立大学を対象とした改革にとどまった。私学が多数を占め、入試競争や就職競争といった「市場」での競争が続いてきた日本では、それに輪をかけた民営化や市場化といったネオリベラリズムの思潮に促された制度改革は、ほとんど行われていない。国立大学については、法人化後に運営費交付金を減らし、代わって、大学の改革の進捗状況によって特定の政策目的に応じて配分する「競争的資金」が増やされた。とはいえ、評価と連動した資金の割合は、それほど大きくはなっていない。その意味でいえば、資源配分の構造を大きく変えたというほどの変化ではない。むしろ競争的資金は、政策誘導に使われる道具(間接的な国家の介入)となっている。その一例がスーパーグローバル大学創成支援事業であるが、これも資金配分の構造を変えたというより、わずかな支援金で大学のグローバル化を推進しようとした改革にとどまる（佐藤編著 二〇一八）。

初中等教育についても、一時期、義務教育段階での学校選択制の導入が注目された時期があった。公立小中学校にも市場原理を入れることで、学校間の競争が教育の質の向上につながるはずだといった、欧米のネオリベラルな教育改革に倣った日本での新自由主義的改革である。だが、その後の調査によると、日本では義務教育段階の公立学校を対象とした学校選択制は広がらなかった（文部科学省 二〇一三）[14]。現在でも学校選択制を取り入れている地域は残るものの、当初、鳴り物入りでネオリベラル的な教育改革の象徴のようにいわれた改革は、日本に根づくことはなかった。ましてや教育行政の民営委託のような、民間手法により公共サービスの提供を行う「ニュー・パブリック・マネジメント（ＮＰＭ）」を真似た制度も、ほとんど根づいていない。

初中等教育についていえば、規制緩和よりも、国家の関与を強めた感さえある。その典型が先に見た二〇一七年改訂の学習指導要領である。それ以前の指導要領に比べ、教育内容の大綱的な提示というより、教授法や学校運営にまで「周知・徹底」が及ぶようになっている。

厳密な意味での検証とはならないが、傍証として、「学習指導要領等の改善の趣旨及び内容について解説したもの」といわれる『中学校学習指導要領解説総則編』について、二〇〇八年版と二〇一七年版を比べた。二〇〇八年版はおよそ一一〇ページ、字数にして九万二〇〇〇字ほどである。それに対し（長い付録がついているのでそれを除いた）二〇一七年版では、およそ一六〇ページ、字数にして約一六万五〇〇〇になる。字数で比べればおよそ一・八倍に増えている。たしかに道徳の教科化などの新たな項目が後者では加わっているが、それを除いても、二〇一七年の「解説」の文章は二〇〇八年のそれを大きく上回る。教育内容や「主体的・対話的で深い学び」のねらい、それを実行するための学校組織レベルでの「カリキュラム・マネジメント」などについて、（決して具体的とはいえない）「解説」が言葉の言い換えを通して提示される。この記述の増加は、わかりにくい目標や手段を躍起になって解説しようと意図したためなのだろう。

いずれにせよ、このような過去との比較から見ると、教育課程行政が「大綱化」した（＝規制緩和）と見ることはできない。むしろ印象として残るのは、「周知・徹底」の徹底である。

初中等教育で、国家の関与が強まった例をもう一つ挙げよう。教育基本法改正を受け、二〇〇七年の学校教育法改正で、基本法に追加された「教育の目標」が同法に反映された。その結果、「学力の三要素」（「生涯にわたり学習する基盤が培われるよう、基礎的な知識及び技能を習得させるとともに、これらを活用して課題を解決するために必要な思考力、判断力、表現力その他の能力をはぐくみ、主体的に学習に取り組む態度を養うこと」）が法律に書き込まれた。上位法（教育基本法）の改正に応じて下位法（学校教育法）や学習指導要領を法的に枠づける。そのことによって、教育内容や指導方法が法律の影響下に置かれることとなった。新自由主義による教育改革の提唱とは裏腹に、教育への国家の関与が強まったのである（「法の支配」）。

では、教育界を一時期賑わせた新自由主義の思潮は、影響力をもたなかったのか。非正規雇用を広げた雇用の領域に比べ、教育の領域では、これまで見たように、新自由主義的改革は、教育の構造に直接的な影響を及ぼしているようには見えない。その主張の声の大きさや一時の注目度とは逆に、国家の関与が強まっているようにさえ見える。この隔たりは何を意味するのか。これを新自由主義と新保守主義（「教育の目標」には日本回帰ともいえる「伝統と文化を尊重し、それらをはぐくんできた我が国と郷土を愛する（中略）態度を養う」が含まれる）の結合とみなせばよいのか。ことは、それほど単純ではない。

では、日本流新自由主義は「その後」の教育にどのような影響を与えてきたのか。一つの影響は、「近代」を消した「その後」における社会変動を理解する知識の基盤を提供してきたことである。経済を前景化することでキャッチアップ型近代化の終焉を意識化することに成功した「その後」に、経済成長路線の復活という夢を残したまま、教育においても経済成長に貢献する主体(性)の育成を求め続けた。自己責任を負う主体(性)である。それを正当化するイデオロギーとして、外来のネオリベラリズムの思潮が日本流に翻案されて輸入された。その意味で日本流新自由主義とは、かつての開発国家型に代わって、西欧流の個人主義に基づく「個人化」や市場至上主義とは似て非なる、「自己責任論」を受け入れた「主体性」を求める経済成長主義の別名である。国家が少しばかり後景に退いたかに見える、ネオリベラリズムを偽装した新開発主義といってよい。それが、「その後」において、正当化言説としての共通了解圏を広げてきたイデオロギーの正体である。

それだけではない。新自由主義に翻案された民営化や市場化を推し進める民活路線は、アクロバティックともいえる、新たな民間市場を公教育のなかにつくりだすことさえ可能にした。

たとえば、「グローバル人材」の育成には欠かせないといわれた英語力を育成するために、二〇二一年から始まる大学入学共通テストで、英語四技能(話す、聞く、読む、書く)の民間団体によるテストの導入が決まった。とくに「話す」技能(=欠如態)を入試に入れることで、高校以下の英語教育をその方向に誘導しようという意図である。この「民間活用」が、さまざまな疑念が提出されているにもかかわらず社会に受け入れられた一因は、民活と経済成長のセットを新自由主義が広めたことにある。公的サービスの民営化ではない。そもそものような事業が行われていなかったところに、新たな市場をつくりだして、それを民間の教育産業に任せるものだからである。

同様のことは、大学入学共通テストでの記述式問題の導入でも起きた。その背後には、記述式問題を入試に入れることで、高校以下の教育が変わることを政策誘導しようという思惑があった。記述式問題の導入によって、従来の「知識・技能」だけでなく、「思考力・判断力・表現力」を測る。そのことが、高校以下の教育においても、「思考力・判断力・表現力」を重視する教育に変える契機になる、という想定である。ここで想定されている項目は、学力の三要素として学校教育法に新たに書き込まれた国家認定の「学力」である。この、「課題を解決するために必要な思考力、判断力、表現力その他の能力をはぐくみ、主体的に学習に取り組む態度を養う」（学校教育法）という、「教育の目標」を達成するために、記述式問題を導入するというのである。そして、そのための採点要員として、ここでも民間の教育産業に新たな市場が提供されることとなる。

これらの入試改革で求められているのは、従来の知識偏重の入学試験を変えること、さらには中学高校と六年間英語を学んでも話すことができない日本人に「話す」、「聞く」の能力（＝欠如態）をつけることである。前者は「予測困難な社会の変化に主体的」にかかわることのできる資質や能力の育成に、後者は「グローバル人材」の育成に連なっている。いずれも、欠如態としての主体（性）や外国語（の会話）能力の育成という、経済成長に資する能力・資質に照準されている。そして、新しい経済成長主義のイデオロギーとして、日本流の新自由主義と、欠如理論・エセ演繹型思考の組み合せが、こうした民間企業の教育への参入を許している。

自己責任論をまとった主体（性）は、新しい経済成長主義＝新たな開発主義にとって好都合な存在である。そうした、経済を前面に出した「主体」の想定を許す、その地ならしは、「その後」が呼び込んだ日本流の新自由主義と、その影響を受け、逆説的に国家の関与を強めることでその実現を目指す、エセ演繹型思考による教育政策によって用意された。

新しい経済成長主義である新自由主義の教育への参入は、しかしながら成功はしないだろう。その理由はすでに述べたように、そこでの政策立案がエセ演繹型思考と、浮遊する主体の欠如理論によっているからだ。それらを実現するための資源配分も十分ではない。自己責任論をまとった主体は、雇用制度の規制緩和がもち込んだ不安定な雇用を受け入れることで、賃金の停滞に結果的に貢献する。そのことが、消費の低迷や少子化を招来することで、経済成長の抑制要因にもなっている。現状のグローバル人材育成の政策では、経済成長に資する人材の育成は難しいだろう。英語教育の改革も、すでに多くの批判が行われているように、うまくいくあてはない（たとえば、鳥飼 二〇一八、阿部二〇一七)。そうだとすれば、民活を許す新たな教育市場の創出は、そこに参入できる教育産業を利するだけに終わる可能性が高い。日本流新自由主義の教育への影響は、それゆえ国家の教育への関与を弱めることなく、営利企業との共犯関係をつくりだしている。しかも、入学者選抜という公的領域に、新たに営利目的の民間企業の参入を許すことによってである。

近代を消した後に、近代の社会変動を説明するための参照点がなくなった。そのために、内部の参照点を求めることに代わって、厳密な検証もなく、外部から安易に輸入され翻案されたのが、新自由主義という名のイデオロギーであり、個人主義なき「個人化」＝「自己責任論」であった。これも、近代を消した「その後」の共通了解圏が生んだ事態である。

(2)ナショナリズム・日本回帰

「その後」の近代(化)理解がもち込んだもう一つのサブテーマは、ナショナリズムや日本回帰にかかわる問題である。キャッチアップ型近代化の終焉という時代認識は、それ以前の近代(化)理解が抱えていた、さまざまな難問＝近代日本のトラウマを解除することになった。そのことは、すでに本書の分析で示してきた。先進と後進、普遍と特殊といった二分法的な近代(化)理解のトラウマや、政治性(その後進性)へのとらわれ、といった問題である。だが、キャッチアップ型近代化の終焉という時代認識の広がりは、近代を消すことで、こうした問題から「その後」を解き放った。そして、そこにそれ以前の時代と比べれば、ナショナリズム＝日本回帰をやすやすと呼び込む知識の基盤(言説資源＝言語技法による共通了解圏)をつくりだすことに成功した。

ところで、これも事実レベルの認識にかかわることだが、ナショナリズムの成立自体は、日本の近代(化)を待たなければならなかった。植民地化を免れて後発型近代化を経験した国々では、近代国家の建設が先行し、その後に「国民」が生み出されるからである。「国民」の成立なしには、人口の多数を覆う規模でのナショナリズムは成立しない。その意味で、ナショナリズムが他動詞的（目的意識的）近代（化）の産物であることは、とりわけ植民地化を逃れて後発型近代化を経験した国々にあてはまる。

戦前日本のナショナリズムの主柱であった天皇制が、「国家の機軸」として構想され制度化されたのも、明治維新以後である。その点で、三谷太一郎のつぎの指摘は、以後の議論の出発点になる。

> 伊藤博文は、〔中略〕憲法制定の大前提は「我国の機軸」を確定することにあることを指摘し、「ヨーロッパには宗教なる者ありてこれが機軸を為し、深く人心に浸潤して人心此に帰一《きいつ》」している事実に注意を促しています。ヨーロッパにおいてキリスト教が果たしている「国家の機軸」としての機能を日本において果たすものは何か。これが憲法起草者としての伊藤の最大の問題だったのです。（三谷 二〇一七、二一四頁）

伊藤の助言者であったグナイストは、仏教をそれに当てることを進言した。だが、伊藤にとって日本では、

> 宗教なるものの力が微弱であって、一つとして「国家の機軸」たるべきものがなかったのです。そこで伊藤は、「我国にあって機軸とすべきは独り皇室あるのみ」との断案をくだします。「神」の不在が天皇の神格化をもたらしたのです。（同、二一六頁）

と三谷は議論を進める。まさに「国家の機軸」の欠如である。さらに、こうして「天皇制はヨーロッパにおけるキリスト教の「機能的等価物」とみなされたのです。その意味で日本における近代国家は、ヨーロッパ的近代国家を忠実

に、あまりにも忠実になぞった所産でした」(同、二一六—二一七頁)とまで指摘する。後発型近代化の経験、あるいはキャッチアップ型近代化の理解による解釈である。

だが、三谷によれば、天皇制はヨーロッパの君主制以上の「過重な負担」を担わされることとなった。「近代日本の天皇制は、ヨーロッパのキリスト教に相当する宗教的機能を担わざるをえなくなった」(同、二一八頁)というのである。そして、その機能を実際に担うことになったのが教育勅語であった。「『教育勅語』は、伊藤が天皇を単なる立憲君主に止めず、半宗教的絶対者の役割を果たすべき『国家の機軸』に据えられたことの論理必然的な帰結」(同、二二六頁)だったというのだ。

このような三谷の歴史記述を事実レベルで引き受ければ、前述のとおり、日本におけるナショナリズムが欠如理論に基づいて、政策的につくられたことが明らかとなる。西欧の君主制とキリスト教の二重の役割を、近代日本では天皇制に担わせた。しかもキリスト教の機能的等価物である「道徳」の本源は、天皇の先祖である「皇祖皇宗」に求められた(15)。つまり、日本の歴史・伝統に根ざした、日本にのみ存在する「皇祖皇宗」の「遺訓」として、「日用化した五倫(君臣義、父子親、夫婦別、長幼序、朋友信)五常(仁義礼智信)のような儒教的徳目」が列挙された(同、二三七頁)。このような(虚構でしかない)「国家の機軸」としての天皇制が、「国体」観念の中核となる。そして、教育勅語を通じて、学校教育の場において、ナショナリズムへの教化が行われたのである。

後発型近代化の特徴である欠如理論にまで戻って、日本におけるナショナリズムの誕生を見たのは、欠如態としての日本のナショナリズムが、戦後再び欠如してしまう、そのコントラストを明瞭にするためである。一度目のキャッチアップ型近代化の試みが、一九四五年の敗戦によって終わったことは、すでに第五章でも述べた。それゆえ、戦後二度目のキャッチアップ型近代化の試みは、戦前の「国体」観念や天皇制、「教育勅語」を否定するところから出発せざるを得なかった。その意味で、敗戦後しばらくの間は、敗戦以前の一度目の近代化の失敗という経験が、近代

(化)理解のうえで、内部の参照点を与えていた。後発型近代(化)の経験がもたらした敗戦が表象した、過去の自己像との鋭い緊張関係が、日本の近代(化)理解における、内部の参照点として一定の有効性をもった時期である。

第五章で検討した『新教育指針』の五番目の項目(日本の弱点、欠点)には、つぎのような記述があったことを思い起こそう。

> (五)　日本国民はひとりよがりで、おほらかな態度が少い。〔中略〕
> かうしたひとりよがりの態度は、やがて日本国民全体としての不当な優越感ともなつた。天皇を現人神として他の国々の元首よりもすぐれたものと信じ、日本民族は神の生んだ特別な民族と考へ、日本の国土は神の生んだものであるから、決して滅びないと、ほこつたのがこの国民的優越感である。そしてつひには「八紘為宇」といふ美しい言葉のもとに、日本の支配を他の諸国民の上にも及ぼさうとしたのである。〔中略〕これが戦争の原因でもあり敗戦の原因でもあつたのである。〔中略〕われわれはこの点を「軍国主義及び極端な国家主義の除去」、「民主主義のてつ底」、「平和的文化国家の建設」等においてとくに力説するであらう。(文部省　一九四六)

一度目の近代化の試みにおいて「国家の機軸」となった天皇制からの訣別宣言である。このような「反省・省察(reflection/reflexion)」の作用点から見れば、露骨な国家主義には戻れない。その結果、「国家の機軸」やナショナリズムを支えていた支柱が再び欠如した。そして、それに代わる機軸として期待されたのが、本章の前半で分析を行った自立した個人≒主体(性)であった。

欠如するナショナリズム、あるいは「国家の機軸」を埋めるための教育をめぐる政策論議は、常に政治的、イデオロギー的な対立を伴った。第三章の臨教審での遠慮がちな日本回帰や、第五章の主流派教育学の批判的言説を見れば、国家と教育の関係が、この欠如するナショナリズムを軸に回っていたことは明らかである。「期待される人間像」を含めさまざまな試みが行われた。教育基本法の改正論議、道徳教育の導入やその内容、国旗・国歌をめぐる学校行事での取り扱い、歴史教科書における戦前の歴史記述をめぐる問題など、これらナショナリズムをめぐる論争の争点は、二度目の近代化の試みがかつて社会的に広く承認を受けたナショナリズムを欠落させたことに帰責できる。この二度目の欠如理論が、国家と教育の関係を政治化させる背景にあった。

市民社会の担い手となる「主体(性)」を希求する進歩派の試みは、その意味で、戦前とは異なる戦後日本の新しい「機軸」を求める言説であった。あるいは、第三章で見た、香山健一の議論のように、日本的伝統に根ざすように思える「自立自助」を機軸に据えようとする試みもあった。『二一世紀日本の構想』の「たくましく、しなやかな個」もその系列に入る。

だが、「回帰すべき日本」への照準は曖昧にならざるを得なかった。一度目のキャッチアップの達成は、「その後」を西欧的価値からの脱却としてとらえた。一九四二年の「近代の超克」に示された西洋近代の相対化である。それと同様の思想的展開は、二度目においても香山健一の脱西欧化の思想と重なった。一度目も二度目も、西欧の文明化を衰退する傾向とみなし、日本的価値への回帰をその解決の道として同定した。一度目の「近代の超克」は、西欧列強の帝国主義的・侵略主義的な側面に対する「アジアの開放」といった「アジアの盟主」としての日本に立脚点をもった西洋批判であった。それに対し、二度目には衰退する西欧の福祉国家が照準され、「先進国病」を予防的に避けるための主体(性)が求められた。ただし、二度目の場合には、敗戦後に厳しく否定された「国体」や「天皇制」には回帰できず、家族や家族主義的、共同体主義的な「伝統」や価値に回帰しようとした。こうして、国家の機軸、あるいは(市民)社会の機軸をめぐる欠如理論は常に混迷を続けた。

ナショナリズムの欠如態を埋める方法の模索は、キャッチアップ終焉後の近代理解が、二分法的近代(化)理解のトラウマや、そこにつきまとう政治性の問題を希釈したことによって、大きく展開した。たしかに、一度目のキャッチアップに比べれば、二度目のそれは経済的にも科学技術の面でも、「追いつき感」が実感を伴った。本章の冒頭で見た意識調査の結果は、その反映の一つといえる。経済の前景化により、相対的に政治の後景化を招いたのである。前述したように、経済の前景化は近代理解における日本の後進性のトラウマを解除した。それをもとに、西欧＝普遍、日本＝特殊というもう一つの近代理解の二分法のトラウマからの解放を可能にした。特殊であることの価値が（機能的等価性という論理をも通じて）高められたのである。こうして、キャッチアップ型近代化の終焉という時代認識による、従前のキャッチアップ型近代（化）理解にまとわりついたトラウマからの解除が、日本回帰を許す共通了解圏をつくりだした。その一つの結果が、二〇〇六年の教育基本法改正である。

二〇〇六年に教育基本法が改正されて、新たに「教育の目標」として五つの目標が書き込まれた。その五番目が、「伝統と文化を尊重し、それらをはぐくんできた我が国と郷土を愛するとともに、他国を尊重し、国際社会の平和と発展に寄与する態度を養うこと」であった。これを受けて、学校教育法にも同様に「教育の目標」が書き込まれたことは、前述のとおりである。さらに、上位法の改正に従って学習指導要領にもそれが反映することとなる。まさに演繹的思考による教育政策の立案・実施である。

ただし、二〇一七年の指導要領では、新たに「特別の教科」として「道徳科」が導入されることになった。そのため、「我が国の伝統と文化の尊重、国を愛する態度」が、この道徳科を通して教えられる具体的な教育目標となった。では、この新たに導入された「道徳科」での「我が国の伝統と文化の尊重、国を愛する態度」の育成は政策レベルでどのようにとらえられたのか。それを示したのが、『中学校学習指導要領解説 特別の教科 道徳編』である。そこには、優れた伝統の継承と新しい文化の創造に貢献するとともに、日本人としての自覚をもって国を愛し、国家及び社会の形成者として、その発展に努めること。〔文部科学省 二〇一七c、五八頁〕

と学習指導要領の記載が書かれたうえで、その「概要」がつぎのように「解説」される。

（1）内容項目の概要

地域社会や郷土を前提としつつ、主権という観点を踏まえた歴史的、文化的な共同体として国家や国は存在する。そして前内容項目の地域社会に尽くした先人や高齢者などの先達に尊敬と感謝の念を深める心は、国家という視点で考えれば、優れた伝統の継承、新しい文化の創造、国を愛し、国家及び社会の形成者として、その発展に努める心につながっていく。〔中略〕

「伝統の継承」とは、我が国の長い歴史を通じて培われ、受け継がれてきた風俗、慣習、芸術などを大切にし、それらを次代に引き継いでいくことを意味する。「新しい文化の創造」とは、これまで培われた伝統や文化を踏まえ、更に発展させ、時には他の文化も取り入れながら個性豊かな新しい文化を生み出すことを意味する。そのためには、古いものを改めていくことも大切であるが、先人の残した有形無形の文化遺産の中に優れたものを見いだし、それを生み出した精神に学び、継承し発展させていくことが必要である。

また、国際社会と向き合うことが求められている我が国の一員としての自覚をもって生きていくには、鋭い国際感覚をもち広い視野に立ちながらも、自己がよって立つ基盤にしっかりと根を下ろしていることが必要である。

「国を愛し」とは、歴史的・文化的な共同体としての我が国を愛し、国家及び社会の形成者として、その発展を願い、それに寄与しようとすることであり、そのような態度は心と一体として養われるものであるという趣旨である。我が国の伝統と文化に対する関心や理解を深め、それを尊重し、継承・発展させる態度を育成するとともに、それらを育んできた我が国への親しみや愛着の情を深め、そこにしっかりと根を下ろし、他国と日本との関わりについて考え、日本人としての自覚をもって、新しい文化の創造と社会の発展に貢献し得る能力や態度が養われる必要がある。国家の発展に努めることは、国民全体の幸福と国としてのよりよい在り方を願ってその増進に向けて努力することにほかならない。

なお、内容項目に規定している「国」や「国家」とは、政府や内閣などの統治機構を意味するものではなく、歴史的に形成されてきた国民、国土、伝統、文化などからなる、歴史的・文化的な共同体としての国を意味しているものである。（文部科学省 二〇一七b、五八―五九頁）

ここには、トラウマから解放された「その後」における日本回帰＝ナショナリズムを義務教育にどのように取り入れるかについての文科省の見解が示されている。その特徴は、「郷土を愛する」ことの延長線上で、「歴史的・文化的な共同体としての我が国を愛」することが位置づけられている点である。引用の最後の部分に明確に示されているように、「歴史的に形成されてきた国民、国土、伝統、文化などからなる、歴史的・文化的な共同体としての国」を愛する教育を、道徳科を通して行おうというのである。郷土という「共同体」への「愛」が、「共同体」としての「国」への愛へと接続される。さらには、その延長線上で「国際社会と向き合う」ことが求められる。郷土→国家→国際社会という連鎖は、市川昭午が指摘したように「戦後の文部行政において一貫して継承されてきた見解」であっただけでなく、「実は戦前からの一般的な理解でもあった」（市川 二〇一一、三〇三頁）。それを「愛」とか「愛着」といった情緒的な関係の取り方によって結びつけようとするところに、日本回帰の特徴が現れている。

しかし、市川が指摘するように、郷土→国家→国際社会の連鎖は、「場合によっては〔三者の間で〕鋭く対立する場合も予想される」。にもかかわらず、愛や愛着といった情緒を基盤に置くことで、対立や葛藤を含まない、予定調和に立つ連接を想定している。だが、このような摩擦や葛藤、対立を欠いて結びつけられる郷土→国家→国際社会の「愛」を基盤にした関係を「道徳科」として教えることで、どのような「国家及び社会の形成者」が育成されることになるのだろうか。

このようなスムーズな連接は、ナショナリズムの類型に当てはめれば、シビック型ではなくエスニック型である(同、七八頁)。シビック型が社会契約を前提とした市民社会が国家を形成するという見方をとるのに対し、エスニック型は民族共同体を前提にする。前者が、社会と国家との対立や葛藤を前提として含み、契約関係を通じて国家が形成されると見る(≒立憲主義)のに対し、後者は、そうした対立や葛藤を取り除いて、社会と国家の関係を共同体として結びつける。そうだとすれば、「国家及び社会の形成者」という表現において、国家と社会とが「及び」で結ばれているのは、偶然ではない。郷土という共同体(≒社会)への愛着が、葛藤なく「国(nation)」(本来の意味では国民国家 nation-state ではない)という共同体への愛着に拡張されるからだ。と同時に、そのような愛着を基盤にした、個人を包摂する全体の集合体(国家)に「社会」がほぼ自動的に矛盾なく結びつけられ、学習者はその両者の将来の「形成者」として位置づけられる。シビック型のアプローチをとり、郷土という共同体とは別次元で「市民社会」を想定すれば、その形成者が国家の形成者になるとしても、両者の間は「愛」といった情緒で結ばれるわけではない。

このことは、「我が国の伝統と文化に対する関心や理解」を深める場合に、そこにどれだけ批判的思考を含む「反省・省察(reflection/reflexion)」という視点が取り入れられているかという、教育の実際とかかわる問題である。「道徳科」が「人が互いに尊重し協働して社会を形づくっていく上で共通に求められるルールやマナーを学び、規範意識などを育む」「特別の教科」だとすれば、このように「共同体」への「愛」を媒介として連接される郷土と国との関係のとり方は、道徳教育を受けた次世代が、「社会を形づくっていく」うえでの基本原則になるはずだ。近代に備わっていた、「反省・省察（reflection/reflexion）」の契機（再帰性 reflexivity）を経た社会秩序の編成に比べ、「追いついた近代」を消去した後の「国家及び社会の形成者」は、国家と社会との間の潜在的な葛藤や対立にどのように対処できる資質や能力をもつのか。両者を「愛」によって情緒的に結びつけることで、その対立や葛藤を解決するのに必要とされる批判的思考力は育成されるのか。

このような疑問をもちながら、かような郷土と国との連接が道徳科だけにとどまるのかを確認するために、より直接的に「社会」や「歴史」を学ぶ「社会科」の学習指導要領の「解説」を調べた。とくに目を向けたのは、「歴史的分野」である。そこには、「教育の目標」としてつぎの項目が挙げられている。

中学校学習指導要領解説　社会編　歴史的分野の「教育の目標」

(三)歴史に関わる諸事象について、よりよい社会の実現を視野にそこで見られる課題を主体的に追究、解決しようとする態度を養うとともに、多面的・多角的な考察や深い理解を通して涵《かん》養される我が国の歴史に対する愛情、国民としての自覚、国家及び社会並びに文化の発展や人々の生活の向上に尽くした歴史上の人物と現在に伝わる文化遺産を尊重しようとすることの大切さについての自覚などを深め、国際協調の精神を養う。（文部科学省二〇一七b、八六頁）

「我が国の歴史に対する愛情」という言葉の意味は、筆者には不明であった。そこで、この部分の「解説」を見ると、こうある。

我が国の歴史に対する愛情、国民としての自覚、国家及び社会並びに文化の発展や人々の生活の向上に尽くした歴史上の人物と現在に伝わる文化遺産を尊重しようとすることの大切さについての自覚などを深め、国際協調の精神を養うとは、従前の目標の(一)、(二)及び(三)を踏襲し、歴史的分野の学習を通じて、教育基本法(教育の目標)第二条五に示される「伝統と文化を尊重し、それらをはぐくんできた我が国と郷土を愛するとともに、他国を尊重し、国際社会の平和と発展に寄与する態度を養うこと」の精神を実現することを意味している。(同、八六―八七頁)

「我が国の歴史に対する愛情」云々は、要するに、教育基本法の「教育の目標」に準じたものだという説明で終わっている。エセ演繹型思考の典型のような言い換え(言語技法)であり、「解説」ではない。それ以上に、「我が国の歴史に対する愛情」とは何かは依然として判然としない。郷土や郷土の歴史への愛着であれば、自分の生まれ育った地域への自然な感情といえるのかもしれない。しかし、それを「国」という「共同体」にまで拡張し、しかもその歴史にまで適用しようとすると、いくら国民国家が「想像の共同体」(ベネディクト・アンダーソン)だとはいえ、相当の飛躍がなければこの理解には及ばない。しかも、それが法的拘束性をもつとみなされている学習指導要領や、その公式の解説書に書かれているのである。

このような「愛(情)」といった情緒的な表現で結びつけられる郷土と国との関係は、先述のようにシビック型のナショナリズムが想定する(市民)社会と国家との関係とは大きく異なっている。そのことの参考として、イギリスにおけるシティズンシップ教育のナショナル・カリキュラムを見よう。それは社会科といった教科とは別に、市民として必要な知識やスキルを獲得するための科目であり、ある部分は「特別な教科としての道徳科」のねらいと重なり合う。

そこでは、教育の目標としてつぎの文章が掲げられている。

質の高いシティズンシップ教育は、生徒に、社会の中で十分な、そして能動的な役割を準備するために必要な知識やスキルや理解を授けることを助ける。とくにシティズンシップ教育は、民主主義や政府、さらには法律がいかにつくられ守られるかについての深い認識や理解を育てなければならない。そこでの教育は、政治的、社会的問題を批判的に探求するための、さらには、証拠に裏づけられた根拠の重要性を認め、それに基づき、理性的な議論や討論ができるようにすることのできる、スキルと知識とを生徒たちに身に付けさせなければならない。生徒たちを、社会において責任ある市民としての位置を占め、自分たちの金銭をやりくりでき、健全な経済上の意思決定ができるように準備しなければならない (Department for Education 2013)

国家の形成者である以前に、社会の一員であることが示され、国家の制度である民主主義や政府、法についての理解の重要性が示される。そのうえで、政治や社会の問題を「批判的に探求する」能力、そこでの討議において、証拠となる根拠(エビデンス)をもとに理性的に議論できるスキルや知識の形成を目標としている。ここには、情緒的な言葉はいっさい含まれていない。

どちらが優れているかを比べるためにイギリスの例を出したのではない。優劣ではなく、日本の教育における日本回帰が、「愛」といった情緒的な言葉によって、いかに社会と国家をともに共同体として結びつけているかという特質を確認するための比較である。

郷土への愛着、すなわち、郷愁(ノスタルジー)と結びついた、「国」への「愛」を喚起する教育基本法改正の背後には、一度目のキャッチアップ型近代化で発明された「国家の機軸」としての「国体」観念を呼び起こそうという関心が秘められているのかもしれない。少なくとも、教育基本法改正を目指してきた保守派の一部には、「戦後体制からの脱却」という意図がそこに込められていたと見てよいだろう。(16) 教育勅語や戦前の修身への郷愁が、繰り返し日本の教育界で首をもたげるのは、その傍証といえる。だが、それをあからさまに表明し、教育政策に取り入れることはさすがにできない。敗戦後の経験がそれを封じてきた。ところが、二度目のキャッチアップ型近代化が終わったと認識され始めたことで、従前の近代（化）理解にまとわりついていたトラウマは、「近代」とともに消えた。そして、その二分法的理解の呪縛から解放されたことで、希釈された日本回帰が可能になったのである。後進意識を払拭し、「特殊」から普遍をとらえ直す、そのような言説資源＝共通了解が提供された。その結果、呼び戻されたのは、一度目のキャッチアップ型近代化の初期に伊藤博文と井上毅《こわし》によって発明された伝統＝国体観念＝教育勅語のエピゴーネン（劣化した、あるいは希釈されたコピー）であった。

たしかに、ほぼ同じ時期に経済の「グローバル化」と呼ばれる現象が、製造業における雇用の空洞化や、第三次産業就業者の拡大、さらにはそこでの非正規雇用の拡張といった現象を生み出した。これらが日本では相対的に賃金の低下や停滞を招いた。こうした経済の「グローバル化」によって、日本に限らず、多くの先進国でも同様の現象がナショナリズムの喚起を促したといわれている。社会の分断に対して、それを統合するイデオロギーとしてナショナリズムが復活したというのである。あるいは、それとは逆にナショナリズムの復活が、移民や少数民族へのヘイトスピーチを生み出したり、社会の分断を強化したりもした。

なるほど、これらは先進国で共通に見られた現象である。ただし、他の多くの先進国と日本が違うところは、西欧諸国ではグローバル化が移民を増やすことで人口構成の民族的な多様性を大きく変えたのに対し、日本におけるグローバル化の影響は、海外との価格競争とそれに対応するための労働コストの削減といった、比較的間接的な影響をもとに、グローバル化といっている点である。労働コストの削減というグローバルな競争がもたらした社会の分断（正規―非正規雇用）と、実際に大量の移民が流入することで生じる社会の分断との違いである。ここでも、グローバル化を日本流に翻案した解釈が、外来の流行の思潮として、社会変動を説明する理由に使われている。日本におけるナシヨナリズムの復刻が社会の分断への対応だとしても、それを西欧社会と同じグローバル化の直接的影響だとはいえないのだ。ヘイトスピーチなども、どちらかといえば近隣諸国との関係悪化の影響のほうが強い。日本回帰をグローバル化と結びつける場合にも、このような違いを無視すると思わぬ誤解となる。それにもかかわらず、そのような理由づけが行われてきたのも、グローバル化という外来の思潮が、近代なき時代に、社会の変化を説明する「理論」として使い勝手がよかったからだろう。

日本でも、新自由主義という名の新しい経済成長主義がもち込んだ、社会の不安定化に対応するために、何らかの新しい道徳の支柱が求められたのだろう。「自己責任」の論理を正当化する言説資源としての新自由主義は、雇用の不安定化や賃金の停滞による社会の分断を招く政策を誘導し、正当化してきた。それに対する弥縫策として呼び出されたのが、「天皇制」や「国体」、あるいは「教育勅語」のエピゴーネンとしての日本回帰である。

新自由主義は、経済のグローバル化に対応すべき、外部の参照点から導かれ、翻案された「言語技法による共通了解圏」をつくりだした。それに誘導されて生じた社会の分断という問題に対し、「深く人心に浸潤して人心此に帰一」するための機軸として「日本」という「国」(共同体)が呼び返された。これは一見、日本の伝統に根ざしているように見えるが、すでに三谷の研究が指摘したように、国家の機軸としての天皇制、さらにそれを日常語化した「国体」、それを教育に浸透させた「教育勅語」自体が、後発型近代化の経験のなかでつくりだされた伝統の発明(近代の産物＝西洋のコピー)であった。だが多くの人はそのようには思わない。

日本の近代化の複雑なところは、近代を消した後に、かつて近代化の過程で発明された「伝統」を、近代の産物とみなさずに呼び戻すことができたというパラドクスにある。そして、その希釈されたエピゴーネンの復活を許したのが、キャッチアップ型近代化の終焉の認識が導いた、近代(化)理解にまとわりついたトラウマの消去であった。近代の新たな展開による社会変動を理解するための、「反省・省察(reflection/reflexion)」(再帰性 reflexivity)のための、確たる内部の参照点を失ったことが招いた結果である。

だが、「その後」において希釈されたナショナリズムは、「深く人心に浸潤して人心此に帰一」するための「国家の機軸」にはなり得ない。いや、そうであればこそ、そのエピゴーネンである日本回帰は呼び戻され続けるのである。「天皇」や「国体」といった中心＝機軸を欠落させた「その後」の日本回帰は、呼び戻される運動によって、求心力を得ようとしているのかもしれないのである。

「いじめ」をはじめ、青少年をめぐる社会問題が報道されるたびに、道徳教育の必要性が喚起された。そのたびに、日本回帰による道徳の復活が論じられた。しかし、それが十分な機軸になり得ないから、日本回帰は呼び戻され続ける。つまり、回り続けることで生じる渦の中心のように、回転し続けることで中心がつくられるのである。その一つの帰結が教育基本法の改正であり、保守派念願の「道徳」の教科化であった。その影響がじわじわと将来の国民意識に影響する可能性は否定できない。

これらはいずれも、後発型近代化の経験のなかでつくられてきた近代(化)理解の、「その後」の帰結である。したがって、そこには、現在にまで続く、日本という近代の経験に埋め込まれた特質が内在しているはずだ。それは、これまでの本書が示したように、外部の参照点を内面化し、同時に内部の視点を外来の(輸入・翻案した)用語で理解しようとしてきた、多分にハイブリッドな(厚東 二〇〇六)、あるいは「雑種の文化」(加藤 一九五六)ともいえる近代の経験であったはずだ。参照点、あるいは視点の二重化である。日本はそれをすでに一五〇年以上も経験してきた。しかも一度目の試みは、一九四五年直後しばらくの間は、「失敗」とみなされた。この複雑な混淆を解きほぐしながら、二重の視点の交錯自体を後発型近代の経験として分析することは可能である。(17) しかしながら、それを掘り起こすための近代という言葉(認識のための視座＝枠組み)を失った。結果、今のところ私たちはその周辺を狼狽するばかりである。

注

(1)　ここでの議論は、厚東洋輔のいう外生的な近代化(厚東 二〇〇六)というアイデア、すなわち、近代が外在的に存在しているという理解と関係する。一方、西欧社会では、近代を内生的で継続的な、それゆえ現在でも進行途上の現象として見る。そうだとすれば、「ポストモダン」の西欧的理解とは、その進行途上の軌道から外れた、それゆえ、それ以前の軌道の延長線上では理解できない社会変動を言い表そうとした思想であるといえる。それに対し日本におけるポストモダン理解は、内生的で継続的な、それゆえ現在でも進行途上の現象であるはずの「近代」を、すでに完了したものと理解したうえで、「その後」の転換を日本に当てはめて理解しようとした思潮であるということができる。

(2)　主流派教育学は、国家による教育の統制を、大企業に奉仕する「国家独占資本主義」における国家と見た。他方、臨教審の認識は限りなく「開発国家」のそれに近い。

(3)　それゆえ、臨教審が新自由主義的な立場から教育への国家の介入を取り除こうとする試みに対して、主流派教育学は有効な批判を向けることができなかったと考えられる。

(4)　高等教育についての答申についても同様の問題が含まれていた。第四章で引用した、「今後、高等教育においては、「自ら学び、自ら考える力」の育成を目指している初等中等段階の教育を基礎とし、変化が激しく不透明な時代において「主体的に変化に対応し、自ら将来の課題を探求し、その課題に対して幅広い視野から柔軟かつ総合的な判断を下すことのできる力」(課題探求能力)の育成を重視することが求められる」(大学審議会 一九九八)という問題点の指摘である。

(5)　もちろん、下からのすりあわせが行われたことは否定できない。たとえば、明治初年にフランス民法を中心に法典整備が行われた民法の領域でも、日本の家族制度とのすりあわせが必要になった結果、婚姻・離婚法や相続法においては、日本の実情に合わせた法制化が行われた(利谷 一九八七、中村 一九六七)。さらに近代化が進んでいけば、その他の政策領域においても、日本の現実から制度を設計する帰納的思考型の制度化が行われたことは否めない。

(6)　帝国大学の前身である東京大学が一八七七(明治一〇)年に設立された際に、法学部が設置された。それ以前には、司法省が司法官の養成のために一八七一(明治四)年に明法寮をつくり、その翌年から近代法を中心に教育を開始した(天野 二〇〇九)。

(7)　変化を自ら創り出していくことなのか。あるいは変化に自らを適応させていくことなのか。あるいは、そのいずれでもないかかわりなのか。

(8)　過去においても予測困難な社会の変化は存在した。またそれに十分に対応してきた人々は現在にもいる。だが、そのような経験をもとにした帰納的思考からの能力や資質の特定が行われた形跡はここでの政策言説には見られない。

（9） ここでカギ括弧をつけた表現は、いずれも、児童生徒の学習の規準となる指導要領で示されたキーワードである。

（10） さらに注目すべきは近年、公立小中学校の教員採用倍率（競争率）が低下し続けていることである。文科省の調査によれば、二〇〇七年に小学校の採用倍率は四・六倍であったのが、二〇一六年には三・六倍に落ちている。中学校のそれは、九・八倍から七・一倍である（http://www.mext.go.jp/a_menu/shotou/senkou/__icsFiles/afieldfile/2017/02/17/1381770_1.pdf）。若年人口がこの間減少していることを合わせて考えれば、教員へのなりやすさ＝門戸が広がっているということだ。ほぼ同世代の学力などの認知的能力の分布を正規分布と仮定すれば、これらの現象が、教員の質に関係しないはずはない。とくに小学校のように、これからアクティブ・ラーニングも、英語教育も、プログラミングも、特別な教科としての道徳も、となれば、はたしてこれだけのメニューをこなせる能力や資質をもった若手教員が供給されているのか。このような教員の需給の変化については、一〇年以上前に警告を鳴らしたことがある（苅谷 二〇〇八／二〇一二に再録）。教員の資質の変化と、教育改革で要求される教育の高度化とのギャップについてである。この問題は解決されないどころか、今後さらにギャップが大きくなる可能性がある。「周知・徹底」が徹底される所以である。もちろん、このような指摘を行ったからといって、優れた教員たちが、自らの実践として探究型学習の指導を行うことを否定する意図はない。学習指導要領の改訂によって、全国一斉に実施されるところに問題があると指摘しているのである。かつての「総合的な学習の時間」と同型の問題である。

（11） ただし、ここには阪神・淡路大震災といった自然災害からの復旧という意味も込められていた。

（12） 第二章で見た大嶽の指摘のように、大平政策研究会に所属したメンバーは二つのグループに分類できた。この「二一世紀日本の構想」は、山崎正和に代表される「文化」を強調し、「競争原理とは異なる独自の理念をもつ」グループを中心とした政策提言だった。

（13） もちろん、このような自己責任の語は、ベンチャー企業などの起業の勧めにも用いられた。だがこの用語の主たる対象は、雇用の個人化・不安定化であった。

（14） 調査は二度行われている。二〇〇六年の調査では、市町村教育委員会のうち小学校では一四・五％、中学校で一五・三％が何らかの形態（すべての形態が新自由主義的とはいえない）の学校選択制を導入していた。それに対し、二〇一二年の調査での実施率は、小＝一五・五％、中＝一四・八％と、前回調査からほとんど横ばいであった。また二〇〇六年段階で、導入を検討していた教育委員会が小学校で三三・六％、中学校で三六・三％あったのに対し、二〇一二年では小＝一・七％、中＝一・四％と激減し、しかもそのほとんどが実施しないことを決定していた。

（15） この語自体が実は中国からの輸入である。

(16)　たとえば、教育基本法が改正された翌年の二〇〇七年一月一三日に、日本会議はつぎの表明を行った。「昨年一二月一五日、新しい教育基本法が国会で成立、一二月二二日に公布・施行されました。約六〇年ぶりの大改革です。占領遺制のシンボルとして戦後六〇年間、一度も変わらなかった教育基本法が、多くの国民の賛同の中で全面改正されたことは、我が国が戦後体制から脱却する意味で高く評価されます。／新しい教育基本法には、これまでの戦後教育で軽視されてきた、「愛国心」「伝統文化の尊重」「道徳心や公共心の尊重」「家庭教育の重視」など、我が国本来が必要とされる教育理念が堂々と明文化されました。その結果、これまで無国籍な基本法と批判され、児童中心主義や行過ぎた個人主義を招いていた戦後教育の弊害は、今後大きく改善される道筋が確立したといえるでしょう」(日本会議 二〇〇七)。

(17)　ここで仮説的に展開してきた、キャッチアップ型近代化終焉後の社会の変化についての考察は、その一例のつもりである。この先に、キャッチアップ型近代をめぐる新たな理論を構築できるはずである。

エピローグ
内部の参照点を呼び覚ます――交錯する近代の視点

本書では、追いついたことで消された、日本「近代」の自己像を描き出してきた。キャッチアップ型として認定され続けた「近代」像は、それが終焉を迎えたという認識をもつことで、「次に来る時代を呼び醒ま」す(有賀)、自己認識(=再帰性)の基点(=「近代(化)」内部の参照点)を失った。迷走の始まりである。

この迷走から抜け出すためには、何が必要なのか。浮遊する主体(性)の希求に歯止めをかけ、エセ演繹型の思考から抜け出し、少しでも地に足をつけた議論に戻すために、何をしていけばよいのか。呼び込まれ、翻案された新自由主義や、日本回帰のエピゴーネンといったイデオロギーの影響を自覚し、それらをできるかぎり希釈するためには、どのような思考が求められるのか。

本書の最後に、これまでの近代(化)理解の習性《クセ》の解明をふまえ、その習性を自覚しつつ、迷走を続ける日本社会と日本の教育(政策)を、少しでもまともなものに転換するための可能性について検討したい。日本が後発型近代(化)を経験してきたことをまずは事実として認識したうえで、そこを離れがたく覆ってきたキャッチアップ型近代(化)の理解という習性から距離を置く試みである。そのために必要なのが、徹底した帰納的思考によって、内部の参照点を呼び戻すことである。

一　エセ演繹型から帰納的思考へ

日本が後発型近代化を経験してきたこと自体は、否定できない。しかしそれをキャッチアップ型近代化とみなすかどうかは、認識上の問題である。たしかに後発型近代化において先進諸国に追いつこうという意識をもったことはあるだろう。また技術や制度の導入においても、事実レベル＝実態として、キャッチアップ型が選ばれたこともある。だが、本書で解明してきたように、日本の政策言説や学問言説を丹念に分析すると、この後発型近代の経験と、キャッチアップという意識や認識の問題とが、多くの論者たちにとって厳密に区別されることなく、混同されてきたことは否めない。それゆえ、本書は、経験と意識・認識とを区別することなく重ねて理解することで生じた思考の習性《クセ》を明らかにしてきた。この切り離しがたい両者を、ここでは概念的に区別し、そこから習性の影響を取り除くための手がかりについてまずは考えてみたい。

後発型近代（化）の経験は、歴史的事実として、その後の日本の近代（化）のあり方に根深い影響を与えてきた。日本近代（化）の「経路依存」といってよい。キャッチアップ型近代（化）の理解や認識もまた、そのような経路依存が生み出した「時代精神」、一つの産物であったということはできる。後発であったことが、常に「先進」の存在を意識させた。さらには、その先進を優越性や普遍性と重ねて理解することで自らを「特殊」として描き出すこともしてきた。とりわけ日本の後発型近代（化）の経験が、非西欧圏ではじめての試みであり、人種的にも言語的にも「先進」（＝「中心」）とみなされた西欧圏とは異なるという事実に基づいて出来上がった認識には根深いものがあった。

しかも、これも本書でたびたび指摘したように、先進―後進、普遍―特殊という二分法的な近代（化）理解は、一九四五年までの経験とそれ以後の経験という――ある種の連続性を伴いつつ――断層をもつ二度目のキャッチアップ近代化という理解を生み出した。これも後発型近代（化）の経験の帰結といえばそういえるだろうが、この二つの経験が複雑に交錯することで、二度目のキャッチアップ型近代化の理解には、さまざまな特徴が埋め込まれた。そのことは、本書が明らかにしてきたとおりである。

この二つの特徴、すなわち、非西欧圏での最初の後発型近代（化）の試み（一度目）とその成功と失敗、一九四五年以後の二度目の試みの成功と失敗をどのように理解してきたか。その理解の一つの典型が、本書が取り出そうとしたキャッチアップ型近代化という時代認識であり、そのような認識をもったことで、その終焉が宣言された一九八〇年代以後、顕著となった「その後」の時代認識であった。そして、本書の分析がめざしたのは、「その後」において近代（化）が消されたこと、近代の消去によって、外部の参照点を無効にしただけではなく、内部の参照点をもち得ずに今日に至る日本という「近代」の軌跡を明るみに出すことであった。浮遊する主体（性）の希求、新自由主義として翻案された外来の流行思潮のご都合主義の適用、近代日本が生み出した「伝統の発明」のエピゴーネンに過ぎない劣化したコピーであるナショナリズム＝日本回帰。前章で検討したこれらの現象が示したのは、いずれも内部の参照点をいまだもち得ない、それゆえにエセ演繹型思考から抜け出せない日本の迷走ぶりであった。

その背景には、経済（成長）を前景化して二度目のキャッチアップ型近代を構築しようとしてきた日本が、「その後」において長らく経済の停滞を経験し続けてきたという「遅れ」と、アングロアメリカ型とは異なる、日本の経済運営を非効率的と認め、それを「特殊」とみなす、近代理解の二分法がいまだに生き残っているからなのかもしれない。経済（成長）を前景化してきた近代（化）理解を解除できないままであれば、「失われたX年」の評価も、それへの対処も、キャッチアップ型近代化理解の習性《クセ》を踏襲してしまうからだ。キャッチアップ型を否定し、そこからの脱却を認識の主柱としながらも、「その後」の時代認識に抜き差し難くつきまとう近代（化）理解の習性である。そこでは、経済（成長）の前景化を相対化しようという試みは大きな影響力をもち得ない。依然として、国際競争の枠組みのなかでの経済成長主義にとらわれた近代(化)理解しかできない。それが色濃く教育政策の言説にも現れていることは、本書の第三章以下で詳しく分析したとおりである。

そうだとすれば、この習性を自覚し、経済(成長)を前景化して理解してきた日本の社会変動を、どうすればその習性から逃れて認識できるかという課題を立てればよいはずだ。しかしそれだけでは、たんに経済成長主義からの脱却の提言に終わってしまう。本書の到達点は、そうした近代(化)理解が、一度はキャッチアップ型近代化が終焉したという時代認識をもったことで、「その後」の近代(化)理解に変節が生じたことを明らかにしてきた点にある。たとえば、近代(化)を消したことで呼び入れられた、外来思潮の翻案されたイデオロギーである新自由主義が、「自己責任」という正当化言説を広めたことなどである。未知なる未来の社会の変化を、政策立案の重要な前提に据え、そこからエセ演繹型を通じて構想される、(教育政策に限らない)さまざまな改革提言も、そのような変節の一つである。このような変節がエセ演繹型思考を強化し、経済成長にさえ有効性をもち得ない教育政策を正当化する共通了解圏をつくりあげてきた。「その後」の経済(成長)に資することを暗黙の前提にしてきた教育改革が、政策目標を曖昧化し、目標達成のための具体的な手段を提供できない政策をつくり続けてきたのである。ご都合主義ともいえる新自由主義に導かれた規制緩和の数々は、それが期待された結果(＝経済成長)をもたらさない限り、規制緩和の不徹底という認識を繰り返し生み出すばかりで、そのような政策提言が、実態と切り離されたエセ演繹型思考によって導かれてきたことには認識が及ばない。これは教育政策だけに限らない問題である。

後発型近代(化)とは終わりのない経験である。その他の要因とあわせて、日本の近代(化)を特徴づけし続けるからである。ところが、一九八〇年代以後の日本は、キャッチアップ型近代化の認識を通じて、近代(化)を終わらせてしまった。そして、「その後」が構想され始めた。この転換点、とりわけ(本来の意味の)近代という、今日にまで続く課題(有賀のいう「人間が生きるための現在における問題」)を突きつける、社会の基本的な編成原理の問題を見失い、たびたび外来の考え方（ネオリベラル、グローバル化）をもち込んでは、社会変動の原因・理由とみなしてきた。後発型近代が終わりのない、日本の近代であることを忘れたことで、「その後」の構想が空転し始めたのである。内部への係留点をもたない、いまだに外来の、外部の思想から得た手がかりに頼る、自己像の生産・再生産である。

そうだとすれば、キャッチアップ型近代化理解のフィルターを外した見方は、後発型近代の経験を、帰納的思考を通じて理解し直すことで可能になるはずだ。後発型近代（化）の経験自体を、内部の参照点から事実認識をもとに帰納的に検証し、そこからそれを適切に分析できる自前の概念や理論をつくり出していくという課題である。

その例題となりそうな課題を挙げてみよう。主体（性）の変節で検討した、「変化の激しい、先行き不透明な、厳しい時代」に必要とされる資質や能力という問題を、未来に志向して演繹するのではなく、過去の経験に照らして検証する帰納法の適用例である。

たとえば、二〇一一年三月一一日の東日本大震災が引き起こした福島第一原子力発電所のメルトダウン事故という事例である。この出来事が、予測困難な「想定外」の変化をもたらしたことについては、異論はないだろう。では、この予測不可能な変化に、日本社会はどのような対応をしたのか。事故に至るまでの「原子力村」の発展は、どのような社会の変化や時代の要請への対応だったのか。この「原子力村」の成立と発展を、日本人論・日本文化論とは別の視点から帰納的思考で分析し直すのである。ここには戦後日本がアメリカの影響を受け、「原子力の平和利用」を標榜しながら経済を前景化してきた、二度目の近代（化）の痕跡が残されているはずだ。「安全神話」がつくりだされた経験のなかにも、キャッチアップ型近代化の理解が何らかのかかわりをもっているだろう。原爆による被爆体験という一度目の近代化の帰結と、二度目のキャッチアップ型近代（化）の経験（この場合は経済成長に資するエネルギー政策）とが接合する、後発型近代化の経験を相対化する視点も与えてくれる。

このような経験を過去の事例として見れば、そこには「変化が激しく不透明な時代」に日本社会や日本の教育がどのように対応してきたのかの検証が可能になる。その変化への対応において、どのような人材が、どのような能力や資質を用いて対応したのか。安全神話をつくりあげた社会の仕組みは、どのような「主体性」や、変化への「主体的な対応」によって出来上がったのか。そこでの人材は、どのような能力と資質を備えていたのか。そこに大学を含め日本の教育、企業や政府はどのようにかかわったのか。この一つの事例だけをとっても、そこにかかわったさまざまなアクターたちの異なる反応・対応がどのように生まれたのか、とりわけ、安全神話を「主体的」につくりあげ、それに「主体的」に対応してきたアクターたちの「主体性」に、なぜ、そして、どのようにして批判的思考力が不十分であったのかの分析が可能になるだろう。このように、「予測不可能」だった過去の「社会の変化」を現在から帰納的に振り返ることで、予定調和を前提とした主体性の構築を急ぐ教育改革を相対化することができる。あるいは逆に、事故以前に安全神話を疑い、それを批判してきたアクターたちの思考力や行動力がどこでどのように育成されたのかの解明も、同じくらいに重要である。そして、そこで必要となるのは、エセ演繹型思考ではなく、過去の変化への対応の事例＝事実からの、地に足のついた徹底した帰納である。たとえば、城山英明編『福島原発事故と複合リスク・ガバナンス』(二〇一五)は、そのような試みの一つである。東日本大震災や福島第一原子力発電所の事故といった「予測不可能」だった出来事が甚大だっただけに、それを内部の参照点として、丹念に事実関係を確認しつつ考察した労作である。目をそらすことのできない未曽有の災害＝人災という経験がもたらした、日本社会との緊迫した対峙が、内部の参照点に基づく帰納的思考を呼び込まざるを得なかったということだ。

あるいは、予測を超えていた過去の変化への対応の事例として、バブルに向かう経済・社会の変化や、その破綻後の変化を加えてもよい。さらには、予測されていたにもかかわらず変化への対応がうまくできなかった、第三章の補論で取り上げた、少子化や家族の変容といった社会の変化を事例にしてもよい。これらの変化への対応は、どのような能力と資質をもったアクターたちの政策によって導かれたのか。その変化を受け入れた、より多くの人々の理解は、どのような能力や資質によったのか。それらはどこで、どのように育成されたのか、育成されなかったのか。もちろん、こうした問題への帰納的なアプローチはすでに実証研究として蓄積されているだろう。要は、そうした研究を、主体や能力・資質をめぐる問題群としてとらえ直し、そこからの帰納的思考によって、教育政策の立案につながる議論を組み立てようという関心が、教育界にはほとんど欠落していたということである。

これら過去の事例を挙げてみると、少なくとも、変化への「主体的な対応」の多義性をそれぞれの事例から帰納的に理解できるだろう。こうして帰納的に多義性を理解することが、エセ演繹型思考で導かれた「主体的な対応」の曖昧さをより具体的に解明する鍵となる。理想から導かれた改革目標の設定に一定の意味があることは否定しない。だが、演繹的な思考の習性《クセ》が強すぎる分、それを解毒するためには、帰納的な思考による、過去に生じた変化への対応の事例分析が必要なのである。

過去の事例からの帰納が万全とはいわない。それでも、エセ演繹型の思考の習性を自覚するためにも、帰納による事例分析がもっと行われてよい。それは、たんにエビデンスに基づく政策議論のためだけではない。エセ演繹型思考の罠から逃れるために必要だからだ。発想の転換を促す手段として、事実からの帰納が有効なのだ。そのような証拠を積み上げていくことが、思考の習性を自覚し、解毒するための知識の基盤となる。

二　生活者――「弱い個人」の主体

実は、このような帰納的思考を通じた現実からの思惟は、日本という後発型近代化の経験のなかでも生まれ、一定の成果を上げてきた。欠如理論によらない、後発型近代(化)の経験に根ざした主体の思想を、細々とだが脈々と紡ぎ出してきたのである。そのことを確認しつつ、過去の経験から学ぶための手がかりとして、ここでは「生活者」という概念に注目する。参照するのは、生活者概念の変遷を丹念にたどった天野正子の『「生活者」とはだれか』(一九九六)である。

天野は議論の出発点として、「生活者」をつぎのように定義する。

> 生活者とは、
> ①生活の全体を把握する主体をさす。
> ②静的な形態ではなく、「生活者」へと生き方をかえていく一つのダイナミックな日常的実践をさす。(同、一四頁)
>
> 生活者は、その意味で、ある歴史性を持った言葉であり、概念である。それはある時代状況のなかで生み出され、くりかえし呼び出され、特定の意味を担わされた言葉として「成長」してきた。(同、一五頁)

ところで、この「生活者」という言葉は、西洋語に対応する表現のない、それゆえ日本の近代経験から編み出された日本語である。天野の著書の英語版には、ハイデルベルク大学の日本研究者、ヴォルフガング・ザイフェルトの序文が付されている。そのなかでザイフェルトは、「普通の市民(seikatsusha)は、「階級」や「階層」や「身分」といった言葉を超える概念」であり、「日本語での研究においてこの語をめぐる社会学的、民族誌的諸理論を例証する〔中略〕、西洋語に翻訳することを拒むような意味」をもつという(Amano & Stickland 2011, xi)。西洋近代の市民社会における「市民」とも、その要素ともいえる国民国家の成員(国民)や労働者、消費者とも違う、これらを包摂した、日本語で概念化された言葉である。それゆえ「驚くべきは、西洋語においては、管見の限り、これらのすべての領域を包摂し統合する「生活者」にあたる言葉はない」(Amano & Stickland 2011, xiii)。だが、そこには現代社会を理解するうえでの重要性が潜んでいる、とザイフェルトは見る。つまり、「生活者」とは日本の現実からの帰納的思考によって概念化された言葉であり、にもかかわらず特殊を超えた普遍性をもつ概念だといえるのである。

天野は、生活者をめぐる思想の系譜として、三木清、新居格《にいいたる》、今和次郎《こんわじろう》、溝上《みぞうえ》泰子、大熊信行、さらにはベ平連や生活クラブを対象に据える。その全容を紹介するのがここでの目的ではない。ここでは、天野の著書を参考に、生活者が、欠如理論とは異なる系譜から登場した、日本の現実から帰納された「主体」のとらえ方であったことを確認する。

たとえば、戦前に「考現学」を発案し、戦後にそれを「生活学」に発展させた今和次郎について、天野はつぎのようにいう。

> 学者や知識人のほとんどが、一種のなだれ現象のごとく、近代主義の立場から日本人の生活を「歪んだもの」「遅れたもの」と否定的にとらえるなかで、今はあきらかに異なる地点にたっていた。彼は、人びとの暮らし方の伝統を無前提に否定するのではなく、そこに立ちかえり、必要性を確かめなおすことによって日本人の生活と社会を組みかえ、つくりかえる可能性を探ろうとしたのである。(天野　一九九六、六〇頁)

近代主義者と名指されている「学者や知識人のほとんど」が、本書のいう近代(化)理解の習性《クセ》にとらわれていたこととの対比で、今の思索が位置づけられる。そしてそこから今の戦後の生活学が生まれたことを、つぎのように示す。

> 考現学が関東大震災の焼け野原から生まれたように、今の生活学も、戦後の混乱期を生きる人びとの具体的な

「生活」の事実に着目することから生まれた。〔中略〕生活学は、ある家庭の夏季と冬季の生活時間がどうちがうのか、農家の主婦は朝食時にどのような行動をするのかなど、「生活」にかかわる事実を観察し、記録することから出発した。（同、六五頁）

「混乱期を生きる人びとの具体的な「生活」の事実に着目する」、そのための具体的生活の観察と記録――帰納的思考に不可欠の、現実からの発想である。

さらに天野は、「農民、とりわけ女性を、農村の現実を生きる「生活者」としてとらえ直す試み」の例として、『日本の底辺――山陰農村婦人の生活』の著者、溝上泰子に触れて、つぎのように彼女の仕事を意味づける。

溝上は明治以降の日本近代が生みだした「底辺」それ自体の存在を否定していたわけではない。しかし、溝上が立てたのは、そうした意味での「底辺」への問いではなかった。どうしたらもっと暮らしがよくなるか、今より少しでもましな暮らしをするためにはどうすればよいのか――「貧しさ」は、人びとに現実への問いをたてさせやすいと、溝上はいう。それは、ごく素朴ではあるが、底辺を生きる人びとの生活に本当に大切な、切実な問いである。その問いが人びとの「人権」への感覚を磨ぎすませ、その生き方を方向づけ創っていく。権利があるから人権があるのではない。溝上にとって人権とは、人びとが少しでも納得ゆく生き方をしたいと願うとき、それを必要とする人びとによって生み出され、主張されてはじめて定着するものであった。〔中略〕「底辺」とはそうした問いの生まれる「根源的なエネルギー」の母体であり、「生活者」とはそうした現実のなかで問いをたて、問いのなかから生活を創造する人びとを意味する、と溝上は考えた。（同、一一四頁）

この溝上の例からわかるのは、西欧近代から輸入された「人権」の概念を、そのまま演繹的な思考によって「下におろし」て、日本の現実を理解するのではない。人権という概念が、日本という近代(化)の経験のなかで生み出された、「底辺を生きる人びとの生活に本当に大切な、切実な問い」――「どうしたらもっと暮らしがよくなるか、今より少しでもましな暮らしをするためにはどうすればよいのか」と重ね合わさることで、より現実的な力となる。そうした切実な「問いのなかから生活を創造する」人びとのなかに、主体(性)を見いだそうとした試みである。

しかし、このような試みは、日本の学問や知識人の間では主流にはならなかった。その理由を、「生活」を起点に哲学の読み換えを行おうとした三木清の時代に遡り、天野は指摘する。

生活などというものは真剣な思索や探求の対象になりえない、多くの知識人はそう考えてきた。生活や暮らしという「おもり」のついた学問は、それがついていない学問からすれば、いかにも原初的で「未熟」にみえる。学問は暮らしのおもりをつけずにする方が、それをつけてするより、はるかに進歩が早い。「人びとの生活から遊離し日本の社会的現実とは無関係」であることをもって、「哲学の本領」と考える哲学者が多数を占めてきたことを、哲学者自身が指摘している(中村　一九八九、一五頁)。

それだけでなく、日本の思想や学問のありかた自体が、人びとの現実の生活と切り結ぶのに必要な活力をたくわえることを困難にしてきた。歴史家の松本三之介によれば、日本の学問や思想は、維新後三〇年を過ぎる頃から早くも、人びとの現実の暮らしにおける苦悩や渇望に応える活力を失いはじめていた(松本　一九九四)。哲学であれ、他の学問であれ、既成の学問は、欧米諸国の有力な理論や学説の紹介と継承に多くの力を注いできた。日本の学問は、外国の学者の、いわば「出店」となり、現実の人びとの生活の問題から乖離し、それによって形式化し、色彩を失っていった。

> 日本文化論から「生活」が抜け落ち、「生活」や「生活の営み方」に焦点をあてた文化論がほとんど展開されることがなかったのは、そうした学問の性格からする必然的な結果であった。（天野 一九九六、二一一頁）

キャッチアップ型の時代認識に枠づけられた「輸入学問」の弊である。それが、演繹的な思考を強化し、十分な帰納的思考に至らなかった理由でもある。

このような傾向はその後も続く。マルクス主義者も例外ではなかったと天野はいう。

> 民衆を、生活文化の担い手として、日本社会の現実を生きる生活者としてとらえ直そうという試みは、思想家の仕事として、それまでほとんどなされてこなかった。安田常雄によると、マルクス主義者の多くは、一方では「外国からの輸入文献にたよって、理念としての労働者や農民の像を日本の民衆におしつけ、他方では労働者や農民の一面（たとえば闘う労働者像、農民像）のみに光をあてることで自らの〝理論的正しさ〟を証明する傾向」があった。（同、三七頁）

現実が参照されることはあっても、それは「自らの〝理論的正しさ〟を証明する」ためのものであった。西欧産の「正しい理論」ありき――徹底した現実からの帰納とは正反対の思考である。

そのような日本の知識人の習性《クセ》は戦後も続く。『思想の科学』が「ひとびと」に照準することで、日本の現実から日本を理解しようとしたのに対し、「一九五〇年代の日本では、「民主」「自由」「人権」「デモクラシー」などアメリカ渡来の言葉がふんだんに使われていた。しかし、多くの場合、それらは決まり文句の域をでず、「ひとびと」の暮らしや文化の伝統に深くねざすものではなかった」（同、九四頁）というのである。

それゆえ、そのような思考の習性に対抗するためには、「ひとびと」に対面した日本社会の現実の把握と理解が重要となる。その試みの一つが、『思想の科学』の共同研究、「身上相談」であった。

そこでは、徹底的に個人歴史性にたって、「ひとびと」が個々の問題状況にむきあい、それへの自覚を深め、さらには慣習化した思考や行動の様式から自らを振りほどこうと試行錯誤するプロセスに、光をあてることが目指された。（同、一〇〇頁）

空高く鳥の目で見下ろすのではない。虫の目で地を這う「ひとびと」の一つひとつの悩みにむきあう。「ひとびと」をとらえる視点には、「ひとびと」が自分自身おかれた小状況の決定者になること、小状況を自ら動かしていく主体になることのなかにしか、歴史の原点はありえないというはっきりした認識がある。「ひとびと」は、おくれて気がつく。しかし、気がついたあと、その発見を守り育てていくのも「ひとびと」である。そこには「ひとびと」の自発的に考えだしたものだけが思想の力になりうるのであり、「ひとびと」は可能性としてそうした力をもった存在だという、「ひとびと」に対する強い信頼感を見ることができる。（同、一〇一頁）

ここでの「小状況を自ら動かしていく主体になること」の「主体」が欠如理論のそれではないことは明らかだ。「自分自身おかれた小状況の決定者」として暮らしをつくりだしていくことの積み重ねが、「主体になること」とみなされた。実際にはこれらの「ひとびと」を巻き込んでいたと考えられる「大」状況の「変化の激しい社会」をも、「ひとびと」はこうして生き抜いた。その軌跡をたどり、その生き様から「小状況の決定者」のなんたるかを知ることは、帰納的思考を欠いたまま、浮遊する主体（性）を追い求めることとはまったく異なる発想である。「ひとびと」

の生活の軌跡のなかに、すでに「変化の激しい社会」を生き続けてきた何ものかがあるはずだ。それがどのように形づくられてきたのか。それらを過去に遡って取り出そうとする試みなしには、主体(性)をめぐる現実的で有効な議論はできない。

このような「小状況を自ら動かしていく」主体性は、「強い個人」を想定していないという点でも、エセ演繹型の思考とは異なっていた。この点では、べ平連が「生活者」とみなした「タダの人」という概念化と関係する。天野の説明を聞こう。

小田実によれば、「タダの人」の立場とは、「人間の都合」を、いいかえれば私的な利害を優先する「弱い個人」を意味した。かつて市民社会の人間モデルとして大塚久雄が描いた、日常生活をきりすて現世拒否的な禁欲のうえに自分を律する「強い個人」ではない。一人、孤島のなかで道なき道を切り開いていくロビンソン・クルーソー的な個人でもない。いかにも頼りなげな相貌をもった「ひとりの大衆」である。「タダの人」「ふつうの人」である生活者が、日常性からいっとき自由になり、家計からささやかなカンパをひねり出し、ベトナムの人びとのための労働奉仕のひとときをもち、反戦の自己確認をする――そこに弱い個人の重みをかけようとした。

(同、一八二頁)

欠如理論の代表格の一つである「市民社会」の担い手としての「強い個人」とは異なり、西洋思想からの演繹ではない、「「タダの人」「ふつうの人」である生活者」を「弱い個人」と認定するところから、日本の現実に根ざした(この場合は反戦)運動にかかわる人々が想定されている。ただし、課題も残ったと天野はいう。

弱い個人の集まりとして市民社会が構成されているのであるかぎり、その個人の弱さを前提とする、生活者像をさぐっていく方向でなければならない。その生活者像がどのようなものでありうるのかは、今なお「未完」の課題として、「宿題」として残されている。（同、一八四頁）

たしかに課題は残されている。「その生活者像」を探り続ける試み、あるいは別のアプローチから「主体（性）」を帰納的思考によってすくい上げようとする試みは、すでに行われている（たとえば中西・上野 二〇〇三による「当事者主権」の解明など）。だが、これまでの蓄積によっても、欠如理論とは異なる地点から、「小状況を自ら動かしていく」主体（性）について構想することは可能だろう。少なくとも、エセ演繹型思考による、未来に起点を置いた主体（性）の育成という問題構築の曖昧さや多義性を相対化する視点を提供している。経済成長に貢献することを期待され、「変化の激しい社会」に適応できる資質や能力とは何であるかを不明確にしたまま、主体（性）の育成を無前提・無反省に政策提言の前提に置く思考様式との鋭い違いである。

「農民」「女性」「ひとびと」「タダの人」「ふつうの人」――具体的に暮らしを営むこれらの人々の生き方から帰納された概念である「生活者」とは、後発型近代（化）の経験を経てきた、あるいはその歴史をつくりだしてきた人々である。したがって、そこには日本の近代（化）の経験が、具体的な形と内容を伴って記録として残されている。まさに、内部の参照点を提供する経験の記憶であり記録である。

三　交錯する外部と内部の参照点

このような内部の参照点に照らすことで映し出される日本という近代の経験は、演繹型の近代（化）理解とは別種の近代の自己像を描き出すうえで、重要な手がかりとなるはずだ。そこにはたしかに、後発型近代の経験が刻印されている。その過程には、近代以前の経路依存の影響も残されている。だが、このように日本の現実から帰納することで描かれる日本の近代の自己像＝あるいはその理論化は、そこに日本的文化が色濃く反映していたとしても、従来の日本人論のような文化論的説明とはまったく異なる。

後発型近代の経験を、たとえば「生活者」という具体像からの帰納的推論によって一度抽象化する。そして、そこで組み立てられた理論をもとに、日本という後発型近代化を経験してきた一社会の社会変動を説明しようとする。帰納的思考をもとにした理論化は、こうした歴史的経験という根拠に根ざし、そこからたとえば「生活者」のような抽象度を上げた概念を生み出すからだ。もちろん、そこには文化の要因も含まれるだろう。だが、それ以上に、後発型近代という歴史＝経験を、日本人はどのようにたどってきたのか。それをどのように言語化してきたのか。言語化しきれていない部分を含めて、その経験を跡づけるデータは何か。それらの言説やその他のデータを使って組み立てることのできる「理論」は、あらかじめ日本の文化的特異性を前提とする議論とはまったく異なるからだ。日本に特異性があるとしてもそれは歴史的経験がたどった経路の個性であって、ある意味ではそれが「日本文化論」や「日本人論」言説をつくりだした、当のものだという見方ができるのである。

ローカルな言語で書かれ知識化された後発型近代の経験は、他の非西欧圏諸国に比べても、あるいは西欧圏の国々（もちろんそこにも後発型近代があった）に比べても、日本には多くが残されている。しかも、西洋化の経験がそこに埋め込まれているだけに――欠如理論的思考がそのよい例である――そのような経験自体を、西洋近代の日本的理解を含めて知識社会学的に分析することができる。日本語を第一言語とすることの利点である。

その経験を、いかに日本を超えて（トランスナショナルに）通用するように知識化していくか。通用とは、理解可能性だけでなく、日本の国境やあるいは日本語の壁を超えたときに、有意味な知識になるということだ。あるいは、西欧中心主義を超えて、とはいえ、日本にだけ内閉するのではなく、日本を超えて(トランスナショナルに)近代(化)を理解する、そこにつながる知識の「のりしろ」をもつことである。このように、後発型近代の経験を内部と外部の視点の交錯する地点から分析し、その結果を知識化する。それが日本の国境や言語の壁を超えて通用する知識になれば、それは、西欧中心主義の影響を意識的に取り外して、近代や近代化を読み換える試みにつながるはずである。近代を消すに至った経緯も含めて、後発型近代の過程としてとらえ直すということだ。

第一章の冒頭で言及したように、佐藤俊樹によれば、「近代社会そのものを外的にとらえようとしたもの」は、「実は、徹底的に近代社会内部の視線でしかなかった」(佐藤 一九九八)。しかし、キャッチアップ型近代化の認識枠組みによって自らの近代を理解しようとしてきた日本の政策担当者や知識人の多くは、外在する近代を措定することで、その外部の参照点に照らして日本という近代社会をとらえようとした。日本に目を向ける場合でも、先進—後進、普遍—特殊といった外部の基準との比較・距離の測定によって、自らを理解しようとした。「徹底的に近代社会内部の視線」で自らの近代をとらえようとしたのではなかった。その例外の一つが、「生活者」に注目した、後発型近代の経験の記録であった。

そのような近代理解の経験をもたないまま、キャッチアップ型近代化終焉の意識が覆うことで、近代は消された。と同時に、それまでの外来の視点も取り除かれてしまった。にもかかわらず、それに代わって「徹底的に近代社会内部の視線」で、現在にまで続く自らの近代をとらえ直すことは十分にできていない。外来の流行思潮——「唯物史観」「近代主義」「ポストモダン」「ネオリベラリズム」「グローバリズム」等々——の当てはめによる自己像の生産・再生産がそのことを示している。「その後」の社会の変化が、現在進行形の近代の変動の一部であるにもかかわらず、そのことを「徹底的に近代社会内部の視線」でとらえようとする必要性に鈍感であり得たのである。これこそが、内部の視点も、外部の視点も曖昧なままに輪郭を描ききれない、それゆえ、「反省・省察(reflection/reflexion)」といった自己観察（再帰性 reflexivity）のための視点を定めきれない、「その後」の日本の近代の正体であった。しかもそれを、今では日本語で「近代」としては語れなくしてしまったのである。

最後に。

本書の冒頭で未熟なミステリーまがいのストーリーを展開した。「近代殺人事件」である。ここに至り、犯人を追い詰めることはできた。だが、事件は解決しない。犯人に迫っても、参照点の曖昧な、消された近代を足場にするのでは、後発型近代化の経験を理解し直すことが私たちにとって簡単ではないからだ。事件の犯罪要件を立証する証拠固めがまだまだ薄いのである。佐藤（一九九八）のいう「最後の最後であえて「素朴に」社会そのものを語ってしまう〈飛躍〉」のためには、さらに思考の習性《クセ》を取り除き、帰納的に日本の経験をとらえ直す力業が必要である。

犯人を追い詰め、特定した後のむなしさが残る。「近代殺人事件」が犯罪とは認められないままだからだ。いや多くの人々が、日本では近代が消されたことにさえ気づいていない。その消去が何をもたらしたのかにも気を払わない。消された後でも気づかれない「近代」とは、日本にとって何なのだろうか。

あるいは、近代の消去は、行方不明の事件として当局に処理されたのかもしれない。だから、この事件には殺人が絡んでいたかどうかの検証もなく、事件性のない、それゆえ犯罪要件をなしていないという見方が主流になったのだろう。いまだに生産され続ける、「その後」の政策言説の数々や外来の流行思潮の安易な当てはめは、そのことを傍証する。

追いついたことで消えた近代とは何か。近代という語を失ったことで、私たちはどこに至ったのか。迷宮に入り込んでしまったのか。

不慣れなミステリーふうの話は、この辺でやめることにしよう。もやもやとした読後感しか残さないだろうから。

しかしこのもやもやの正体を明かすためにも、事件を迷宮入りさせてはならない。迷宮化は、日本の迷走の継続に通じるからである。

既出関連文献

本書は、近年の著者の研究をベースにした書き下ろしであるが、関連した既発表の文献に以下がある。

「追いつき型近代化の教育とその終焉──近代化と教育・再考」佐藤学・秋田喜代美・志水宏吉・小玉重夫・北村友人編『学校のポリティクス　岩波講座　教育　変革への展望(六)』岩波書店、二〇一六年。

「高等教育のグローバル競争とキャッチアップ終焉意識」石川真由美編『世界大学ランキングと知の序列化──大学評価と国際競争を問う』京都大学学術出版会、二〇一六年。

「〈近代化〉としての社会変動と教育──キャッチアップ型近代と教育社会学」本田由紀・中村高康責任編集『学問としての展開と課題　教育社会学のフロンティア(一)』岩波書店、二〇一七年。

「二重のジェンダー化と政策のパラドクス」『ビジネス・レーバー・トレンド』労働政策研究・研修機構、二〇一八年一・二月号。

「成功のパラドクスと「失われた」時代──教育政策言説に見るキャッチアップ終了後の「近代」」アンドルー・ゴードン・瀧井一博編『創発する日本へ』弘文堂、二〇一八年。

「「大学性悪説」による問題構築という「問題」──大学改革における言語技法の分析」佐藤郁哉編著『五〇年目の「大学解体」二〇年後の大学再生──高等教育政策をめぐる知の貧困を越えて』京都大学学術出版会、二〇一八年。

「グローバル化という幻影と追いつき型近代化の陰影――教育における〈欠如〉言説の分析」広瀬裕子編『カリキュラム・学校・統治の理論――ポスト・グローバル化社会の教育(仮)』世織書房(近刊)。

"The Two Lost Decades in Education: The Failure of Reform", Yoichi Funabashi & Barak Kushner ed., *Examining Japan's Lost Decades*, Routledge, 2015.

"Education and Social Disparities in Japan", *Oxford Research Encyclopedia of Education*, Oxford University Press, 2018.

"Meritocracy, Modernity, and the Completion of Catch-up: Problems and Paradoxes", Yonezawa, A., Kitamura, Y., Yamamoto, B. & Tokunaga, T. eds., *Japanese Education in a Global Age: Sociological Reflections and Future Directions*, Springer, 2018.

引用文献

和文

朝日新聞記事データベース聞蔵Ⅱ『朝日新聞縮尺版一八七九―一九九九』。
麻生誠 一九八二、『近代化と教育 教育学大全集(三)』第一法規出版。
阿部公彦 二〇一七、『史上最悪の英語政策――ウソだらけの「四技能」看板』ひつじ書房。
天野郁夫 一九八二、『教育と選抜 教育学大全集(五)』第一法規出版。
天野郁夫 一九九四、「大学講義録の世界」『放送教育開発センター研究報告』第六七号、八―三七頁。
天野郁夫 二〇〇三、『日本の高等教育システム――変革と創造』東京大学出版会。
天野郁夫 二〇〇九、『大学の誕生(上)――帝国大学の時代』中公新書。
天野郁夫 二〇一三、『大学改革を問い直す』慶應義塾大学出版会。
天野正子 一九九六、『「生活者」とはだれか』中央公論社。
有賀喜左衛門 一九六四、「近代化と伝統――日本に関連して」『慶應義塾大学大学院社会学研究科紀要――社会学心理学教育学』第四集、一―九頁。(https://core.ac.uk/download/pdf/145731619.pdf)
いいだもも 一九六九、「日本社会の変革」久野収・鶴見俊輔編『思想の科学事典』勁草書房、一五〇―一五三頁。
市川昭午 一九九五、『臨教審以後の教育政策』教育開発研究所。
市川昭午 二〇一一、『愛国心――国家・国民・教育をめぐって』学術出版社。
稲垣忠彦 一九八四、『戦後教育を考える』岩波新書。
乾彰夫 一九九〇、『日本の教育と企業社会――一元的能力主義と現代の教育＝社会構造』大月書店。
大隈重信 一九〇七、「開国五十年史論」大隈重信編『開国五十年史(上)』一―七六頁。
大田堯 一九七三、『教育の探求』東京大学出版会。
大田堯編著 一九七八、『戦後日本教育史』岩波書店。

大嶽秀夫 一九九四、『自由主義的改革の時代――一九八〇年代前期の日本政治』中央公論社。
大平正芳回想録刊行会編著 一九八二、『大平正芳回想録 伝記編』鹿島出版会。
小川利夫・伊ヶ崎暁生、高校全員入学問題全国協議会編 一九七一、『戦後民主主義教育の思想と運動――高校全入運動の総括と課題』青木書店。
落合恵美子 二〇一八、「つまずきの石としての一九八〇年代――「縮んだ戦後体制」の人間再生産」A・ゴードン、瀧井一博編『創発する日本へ――ポスト「失われた二〇年」のデッサン』弘文堂、九五―一三五頁。
勝田守一・堀尾輝久 一九五八、「国民教育における「中立性」の問題(上)」『思想』No.四一一。
加藤周一 一九五六、『雑種文化――日本の小さな希望』大日本雄弁会講談社。
加藤秀俊 一九六六、「社会」笠信太郎編『日本の百年』社会思想社、三七―八九頁。
金井圓編 一九六一、『箱根会議議事録』米国アジア学会近代日本研究会準備委員会。
柄谷行人 二〇〇一、『〈戦前〉の思考』講談社学術文庫。
苅谷剛彦 一九九五、『大衆教育社会のゆくえ――学歴主義と平等神話の戦後史』中公新書。
苅谷剛彦 二〇〇一、『階層化日本と教育危機――不平等再生産から意欲格差社会(インセンティブ・ディバイド)へ』有信堂高文社。
苅谷剛彦 二〇〇二、『教育改革の幻想』ちくま新書。
苅谷剛彦 二〇〇四、『教育の世紀――学び、教える思想』弘文堂/二〇一四、『増補 教育の世紀――大衆教育社会の源流』ちくま学芸文庫。
苅谷剛彦 二〇〇八、『学力と階層――教育の綻びをどう修正するか』朝日新聞出版/二〇一二、文庫版。
苅谷剛彦 二〇〇九、『教育と平等――大衆教育社会はいかに生成したか』中公新書。
苅谷剛彦 二〇一七、『オックスフォードからの警鐘――グローバル化時代の大学論』中央公論新社。
苅谷剛彦 二〇一八、「「大学性悪説」による問題構築という「問題」――大学改革における言語技法の分析」佐藤郁哉編著『五〇年目の「大学解体」二〇年後の大学再生――高等教育政策をめぐる知の貧困を越えて』京都大学学術出版会。
河上徹太郎・竹内好 一九七九、『近代の超克』冨山房。
河野健二 一九六四、「明治維新と西洋」桑原武夫編『ブルジョワ革命の比較研究』筑摩書房、一一―二三頁/二〇〇一、田中彰編『世界の中の明治維新 幕末維新論集(一)』吉川弘文館に再録。
岸田國士 一九三四、『近代劇論』岩波書店。

岸田國士 一九三六、『現代演劇論』白水社。

北山晴一 二〇〇九、「八〇年代を語ることの意味(二)——大平総理の政策研究会がめざしたものとは」『二十一世紀社会デザイン研究』第八号、一三—五四頁。

金原左門 一九六八、『「日本近代化」論の歴史像——その批判的検討への視点』中央大学出版部。

公文俊平 一九九三、「大平正芳の時代認識」ＧＬＯＣＯＭ、国際大学グローバル・コミュニケーション・センター。(http://www.glocom.ac.jp/column/1993/10/post_317.html)

グループ一九八四年 一九七五、「日本の自殺」『文藝春秋』第五三巻二号、九二—一二四頁。

N・グレーザー 一九七八、「日本の経済成長と社会的文化的要因」H・パトリック&H・ロゾフスキー編、貝塚啓明監訳『アジアの巨人・日本(Ⅳ)——労働・都市・社会問題』日本経済新聞社、二〇三—三〇八頁。

黒羽亮一 一九九五、「日本における一九九〇年代の大学改革」『学位研究』第三号、一—四一頁。(https://niad.repo.nii.ac.jp/?action=pages_view_main&active_action=repository_view_main_item_detail&item_id=373&item_no=1&page_id=13&block_id=17)

現代日本語書き言葉均衡コーパス。(https://pj.ninjal.ac.jp/corpus_center/bccwj/)

玄田有史 二〇〇一、『仕事のなかの曖昧な不安』中央公論新社。

厚東洋輔 二〇〇六、『モダニティの社会学——ポストモダンからグローバリゼーションへ』ミネルヴァ書房。

小林喜光代表幹事記者発表会・発言要旨(未定稿)二〇一八年一二月一一日。(https://www.doyukai.or.jp/chairmansmsg/uploads/docs/181213_1920a.pdf)(二〇一九年四月八日アクセス)

香山健一 一九七八、『英国病の教訓』ＰＨＰ研究所。

香山健一 一九八七、『自由のための教育改革——画一主義から多様性への選択』ＰＨＰ研究所。

斉藤修 一九八五、『プロト工業化の時代——西欧と日本の比較史』日本評論社。

佐々田博教 二〇一一、『制度発展と政策アイディア——満州国・戦時期日本・戦後日本にみる開発型国家システムの展開』木鐸社。

佐藤郁哉編著 二〇一八、『五〇年目の「大学解体」二〇年後の大学再生——高等教育政策をめぐる知の貧困を越えて』京都大学学術出版会。

佐藤俊樹 一九九八、「近代を語る視線と文体」高坂健次・厚東洋輔編『理論と方法 講座社会学(一)』東京大学出版会、六五—九八頁。

清水唯一朗 二〇一三、『近代日本の官僚——維新官僚から学歴エリートへ』中公新書。
清水義弘 一九五七、『試験』岩波新書。
城山英明編 二〇一五、『福島原発事故と複合リスク・ガバナンス』東洋経済新報社。
新堀通也編 一九六六、『学歴——実力主義を阻むもの』ダイヤモンド社。
盛山和夫 二〇〇八、「「不平等」の何が問われてきたか——今日の格差論の基底にあるもの」『よろん』第一〇二号、二—一一頁。(https://www.jstage.jst.go.jp/article/yoron/102/0/102_KJ00005102362/_article/-char/ja)
園田英弘 一九九一、「逆欠如理論」『教育社会学研究』第四九集、九—二三頁。(https://www.jstage.jst.go.jp/article/eds1951/49/0/49_0_9/_article/-char/ja/)
竹内好 一九六六、『日本とアジア 竹内好評論集(三)』筑摩書房。
武田清子 一九七〇、「近代化の視角」武田清子編『比較近代化論』未来社、二二九—二四六頁。
田中二郎 一九四七、「教育改革立法の動向(一)」『法律時報』一九巻六号、一六—二〇頁。
土持ゲーリー法一 一九九一、『米国教育使節団の研究』玉川大学出版部。
寺崎昌男 一九七八、「占領と教育改革」大田堯編著『戦後日本教育史』岩波書店、七五—九八頁。
R・ドーア 一九七〇、「日本近代化論の再検討——近代化論はいかにして実り多い論争の可能性を生むか」武田清子編『比較近代化論』未来社、二〇四—二二四頁。
遠山茂樹 一九六三、「時代区分の根拠と問題点」家永三郎ほか編『岩波講座 日本歴史第二二(別巻第一)』岩波書店、一六七—一八四頁。
利谷信義 一九八七、「西洋法と日本法の接点——「法の継受」を中心として」『法哲学年報』一九八六巻、一〇四—一二〇頁。
豊田利男ほか編 一九九八、『天籟を聞く——香山健一先生追悼集』香山健一先生追悼集編集委員会。
鳥飼玖美子 二〇一八、『英語教育の危機』ちくま新書。
永井道雄 一九六九、『近代化と教育』東京大学出版会。
永井道雄 一九七八、『教育の流れを変えよう』朝日新聞社/二〇〇二、山岸駿介編『未完の大学改革』中央公論新社に再録。
中島秀人 二〇〇六、『日本の科学/技術はどこへいくのか』岩波書店。
中谷巌 一九九四、「欧米キャッチアップ終了後日本社会最大の政策課題」『週刊ダイヤモンド』一九九四年四月二三日号。
長富祐一郎 一九八三、『近代を超えて——故大平総理の遺されたもの』大蔵財務協会。
中西正司・上野千鶴子 二〇〇三、『当事者主権』岩波新書。

中西輝政監修・英国教育調査団編 二〇〇五、『教育正常化への道――英国教育調査報告』PHP研究所。
中村尚史 一九九八、「後発国工業化と中央・地方」東京大学社会科学研究所編『開発主義 二〇世紀システム(四)』東京大学出版会、二四一―二七五頁。
中村雄二郎 一九六七、『近代日本における制度と思想――明治法思想史研究序説』未来社。
中村行秀 一九八九、『哲学入門――生活のなかのフィロソフィー』青木書店。
西部邁 二〇〇九、『昔、言葉は思想であった――語源からみた現代』時事通信社。
野辺忠郎 一九六九、「戦後教育における人間像の問題」『明治大学人文科学研究所紀要』第七冊、一―四八頁。(https://m-repo.lib.meiji.ac.jp/dspace/bitstream/10291/9846/1/jinbunkagakukiyo_7_6-1.pdf)
濱中義隆 二〇一二、「大学改革」酒井朗・多賀太・中村高康編著『よくわかる教育社会学』ミネルヴァ書房、一四六―一四七頁。
平川祐弘 二〇〇六、『天ハ自ラ助クルモノヲ助ク――中村正直と「西国立志編」』名古屋大学出版会。
廣松渉 一九八九、『〈近代の超克〉論』講談社学術文庫。
堀尾輝久 一九九一、『人権としての教育』岩波書店。(堀尾輝久・兼子仁 一九七七、『人権と教育』岩波書店をもとに追補・構成)
堀尾輝久 一九九三、『対話集 教育を支える思想』岩波書店。
松本三之介 一九九四、「大熊信行における国家の問題――「国家科学」から「国家悪」まで」『思想』No.八三七、四―三九頁。
丸山文裕 二〇〇九、「高等教育への公財政支出」『国立大学法人における授業料と基盤的教育研究経費に関する研究』国立大学財務・経営センター研究報告第一一号、三九―五一頁。(https://www.niad.ac.jp/media/001/201802/ni005003.pdf)
丸山眞男 一九六八、「個人析出のさまざまなパターン」M・B・ジャンセン編、細谷千博編訳『日本における近代化の問題』岩波書店、三六七―四〇三頁。
丸山眞男 一九八六、『「文明論之概略」を読む(上)』岩波書店。
三谷太一郎 二〇一七、『日本の近代とは何であったか――問題史的考察』岩波新書。
村上泰亮・公文俊平・佐藤誠三郎 一九七九、『文明としてのイエ社会』中央公論社。
森田尚人 二〇〇三、「戦後日本の知識人と平和をめぐる教育政治」森田尚人・森田伸子・今井康雄編著『教育と政治――戦後教育史を読みなおす』勁草書房。
吉川洋 二〇一二、『高度成長――日本を変えた六〇〇〇日』中公文庫。

吉見俊哉 二〇〇九、『ポスト戦後社会 シリーズ日本近現代史（九）』岩波新書。
笠信太郎 一九六六、「一つの鳥瞰」笠信太郎編『日本の百年』社会思想社、九—三三頁。
歴史学研究会編 一九六七、「「明治百年祭」関係資料集」『歴史学研究』三三〇号、二五—七九頁。
歴史学研究会編 一九六八、「「明治百年祭」関係資料（六）」『歴史学研究』三三三号、五九—六四頁。
和田春樹 一九六七、「現代的「近代化」論とわれわれの歴史学」『歴史学研究』三二二号、三六—四三頁。

英文

Amano, M. & Stickland, L. R. 2011, *In Pursuit of the Seikatsusha: A Genealogy of the Autonomous Citizen in Japan*（*Japanese society series*）, Trans Pacific Press.
Aso, M. & Amano, I. 1972, *Education and Japan's Modernization*, Ministry of Foreign Affairs.
Baker, D. P., Akiba, M., LeTendre, G. K. & Wiseman, A. W. 2001, "Worldwide Shadow Education: Outside-School Learning, Institutional Quality of Schooling, and Cross-National Mathematics Achievement", *Educational Evaluation and Policy Analysis*, 23(1): pp. 1-17.(https://www.jstor.org/stable/3594156?seq=1/subjects)
Beck, U., Giddens, A. & Lash, S. 1994, *Reflexive Modernization: Politics, Tradition and Aesthetics in the Modern Social Order*, Stanford University Press.
Beck, U. & Beck-Gernsheim, E. 2002, *Individualization: Institutionalized Individualism and its Social and Political Consequences*（*Published in Association with Theory, Culture & Society*）（*English Edition*）*1st Edition*, SAGE Publications.
Beck, U. & Grande, E. 2010, "Varieties of Second Modernity: The Cosmopolitan Turn in Social and Political Theory and Research", *British Journal of Sociology*, 61(3): pp. 409-443.
Berger, P. L. & Luckmann, T. 1966, *The Social Construction of Reality: A Treatise in the Sociology of Knowledge*, Anchor Books.（P・L・バーガー&T・ルックマン、山口節郎訳『日常世界の構成——アイデンティティと社会の弁証法』新曜社、一九七七年）
Bock, K. 1978, "Theories of Progress, Development, Evolution", Bottomore, T. B. & Nisbet, R. A. eds., *A History of Sociological Analysis*, Basic Books, Inc. pp. 39-79.
Chang 2010, *South Korea under Compressed Modernity: Familial Political Economy in Transition*,（Routledge Advances in

Korean Studies 19) Routledge.

Cravens, H. 1999, "Stoddard, George Dinsmore", *American National Biography*, 20, Oxford University Press.

Department for Education 2013, *National Curriculum in England: Citizenship Programmes of study for key stages 3 and 4.* (https://www.gov.uk/government/publications/national-curriculum-in-england-citizenship-programmes-of-study/national-curriculum-in-england-citizenship-programmes-of-study-for-key-stages-3-and-4)

Dore, R. P. 1976, *The Diploma Disease: Education, Qualification and Development*, George Allen & Unwin Ltd.(R・P・ドーア、松居弘道訳『学歴社会 新しい文明病』岩波書店、一九七八年)

Dore, R. P. 1997, *The Diploma Disease: Education, Qualification and Development, 2nd edition*, Institute of Education, University of London.

Eisenstadt, S. N. 2000, "Multiple Modernities", *The MIT Press on Behalf of American Academy of Arts & Sciences*, 129(1): pp. 1–29.(https://www.jstor.org/stable/20027613)

Gerschenkron A. 1962, *Economic Backwardness in Historical Perspective: A Book of Essays*, Harvard University Press.(A・ガーシェンクロン、絵所秀紀・雨宮昭彦・峯陽一・鈴木義一訳『後発工業国の経済史——キャッチアップ型工業化論』ミネルヴァ書房、二〇〇五年)

Giddens, A. 1990, *The Consequences of Modernity*, Polity Press.(A・ギデンズ、松尾精文・小幡正敏訳『近代とはいかなる時代か?——モダニティの帰結』而立書房、一九九三年)

Gilman, N. 2003, *Mandarins of the Future: Modernization Theory in Cold War America*, Baltimore, Johns Hopkins University Press.

Gluck, C. 2011, "The End of Elsewhere: Writing Modernity Now", *The American Historical Review*, 116(3): pp. 676–687. (https://www.jstor.org/stable/23308221?seq=1#metadata_info_tab_contents)

Hall, J. W. 1965, "Changing Conceptions of the Modernization of Japanese", Jansen, M. B. ed., *Changing Japanese Attitudes toward Modernization*, U. J. University Press.(J・W・ホール「日本の近代化に関する概念の変遷」M・B・ジャンセン編、細谷千博編訳『日本における近代化の問題』岩波書店、一九六八年、五—四三頁)

Harvey, D. 2005, *A Brief History of Neoliberalism*, Oxford University Press.

Jackson, P. T. 2006, *Civilizing the Enemy: German Reconstruction and the Invention of The West*, University of Michigan Press.

Johnson, C. 1982, *MITI and the Japanese Miracle: The Growth of Industrial Policy, 1925–1975*, Stanford University Press.（C・ジョンソン、矢野俊比古監訳『通産省と日本の奇跡』ティビーエス・ブリタニカ、一九八二年）

Kariya, T. 2011, “Credential Inflation and Employment in ‘Universal’ Higher Education: Enrolment, Expansion, and (In) Equity via Privatization in Japan”, *Journal of Education and Work*, 24(1–2): pp. 69–94.

Latham, M. E. 2000, *Modernization as Ideology: American Social Science and “Nation-Building” in the Kennedy era*, University of North Carolina Press.

McCormack, G. & Sugimoto, Y. eds. 1998, *The Japanese Trajectory: Modernization and Beyond*, Cambridge University Press.

Okano, K. & Sugimoto, Y. eds. 2018, *Rethinking Japanese Studies: Eurocentrism and the Asia-Pacific Region*, Routledge Contemporary Japan Series.

Orwell G. 1950, *1984: A Novel*, New American Library.（G・オーウェル、吉田健一・龍口直太郎訳『一九八四年』文藝春秋新社、一九五〇年）

Passin, H. 1965, *Society and Education in Japan*, Columbia University Press.（H・パッシン、國弘正雄訳『日本近代化と教育――その特質の史的解明』サイマル出版会、一九八〇年）

Reischauer, E. O. 1977, *The Japanese*, Belknap Press of Harvard University Press.（E・O・ライシャワー、國弘正雄訳『ザ・ジャパニーズ』文藝春秋、一九七九年）

Sawyer, M. 1976. “Income Distribution in OECD Countries”, *OECD Economic Outlook: Occasional Studies* (June 1976), pp. 3–36.

U. S. Department of Education 1987, *Japanese Education Today*, Government Printing Office.

Vogel, E. F. 1979, *Japan as Number One: Lessons for America*, Harvard University Press.（E・F・ヴォーゲル、広中和歌子・木本彰子訳『ジャパンアズナンバーワン――アメリカへの教訓』ティビーエス・ブリタニカ、一九七九年）

Whittaker, D. et al. 2010, “Compressed Development”, *Studies in Comparative International Development*, 45(4): pp. 439–467.

Wilkinson, E. P. 1981, *Misunderstanding: Europe versus Japan*, Chuokoron-sha.（E・P・ウィルキンソン、徳岡孝夫訳『誤解――ヨーロッパvs.日本』中央公論社、一九八〇年）

Yasuba, Y. 1991, “Japan’s post-war growth in historical perspective”, *Japan Forum*, 3(1): pp. 57–70.

公文書等

ＮＨＫ放送文化研究所　二〇一八、『第一〇回「日本人の意識」調査（二〇一八）結果の概要』。（https://www.nhk.or.jp/bunken/research/yoron/pdf/20190107_1.pdf）（二〇一九年四月四日アクセス）
教育課程審議会　一九九八、『教育課程審議会答申』。（http://www.mext.go.jp/b_menu/shingi/old_chukyo/old_katei1998_index/toushin/1310294.htm）（二〇一九年四月四日アクセス）
教育制度検討委員会・梅根悟編　一九七四、『日本の教育改革を求めて』勁草書房。
グローバル人材育成推進会議　二〇一二、『グローバル人材育成戦略（グローバル人材育成推進会議　審議まとめ）』。（https://www.kantei.go.jp/jp/singi/global/1206011matome.pdf）（二〇一九年四月四日アクセス）
経済企画庁　一九七一、『経済白書（一九七一年版）』。（https://www5.cao.go.jp/keizai3/keizaiwp/wp-je71/wp-je71-000i1.html）（二〇一九年四月四日アクセス）
経済企画庁　一九七九、『新経済社会七カ年計画』。（http://www.ipss.go.jp/publication/j/shiryou/no.13/data/shiryou/souron/8.pdf）（二〇一九年四月四日アクセス）
経済審議会　一九六三、『経済発展における人的能力開発の課題と対策』。（https://www5.cao.go.jp/2000/e/1218e-keishin-houkoku/besshi1.pdf）（二〇一九年四月四日アクセス）
経済審議会　二〇〇〇、『経済審議会活動の総括的評価と新しい体制での経済政策運営への期待』。（https://www5.cao.go.jp/2000/e/1218e-keishin-houkoku.pdf）（二〇一九年四月四日アクセス）
経済戦略会議　一九九九、『日本経済再生への戦略』。（http://www.ipss.go.jp/publication/j/shiryou/no.13/data/shiryou/souron/13.pdf）（二〇一九年四月四日アクセス）
経済同友会　二〇一八、『Japan 2.0 最適化社会の設計――モノからコト、そしてココロへ』。（https://www.doyukai.or.jp/policyproposals/uploads/docs/fa762c713fc890b38fcf18c427566f9aa9922165.pdf）。（https://www.doyukai.or.jp/chairmansmsg/uploads/docs/181213_1920a.pdf）（二〇一九年四月四日アクセス）
厚生労働省職業能力開発局　二〇一六、『職業能力開発関係資料集』。（https://www.mhlw.go.jp/file/05-Shingikai-12602000-Seisakutoukatsukan-Sanjikanshitsu_Roudouseisakutantou/0000110382.pdf）（二〇一九年四月四日アクセス）
自由民主党編　一九七九、『日本型福祉社会　自由民主党研修叢書（八）』自由民主党広報委員会出版局。

周郷博・宮原誠一・宗像誠也企画・編集　一九五〇、『アメリカ教育使節団報告書要解』国民図書刊行会。
大学審議会　一九九一、『大学教育の改善について』『大学短大の新設置基準の大綱化と自己点検・評価のあり方』／エイデル研究所編『季刊教育法（八九）』一九九二に再録。
大学審議会　一九九八、『二一世紀の大学像と今後の改革方策について』。（http://www.mext.go.jp/b_menu/shingi/old_chukyo/old_daigaku_index/toushin/1315932.htm）（二〇一九年四月四日アクセス）
中央教育審議会　一九六三、『大学教育の改善について（答申）』。（http://www.mext.go.jp/b_menu/shingi/old_chukyo/old_chukyo_index/toushin/1309479.htm）（二〇一九年四月八日アクセス）
中央教育審議会　一九六九、『当面する大学教育の課題に対応するための方策について』。（http://www.mext.go.jp/b_menu/shingi/old_chukyo/old_chukyo_index/toushin/1309491.htm）（二〇一九年四月四日アクセス）
中央教育審議会　一九七一、『今後における学校教育の総合的な拡充整備のための基本的施策について（答申）』。（http://www.mext.go.jp/b_menu/shingi/old_chukyo/old_chukyo_index/toushin/1309492.htm）（二〇一九年六月七日アクセス）
中央教育審議会　一九九八、『中央教育審議会答申　二一世紀を展望した我が国の教育の在り方について（中央教育審議会第一次答申）』。（http://www.mext.go.jp/b_menu/shingi/old_chukyo/old_chukyo_index/toushin/attach/1309612.htm）（二〇一九年四月四日アクセス）
中央教育審議会　二〇一五、『教育課程企画特別部会――二〇三〇年の社会と子供たちの未来』。（http://www.mext.go.jp/b_menu/shingi/chukyo/chukyo3/siryo/attach/1364310.htm）（二〇一九年四月四日アクセス）
中央教育審議会　二〇一六、『幼稚園、小学校、中学校、高等学校及び特別支援学校の学習指導要領等の改善及び必要な方策等について（答申）』。（http://www.mext.go.jp/component/b_menu/shingi/toushin/__icsFiles/afieldfile/2016/12/27/1380902_1.pdf）（二〇一九年四月四日アクセス）
中小企業庁　一九八一、『中小企業白書（一九八〇年版）』。（https://www.chusho.meti.go.jp/pamflet/hakusyo/S56/index.html）（二〇一九年四月四日アクセス）
統計数理研究所　二〇一六、『日本人の国民性調査』。（https://www.ism.ac.jp/kokuminsei/table/data/html/ss9/9_6/9_6_all.htm）
内閣官房　一九八〇a、『文化の時代――文化の時代研究グループ』大蔵省印刷局。
内閣官房　一九八〇b、『文化の時代の経済運営』大蔵省印刷局。
内閣総理大臣官房　一九六七、『明治百年記念準備会議資料』内閣総理大臣官房。

内閣府　二〇一三、『第四回産業競争力会議議事録』。（https://www.kantei.go.jp/jp/singi/keizaisaisei/skkkaigi/dai4/gijiroku.pdf）（二〇一九年四月四日アクセス）

内閣府・教育再生実行会議　二〇一三、『これからの大学教育等の在り方について』。（https://www.kantei.go.jp/jp/singi/kyouikusaisei/pdf/dai3_1.pdf）（二〇一九年四月八日アクセス）

「二一世紀日本の構想」懇談会　一九九九、『第二回「二一世紀日本の構想」懇談会議事概要』。（http://www.kantei.go.jp/jp/21century/990517dai2.html）（二〇一九年四月四日アクセス）

「二一世紀日本の構想」懇談会　二〇〇〇、『二一世紀日本の構想――自立と協治で築く新世紀』。（https://www.kantei.go.jp/jp/21century/houkokusyo/index1.html）（二〇一九年四月四日アクセス）

日本会議　二〇〇七、『新しい教育基本法が成立！　戦後教育の改革へ大きな橋頭堡築く』。（http://www.nipponkaigi.org/activity/archives/1023）（二〇一九年四月四日アクセス）

日本教職員組合　一九五九年、『新教育課程の批判――新学習指導要領はどう変ったか』日本教職員組合。

日本経済団体連合会　二〇一一、『グローバル人材の育成に向けた提言』。（http://www.keidanren.or.jp/policy/2011/062honbun.pdf）（二〇一九年四月四日アクセス）

毎日新聞　一九六八、一月一日。（引用は『歴史学研究』№三三三、一九六八、五九頁）

文部科学省　一九四六、『米国教育使節団報告書』。（http://www.mext.go.jp/b_menu/hakusho/html/others/detail/1317998.htm）（二〇一九年四月四日アクセス）

文部科学省　二〇〇六、『公立小中学校の教員採用倍率（競争率）』。（http://www.mext.go.jp/a_menu/shotou/senkou/__icsFiles/afieldfile/2017/02/17/1381770_1.pdf）（二〇一九年四月四日アクセス）

文部科学省　二〇〇八、『中学校学習指導要領解説総則編』。（http://www.mext.go.jp/component/a_menu/education/micro_detail/__icsFiles/afieldfile/2011/01/05/1234912_001.pdf）（二〇一九年四月四日アクセス）

文部科学省　二〇一三、『小・中学校における学校選択制の実施状況について』。（http://www.mext.go.jp/component/a_menu/education/detail/__icsFiles/afieldfile/2013/09/18/1288472_01.pdf）（二〇一九年四月四日アクセス）

文部科学省　二〇一七a、『小学校学習指導要領解説』。（http://www.mext.go.jp/component/a_menu/education/micro_detail/__icsFiles/afieldfile/2019/03/18/1387017_001.pdf）（二〇一九年四月四日アクセス）

文部科学省　二〇一七b、『中学校学習指導要領解説　社会編』。（http://www.mext.go.jp/component/a_menu/education/micro_detail/__icsFiles/afieldfile/2019/03/18/1387018_003.pdf）（二〇一九年四月四日アクセス）

文部科学省　二〇一七c、『中学校学習指導要領解説　特別の教科　道徳編』。(http://www.mext.go.jp/component/a_menu/education/micro_detail/__icsFiles/afieldfile/2018/05/07/1387018_11_4.pdf)(二〇一九年四月四日アクセス)

文部省　一九四六、『新教育指針』。(http://dl.ndl.go.jp/info:ndljp/pid/1281779)(二〇一九年四月四日アクセス)

横浜国立大学現代教育研究所編　一九八〇、『増補　中教審と教育改革――財界の教育要求と中教審答申(全)』三一書房。

臨時教育審議会編　一九八五、『教育改革に関する第一次答申』。(https://www.digital.archives.go.jp/das/meta/M0000000000000751573.html)

臨時教育審議会編　一九八六、『教育改革に関する第二次答申』。(https://www.digital.archives.go.jp/das/meta/M0000000000000751576.html)

臨時教育審議会編　一九八七、『教育改革に関する第四次答申』。(https://www.digital.archives.go.jp/das/meta/M0000000000000751582.html)

臨時行政改革推進審議会　一九八七、『臨調行革審――行政改革二〇〇〇日の記録』行政管理研究センター。

臨時行政調査会　一九八二、『行政改革に関する第三次答申(基本答申)』(昭和五七年七月三〇日)。(http://www.ipss.go.jp/publication/j/shiryou/no.13/data/shiryou/souron/3.pdf)(二〇一九年四月四日アクセス)

臨時行政調査会　一九八三、『行政改革に関する第五次答申(最終答申)』(昭和五八年三月一四日)。(http://www.ipss.go.jp/publication/j/shiryou/no.13/data/shiryou/souron/6.pdf)(二〇一九年四月四日アクセス)

関連年表

年	月	本書に関連する教育の事項	関連する政治社会の動向
一九〇七〜〇八		大隈重信編『開国五十年史』(開国五十年史発行所)	
一九四一	一二		アジア太平洋戦争始まる
一九四二		「近代の超克」座談会(『文学界』九、一〇月号)	
一九四五	八		第二次世界大戦終結
一九四六	三	第一次アメリカ教育使節団来日	
	五	文部省『新教育指針』刊行(〜四七年)	
	八	教育刷新委員会設置(四九年に教育刷新審議会と改称、五二年廃止)	
	一一		日本国憲法公布
一九四七	三	文部省「学習指導要領一般編(試案)」発行	
		教育基本法・学校教育法公布	
	四	新学制による小中学校が発足	
	五		日本国憲法施行
	六	日本教職員組合結成	
一九四八	四	新制高校発足	
	六	教育勅語の排除・失効確認決議	

一九四九	七	教育委員会法公布（五六年より任命制）	
	六	新制国立大学発足	
	一〇		中華人民共和国の成立宣言
一九五〇	六		朝鮮戦争始まる
一九五一	七	「学習指導要領一般編（試案）」全面改訂	
	九		対日平和条約・日米安全保障条約調印
一九五二	四		対日平和条約・日米安全保障条約発効（サンフランシスコ講和条約）
	五		血のメーデー事件
一九五三	六	中央教育審議会令公布	
	七		朝鮮戦争休戦協定調印
	八	文相に教科書検定権	
一九五五	一〇		社会党統一大会
	一一		自由民主党結成、「五十五年体制」の成立
	一二	「高等学校学習指導要領一般編」「試案」の文字が消える	
一九五六	七		『経済白書』刊行「もはや戦後ではない」の記述
	一〇	教科書調査官設置	
	一二		国連総会で日本の国連加盟を可決
一九五七	九	教員勤務評定制度の趣旨徹底について通達	
	一二	日教組、勤務評定反対のための「非常事態宣言」を発表	
一九五八	三	「道徳実施要綱」を通達	
	一〇	「小中学校学習指導要領」全面改訂を告示	

	一二		東京タワー竣工
一九五九	一一	初の教育白書『わが国の教育水準』発表	
	一一		貿易自由化開始
一九六〇	六		新安保条約自然承認
	八、九	「近代日本研究会議」の予備会議(通称「箱根会議」)	
	一〇	「高等学校学習指導要領」全面改訂	
一九六一	四		アメリカ駐日大使ライシャワー着任
	一〇	中学校二・三年生全員に全国一斉学力テストを実施(一九六四年まで)	
一九六三	一	中教審『大学教育の改善について』答申	
	一〇	経済審議会『経済発展における人的能力開発の課題と対策』答申	
	一二	義務教育諸学校の教科用図書の無償措置に関する法律公布	
一九六四	四		日本、OECDに加盟
	一〇		東海道新幹線開通
	一〇		東京オリンピック開催
一九六五	六	家永三郎、教科書検定をめぐり国家賠償請求の民事訴訟を起こす	
一九六六	一〇	中教審『後期中等教育の拡充整備について』最終答申、「期待される人間像」を別記	
一九六八	一〇		明治百年記念式典開催
一九六九	一	東大安田講堂の封鎖解除に機動隊出動	
	四	「中学校学習指導要領」全面改訂を告示	

一九七〇	三		大阪で万国博覧会開催
	一〇	「高等学校学習指導要領」全面改訂を告示	
	一二		公害関係一四法案成立
一九七一	六	中教審『今後における学校教育の総合的な拡充整備のための基本的施策について』答申（いわゆる四六答申）	沖縄返還協定調印
一九七二	九		田中角栄首相が訪中、日中国交樹立
一九七三	二		日本、変動相場制に移行
	一〇		第四次中東戦争勃発、第一次石油ショック
	一一	新教育課程審議会発足	
一九七四	五	日教組教育制度検討委員会『日本の教育改革を求めて』最終答申	
		高校進学率が九〇％を超える	
一九七五	一一		第一回先進国首脳会議（サミット）
一九七六	二		ロッキード事件発覚
一九七七	五	大学入試センター（共通一次試験の実施機関）設置	
一九七八	一二		大平正芳内閣成立
一九七九	一	第一回共通第一次学力試験実施	第二次石油ショック
	五		英国、サッチャー政権発足
	六	エズラ・ヴォーゲル『ジャパンアズナンバーワン』日本語訳出版	
一九八〇	六		大平首相死去
	八	大平政策研究会報告書の発行	
一九八一	三		第二次臨時行政調査会発足

一九八二	一一		中曽根康弘内閣成立
一九八三	三		臨時行政調査会最終答申
一九八四	八	臨時教育審議会設置法公布、臨教審発足	
一九八五	六	臨教審『教育改革に関する第一次答申』	
	九		プラザ合意、円高進行の契機に
一九八六	四	臨教審『教育改革に関する第二次答申』	男女雇用機会均等法施行 経済構造調整研究会報告書（前川レポート）
一九八七	四	臨教審『教育改革に関する第三次答申』	国鉄分割民営化
	八	臨教審『教育改革に関する第四次答申』	
一九八九	一		昭和天皇没、平成と改元
	三	小・中・高の「学習指導要領」全面改訂を告示	
	四		消費税スタート（三％）
	九		ソニー、アメリカの映画会社コロンビアを買収
	一一		ベルリンの壁崩壊
一九九〇	一	第一回大学入試センター試験実施	
	一〇		東証株価二万円台を割る。バブル経済崩壊 東西両ドイツの国家統一
一九九一	一		湾岸戦争勃発
	二	大学審議会『大学教育の改善について』答申（設置基準の大綱化）	
	三	小中学校の「指導要録」を改訂、絶対評価に「新しい学力観」の提唱	
	一二		ソ連消滅

一九九二	一		大規模小売店舗法改正施行、規制緩和による出店競争
	九	学校週五日制実施（第二土曜日休日）	
一九九五	一		阪神・淡路大震災
	三		地下鉄サリン事件
	九	日教組大会、日の丸、君が代問題の棚上げ決議、路線転換による文部省との和解へ	
一九九六	七	中教審『二一世紀を展望した我が国の教育の在り方について』第一次答申（「生きる力」の育成と「ゆとり」の確保）	
一九九七	四		消費税五%へ
	六	中教審『二一世紀を展望した我が国の教育の在り方について』第二次答申（中高一貫教育などの導入）	
	八	最高裁、家長訴訟に判決、検定制度は合憲としつつ、国に賠償命令	
	一一		三洋証券倒産、北海道拓殖銀行破綻、山一證券廃業
一九九八	一〇	大学審議会『二一世紀の大学像と今後の改革方策について』答申	日本長期信用銀行一時国有化
	一二	「小中学校学習指導要領」全面改訂を告示、土曜日完全休業、「総合的な学習の時間」の導入	日本債券信用銀行一時国有化
一九九九	三	「二一世紀日本の構想」懇談会報告書	
二〇〇〇	一二	教育改革国民会議（首相の私的諮問機関）が教	

		育基本法の見直しを提言	
二〇〇一	一	中央省庁再編、文部省が文部科学省に	
	四		小泉純一郎内閣成立
二〇〇二	四	小中学校、一九九八年告示の学習指導要領の完全実施	
二〇〇四	四	国立大学法人化の実施	
二〇〇五	一〇		郵政民営化法案可決
二〇〇六	九	第一次安倍晋三内閣成立	
	一二	教育基本法改正	
二〇〇八	三	「小中学校学習指導要領」全面改訂を告示	
二〇〇九		四年制大学進学率が五〇%を超える	
二〇一一	三		東日本大震災、福島第一原発事故
二〇一七	三	「小中学校学習指導要領」全面改訂を告示、「主体的・対話的で深い学び」の提唱、道徳の教科化	

中村政則編『年表　昭和史　増補版』(岩波書店、二〇〇四)、苅谷剛彦『「学歴社会」という神話』(日本放送出版協会、二〇〇一)

事項索引

あ行

か行

さ 行

た 行

な 行

は 行

ま 行

や 行

ら 行

人名索引

は 行

ま 行

や 行

ら 行

わ 行

苅谷剛彦
1955年東京都生まれ．東京大学教育学部卒，同大学院修士，ノースウェスタン大学で博士号取得(社会学)．東京大学教育学部教授を経て，2008年よりオックスフォード大学教授．専門は社会学，現代日本社会論．主な著書に，『大衆教育社会のゆくえ――学歴主義と平等神話の戦後史』(中公新書)，『階層化日本と教育危機――不平等再生産から意欲格差社会へ』(有信堂高文社，2001年大佛次郎論壇賞奨励賞)，『教育改革の幻想』(ちくま新書)，『教育の世紀――学び，教える思想』(弘文堂＝ちくま学芸文庫増補版，2005年サントリー学芸賞)，『教育と平等――大衆教育社会はいかに生成したか』(中公新書)など．

追いついた近代　消えた近代
――戦後日本の自己像と教育

2019年 9 月25日　第1刷発行
2022年11月25日　第7刷発行

著　者　苅谷剛彦《かりやたけひこ》

発行者　坂本政謙

発行所　株式会社 岩波書店
〒101-8002 東京都千代田区一ツ橋 2-5-5
電話案内 03-5210-4000
https://www.iwanami.co.jp/

印刷・精興社　製本・牧製本

ISBN 978-4-00-061362-0　　Printed in Japan